Kirche und Nationalsozialismus
in Deutschland und Österreich

Alfred Läpple

Kirche und Nationalsozialismus in Deutschland und Österreich

Fakten – Dokumente – Analysen

PAUL PATTLOCH VERLAG ASCHAFFENBURG

1980

Umschlagentwurf: Hans Numberger
Gesamtherstellung: Brönner & Daentler KG, Eichstätt
ISBN 3 557 91168 3

Inhalt

EINFÜHRUNG

Bücher über das Thema »Kirche und Nationalsozialismus« füllen bereits lange Regale der Bibliotheken. In ihnen wurde versucht, bald anzuklagen, bald zu verteidigen. In dieser Veröffentlichung kann es – allein schon wegen des geringen Umfangs – nicht darum gehen, alle Aspekte und Differenzierungen der Auseinandersetzung zwischen Kirche und Nationalsozialismus zu berücksichtigen, geschweige denn zu dokumentieren und zu deuten.

Es wird vielmehr – und dies soll bereits an dieser Stelle offen ausgesprochen und eingestanden werden – das Wagnis unternommen, einerseits Vieles als bekannt vorauszusetzen, andererseits aus der Fülle des bereits Veröffentlichten (da und dort aber schon wieder Vergessenen) jene Ereignisse – wenn irgend möglich – dokumentarisch vorzulegen, die für eine schnelle und wissenschaftlich verantwortbare Information notwendig sind.

Der viel zitierte »Mut zur Lücke« ist daher ein charakteristisches Signum dieses Werkes. Vielleicht gelingt es aber, unter Heranziehung der exemplarisch ausgewählten Dokumente einen Blick hinter die Kulissen der damaligen Epoche mit ihren Unsicherheiten und Wagnissen zu werfen, und zwar unabhängig davon, ob diese Einblicke und Einsichten als angenehm oder als unangenehm empfunden werden.

Es gibt unliebsame Erinnerungen mit einem quälenden Angelhaken. Um der historischen Wahrheit willen und nicht zuletzt um der Entscheidungen willen, die in der Gegenwart und für die Zukunft getroffen werden müssen, dürfen sie nicht verschwiegen werden. Die Frage drängt sich angesichts mancher sicherlich unangenehmer Informationen unwiderstehlich auf: Würde Ähnliches heute und morgen – wenn auch unter ganz anderen politischen Konstellationen – wieder möglich sein, wieder getan oder wieder unterlassen werden? Ist die heute lebende Generation innerlich und politisch so sicher und so wenig anfechtbar, daß diese Frage mit einem glatten Nein beantwortet werden kann? Man kann gelegentlich hören, die heute lebende, junge Generation, die erst nach der Katastrophe des Jahres 1945 geboren wurde und die Epoche des Dritten Reiches nur aus Geschichtsbüchern und aus dem vielfältigen, aber keineswegs wertneutralen Angebot der Medien kennt, sei zu hart im Urteil, im Aburteilen jener Generation, die damals lebte. Steht wirklich unsere Demokratie auf einem so festen und umsturzsicheren Fundament, daß autoritärer Radikalismus – mag er von Links oder von Rechts kommen! – in unserem Volk von vornherein keine Chance, keine Agenten und Mitläufer fände?

Befragungen[1] junger Menschen zwischen dem 10. und 23. Lebensjahr (in der Zeit zwischen Oktober 1976 und April 1977) über das Thema: »Was ich über Adolf Hitler gehört habe ...« zeigen, daß Adolf Hitler für große Teile der Nachkriegsgeneration weithin ein Tabu, ein »Denkmal« ist, das bald umgestürzt, bald wieder aufgerichtet wird. Es scheint, daß die zwiespältigen Informationen im Elternhaus, in der Schule oder auch über die Massenmedien, die durch Verschweigen und Verteufelungen ebenso gekennzeichnet sind wie durch Selbstrechtfertigungen, ein überaus konfuses Bild entstehen ließen und gelegentlich auch einen tragischen Umkehreffekt bewirkt haben.

Auszüge aus Befragungen der jungen Generation, in denen man ebenso den Versuch der eigenen Wertung wie auch den Nachhall unterschiedlichster Fremdwertungen entdecken kann:

»Ich weiß nicht wieso, aber aus irgendeinem Grund bringe ich es nicht fertig, diesen Menschen zu hassen, wie es so viele tun. Natürlich kann man jetzt sagen: ›Du warst ja nicht dabei‹, aber ich mache mir ein ungefähres Bild, zwar nur emotional, dafür aber auch mit sehr gemischten Gefühlen. Natürlich ist mir seine Einstellung – Juden – und überhaupt allen Mit-

menschen — gegenüber genauso unverständlich wie allen anderen auch, aber ich bin nicht so einfach bereit, einen Menschen, den ich nicht kenne, ja, den eigentlich überhaupt niemand wirklich kannte, wegen seiner Grundeinstellung zu beurteilen. ... Was mir im 3. Reich so unverständlich und erschreckend vorkommt, ist die Begeisterung, mit der die meisten alles mitmachten, was der Führer sagte. Meiner Meinung nach wäre hier ein gutes Teil der Schuld zu suchen, die man allein Hitler in die Schuhe schiebt. Ich würde es für möglich halten, daß Hitler im tiefsten Innern doch an sich selbst zweifelte, vielleicht brauchte er gerade deswegen absolute Macht. Man könnte das im weitesten Sinne von seinem Selbstmord ableiten, aber das führt jetzt zu weit ...«[2]

Gymnasiastin, 16

»Ich persönlich finde Hitler gut, wenn er nur nicht mit dem Krieg begonnen hätte«.[3]

Sonderschüler, 16

»Es gibt Menschen, die sich wünschen, daß Hitler wiederkommen soll (wenn auch nur für kurze Zeit). Sie meinen, er würde in diesem Deutschland Ordnung schaffen können, er würde die Terroristen vernichten lassen. Aber er würde bestimmt auch einiges anrichten, was die Menschen gar nicht wollen, oder!? Ich glaube, es sind vorwiegend ältere Menschen, die möchten, daß Hitler zurückkommt, denn sie behaupten auch, man würde uns Falsches über Hitler erzählen, in den Büchern würde nicht immer die Wahrheit gesagt. Anders ausgedrückt, man würde uns die Wahrheit vorenthalten???«[4]

Gymnasiastin, 17

»Er hat die Kommunisten alle umgebracht. Da war die Welt sauber von Bankräubern und Vergewaltigung. Da hatten wir noch eine freie Demokratie. Auf eine Weise war Hitler auch

gut, er hatte die Welt sauber gehalten. Wenn Hitler heute an die Macht kommen sollte, würde auch die Welt wieder sauber«.[5]

Berufsschüler, 18

»Der Adolf Hitler war hoch intelligent, er war fähig, ein ganzes Volk nach einem verlorenen Krieg moralisch und auch industriell wieder aufzurichten. Ein Mann mit solchen Fähigkeiten, heute richtig eingesetzt, könnte unseren Staat in die Spitzenmächte der Welt schieben«.[6]

Realschüler, 15

»Wer heute über ihn schimpft und redet, der war früher von ihm begeistert. Die Leute waren von ihm begeistert. Und jetzt sagen sie, sie waren dagegen, als Adolf Hitler an die Macht kam. Wir müssen aufpassen, daß wir nicht wieder so einen ›Vater‹ bekommen. Wir haben die gleiche Situation wie 1933«.[7]

Berufsschüler, 17

Es hat sich heute das Wort von den »Jugendsünden« eingebürgert, das dann entschuldigend zitiert wird, wenn ein Mensch während seiner Jugend- und Entwicklungsjahre radikalen Idealen oder Vereinigungen anhing. Müßte dieses durchaus berechtigte Wort von den »Jugendsünden« auch für jene gelten, die als junge Menschen im Dritten Reich vom verführerischen Glanz geblendet wurden und sich geirrt haben? Es hat nach 1945 eine von den Besatzungsmächten angeordnete Entnazifizierung gegeben. In den damaligen und überaus heftigen Auseinandersetzungen hat Eugen Kogon die These vom »Recht auf den politischen Irrtum« vertreten und große Resonanz und Zustimmung gefunden. Er schrieb 1947: »Es ist nicht Schuld, sich politisch geirrt zu haben. Verbrechen zu verüben oder an ihnen teilzunehmen, wäre es auch nur durch Duldung, ist Schuld. Und Fahrlässigkeit ist ebenfalls

Schuld, wenn auch eine von anderer und von geringerer Art als Verbrechen und Verbrechensteilnahme. Aber politischer Irrtum – in allen Schattierungen – samt dem echten Fehlentschluß gehört weder vor Gerichte noch vor Spruchkammern«.[8]

Mag sein, daß dem einzelnen ein »Recht auf politischen Irrtum« eingeräumt werden kann. Brisant und tödlich kann aber politischer Irrtum werden, wenn Menschen in Führungspositionen ihm erliegen und wenn Abertausende von Menschen solchen, politisch irrenden »Vorgesetzten« deshalb vertraut und geglaubt haben, weil diese in kirchlichen oder theologischen Führungspositionen standen. Der Weg vom politischen Irrtum zur Mitverantwortung an fremder Schuld, an fremdem Fehlverhalten ist überaus schmal und außerordentlich kurz. Es ist vom demokratisch geschulten Selbstverständnis eines heutigen Staatsbürgers überaus leicht, politische Mündigkeit und persönliche Entscheidungsfähigkeit bei vielen, damals lebenden Menschen zu vermissen und die unkritische wie auch unpolitische Treue- und Gehorsamshaltung des breiten Kirchenvolkes jener Epoche zu beklagen.

In einem kritischen Rückblick auf die Situation der (katholischen) Kirche zu Beginn der Regierung Adolf Hitlers kam Franz Josef Schöningh, während des Dritten Reiches Hauptschriftleiter der im Juni 1941 verbotenen katholischen Zeitschrift »Hochland«, zu der von tiefem Schmerz, ja von unverkennbarer Scham eines aufrechten Christen gezeichneten Stellungnahme:

»Wenn man nach den Gründen dafür sucht, warum das Salz der Christenheit schal geworden zu sein scheint, wird man allemal auf den Mangel an Glaubenskraft als auf aller Übel Wurzel stoßen. Es ist jedoch geboten, nicht bei dieser Einsicht stehen zu bleiben, sondern ein weiteres Übel zu erkennen, das daraus notwendig erwächst: die geschwundene Gabe der Unterscheidung der Geister. Diese Gabe setzt die natürliche Tugend der Klugheit voraus, aber darüber hinaus ist sie ein

Charisma, das nicht von der Natur gegeben werden kann. Wenn sie zwar auch eine gewisse Menschenkenntnis bedingt, so braucht selbst ein vorzüglicher Psychologe doch nicht über jene Gabe zu verfügen. Psychologischer Scharf- und Tiefblick können ihr Ziel durchaus verfehlen, ja zu massiven Fehlurteilen gelangen, wenn es um jene Fähigkeit der Unterscheidung geht, wie sie von den frühen Christen als ›Gnadengabe‹ gepriesen wurde, während sie anderseits ein Heiliger ohne Weltkenntnis und psychologische Studien kraft seines inneren Lebens besitzen kann ...

Solche Begnadung ist selten, aber sie dürfte nicht die Ausnahme bilden, die bekanntlich die Regel bestätigt, sondern müßte das Leitbild sein, das die Regel bestimmt. Wäre 1933 dem so gewesen, es wäre uns vieles erspart geblieben, woran wir heute unliebsam, aber hoffentlich zu unserem Nutzen erinnert werden. Es gab in allen Rängen der Kirche Vertreter, die nichts mehr von der Unterscheidung der Geister wußten, weil sie Schlangenlist und Taubengüte voneinander schieden, die doch unlöslich miteinander verbunden sein müssen; die einem aalglatten ›Diplomaten‹ ins Netz gingen, weil er es aus Rosenkränzen geflochten hatte; denen nicht einmal der Anblick eines der Kloake entkommenen Gesichtes genügte, um sofort zu wissen, daß aus einem solchen Munde Lüge und nur Lüge triefen könne. Die Erkenntnis solcher ›Wirklichkeit‹ setzt weder theologische Meisterschaft noch politische Begabung voraus, sondern ›nur‹ das cor rectum, das gerade Herz des Christen, dessen Schlag freilich nicht an den Uhren dieser Welt gemessen werden kann.«[9]

F. J. Schöningh vergaß aber nicht hinzuzufügen, daß es »zu den großen Tröstungen der schwärzesten Jahre« gehörte, daß doch in diesem Bischof und in jenem Priester, in Ordensleuten und in ungezählten, namenlosen Laien ein solches Herz, ausgestattet mit der Gabe der Unterscheidung der Geister, laut und stark genug geschlagen hat.

1.

ADOLF HITLER – LITURGIE UND HEILIGSPRECHUNG

Die Überschrift dieses ersten Kapitels mag provozierend sein und scheinbar verherrlichend klingen. Nichts wäre jedoch verfehlter, als heute einen Mythos zu schaffen. Die verwendeten und vielfach auch bekannten Ausdrücke »Liturgie« und »Heiligsprechung« wollen bewußt beitragen, zu schockieren und zu entlarven. Die Erinnerung an Geschehnisse, da auch Christen und führende Männer der Theologie und Kirche einem Mann »ins Netz gingen, weil er es aus Rosenkränzen geflochten hatte«[10], mag unliebsam, aber hoffentlich zu unserem Nutzen sein. Daß das Phänomen Adolf Hitler mit Begriff und Wirklichkeit »Liturgie«, aber auch »Heiligsprechung« verbunden werden kann, hängt nicht nur mit der Genesis dieses österreichischen Katholiken und der ihm vertrauten Liturgie katholischer Gottesdienste aus seiner Kindheit zusammen.

Liturgie und Anbetung

Das der griechischen Sprache entnommene Wort »Liturgie« (leitourgía) meint zunächst »Volksdienst« oder (wie »Der Große Herder«, Band 7, Freiburg i. Br. 1933, Spalte 1109 schreibt) »in regelmäßiger Folge bestimmte öffentliche Leistungen«. Waren die nach wohl durchdachtem Ritual durchgeführten Parteitage in Nürnberg nicht »Liturgie«, und zwar »in regelmäßiger Form bestimmter, öffentlicher Leistungen«? Waren die nächtlichen Aufmärsche, die Fanfarenklänge und die auf hohem Steinpodest stehende, einsame Gestalt des Führers, von Flakscheinwerfern angestrahlt wie eine Monstranz, nicht Pseudo-Liturgie in einem gigantisch-apokalyptischen Ausmaß (Offb 1,3–16)?

Ohne bereits hier auf Hitlers Messianismus und Sendungsbewußtsein einzugehen, sei zunächst auf jenen literarischen Devotionalienkitsch hingewiesen, der zur Verherrlichung des Führers – freiwillig und keineswegs aus Zwang, sondern aus leidenschaftlicher »Gläubigkeit« – damals geschrieben wurde. Bezeichnend ist, was Fritz von Rabenau (1873–1948), der 1933, dem Jahr der Machtergreifung Hitlers, bereits 60 Jahre alt war, in einem Gedicht »Der Erlöser« über Adolf Hitler schrieb:

»Für unser deutsches Land,
hat Christus uns gesandt
den Führer, der uns all' entzückt«.[11]

Nur einige Beispiele dieser »gläubigen« und anbetenden Verherrlichungen mögen die devote, fanatische und zutiefst makabre Widerlichkeit demonstrieren.
Daß Braunau, die am österreichischen Ostufer des Inn gelegene Geburtsstadt Adolf Hitlers, wie das Betlehem des Nationalsozialismus gefeiert werden müsse, versuchte Alice Försterling[12] dem deutschen Volk durch ein 1933 entstandenes und veröffentlichtes Gedicht einzureden.
Adolf Hitler wurde am 20. April 1889 in Braunau (Salzburger Vorstadt Nr. 15) geboren. Das Taufbuch des Braunauer Pfarramtes St. Stephan (Taufbuch XIX: 30. 6. 1881–31. 12. 1891) hält auf Seite 152, Nr. 49, in der letzten Rubrik fest, daß Hitler am 20. 4. 1889 abends 6.30 (= 18.30) geboren und am 22. 4. 1889 um 3.15 (= 15.15) in der Braunauer Pfarrkirche St. Stephan auf den Namen »Adolfus« von Pfarrer Ignaz Probst getauft wurde. Auf der gleichen Seite und in der gleichen Rubrik Nr. 49 ist noch folgende Ergänzung eingetragen worden: »Durch Beschluß des Amtsgerichtes Berchtesgaden vom 25. Oktober 1956, II/48/52 tot erklärt. in fid. publ. Stadtpfarramt Braunau am 11. Jänner 1957 Johann Ludwig Stadtpfarrer«. Für die Einsicht in das

Taufbuch in den Archivräumen des Stadtpfarramtes St. Stephan am 31. August 1979 bin ich zu besonderem Dank H. H. Pfarrprovisor Stefan Hofer verpflichtet.

Der Hymnus auf Braunau von Alice Försterling:

Braunau

In Braunau, da ist er geboren,
Da trat er ins Leben ein,
Er, der für die Heimat erkoren,
Der unser Befreier sollt' sein.
Drum zieht es voll Sehnsucht mich hin
Nach Braunau, nach Braunau am Inn.

Du Braunau, Gott hat dich erlesen,
Durch dich wurde er uns geschenkt,
Hier wurde reindeutsches Wesen
In jungfrisches Herze gesenkt;
Drum Deutscher, lenk stets deinen Sinn
Nach Braunau, nach Braunau am Inn.

Wie bewußt liturgische Erinnerungen und Verehrungspraktiken wachgerüttelt und mißbraucht wurden, ist einem Gedicht von Hans Johst[13], dem Präsidenten der (nationalsozialistischen) Reichsschrifttumskammer, zu entnehmen, in dem zur Verehrung des Führers wie in einer »Monstranz« aufgerufen wird.

Dem Führer

Eine Faust zertrümmerte Träume,
Unwürdig deines Schlafes, schlummerndes Deutschland!
Ein Wort sprang auf – stolz, klar und frei –
Wurde Sprache, Gesetz und Macht.
Sprengte der Bedenken verängstete Räume,
Und ein Volk, von deinem Gesicht überlichtet, erwacht!

Und aus der Tiefe steigt es empor,
Und immer höher treibt es der Chor
Dem Segen des Führers entgegen.
Und Führer und Himmel sind ein Gesicht.
Im Glockenstuhl schwingt das beseelte Erz,
Das deutsche Herz dröhnt im jungen Licht!

Und Volk und Führer sind vermählt.
Das Dritte Reich versteint, gestählt,
Steht festgefügt im Morgenglanz,
Umbaut als köstlichste Monstranz
Dein glücklichstes Lächeln, mein Führer!

Adolf Hitler als geschichtlich greifbare Erhörung des betenden deutschen Volkes durch Gott zu preisen, blieb dem SA-Dichter Herybert Menzel[14] vorbehalten.

Der Führer kommt

Im Stadion Millionengewimmel.
Und Fahnen stehn wie ein Wald.
Sie blicken alle zum Himmel.
Nun kommt der Führer bald.

Der Führer! Ja, Gott erhörte
Gepeinigten Volkes Gebet.
Wie haben wir argvoll Betörte
Ihn brünstig uns erfleht!

Still, still. Nun summt es. Der Flieger!
Aufjubelt Millionenschar.
Der Eine! Der Held! Der Sieger!
O Deutschlands neuer Aar!

Daß man sich nicht scheute, das Weihnachtslied »Stille Nacht, heilige Nacht« auf den Führer umzumünzen und damit bewußt die Hintergrundfolie des christlichen Textes für die nazistische Götzenverehrung mißbrauchte, hat Fritz von Rabenau[15] vordemonstriert.

Stille Nacht, heilige Nacht,
Alles schläft, einsam wacht
Nur der Kanzler treuer Hut,
Wacht zu Deutschlands Gedeihen gut.
Immer für uns bedacht.

Stille Nacht, heilige Nacht,
Alles schläft, einsam wacht
Adolf Hitler für Deutschlands Geschick,
Führt uns zur Größe, zum Ruhm und zum Glück,
Gibt uns Deutschen die Macht.

Stille Nacht, heilige Nacht,
Alles schläft, einsam wacht
Unser Führer für deutsches Land,
Von uns allen die Sorgen er bannt,
Daß die Sonne uns lacht.

Erschütternd ist die Blindheit, mit der die Politik Adolf Hitlers als »Segen für die Zeit ... in alle Ewigkeit«, erinnernd an liturgische Sprechweise, von Camilla Mayer-Bennthsow[16] besungen wurde, die 1945 zur schrecklichen Katastrophe nicht nur des deutschen Volkes geführt hat.

SA marschiert, und allen stolz voran
»Hitler der Große«,
Hitler, der größte Mann.

Nun komme, was da wolle,
Wir folgen alle still,

Deutschland hat seinen Führer,
Der weiß schon, was er will.

Und was er will
Das tut er zum Segen für die Zeit,
»Adolf Hitler der Große« –
In alle Ewigkeit.

Angsichts dieser dichterischen Liturgien auf den Führer, die alle im Jahr 1933 entstanden sind, mag man geneigt sein, die in diesen Versen unverkennbare und überschäumende Begeisterung mit der sogenannten »Nationalen Revolution« in Verbindung zu bringen, auch erklären, ja sogar entschuldigen zu wollen. Daß es 1933, dem Jahr der Machtergreifung Hitlers, in Deutschland auch klar sehende und mutig entscheidende Frauen und Männer gegeben hat, die mit Entschiedenheit bereits den Anfängen künftiger Unmenschlichkeiten und Gemeinheiten entgegentraten, zeigte die Dichterin Ricarda Huch (1864–1947). Auf ein Schreiben des damaligen Präsidenten der Akademie der Künste (Berlin), Professor Max von Schillings, gab sie folgende Antwort[17], die an Klarheit nichts zu wünschen übrig läßt:

Heidelberg, 9. April 1933

Sehr geehrter Herr Präsident,
lassen Sie mich zuerst danken für das warme Interesse, das Sie an meinem Verbleiben in der Akademie nehmen. Es liegt mir daran, Ihnen verständlich zu machen, warum ich Ihrem Wunsche nicht entsprechen kann. Daß ein Deutscher deutsch empfindet, möchte ich fast für selbstverständlich halten; aber was deutsch ist, und wie Deutschtum sich bestätigen soll, darüber gibt es verschiedene Meinungen. Was die jetzige Regierung als nationale Gesinnung vorschreibt, ist nicht mein Deutschtum. Die Zentralisierung, den Zwang, die brutalen Methoden, die Diffamierung Andersdenkender, das prahlerische Selbstlob halte ich für undeutsch und unheilvoll. Bei

einer so sehr von der staatlich vorgeschriebenen Meinung abweichenden Auffassung halte ich es für unmöglich, in einer staatlichen Akademie zu bleiben. Sie sagen, die mir von der Akademie vorgelegte Erklärung werde mich nicht an der freien Meinungsäußerung hindern. Abgesehen davon, daß eine »loyale Mitarbeit an den satzungsgemäß der Akademie zufallenden nationalen und kulturellen Aufgaben im Sinne der veränderten geschichtlichen Lage« eine Übereinstimmung mit dem Programm der Regierung erfordert, die bei mir nicht vorhanden ist, so würde ich keine Zeitung oder Zeitschrift finden, die eine oppositionelle Meinung abdruckte. Da bliebe das Recht der freien Meinungsäußerung in der Theorie stecken.
Sie erwähnen die Herren Heinrich Mann und Dr. Döblin. Es ist wahr, daß ich mit Herrn Heinrich Mann nicht übereinstimme, mit Herrn Döblin tat ich es nicht immer, aber doch in manchen Dingen. Jedenfalls möchte ich wünschen, daß alle nicht-jüdischen Deutschen so gewissenhaft suchten, das Richtige zu erkennen und zu tun, so offen, ehrlich und anständig wären, wie ich ihn immer gefunden habe. Meiner Ansicht nach konnte er angesichts der Judenhetze nicht anders handeln, als er getan hat. Daß mein Verlassen der Akademie keine Sympathiekundgebung für die genannten Herren ist, trotz der besonderen Achtung und Sympathie, die ich für Herrn Dr. Döblin empfinde, wird jeder wissen, der mich persönlich oder aus meinen Büchern kennt.
Hiermit erkläre ich meinen Austritt aus der Akademie.

Ricarda Huch

Die Umdeutung des »Dritten Reiches«

In der Ideologie des Nationalsozialismus hatte das Wort vom »Dritten Reich« einen besonderen politischen, ja quasi-sakralen Stellenwert. Die Sehnsucht nach dem Dritten Reich hat in der europäischen Geistes- und Glaubensgeschichte eine große und vielgestaltige Tradition. Sie hat ihre Initialzündung erhalten durch den Abt Joachim von Fiore[18] (1131–1202). Nach der durchaus religiös akzentuierten Lehre dieses mittelalterlichen Zisterzienserabtes, der anknüpfte am neutestamentlichen Dreifaltigkeitsglauben, seien im Ablauf der Weltgeschichte drei Reiche zu unterscheiden. Er war sogar der Auffassung, Geschichte sei nach diesen drei Reichen eindeutig programmiert:

das erste Reich – Reich des Vaters,
das zweite Reich – Reich des Sohnes,
das dritte Reich – Reich des Heiligen Geistes.

Den Beginn des »Dritten Reiches«[19] glaubte Joachim von Fiore ganz genau, und zwar nach neutestamentlichen Angaben errechnen zu können. Er nannte als Anbruchsjahr des »Dritten Reiches« genau das Jahr 1260. Diesen genauen Termin errechnete Joachim von Fiore durch eine Parallelisierung der vorchristlichen mit der nachchristlichen Zeitspanne. Die Zeit vor Christus, also das erste Reich des Vaters, umfaßt nach dem Stammbaum Jesu (Mt 1,1–17), wie er im Mattäus-Evangelium überliefert ist, genau 42 Generationen. »So sind von Abraham bis David vierzehn Geschlechter, von David bis zur Wegführung nach Babylon vierzehn Geschlechter und von der Wegführung nach Babylon bis Christus vierzehn Geschlechter« (Mt 1,17).

Durch Ansetzung von ebenfalls 42 Generationen nach Christus, die das zweite Reich als Reich des Sohnes umfassen, errechnete Joachim von Fiore (wobei er eine Generation mit 30 Jahren ansetzte) als den Beginn des Heilig-Geist-Zeitalters das Jahr 1260. Es muß an dieser Stelle verzichtet (und lediglich auf weiterführende Literatur in den Anmerkungen verwiesen) werden, die hochinteressante Wandlungsgeschichte[20] der Idee des »Dritten Reiches« in der europäischen Theologie und Philosophie zu verfolgen – über Franziskus von Assisi, Cola di Rienzo, Thomas Münzer bis herauf zur

Geschichtsphilosophie von Schelling, Hegel, Comte und Dostojewski (um nur die wichtigsten zu nennen).
Der deutsch-russische Schriftsteller Arthur Moeller van den Bruck (1876–1925), der eine deutsche Dostojewski-Ausgabe herausgegeben hat, ist es nachweislich gewesen, der durch sein erstmals 1923 erschienenes Buch »Das Dritte Reich« die Brücke von der christlichen Utopie des mittelalterlichen Zisterzienserabtes Joachim von Fiore zur politischen Ideologie Adolf Hitlers und des Nationalsozialismus geschlagen hat. Wenn man die Gedankenwelt und das politisch-ökonomische Programm von Karl Marx mit Recht die Umstülpung des hegelschen Handschuhs genannt hat, so kann die Ideologie des Nationalsozialismus mit gleichem Recht die Umstülpung sowohl des joachitischen wie des hegelschen Handschuhs bezeichnet werden.
Was aber Joachim von Fiore immerhin noch im christlichen Kontext sah, indem er vom Dritten Reich des Heiligen Geistes, von der Endzeit-Gemeinde des universalen Pfingsfestes, von einem nie endenden Paradies der Freude und des Friedens und vom Heiligen Geist als dem göttlichen Führer (dux) in apokalyptischer Begeisterung sprach, ist von den Ideologen des Nationalsozialismus radikal umgedeutet und säkularisiert worden. Adolf Hitler hat man als Inkarnation und Personifikation des Dritten Reiches propagiert und verehrt, von dem allein Heil und Rettung für alle Zukunft komme. Das Dritte Reich des Heiligen Geistes wurde zum Dritten Reich des unheiligen Geistes, der Menschenverachtung, der Menschenvergötzung und des verbrecherischen Wahnsinns.
Es klingt wie ein Aufruf zum liturgischen Empfang des neuen Messias und Erlösers der Menschheit, wenn Wilhelm Weitling (1808–1879) in seinem Buch »Garantien der Harmonie und Freiheit« in einem säkularisierten Mißverständnis der Gedanken von Joachim von Fiore geschrieben hat: »Nun stehen wir am Vorabend wichtiger Begebenheiten, der wichtigsten, die je die Erde gesehen. Ein neuer Messias wird kommen, um

die Lehre des ersten zu verwirklichen. Er wird den morschen Bau der alten gesellschaftlichen Ordnung zertrümmern, die Tränenquellen in das Meer der Vergessenheit leiten und die Erde in ein Paradies verwandeln. Bereiten wir uns vor, ihn würdig zu empfangen«.[21]

Der neue Messias

Man muß durchaus die Frage stellen: Ist Adolf Hitler selbst wirklich von einem messianischen Bewußtsein erfüllt gewesen oder wurde Hitler der Messianismus eingeredet, später aber bewußt gefördert und kräftig emporstilisiert? Ist Hitler aus Partei- und Staatsraison auf das Postament des Unsterblichen nur geschoben worden oder hat er sich gerne in eine solche Position heben und stellen lassen?

Es ist gewiß nicht leicht, religions- und entwicklungspsychologisch die Wurzeln aufzudecken, aus denen der später zweifelsohne vorhandene und von Hitler selbst immer wieder beschworene Messianismus herausgewachsen ist. War Adolf Hitler für die literarische und auf Parteitagen in Nürnberg vor aller Welt praktizierte, kultische Verehrung deshalb anfällig, weil er Katholik[22] war und ihm Liturgie und Heiligenverehrung wenigstens in seiner Schulzeit vertraut waren und vielleicht sogar einen nachhaltigen Eindruck in seinem Unterbewußtsein hinterlassen haben? In einem aufschlußreichen Gespräch mit dem Danziger Senatspräsidenten Hermann Rauschning sagte Hitler: »Ich bin Katholik. Das hat die Vorsehung schon so eingerichtet. Nur ein Katholik kennt die schwachen Punkte der Kirche. Ich weiß, wie man den Brüdern zu Leibe gehen muß. Der Bismarck ist blöd gewesen. Er ist halt Protestant gewesen. Die wissen eh' nicht, was Kirche ist . . . Die katholische Kirche ist schon etwas Großes. Herr Gott ihr Leut', das ist eine Institution und es ist schon was, an die zweitausend Jahre auszudauern. Davon müssen wir ler-

nen. Da steckt Witz und Menschenkenntnis darin. Die kennen ihre Leute! Die wissen, wo sie der Schuh drückt«.[23]
Es lassen sich nicht wenige Passagen aus Hitlers Programmwerk »Mein Kampf« (begonnen während der Festungshaft in Landsberg 1924 und vollendet 1925) anführen, in denen er mit Respekt von den dogmatischen Grundlagen der katholischen Kirche, ihrer Volksverbundenheit, ihrer Jugendlichkeit und auch von der Bedeutung des Zölibats schreibt.

»Bemerkenswert ist auch der immer heftiger einsetzende Kampf gegen die dogmatischen Grundlagen der einzelnen Kirchen, ohne die aber auf dieser Welt von Menschen der praktische Bestand eines religiösen Glaubens nicht denkbar ist . . . Die verschiedenen Ersatzmittel haben sich im Erfolg nicht so zweckmäßig erwiesen, als daß man in ihnen eine nützliche Ablösung der bisherigen religiösen Bekenntnisse zu erblicken vermöchte. Sollen aber die religiöse Lehre und der Glaube die breiten Schichten wirklich erfassen, dann ist die unbedingte Autorität des Inhalts dieses Glaubens das Fundament jeder Wirklichkeit«.[24]

»Hier kann die katholische Kirche als vorbildliches Lehrbeispiel gelten. In der Ehelosigkeit ihrer Priester liegt der Zwang begründet, den Nachwuchs für die Geistlichkeit statt aus den eigenen Reihen immer wieder aus der Masse des breiten Volkes holen zu müssen. Gerade diese Bedeutung des Zölibats wird aber von den meisten gar nicht erkannt. Sie ist die Ursache der unglaublich rüstigen Kraft, die in dieser uralten Institution wohnt . . . Daher stammt die staunenswerte Jugendlichkeit dieses Riesenorganismus, die geistige Schmiegsamkeit und stählerne Willenskraft«.[25]
Viel zu wenig ist bekannt, welch stark emotionale Eindrücke Hitler während jener Zeit empfangen hat, da er als Chorknabe im österreichischen Benediktinerstift Lambach mitsingen durfte! Nach dem einjährigen Besuch der Volksschule in Fischlham kam Adolf Hitler in die 2. und 3. Klasse der Lam-

bacher Klosterschule (1897/98). Er wurde damals auch in den Knabenchor des Stiftes Lambach aufgenommen, der bei den Festlichkeiten des Benediktinerklosters, bei Hochämtern und feierlichen Vespern zu singen hatte. Der Prunk und Glanz der kirchlichen Feste und Feiern, Kerzenschimmer, Orgelmusik und Weihrauchduft haben sicherlich tiefer, als man es meist wahrhaben möchte, auf den jugendlichen Hitler eingewirkt; es hat ihn, wie er selbst schreibt, »berauscht«.

Fast 30 Jahre nach dem Besuch der Klosterschule im Stift Lambach schreibt Adolf Hitler in seinem Buch »Mein Kampf«: »Da ich in meiner freien Zeit im Chorherrenstift zu Lambach Gesangsunterricht erhielt, hatte ich beste Gelegenheit, mich oft und oft am feierlichen Prunk der äußerst glanzvollen kirchlichen Feste zu berauschen. Was war natürlicher, als daß, genau so wie einst dem Vater der kleine Herr Dorfpfarrer, nun mir der Herr Abt als höchst erstrebenswertes Ideal erschien«.[26] In Lambach erlebte der in einfachen Verhältnissen lebende Junge ein »Stück Himmelreich«.

Aus der Lambacher Zeit Adolf Hitlers sind außerdem noch folgende Tatsachen weithin unbekannt: Der damalige (53.) Abt des Benediktinerstiftes Lambach Coelestin Baumgartner (1889–1934) war für den Volksschüler und Chorknaben des klösterlichen Sängerknabeninstituts Adolf Hitler eine faszinierende Gestalt. Es ist durchaus möglich, daß der junge Hitler, der unter der Anleitung von P. Bernhard Grüner († am 2. Februar 1938) Gesangs- und Geigenunterricht erhalten hat, das Abtwappen des früheren (51.) Abtes von Lambach Theodorich Hagn († am 29. August 1872) gekannt hat, das ein stilisiertes Hakenkreuz zeigt. Dieses Hakenkreuz (wohl das redende Zeichen für den Namen »Hagn« – Haken) ist auch an der Abteistiege im Stiftshof des Lambacher Klosters eingemeißelt. Es ist durchaus möglich, daß an dieser Stelle Adolf Hitler wiederholt dem stilisierten Hakenkreuz begegnet ist; eine bewußte Prägung hat diese Erstbegegnung jedoch nicht ausgelöst (Abbildungen der Abtsiegel im Anhang!).

Man behauptet keineswegs zuviel, wenn man sagt, daß die mächtigen Stifte, die wie Gralsburgen in die österreichische Landschaft hineingebaut sind – ein ausgezeichneter Bildband trägt mit Recht den Titel »Österreich – Klösterreich«[27] –, auf den künstlerisch durchaus interessierten, jungen Hitler eine imponierende Wirkung haben mußten. Neben den österreichischen Stiften mit ihren mächtigen, meist barock ausgestalteten Kirchen war es während des Aufenthaltes in Wien sicherlich auch die kaiserliche Hofburg mit ihren weiten Plätzen, Auffahrtsstraßen, Gartenanlagen und Springbrunnen, die Hitler wie eine Traumwelt in sich aufgenommen hat. War es wirklich unmöglich, daß damals schon in Hitler der Wunsch aufkeimte, etwa als Abt »ein kleiner Herrgott« zu werden, dem mit festlichen Liturgien aus Licht, Musik, Aufzügen und Menschenmassen Verehrung gezollt wird?

Paßt nicht Hitlers bereits damalige Vorliebe für die schwelgende Musik Richard Wagners zu dieser emotionalen, pseudosakralen und von Sendungsbewußtsein immer stärker geprägten Haltung! Vom Erlebnis der ersten Oper seines Lebens, Richard Wagners »Lohengrin«, im Theater der Linzer Landeshauptstadt schreibt Hitler in seinem Buch »Mein Kampf«: »Mit einem Schlag war ich gefesselt. Die jugendliche Begeisterung für den Bayreuther Meister kannte keine Grenzen«.[28] Auch hier ist bereits das Schwelgen in Maßlosigkeit, ja in geradezu berauschter Besessenheit deutlich.

Selbstbestätigung suchte und fand Hitler in der wahllosen Lektüre von Schopenhauer, Nietzsche, Dante, Stifter, Schiller, Lessing, Rosegger, Kellermann, Karl May und wohl auch von Felix Dahn. Hitler fühlte sich bereits während seiner Jahre in Linz (um 1907) »als etwas Besonderes« und zeigte dies, wie zeitgenössische Berichte melden, in seinem gesucht-eleganten Auftreten: »schwarzer, breitkrempiger Hut, stets schwarze Glacéhandschuhe, schwarzer Spazierstock mit Elfen-

beingriff, schwarzer Rock und im Winter schwarzer Mantel mit Seidenfutter«.[29]
Wer sich schon mit knapp zwanzig Jahren als »Künstler«[30] wußte, in höheren Sphären schwebte und sich für bloße Handarbeit zu gut fühlte, – wer schon damals sich als Genie eines gottbegnadeten Kunstmalers, eines Architekten verstand, der Linz völlig umbauen wollte, und später wie durch göttliche Macht aus den Schrecken und nach einer Gasvergiftung des Ersten Weltkriegs gerettet herauskam und schließlich »beschloß, Politiker zu werden«[31], mußte von der bergeversetzenden Zuversicht erfüllt gewesen sein, von der »Vorsehung« zu Einmaligem und Einzigartigem berufen zu sein und an sich das biblische Wort erfüllt sehen: »Großes hat an mir getan der Mächtige« (Lk 1,49).
Das Wort »Vorsehung« hatte Hitler mehr und mehr für sich allein gepachtet. Es wäre einer Untersuchung wert, Häufigkeit und Stellenwert dieses Wortes in den Schriften und Reden Hitlers herauszustellen. Hitler hat immer dann auf die »Vorsehung« oder auf den »Allmächtigen« sich berufen, wenn ein Attentat auf ihn mißglückte oder ein blutiger Sieg ihm zufiel. Wie sehr er sich bereits bei der 1924/25 erfolgten Niederschrift seines Buches »Mein Kampf« als Werkzeug und Vollstrecker der göttlichen Vorsehung erkannte und verstand, ist seiner »theologischen« Hauptaufgabe zu entnehmen: »... So glaube ich heute im Sinn des allmächtigen Schöpfers zu handeln: Indem ich mich des Juden erwehre, kämpfe ich für das Werk des Herrn«.[32]
Die Verherrlichung Adolf Hitlers wurde nach der Machtergreifung (am 30. Januar 1933) mit immer lauteren Tönen betrieben. In einer Rundfunkrede sagte Rudolf Heß, der Stellvertreter des Führers, am 25. Juni 1934: »... Mit Stolz sehen wir: Einer bleibt von aller Kritik ausgeschlossen, das ist der Führer. Das kommt daher, daß jeder fühlt und weiß: Er hat immer recht, und er wird immer recht haben. In der kritiklosen Treue, in der Hingabe an den Führer, die nach

dem Warum im Einzelfalle nicht fragt, in der stillschweigenden Ausführung seiner Befehle liegt unser aller Nationalsozialismus verankert. Wir glauben daran, daß der Führer einer höheren Berufung zur Gestaltung des deutschen Schicksals folgt! An diesem Glauben gibt es keine Kritik!«[33]
Wie bewußt man auch in das Denken und sogar in das Beten der Kinder die Führerverherrlichung einpflanzte, läßt sich durch jene »Anrufe«[34] belegen, die bei der Kinderspeisung der NSV (Nationalsozialistische Volkswohlfahrt) – Ortsgruppe Reinau/Köln gesprochen wurden.

Vor dem Essen:

»Führer, mein Führer, von Gott mir gegeben,
beschütz' und erhalte noch lange mein Leben!
Hast Deutschland gerettet aus tiefster Not,
Dir danke ich heute mein täglich Brot.
Bleib noch lange bei mir, verlaß mich nicht,
Führer, mein Führer, mein G l a u b e, mein Licht!
Heil, mein Führer!«

Nach dem Essen:

»Dank sei Dir für diese Speise,
Beschützer der Jugend, Beschützer der Greise!
Hast Sorgen, ich weiß es, doch kümmert's Dich nicht,
ich bin bei Dir bei Nacht und bei Licht.
Leg ruhig Dein Haupt in meinen Schoß,
bist sicher, mein Führer, denn Du bist groß.
Heil, mein Führer!«

Hitler wurde in seinem Messianismus und Sendungsbewußtsein von seinen engsten Gefolgsmännern, vor allem durch Paul Joseph Goebbels und Heinrich Himmler (beide übrigens wie Hitler katholisch!) bestärkt und in der Öffentlichkeit nicht nur zum »größten Staatsmann aller Zeiten« und zum »größten Feldherrn aller Zeiten«, sondern mehr und mehr, und zwar in gezielter Absicht zum »Unsterblichen« emporgeredet. Es ist keine Fehldeutung der katholischen Frömmigkeit, von ihr zu behaupten, daß auch die »Heiligenverehrung« einer ihrer typischen Akzente ist. Gerade bei Heinrich Himmler, dem Reichsführer-SS, zeigte sich immer wieder eine recht kräftige, unterschwellige Fernwirkung seiner katholisch geprägten Jugend. Noch 1919 schrieb er: »Was auch kommen mag, ich werde immer Gott lieben, werde zu Ihm beten und werde der katholischen Kirche treu bleiben und werde sie selbst dann verteidigen, wenn sie mich verstoßen sollte«.[35] Es war eine zu späte Einsicht, die Heinrich Himmler kurz vor der endgültigen Katastrophe äußerte: »Wir hätten die Kirche nicht angreifen dürfen, denn sie ist stärker als wir. Wenn ich tot bin, sollen diese Geistlichen auch für meine Seele beten«.[36]

In diese Formen der »Heiligenverehrung«, letztlich der »Führervergötzung« gehört, was rückblickend auf das Attentat im Münchner Bürgerbräukeller am 8. November 1939 Heinrich Himmler (in einem Gespräch mit seinem Masseur und »Leibarzt« Felix Kersten am 6. Dezember 1944) sagte: ». . . Das deutsche Volk sollte begreifen, daß der Führer uns von der Vorsehung geschickt und gegen jedes Attentat unverletzlich ist«. Nach dem gescheiterten Attentat am 20. Juli 1944 war es Himmlers selbstverständlicher (oder doch nur eingeredeter?) Glaube: »Die Vorsehung hat den Führer gerettet . . . Die Vorsehung hat uns ein Zeichen geschickt. Der Führer lebt, er ist unverwundbar«.[37]

Antrag auf Heiligsprechung

Ein geschickt gesteuerter Propaganda-Apparat sorgte dafür, Hitler als Führer, als Messias, als Retter und Erlöser emporzuloben und über die vielfältigen Medien geschickt »zu verkaufen«. Für Hitler selbst war mehr und mehr bestimmend sein »Messiaskomplex, der ihn vorgeben läßt, der einzige Vertreter der Gottheit in seiner Generation zu sein; so erscheint, wenn christliche Gemeinschaft schwindet, ein Antichrist. Nietzsches ›Gott ist tot‹ führt denknotwendig zu den deutschen SS-Leuten, die tatsächlich gesagt haben:

›Hitler ist Christus II.‹«[38]

Was jedoch in den Gehirnen der Propagandisten des Hitler-Kultes wirklich geplant wurde, ist einem Dokument[39] zu entnehmen, das zur Pflichtlektüre jedes Deutschen erklärt werden müßte – und zwar nicht um der bloßen Information willen, sondern um des erschütternd-abschreckenden Inhalts willen. Dieser Text, geschrieben auf einer Blattgröße Din A 4 und von Adolf Hitler mit einer aufschlußreichen Anmerkung versehen und handschriftlich unterzeichnet, trägt das Datum des 14. August 1943 (Fotokopie im Anhang!).

Man vergegenwärtige sich: Im Januar/Februar 1943 hatte sich die militärische Katastrophe von Stalingrad ereignet. Am 18. Februar 1943 hatte Propagandaminister Goebbels im Berliner Sportpalast seine berühmt-berüchtigte Hetzrede zum totalen Krieg gehalten. Am 22. Februar 1943 wurden die ersten drei Angehörigen der studentischen Widerstandsgruppe »Weiße Rose«, die Geschwister Hans und Sophie Scholl und Christoph Probst, hingerichtet. Ihnen folgten auf das Schafott Professor Dr. Kurt Huber und Alex Schmorell am 13. Juli 1943 und Willi Graf am 12. Oktober 1943. Unter den Bomben sind deutsche Städte in Schutt und Asche zusammengesunken. Hunderttausende sind an der Front wie auch in der Heimat getötet worden. Hatten die Männer um Hitler damals keine anderen Sorgen, als über die Heiligsprechung, über die Erklärung Hitlers zum »Gottgesandten, dem göttliche Ehren zustehen«, nachzudenken?

»Ohne Durchschlag *14. August 1943*
Streng reservat!
Nur für den Führer bestimmt

IV. Sitzungsbericht

Vorschlag VI. (nach Bauer) Nach Vornahme einiger Aenderungen zur Vorlage an den Führer angenommen.

Sofortige und bedingungslose Abschaffung sämtlicher Religionsbekenntnisse nach dem Endsieg, und zwar nicht nur für das Gebiet des Großdeutschen Reiches, sondern auch für sämtlichen, befreiten, besetzten und annektierten Länder, Protektorate, Gouvernements, e.t.c. mit gleichzeitiger Proklamierung Adolf Hitlers zum neuen Messias. Aus politischen Erwägungen sind von dieser Maßnahme einstweilen der mohammedanische, buddhistische, sowie der Shintonglaube auszunehmen.
Der Führer ist dabei als ein Mittelding zwischen Erlöser und Befreier hinzustellen – jedenfalls aber als Gottgesandter, dem göttliche Ehren zustehen. Die vorhandenen Kirchen, Kapellen, Tempel und Kultstätten der verschiedenen Religionsbekenntnisse sind in »Adolf Hitler Weihestätten« umzuwandeln.
Ebenso haben sich die theologischen Fakultäten der Universitäten auf den neuen Glauben umzustellen und besonderes Gewicht auf die Ausbildung von Missionären und Wanderpredigern zu legen, die sowohl im Großdeutschen Reich, als auch in der übrigen Welt die Lehre zu verkünden und Glaubensgemeinschaften zu bilden haben, die als Organisationszentren zur weiteren Ausbreitung dienen sollen. (Damit fallen auch die Schwierigkeiten bei der geplanten Aufhebung der Monogamie weg – kann doch die Polygamie ohne weiteres als Glaubenssatz in die neue Lehre eingebaut werden.)

Als Vorbild des Gottgesandten möge die Figur des Gralsritters Lohengrin dienen, die keltisch-germanischer Phantasie entsprungen bereits ein gewisses traditionelles Ansehen genießt, (aehnlich wie die Sagengestalt Wilhelm Tells in der Schweiz seit langem zu einem Symbol geworden ist.) Durch entsprechende Propaganda müßte die Herkunft des Führers noch mehr als bisher verschleiert werden, so wie auch sein künftiger Abgang einmal spurlos und in vollständiges Dunkel zu erfolgen hätte. (Rückkehr in die Gralsburg)

(Handschriftliche Anmerkung von Adolf Hitler):
Der erste brauchbare Entwurf!
Zur Bearbeitung an Dr. Göbbels.
Adolf Hitler«

Warum ist dieses Schriftstück, das von Adolf Hitler selbst als »der erste brauchbare Entwurf« bezeichnet wurde, »zur Bearbeitung an Dr. Göbbels« weitergereicht worden? War Dr. Goebbels deshalb für die »Heiligsprechung« Hitlers zuständig, weil er Propagandaminister des Dritten Reiches war oder war Dr. Goebbels wegen seiner zwar verblichenen, aber doch noch in Spurelementen vorhandenen katholischen Kenntnisse für die Angelegenheit einer »Heiligsprechung« der geeignete Promotor und Defensor fidei?
Was mit dichterischen Liturgien begonnen hatte, sollte mit einer Heiligsprechung Adolf Hitlers als »Mittelding zwischen Erlöser und Befreier ..., jedenfalls als Gottgesandter, dem göttliche Ehren zustehen«, enden. Das geschichtliche Ende Hitlers am 30. April 1945 im »Führerbunker« hinter der Alten Reichskanzlei (Berlin) war alles andere als die »Rückkehr in die Gralsburg«.
Generalfeldmarschall Erich von Ludendorff, der am 9. November 1923 gemeinsam mit Adolf Hitler den »Marsch zur Feldherrnhalle« in München anführte, hat zehn Jahre später,

als Hitler durch den Reichspräsidenten Paul von Hindenburg am 30. Januar 1933 zum Reichskanzler ernannt wurde (Ernennungsurkunde im Anhang!), folgendes Telegramm an den Reichspräsidenten geschickt:

Sie haben durch die Ernennung Hitlers zum Reichskanzler unser heiliges deutsches Vaterland einem der größten Demagogen aller Zeiten ausgeliefert.
Ich prophezeie Ihnen feierlich, daß dieser unselige Mann unser Reich in den Abgrund stürzen und unsere Nation in unfaßbares Elend bringen wird. Kommende Geschlechter werden Sie wegen dieser Handlung in Ihrem Grab verfluchen.

Es klingt überaus verheißungsvoll und ist doch angesichts der Katastrophe, in die Adolf Hitler das deutsche Volk hineinführte, erschütternde Vermessenheit, wenn es in dem ersten Aufruf[40] der von Adolf Hitler als Reichskanzler geführten Reichsregierung an das deutsche Volk vom 1. Februar 1933 (also zwei Tage nach der Machtübernahme) abschließend heißt:

»... Der Reichspräsident, Generalfeldmarschall von Hindenburg, hat uns berufen mit dem Befehl, durch unsere Einmütigkeit der Nation die Möglichkeit des Wiederaufstieges zu bringen.
Wir appellieren deshalb nunmehr an das deutsche Volk, diesen Akt der Versöhnung selbst mit zu unterzeichnen.
Die Regierung der nationalen Erhebung will arbeiten, und sie wird arbeiten.

Sie hat nicht 14 Jahre lang die deutsche Nation zugrunde gerichtet, sondern will sie wieder nach oben führen ...
Die Parteien des Marxismus und seiner Mitläufer haben 14 Jahre lang Zeit gehabt, ihr Können zu beweisen.
Das Ergebnis ist ein Trümmerfeld.
Nun, deutsches Volk, gib uns die Zeit von vier Jahren und dann urteile und richte uns! Getreu dem Befehl der Generalfeldmarschalls wollen wir beginnen. Möge der allmächtige Gott unsere Arbeit in seine Gnade nehmen, unseren Willen recht gestalten, unsere Einsicht segnen und uns mit dem Vertrauen unseres Volkes beglücken. Denn wir wollen nicht kämpfen für uns, sondern für Deutschland!«

Was Hermann Rauschning[41] als Äußerung Hitlers festgehalten hat entlarvt, was »der Führer« wirklich unter »Gott« und »Vorsehung« verstanden hat:

»Die Vorsehung hat mich zu dem größten Befreier der Menschheit vorbestimmt ... Der christlichen Lehre von der unendlichen Bedeutung der menschlichen Einzelseele und der persönlichen Verantwortung setze ich mit eiskalter Klarheit die erlösende Lehre von der Nichtigkeit und Unbedeutendheit des einzelnen Menschen und seines Fortlebens in der sichtbaren Unsterblichkeit der Nation gegenüber. An die Stelle des Dogmas von dem stellvertretenden Leiden und Sterben eines göttlichen Erlösers tritt das stellvertretende Leben und Handeln des neuen Führergesetzgebers, das die Masse der Gläubigen von der Last der freien Entscheidung entbindet ...«

2.

DER DEUTSCHE KATHOLIZISMUS IM ENTSCHEIDUNGSJAHR 1933

Daß die christlichen Kirchen Deutschlands im Jahre 1933, in dem Adolf Hitler am 30. Januar zur Macht kam, kein monolithischer Widerstandsblock waren und daß es ebenso in der evangelischen wie in der katholischen Kirche der damaligen Zeit recht unterschiedliche Auffassungen im Grundsätzlichen und im Methodischen gab, muß heute aufgrund einer Vielzahl von Veröffentlichungen als ein sicheres Faktum der Geschichte angesehen werden. Wer anderes behauptet, leugnet wider besseres Wissen die Tatsachen und Dokumente der Geschichte.

Aus der Fülle des heute zur Verfügung stehenden Dokumentenmaterials kann man aber – je nach kirchenfreundlicher oder kirchenfeindlicher Voreinstellung – durch Selektierung ebenso die These der Kollaboration und der politischen Kurzsichtigkeit wie die entgegengesetzte These des unnachgiebigen Protestes belegen. Daß die geschichtliche Wirklichkeit wesentlich differenzierter war und daß vor allem »das kirchenpolitische Klima« des Jahres 1933 außerordentlich große und häufige Wetterstürze aufwies, ist allein schon – sei es gelegen oder ungelegen – aus dem gewissenhaften Studium der veröffentlichten Akten ersichtlich. Man muß aber – wie der Autor – in der damaligen Zeit selbst gelebt haben, um die bekannte und auch unbekannte Vielschichtigkeit der damaligen kirchenpolitischen Problematik aus den vorgelegten Dokumenten noch heraushören und um vor allem »zwischen den Zeilen« lesen und entdecken zu können, was gesagt und was nicht gesagt wurde und nicht zuletzt wie es niedergeschrieben und wie es nicht niedergeschrieben wurde.

Es wird von vielen heutigen Lesern kaum als besonderer

Akzent registriert, wenn etwa Bischof Galen/Münster einen Brief an Göring »Mit deutschem Gruß!« abschließt. Jedem Kenner der damaligen Zeit ist aber bekannt, daß ein ganz bewußter Unterschied zwischen den beiden Grußformen »Heil Hitler« und »Mit deutschem Gruß« bestand. Es gab in der damaligen Zeit ein sprachliches Fingerspitzengefühl für mögliche, aber offene Formulierungen und Sprechweisen, die von denen durchaus verstanden wurden, die Ohren hatten, zu hören. So mancher aber hat durch Mißachtung der Tugend der Klugheit einen (nicht immer notwendigen) Konflikt mit den damaligen Machthabern heraufbeschworen.

Die politische und wirtschaftliche Situation Deutschlands vor 1933

Die Weimarer Republik hatte von Anfang an sicherlich viele Mängel. Sie war für viele, die aus dem Ersten Weltkrieg zurückkehrten, »auch kein Ideal, aber so etwas, daß man erstmals wieder ›verschnaufen‹ konnte«.[42] Clemens Baeumker, seit 1912 Professor der Philosophie an der Universität München und bedeutender katholischer Fachgelehrter der neuscholastischen Epoche († 7. Oktober 1924), hat mit folgenden Worten das konfliktreiche Leben mit der Weimarer Verfassung überaus treffsicher aufgezeigt: »Verachten Sie nicht die Weimarer Verfassung. Sie ist uns nicht kongenial, wir wären lieber im alten Reich – aber diese Verfassung ist eine Sache der Gelehrten. In d e r Zeit, in dieser Kürze, solch ein Werk zu erstellen, unter diesen Voraussetzungen, das ist eine einzigartige Tat«.[43]
Es kann an dieser Stelle nicht eine umfassende Analyse[44] der Weimarer Republik vorgelegt werden, in der die »Voraussetzungen« für die Machtergreifung Adolf Hitlers genannt werden. Lediglich zwei Aspekte sollen herausgestellt werden, die eine stimulierende Wirkung hatten.

■ Zunächst muß verwiesen werden auf die Entwicklung der Parteienlandschaft im Deutschen Reichstag[45] und auf den prozentualen Anteil an Stimmen wie an Reichstagsabgeordneten, die der Partei Hitlers, der Nationalsozialistischen Deutschen Arbeiter-Partei (NSDAP), zufielen. Die Entwicklung der NSDAP in den Wahlkreisen der Weimarer Republik von 1924 bis 1933 zeigt folgendes Bild:

	Bei der Reichstagswahl vom						
	4. 5. 1924	7. 12. 1924	20. 5. 1928	14. 9. 1930	31. 7. 1932	6. 11. 1932	5. 3. 1933
Wahlkreis	entfielen von 100 gültigen Stimmen auf die NSDAP						
Ostpreußen	8,6	6,2	0,8	22,5	47,1	39,7	56,5
Berlin	3,6	1,6	1,4	12,8	24,6	22,5	31,3
Potsdam II	6,5	2,9	1,8	16,7	33,0	29,1	38,2
Potsdam I	5,8	2,8	1,6	18,8	38,1	34,1	44,4
Frankfurt a. d. Oder	5,0	3,2	1,0	22,7	48,1	42,6	55,2
Pommern	7,3	4,2	1,5	24,3	47,9	43,1	56,3
Breslau	4,0	1,4	1,0	24,2	43,5	40,4	50,2
Liegnitz	1,5	1,5	1,2	20,8	48,0	42,1	54,0
Oppeln	2,6	1,5	1,0	9,5	29,3	26,8	43,2
Magdeburg	4,9	3,0	1,7	19,5	43,8	39,0	47,3
Merseburg	8,7	4,3	2,7	20,5	42,6	34,5	46,4
Thüringen	9,9	5,4	3,7	19,3	43,4	37,1	47,2
Schleswig-Holstein	7,4	2,7	4,0	27,0	51,0	45,7	53,2
Weser-Ems	7,4	4,8	5,2	20,5	38,4	31,9	41,4
Osthannover	8,6	4,4	2,6	20,6	49,5	42,9	54,3
Südhannover-Braunschw.	7,6	3,4	4,4	24,3	46,1	40,6	48,7
Westfalen-Nord	3,5	1,3	1,0	12,0	25,7	22,3	34,9
Westfalen-Süd	1,5	1,1	1,6	13,9	27,2	24,8	33,8
Hessen-Nassau	5,6	2,5	3,6	20,8	43,6	41,2	49,4
Köln-Aachen	1,5	0,6	1,1	14,5	10,2	17,4	30,1
Koblenz-Trier	1,3	—	2,1	14,9	28,8	26,1	38,4
Düsseldorf-Ost	3,9	1,6	1,8	17,0	31,6	27,0	37,4
Düsseldorf-West	2,6	0,9	1,2	16,8	27,0	24,2	35,2
Oberbayern-Schwaben	17,0	4,8	6,2	16,3	27,1	24,6	41,0
Niederbayern	10,2	3,0	3,5	12,0	20,4	18,4	39,2
Franken	20,7	7,5	8,1	20,5	39,9	36,4	45,7
Pfalz	5,7	1,9	5,6	22,8	43,7	42,6	46,5

Wahlkreis	Bei der Reichstagswahl vom 4. 5. 1924	7. 12. 1924	20. 5. 1928	14. 9. 1930	31. 7. 1932	6. 11. 1932	5. 3. 1933
	entfielen von 100 gültigen Stimmen auf die NSDAP						
Dresden-Bautzen	4,5	1,5	1,8	16,1	39,3	34,0	43,6
Leipzig	7,9	1,8	1,9	14,0	36,1	31,0	40,0
Chemnitz-Zwickau	7,7	4,2	4,3	23,8	47,0	43,4	50,0
Württemberg	4,1	2,4	1,9	9,4	30,3	26,2	42,0
Baden	4,8	1,9	2,9	19,2	36,9	34,1	45,4
Hessen-Darmstadt	2,9	1,3	1,9	18,5	43,1	40,2	47,4
Hamburg	6,0	2,3	2,6	19,2	33,7	27,2	38,9
Mecklenburg	20,8	11,9	2,0	20,1	44,8	37,0	48,0
Deutsches Reich	6,6	3,0	2,6	18,3	37,2	33,1	43,9

Aufgeschlüsselt auf Abgeordnete im Deutschen Reichstag ergeben sich folgende Zahlen:

Wahltag	Gesamtzahl der Abgeordneten	Zahl der NSDAP-Abgeordneten	Prozent der NSDAP-Stimmen
4. Mai 1924	472	32	6,6
7. Dez. 1924	493	14	3,0
20. Mai 1928	491	12	2,6
14. Sept. 1930	577	107	18,3
31. Juli 1932	608	230	37,2
6. Nov. 1932	584	196	33,1
5. März 1933	647	288	43,9

Die Mitte der vielschichtigen »bürgerlichen« Parteien wurde eingeengt durch den Linksblock der Kommunistischen Partei Deutschlands (KPD) mit einem fast gleichbleibenden Wählerpotential und durch den Rechtsblock der NSDAP, der (abgesehen von dem Wahlrückschlag im November 1932) eine steigende Tendenz aufwies.[46]

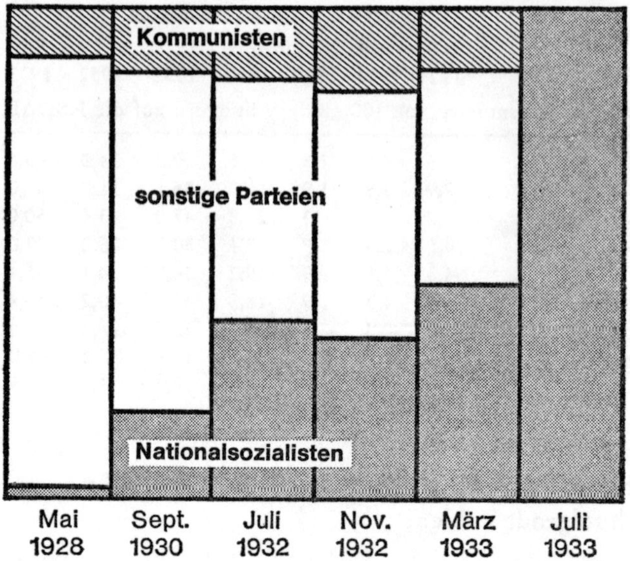

1932 gab es im Deutschen Reichstag 36 Parteien und Wählergruppen. Das sog. Verhältniswahlrecht ermittelte die Zahl der Abgeordneten nach dem Verhältnis der für die jeweilige Partei abgegebenen Stimmen. Dadurch fielen auch der kleinsten Partei und Gruppierung Sitz und Stimme im Deutschen Reichstag zu. Seit dem 29. März 1930 konnte sich keine Regierung mehr auf eine Mehrheit im Reichstag stützen. Die deutschen Minderheitsregierungen konnten daher nur noch durch sog. Notverordnungen »regieren«, die erst dann Gesetzeskraft besaßen, wenn der Reichspräsident Paul von Hindenburg ihnen zustimmte und seine Unterschrift gab.

■ Die Entwicklung und Radikalisierung der deutschen Parteienlandschaft hat zu einem nicht geringen Teil auch die Wirtschaftskrise gefördert. Die Weltwirtschaftskrise – »Schwarzer Freitag« am 24. Oktober 1929 – führte in Deutschland zu einem ständigen Anwachsen der Arbeitslosigkeit und zu einer tiefgreifenden Resignation breitester Bevölkerungsschichten.

Die Arbeitslosigkeit in Deutschland (1927–1933)[47] zeigt folgende Fieberkurve:

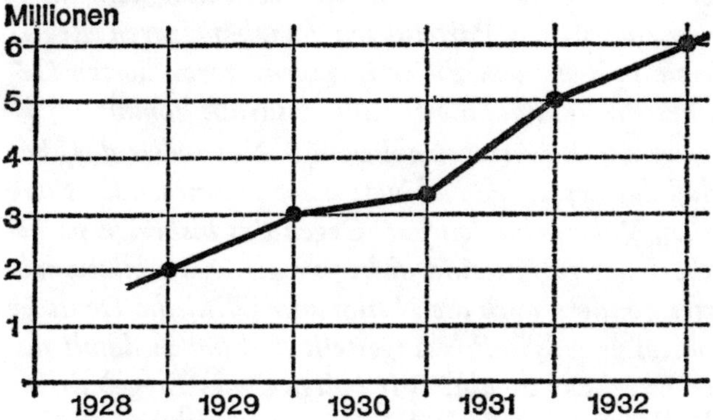

Wer daher in der Zeit der damaligen Arbeitslosigkeit die Parole »Arbeit und Brot« wie Adolf Hitler ausgab, konnte (auch wenn man ihm zunächst parteipolitisch noch nicht zustimmte!) auf Gehör, ja sogar auf Sympathie und auf Stimmenzuwachs bei den nächsten Reichstagswahlen rechnen. Nicht wenige Arbeitslose dachten damals: Laßt doch Hitler an die Regierung! Wenn auch er nicht helfen kann, dann ist er endgültig erledigt!
Daß solche und ähnliche Forderungen in Kreisen der Arbeiter und der Arbeitslosen wie auch in Wirtschafts- und Finanzkreisen nicht bloß im stillen Kämmerlein gedacht, sondern hochoffiziell auch erhoben wurden, bestätigt ein Brief, der (wie die Unterschriften bestätigen) von einflußreichen Männern der deutschen Wirtschaft im November 1932 an den Reichspräsidenten Paul von Hindenburg geschrieben wurde:[48]

Ew. Exzellenz,
Hochzuverehrender Herr Reichspräsident!

Gleich Eurer Exzellenz durchdrungen von heißer Liebe zum deutschen Volk und Vaterland haben die Unterzeichneten die

grundsätzliche Wandlung, die Eure Exzellenz in der Führung der Staatsgeschäfte angebahnt haben, mit Hoffnung begrüßt. Mit Eurer Exzellenz bejahen wir die Notwendigkeit einer, vom parlamentarischen Parteiwesen unabhängigeren Regierung, wie sie in dem, von Eurer Exzellenz formulierten Gedanken eines Präsidialkabinetts zum Ausdruck kommt.
Der Ausgang der Reichstagswahl vom 6. November d. J. hat gezeigt, daß das derzeitige Kabinett keine ausreichende Stütze im deutschen Volk gefunden hat. Gegen das bisherige parlamentarische Parteiregime sind nicht nur die Deutschnationale Volkspartei, sondern auch die Nationalsozialistische Deutsche Arbeiterpartei grundsätzlich eingestellt und haben damit das Ziel Eurer Exzellenz bejaht! Wir halten dieses Eregebnis für außerordentlich erfreulich und können uns nicht vorstellen, daß die Verwirklichung des Zieles nunmehr an der Beibehaltung einer unwirksamen Methode scheitern sollte. Es ist klar, daß eine des öfteren wiederholte Reichstagsauflösung nicht nur einer politischen, sondern auch einer wirtschaftlichen Beruhigung entgegenwirken muß. Es ist aber auch klar, daß jede Verfassungsänderung, die nicht von breitester Volksströmung getragen ist, noch schlimmere Wirkungen auslösen wird.
Wir erachten es deshalb für unsere Gewissenspflicht, Eure Exzellenz ehrerbietig zu bitten, daß zur Erreichung des, von uns allen unterstützten Zieles Eurer Exzellenz die Umgestaltung des Reichskabinetts in einer Weise erfolgen möge, die die größtmögliche Volkskraft hinter das Kabinett bringt.
Wir bekennen uns frei von jeder parteipolitischen Einstellung. Wir erkennen in der nationalen Bewegung, die durch unser Volk geht, den verheißungsvollen Beginn einer Zeit, die durch Überwindung des Klassengegensatzes die unerläßliche Grundlage für einen Wiederaufstieg der deutschen Wirtschaft erst schafft. Wir wissen, daß dieser Aufstieg noch viele Opfer erfordert.

Wir glauben, daß diese Opfer nur dann gebracht werden können, wenn die größte Gruppe dieser nationalen Bewegung führend an der Regierung beteiligt wird.

Die Übertragung der verantwortlichen Leitung eines, mit den besten sachlichen und persönlichen Kräften ausgestatteten Präsidialkabinetts an den Führer der größten nationalen Gruppe wird die Schlacken und Fehler, die jeder Massenkundgebung anhaften, ausmerzen und Millionen Menschen, die heute abseits stehen, zu bejahender Kraft mitreißen!

Im vollen Vertrauen zu Eurer Exzellenz Weisheit und Eurer Exzellenz Gefühl der Volksverbundenheit, grüßen wir Euer Exzellenz mit größter Ehrerbietung

Dr. SCHACHT SCHRÖDER SLOMANN
CUNO VÖGLER
KURT WOERMANN THYSSEN HANIEL
KRUPP SIEMENS
SPRINGORUM ROBERT BOSCH von OPPEN
von KEUDELL

Abschließend sei noch kurz auf das Verhalten der katholischen Wähler vor dem Entscheidungsjahr 1933 eingegangen. In einem lesenswerten Buch »Freiheit oder Gleichheit?« hat Erik von Kuehnelt-Leddihn kartographisch[49] gegenübergestellt die damaligen Landkreise Deutschlands mit dem prozentualen Anteil der Katholiken (nach der Volkszählung 1934) und mit dem prozentualen Stimmenanteil der NSDAP (bei der Wahl am 31. Juli 1932).

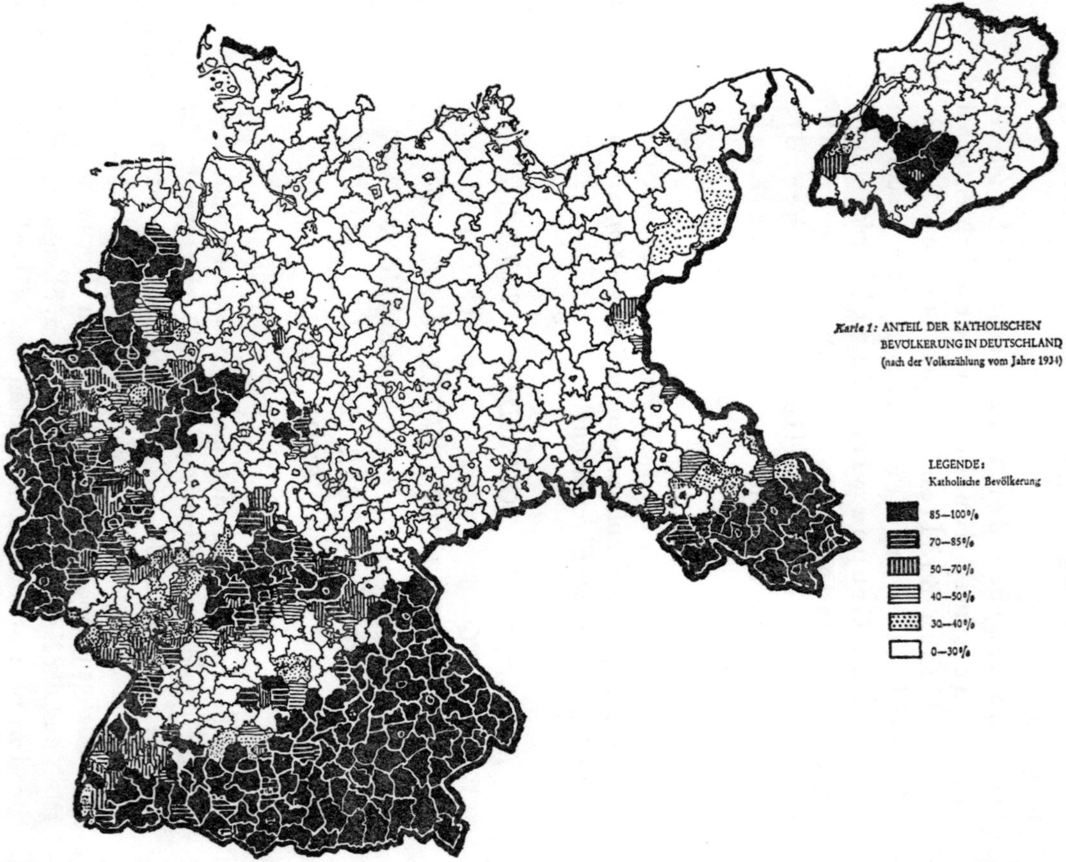

Karte 1: ANTEIL DER KATHOLISCHEN BEVÖLKERUNG IN DEUTSCHLAND (nach der Volkszählung vom Jahre 1934)

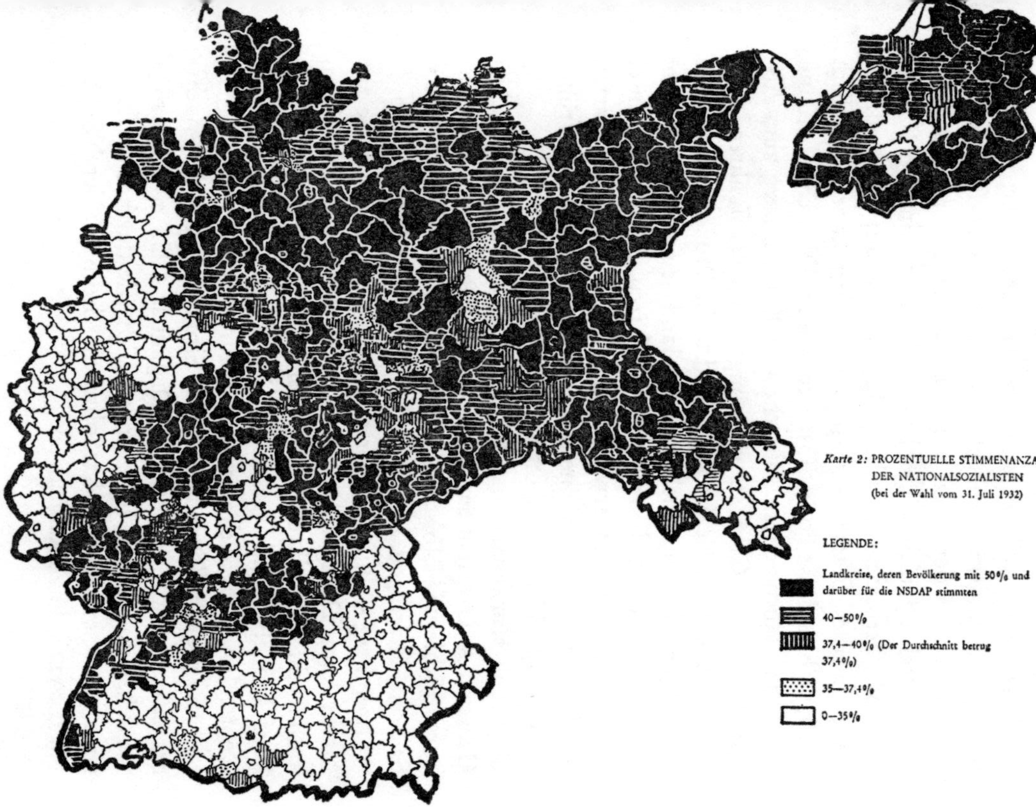

Karte 2: PROZENTUELLE STIMMENANZAHL
DER NATIONALSOZIALISTEN
(bei der Wahl vom 31. Juli 1932)

LEGENDE:

- Landkreise, deren Bevölkerung mit 50% und darüber für die NSDAP stimmten
- 40—50%
- 37,4—40% (Der Durchschnitt betrug 37,4%)
- 35—37,4%
- 0—35%

Helmut Holzapfel[50] hat dazu folgende Anmerkungen gemacht:

»... Die Gebiete, die über 85 Prozent katholisch sind, wie Rheinland und Ruhrgebiet, Altbayern und Oberpfalz, Südbaden und Südwürttemberg, Unterfranken und Oberschlesien, hatten bei der Wahl vom 31. Juli 1932 durchweg unter ein Drittel, oft nicht einmal zehn Prozent Stimmen für die NSDAP. Besonders auffällig zeigt sich dies am Ermland, das als polnisches Staatsgebiet in der Reformation katholisch blieb, während das übrige Ostpreußen, als Deutschordensland durch den Hochmeister Albrecht von Brandenburg zum Abfall vom alten Glauben gezwungen wurde. Während das ganze umliegende Gebiet zu 50 und mehr Prozent schon 1932 für Hitler stimmte, blieb das Ermland seinem katholischen Glauben und der politischen Vernunft treu. Als ähnliche Insel in der braunen Flut erwies sich, wie unsere beiden Karten deutlich zeigen, das kleine katholische Eichsfeld, das früher zum Hochstift Mainz gehörte.

Man muß also feststellen, daß Hitler in den protestantischen Gebieten – Ostpreußen, Brandenburg, Pommern, Mecklenburg, Schleswig-Holstein, Niedersachsen, Niederschlesien, Sachsen, Thüringen, Hessen, Mittel- und Oberfranken, Nordwürttemberg – seine Wähler gefunden hat und durch sie zur Macht kam. Dagegen konnte er selbst 1932 noch in keinem katholischen Landkreis eine Stimmenmehrheit erringen. Die konfessionelle und politische Landkarte des damaligen Deutschland deckt sich fast haargenau.«

Um die prekäre kirchenpolitische Situation nach der Machtergreifung Adolf Hitlers am 30. Januar 1933 einigermaßen verstehen zu können, ist es unerläßlich, die durchaus offiziellen Zusammenstöße der katholischen Kirche mit der NSDAP vor diesem Jahr zu kennen.

Konfrontationen der katholischen Kirche mit der NSDAP vor 1933

Durch die Erfolge bei der Reichstagswahl am 31. Juli 1930 (18,3 % NSDAP-Stimmen) und durch den damit erreichten Sprung von bisher (Reichstagswahl am 20. Mai 1928) zwölf auf nunmehr 107 Reichstagsabgeordnete trat die Partei Hitlers mehr und mehr in die Öffentlichkeit. Vor allem Punkt 24 des (von Gottfried Feder, † 1941, ausformulierten) Programms der NSDAP und gewiß auch die Anbiederungsversuche, katholische (und auch evangelische) Christen für den Eintritt in die Partei Hitlers und für eine Stimmabgabe zugunsten der NSDAP zu gewinnen, nötigten vom Jahr 1930 an zur Klarstellung und Grenzziehung.

Artikel 24 des NSDAP-Programms lautet:
»Wir fordern Freiheit aller religiösen Bekenntnisse im Staat, soweit sie nicht dessen Bestand gefährden oder gegen das Sittlichkeits- und Moralgefühl der germanischen Rasse verstoßen. Die Partei als solche vertritt den Standpunkt eines positiven Christentums, ohne sich konfessionell an ein bestimmtes Bekenntis zu binden. Sie bekämpft den jüdisch-materialistischen Geist in und außer uns und ist überzeugt, daß eine dauernde Genesung unseres Volkes nur erfolgen kann von innen heraus auf der Grundlage: Gemeinnutz vor Eigennutz«.

Am 27. September 1930 richtete die »NSDAP, Gauleitung Hessen, an das Bischöfliche Ordinariat Mainz«[51] die offizielle Anfrage, ob auch von der bischöflichen Stelle die Auffassung geteilt werde, die Pfarrer Weber von Kirschhausen in einer erst jüngst gehaltenen Predigt geäußert habe, es sei für Katholiken verboten, in der NSDAP Mitglied zu werden.
Das Schreiben der NSDAP, Gauleitung Hessen, hat folgenden Wortlaut:
»Nach einem uns vorliegenden Bericht soll der Hochwürdige Herr Pfarrer Weber von Kirschhausen im Verlauf der Pre-

digt, die er im Rahmen des feierlichen Hochamtes hielt, und die sich lediglich gegen uns Nationalsozialisten richtete, gesagt haben, daß er auf seine Anfrage beim Bischof erklärt bekommen habe:
1. Jedem Katholiken ist es verboten, eingeschriebenes Mitglied der Hitler-Partei zu sein.
2. Jedem Mitglied der Hitler-Partei sei nicht gestattet, in korporativer Zusammensetzung an Beerdigungen oder sonstigen Veranstaltungen teilzunehmen.
3. Solange ein Katholik eingeschriebenes Mitglied der Hitler-Partei sei, könne er nicht zu den Sakramenten zugelassen werden.
Diese Behauptungen des Hochw. Herrn Pfarrers Weber sind so überaus merkwürdig, daß wir in aller Form anfragen müssen, ob der Bischof von Mainz tatsächlich das gesagt hat.
Wegen der Dringlichkeit der Sache bitten wir um sofortigen Bescheid!
Mit deutschem Gruß! (gez.) Erich Berger.«

Nicht bloß erstaunlich pünktlich, sondern auch mit glasklarer Deutlichkeit antwortete bereits drei Tage später, am 30. September 1930, das Bischöfliche Ordinariat von Mainz:[52]

»Wir haben dem Pfarrer von Kirschhausen auf seine Anfrage, welche Stellung er gegenüber der NSDAP einzunehmen habe, die in Ihrem Bericht enthaltenen Anweisungen gegeben. Wir mußten diese Anweisungen geben, da das Programm der NSDAP Sätze enthält, die sich mit katholischen Lehren und Grundsätzen nicht vereinigen lassen. Namentlich ist es der § 24 des Programms, den kein Katholik annehmen kann, ohne seinen Glauben in wichtigen Punkten zu verleugnen.
1. § 24 des Programms sagt in seinem ersten Teil: ›Wir fordern die Freiheit aller religiösen Bekenntnisse im Staat, soweit sie nicht dessen Bestand gefährden.‹ — Wir fragen: Welche

religiösen Bekenntnisse gefährden den Bestand des Staates? Es hat eine Zeit gegeben, wo man in Deutschland die katholische Religion für staatsgefährdend hielt; es ist die Zeit des Kulturkampfes, in der sogenannte nationale Kreise die katholische Kirche mit allen Mitteln zu unterdrücken suchten.
2. Der § 24 sagt in seinem zweiten Teil: › Wir fordern die Freiheit aller religiösen Bekenntnisse im Staat, soweit sie nicht gegen das Sittlichkeits- und Moralgefühl der germanischen Rasse verstoßen.‹ — Wir fragen: Was ist Sittlichkeits- und Moralgefühl der germanischen Rasse? Wie verhält sich dieses germanische Sittlichkeits- und Moralgefühl zur christlichen Moral? Das christliche Sittengesetz gründet sich auf die Nächstenliebe ... Das christliche Sittengesetz ist ferner allgemein, es gilt für alle Zeiten und für alle Rassen. Es ist deshalb ein großer Irrtum, zu fordern, daß das christliche Bekenntnis dem Sittlichkeits- und Moralgefühl der germanischen Rasse angepaßt werde. Übrigens entscheidet in Sachen der Religion nicht das Gefühl, sondern Verstand und Wille.
3. Der § 24 sagt in seinem dritten Teil: ›Die Partei als solche vertritt den Standpunkt eines positiven Christentums, ohne sich konfessionell an ein bestimmtes Bekenntnis zu binden.‹ — Wir fragen: Was ist hier unter positivem Christentum zu verstehen? Die Führer der NSDAP wollen einen deutschen Gott, ein deutsches Christentum und eine deutsche Kirche. Gottfried Feder sagt: ›Gewiß wird dereinst auch das deutsche Volk eine Form finden für seine Gotterkenntnis, sein Gotterleben, wie es sein nordisches Blutsteil verlangt, gewiß wird erst dann die Dreieinigkeit des Blutes, des Glaubens und des Staates vollkommen sein.‹ Was hier gefordert wird, ist nichts anderes als eine deutsche Nationalkirche ...
Durch diese Auffassung von Religion geraten die Nationalsozialisten in eine feindliche Stellung zur katholischen Kirche, weshalb auch von nationalsozialistischen Rednern in Volksversammlungen wiederholt der Gedanke ausgesprochen wurde: ›Unser Kampf gilt Juda und Rom.‹

Wohl hat Hitler in seinem Buch ›Mein Kampf‹ einige anerkennende Worte über die christliche Religion und die katholischen Einrichtungen geschrieben, aber das täuscht uns nicht darüber hinweg, daß die Kulturpolitik des Nationalsozialismus mit dem katholischen Christentum in Widerspruch steht.
Vorstehende Ausführungen geben Antwort auf die Fragen: Kann ein Katholik eingeschriebenes Mitglied der Hitler-Partei sein? Kann ein katholischer Pfarrer gestatten, daß Mitglieder dieser Partei korporativ an kirchlichen Beerdigungen oder sonstigen Veranstaltungen teilnehmen? Kann ein Katholik, der sich zu den Grundsätzen dieser Partei bekennt, zu den hl. Sakramenten zugelassen werden? Wir müssen dies verneinen.«

Aus der Fülle von offiziell-kirchlichen Verurteilungen der NSDAP sei lediglich die Stellungnahme der Fuldaer Bischofskonferenz (vom 17. bis 19. August 1932) zitiert, wie sie im Protokoll festgehalten ist:[53]

»Votum betr. Stellungnahme der deutschen Bischöfe zur nationalsozialistischen Partei.

I. In prinzipieller Hinsicht.
Sämtliche Ordinariate haben die Zugehörigkeit zu dieser Partei für unerlaubt erklärt, weil
1. Teile des offiziellen Programms derselben, so wie sie lauten und wie sie ohne Umdeutung verstanden werden müssen, Irrlehren enthalten,
2. weil die Kundgebungen zahlreicher führender Vertreter und Publizisten der Partei glaubensfeindlichen Charakter, namentlich feindliche Stellung zu grundsätzlichen Lehren und Forderungen der katholischen Kirche, enthalten und diese Kundgebungen keine Ablehnung oder Widerspruch seitens der obersten Parteileitung erfahren haben; es gilt dies auch von

der Stellungnahme in Fragen der konfessionellen Schule, der christlichen Ehe u. a. m.

3. Es ist das Gesamturteil des katholischen Klerus und der treu katholischen Vorkämpfer der kirchlichen Interessen im öffentlichen Leben, daß, wenn die Partei die heiß erstrebte Alleinherrschaft in Deutschland erlangt, für die kirchlichen Interessen der Katholiken die dunkelsten Aussichten sich eröffnen.

4. Es ist nicht entschuldbar, wenn weite Kreise der Partei sich anschließen in der Absicht, nur die wirtschaftlichen Interessen und die Ziele des weltlich-politischen Gebietes, wie sie in der Partei vertreten sind, damit unterstützen zu wollen. Denn die Unterstützung der Partei selbst schließt, man mag wollen oder nicht, die Förderung ihrer Gesamtziele ein. Es kommt hinzu, daß die Verheißungen der Partei als unerfüllbar erscheinen.

II. Beurteilung konkreter Einzelfälle.

Ob im Einzelfall die materielle Zugehörigkeit zur Partei ohne formelle Förderung ihrer kulturellen Ziele und ohne Teilnahme an ihrer Agitation entschuldbar sein kann, z. B. wegen schuldlos irrender Auffassung, wegen Einflusses einer Art Massenpsychose, wegen terroristischen Zwanges, wegen sonst eintretender verhängnisvoller Folgen, bleibt der Beurteilung des Seelsorgers überlassen, dem die zu beachtenden pastoralen Normen bekannt sind und auch vom Episkopat noch besonders dargelegt sind.

III. Der Episkopat verlangt, daß der Klerus jedwede Stellungnahme und Erklärung vermeide, die Verwirrung hervorrufen könnte oder abweicht von den Kundgebungen der Bischöfe oder Ärgernis im Volke anstiften kann.«

Schärfer, unerbittlicher und plakativer als es in den kirchlichen Äußerungen geschehen ist, haben mutige katholische Christen Hitler und seine Partei verurteilt und in ihren Veröffentlichungen und Zeitschriften versucht, den nationalsozialistischen Scharlatanen die heuchlerische Maske vom Gesicht

zu reißen und das katholische Volk eindringlich vor Hitler zu warnen.
Genannt sei Hans Rost[54], der in seinem Buch »Christus! – nicht Hitler« sowohl für den Titel wie auch für die harten Konfrontationen folgende Begründung gibt:

»Wir fassen die Begründung kurz zusammen:

1. *Hitler kommt von der Los-von-Rom-Bewegung her.*
2. *Hitler hat den Haß als Triebfeder seines Handelns und seiner Bewegung erklärt.*
3. *Hitler nennt das Papsttum ein System der Knechtschaft; Rosenberg nennt den Papst einen ›unfehlbaren Gott‹ und einen ›Medizinmann‹.*
4. *Hitler ist Christ auf Kündigung.*
5. *Der Homosexualismus und der Meuchelmord werden im Nationalsozialismus zugelassen und gebilligt.*
6. *Der Nationalsozialismus ist in seiner Propaganda durchaus vom Geiste des Kulturkampfes beseelt.*
7. *Der Nationalsozialismus hat sich in einer Reihe von Vertretern und in seiner Presse gegen die Bibel des Alten Testaments erklärt.*
8. *Für den Katholiken ist die Ehe ein heiliges Sakrament. Für den Nationalsozialismus ist die Ehe nur eine Einrichtung zur Verbesserung der Rasse und des Blutes.*
9. *An Stelle der christlichen Konfessionsschule will der Nationalsozialismus eine verwässerte sogenannte ›christliche Gemeinschaftsschule‹ setzen.*
10. *Auch der gläubige Protestantismus bekämpft den Nationalsozialismus mit den gleichen religiösen Einwänden wie der Katholizismus.*
11. *Das ›positive Christentum‹ des Nationalsozialismus ist nicht das Christentum Jesu Christi.*

Der katholische Christ muß sich entscheiden
für Christus oder für Hitler.«

Den wohl härtesten Kampf gegen Hitler und seine Partei haben Fritz Michael Gerlich (am 30. Juni 1934 in Dachau ermordet) und Pater Ingbert Naab (auf der Flucht am 28. März 1933 in Straßburg gestorben) in ihrer Zeitung »Der gerade Weg« (mit mehr als 100 000 Exemplaren) geführt, die den bezeichnenden Untertitel »Deutsche Zeitung für Wahrheit und Recht« trug. In einem beschwörenden Leitartikel hat Pater Ingbert Naab[55] in der letzten Nummer dieser endgültig verbotenen Zeitung vom 5. März 1933 geschrieben:

»Wir wissen, wie viele, sehr viele von der nationalsozialistischen Bewegung zur katholischen Kirche stehen. Wir machen es dem Führer nicht zum Vorwurf, daß er in seiner Bewegung Katholiken und Protestanten vereinigen will. Wir können auch nicht von ihm verlangen, daß er die protestantischen Anschauungen und den antirömischen Affekt vieler ausmerzt, soweit es sich um persönliche Überzeugungen handelt. Aber wir wissen doch zu viel, als daß wir die schrecklich plumpen Manöver nicht kennen, die in den katholikenfreundlichen Versicherungen der Propagandaredner und der Presse stecken. Wir wissen auch, daß man sich in weitesten Kreisen der Bewegung vom Schutz des Christentums sehr eigentümliche Vorstellungen macht. Nein, nein. Wir sind gutmütig, aber nicht dumm. *Wir behaupten nicht, daß ein Kulturkampf unter allen Umständen kommen wird. Wir wissen ja nicht um die Zukunft, und sie bestimmt allein unser Herrgott. Wenn er es nicht will, kann er den bei vielen vorhandenen Willen dazu leicht zuschanden machen. Aber wir sagen, daß wir am Platze sein werden, wenn irgend jemand diesen Frevel wagen wollte. Den Willen dazu haben leider sehr viele, dazu nicht einmal nur Einflußlose!«*

Wer kennt die Länder?
Neues Preisausschreiben des „Ger. Weg" · Seite 10

Der gerade Weg

Deutsche Zeitung für Wahrheit und Recht

HERAUSGEBER DR. FRITZ GERLICH

NATURRECHTSVERLAG G. M. B. H. MÜNCHEN
Schriftleitung und Verlag: München 2 M, Hofstatt 5, II. Stock.
Postscheckkonto München Nr. 2436 · Telephon 93378/93379
Sprechstunde der Redaktion Samstag von 10 bis 12 Uhr.

Mittwoch-Ausgabe

Einzelverkauf: 7 Pf., 40 Oesterr. Gr., 30 Schw. Rappen
Bezugspreis monatlich RM. 1.20 zuzüglich 20 Pf. Liefergebühr
bzw. bei Zustellung durch die Post 32 Pf. Liefergebühr.
Mit Unfall- und Sterbegeldversicherung

Nummer 10 — München, 1. Februar 1933 — 5. Jahrgang

Deutschlands Leidensweg

Es bleibt uns nur eines: Die Hoffnung

Wochen und Monate schon geht durch Deutschland die Redensart – auch bei Nichtnationalsozialisten, ja sogar bei Gegnern dieser Partei –, man solle doch endlich einmal Hitler an die Reichskanzlerschaft heranlassen, er werde dann zeigen, was er kann oder nicht kann, und dann werde endlich einmal Ruhe sein.

Als am vergangenen Montag die Telegrammtafeln der Tageszeitungen meldeten, daß Hitler zum Reichskanzler *ernannt worden sei, war fast überall in Deutschland hauptsächlich Bestürzung auf den Mienen ihrer Leser zu erkennen. Was wir uns politisch-taktisch – das heißt aus der Augenblickssituation unserer innerpolitischen Entwicklung heraus – über das neue Kabinett denken, haben wir in dem Aufsatz »Zur Lage« in dieser Nummer dargelegt. Wir sind uns aber sehr klar darüber, daß alle diese taktischen Überlegungen des Augenblicks nichts weiter bedeuten als eine mehr oder weniger klare Erkenntnis der jeweiligen Station, an der unser staatlicher und volklicher Niedergang angekommen ist.*

Titelseite »Der gerade Weg«. Aus: Binder Gerhart, Irrtum und Widerstand. Pfeiffer-Verlag, München 1968, 67.

Das Gesprächsklima zwischen der katholischen Kirche Deutschlands und der NSDAP Hitlers war am Beginn des Jahres 1933 auf sich verhärtende Konfrontationen eingestellt. Was sollte aber werden, wenn Adolf Hitler zur Macht kam? Konnte oder mußte diese weltanschaulich-religiöse Konfrontation durchgehalten werden? Sollte man selbst einen Kulturkampf provozieren oder war es angeraten, durch kluges Umgehen oder gar Entgegenkommen mit dem »Staatsmann« Hitler doch zu einem Modus vivendi zu kommen?

Die Machtergreifung Hitlers und die Staatsauffassung der deutschen Bischöfe

Daß Adolf Hitler nach dem verfassungsmäßig abgesicherten Entscheid des Reichspräsidenten Paul von Hindenburg legal zur Macht kam (wobei nachweisbar psychologische, wirtschaftliche und politische Manipulationen und Drohungen bei dieser Entscheidung mitspielten), dürfte heute nicht mehr eine offene Frage sein. Die Weimarer Verfassung hatte sicherlich Konstruktionsfehler, etwa die Ausnahmeverordnungen des Artikels 48 (die im Ernstfall dem Reichspräsidenten diktatorische Maßnahmen ermöglichten) und des Artikels 76 (die in besonderen Notfällen der Regierung durch das Parlament umfassende Vollmachten gaben). Gerade diese Notverordnungen konnten benutzt werden »wie Kippfenster von der Demokratie in die Diktatur«.[56] Am 30. Januar 1933 hat ohne Zweifel der Reichspräsident den Mehrheitsverhältnissen im deutschen Reichstag eher zum Recht verholfen als in den seit 29. März 1930 amtierenden Minderheitsregierungen, die sich nicht auf eine parlamentarische Mehrheit stützen konnten, sondern lediglich durch Notverordnungen »regierten«.
Es ist eine durch die Geschichte der Weimarer Republik erhärtete Tatsache, wenn man sagt: »Die Parteien waren nicht staatstragend; sie trugen nur den Sarg der Republik«.[57] Die

Machtübernahme am 30. Januar 1933 durch Hitler war »mehr verfassungskonform als die Präsidialkabinette von 1930 bis 1933«.[58] Nach den harten Konfrontationen der jüngsten Vergangenheit war es für die katholischen Bischöfe Deutschlands eine gewiß nicht leichte Frage, wie sollten sie sich zu Adolf Hitler stellen, nachdem er »rechtmäßig«[59] als Reichskanzler und damit als Staatsmann (nicht mehr als polternder Parteiführer) und als Gesprächspartner vor ihnen stand. Es waren sicherlich nicht bloß taktisch-diplomatische Überlegungen, die für die kirchenpolitischen Entscheidungen der katholischen Bischöfe in den ersten Monaten des Jahres 1933 ausschlaggebend waren.

Man muß nach tieferen, theologischen und staatspolitischen Fundamenten suchen, auf denen die grundsätzlichen Entscheidungen der katholischen Bischöfe aufruhten und von denen sie motiviert waren. Es waren weithin Weichenstellungen für die Zukunft, deren Auswirkungen man sicherlich damals keineswegs voll und ganz erkennen und überschauen konnte. Der Verlauf der Geschichte hat aber erwiesen, daß neben der politischen Entscheidung des Ermächtigungsgesetzes vom 24. März 1933 die kirchlichen Erklärungen in den ersten Monaten des Jahres 1933 und nicht zuletzt der Abschluß des Reichskonkordats am 20. Juli 1933 innen- und außenpolitisch erheblich zur Stabilisierung des Hitler-Regimes beigetragen haben. Was aber zu spät als Fehlentscheidung erkannt wurde, konnte trotz aller Proteste nicht mehr zurückgenommen, nicht mehr rückgängig gemacht werden. Es ist eine bittere Lehre, die die Diktatur Hitlers (und auch Stalins) der ganzen Welt erteilt hat: Totalitäre Systeme kann man nicht bekämpfen, wenn sie sich etabliert haben, sondern nur vorher.

Eine Hilfe zur Erschließung der theologischen und staatspolitischen Auffassungen und Motivationen kann die Altersstatistik[60] der damals amtierenden, katholischen Bischöfe Deutschlands bieten.

Bistum	Bischof	Lebensdaten	Alter	im Jahr 1933
Augsburg	Kumpfmüller, Josef	1869–1949	80	64
Bamberg	Hauck, Jakobus	1861–1943	82	72
Berlin	Schreiber, Christian	1872–1933	61	61
Breslau	Bertram, Adolf	1859–1945	86	74
Eichstätt	Preysing, Graf	1880–1950	70	53
Ermland	Kaller, Maximilian	1880–1947	67	53
Freiburg	Gröber, Conrad	1872–1948	76	61
Fulda	Schmitt, Josef	1858–1939	81	75
Hildesheim	Machens, Josef	1886–1956	70	47
Köln	Schulte, Josef	1871–1941	70	62
Limburg	Hilfrich, Josef	1873–1947	74	60
Mainz	Stohr, Albert	1890–1961	71	43
Meissen	Legge, Petrus	1882–1951	69	51
München	Faulhaber, Michael	1869–1952	83	64
Münster	Galen, Clemens	1878–1946	68	55
Osnabrück	Berning, Wilhelm	1877–1955	78	56
Paderborn	Klein, Caspar	1865–1941	76	68
Passau	Ow-Felldorf, Sigismund Felix Frhr. von	1855–1936	81	78
Regensburg	Buchberger, Michael	1874–1961	87	59
Rottenburg	Sproll, J. B.	1870–1949	79	63
Speyer	Sebastian, L.	1862–1943	81	71
Trier	Bornewasser, Fr.	1866–1951	85	67
Würzburg	Ehrenfried, Matthias	1871–1948	77	62

Im Jahr 1933 war der jüngste katholische Bischof Deutschlands 43 Jahre alt, der älteste 78 Jahre alt. Das Durchschnittsalter betrug 63 Jahre.

Verbindet man die Geburtsdaten, die zwischen den Jahren 1855 und 1890 liegen, mit den theologischen und nationalen Auffassungen der damaligen Epoche und des damaligen Unterrichts in den Volksschulen, Gymnasien und auch in den theologischen Fakultäten, dann wird ein unverwechselbares Geistes- und Entscheidungsfundament erkennbar. Die politische Atmosphäre der entscheidenden Jugend- und Studienjahre, die diese katholischen Bischöfe durchlaufen hatten, war geprägt durch die nationale Hochstimmung des in Versailles am 18. Januar 1870 ausgerufenen Kaiserreiches. Treue zur

Monarchie und zum König bzw. Kaiser »von Gottes Gnaden« – das war die Parole! Sicherlich hatten die meisten Bischöfe auch Erinnerungen an Ereignisse des Kulturkampfes.
Typisch für die eben skizzierte Auffassung, die bestehende Gesellschaftsordnung der Monarchie als gottgewollt wie auch das König- bzw. Kaisertum als Einrichtung von »Gottes Gnaden«[61] zu sehen, ist der gemeinsame Hirtenbrief der katholischen Bischöfe des Deutschen Reiches, der zum 1. November 1917 unter dem Motto: »Gebet Gott, was Gottes ist, und dem Kaiser, was des Kaisers ist« herausgegeben wurde. Es heißt darin (wobei durchaus die Absicht mitschwingen kann, jeglichen Ultramontanismus von den Katholiken abzuwehren!):

»Seiner ganzen Vergangenheit getreu, wird das katholische Volk alles zurückweisen, was auf einen Angriff gegen unsere Herrscherhäuser und unsere monarchische Staatsverfassung hinausläuft. Wir werden stets bereit sein, wie den Altar so auch den Thron zu schützen gegen äußere und innere Feinde, gegen Mächte des Umsturzes, die auf den Trümmern der bestehenden Gesellschaftsordnung einen erträumten Zukunftsstaat errichten wollen, gegen jene geheimen Gesellschaften, die dem Altar und dem Thron den Untergang geschworen haben. Welch unheilvolle Rolle haben gerade diese im Weltkrieg gespielt, und wie steht unsere Kirche gerechtfertigt da, die immer vor ihnen warnte und den Katholiken den Beitritt strengstens verbot!«[62]

Wie laut in vielen katholischen Bischöfen ein monarchistisches Herz schlug und wie schwer ihnen eine positive Bewertung der Demokratie fiel, mag an einem typischen Beispiel, nämlich am Münchener Erzbischof Michael von Faulhaber, belegt werden. Anläßlich der Goldenen Hochzeit des bayerischen Königspaares am 20. Februar 1918 im Liebfrauendom zu München konnte Faulhaber in seiner Ansprache seinen Unwillen gegenüber jenen Bestrebungen nicht unterdrücken, *»die den monarchischen Gedanken im Volke erschüttern und die Grenzsteine zwischen Regierung und Untertanen verrükken wollen ... Die Gefahr, mit Volksrechten Götzendienst zu treiben, ist heute viel größer als die andere Gefahr, mit Kronrechten Götzendienst zu treiben«*.[63]

In seinem Fastenhirtenbrief 1920 warnte Faulhaber: *»Kinder des 20. Jahrhunderts, ihr habt vom Taumelwein des demokratischen Gedankens getrunken, aber ihr kennt weder die Schrift noch die Kraft Gottes«*.[64] In der Grabrede für den letzten bayerischen König Ludwig III. verkündigte Erzbischof Faulhaber im Jahre 1921: *»Könige von Volkes Gnaden sind keine Gnade für das Volk, und wo das Volk sein eigener König ist, wird es über kurz oder lang auch sein eigener Totengräber«*.[65]

Anläßlich des Deutschen Katholikentages in München im Jahre 1922 erklärte Faulhaber in seiner Eröffnungsansprache: *»Wir wollen frank und frei die katholischen Grundsätze auf den Leuchter heben ... Die Revolution war Meineid und Hochverrat und bleibt in der Geschichte erblich belastet und mit dem Kainsmal gezeichnet«*.[66] Der damalige Präsident des Katholikentages, Konrad Adenauer, sah sich in seiner Schlußrede genötigt, sich zu wenden gegen »Äußerungen, die man sich aus Verhältnissen örtlicher Natur erklären kann, hinter denen aber die Gesamtheit der deutschen Katholiken nicht steht«.[67]

Auch die naturrechtlich und weithin neuscholastisch orientierte Staatslehre, wie sie vom Ende des 19. Jahrhunderts an in der katholischen Theologie vertreten wurde und vor allem in Papst Leo XIII. (1878–1903) einen mächtigen Fürsprecher hatte, lieferte wichtige Orientierungsdaten für die Entscheidungen der katholischen Bischöfe im Jahre 1933. Die »rechtmäßige« und damit legale Obrigkeit war für jene Menschen, die wie auch die katholischen Bischöfe den größten Teil ihrer Ausbildung und ihres Wirkens in den deutschen Monarchien der Vorkriegszeit erlebt hatten, von »Gottes Gnaden«. Die Monarchie wurde fast ausschließlich unter dem Blickwinkel des berühmten 13. Kapitels des paulinischen Römerbriefes gesehen.

»Jeder leiste den Trägern der staatlichen Gewalt den schuldigen Gehorsam. Denn es gibt keine staatliche Gewalt, die nicht von Gott stammt; jede ist von Gott eingesetzt. Wer sich daher staatlicher Gewalt widersetzt, stellt sich gegen die Ordnung Gottes, und wer sich ihm entgegenstellt, wird dem Gericht verfallen. Vor den Trägern der Macht hat sich nicht die gute, sondern die böse Tat zu fürchten; willst du also ohne Furcht vor der staatlichen Gewalt leben, dann tue das Gute, so daß du ihre Anerkennung findest. Sie steht im Dienst Gottes und verlangt, daß du das Gute tust. Wenn du aber Böses tust, fürchte dich! Denn nicht ohne Grund trägt sie das Schwert. Sie steht im Dienst Gottes und vollstreckt das Urteil an dem, der Böses tut. Deshalb muß man Gehorsam leisten, nicht allein aus Furcht vor der Strafe, sondern vor allem um des Gewissens willen. Das ist auch der Grund, weshalb ihr Steuern zahlt; denn in Gottes Auftrag handeln jene, die pflichtgemäß die Steuern einziehen. Gebt allen, was ihr schuldig seid, sei es Steuer, Zoll, Furcht oder Ehre« (Röm 13,1–7).

Dieser Text aus dem Römerbrief wurde weithin als göttlich-providentielle Legitimation der Monarchie verstanden. Jede Veränderung der Staatsform, jede Revolution war daher (wie es Erzbischof Faulhaber noch 1922 aussprach) »Meineid, Hochverrat und mit dem Kainsmal gezeichnet«. Dieses »angelernte« Staatsverständnis hatte bereits bei der Anerkennung der deutschen Demokratie in Gestalt der Weimarer Republik tiefe Schwierigkeiten und Bedenken zu überwinden. Einer ganz neuen und brisanten Belastungsprobe wurde es aber in dem Augenblick ausgesetzt, als Adolf Hitler rechtmäßig zum Reichskanzler berufen war. Nachdem Hitler nicht durch einen

Umsturz zur Regierung gelangt war, mußten mit den Bischöfen viele katholische (und auch evangelische) Christen die Frage beantworten, ob der schuldige Gehorsam, von dem das 13. Kapitel des Römerbriefes spricht, auch dem rechtmäßigen Reichskanzler Adolf Hitler zu leisten sei.

Es fällt auf, wie stark die Erklärung der Fuldaer Bischofskonferenz vom 28. März 1933 die Respektierung der staatlichen Autorität herausstellt: *»Für die katholischen Christen, denen die Stimme ihrer Kirche heilig ist, bedarf es auch im gegenwärtigen Zeitpunkt keiner besonderen Mahnung zur Treue gegenüber der rechtmäßigen Obrigkeit«.* Nochmals wird das Thema der staatlichen Obrigkeit in dem Hirtenbrief aller deutschen Bischöfe vom 3. Juni 1933 aufgegriffen und erklärt: *»Es fällt uns Katholiken auch keineswegs schwer, die neue starke Betonung der Autorität im deutschen Staatswesen zu würdigen und uns mit jener Bereitschaft ihr zu unterwerfen, die sich nicht nur als eine natürliche Tugend, sondern wiederum als eine übernatürliche kennzeichnet, weil wir in jeder menschlichen Obrigkeit einen Abglanz der göttlichen Herrschaft und eine Teilnahme an der ewigen Autorität Gottes erblicken«.*

Nach dem Attentat auf Adolf Hitler im Münchener Bürgerbräukeller am 8. November 1939 schrieb das »Passauer Bistumsblatt« (nach der Erwähnung, Papst Pius XII. wie auch Kardinal Faulhaber haben Glückwünsche zur Errettung an Adolf Hitler gesandt) folgenden Text, der voll und ganz unter der Devise des Gehorsams- und Obrigkeitsdenkens steht:

»Mit dem ganzen deutschen Volk sind wir Katholiken einig in der entschiedenen Verurteilung des ruchlosen Verbrechens, das im Bürgerbräukeller zu München unternommen wurde. Sprengkörper und Höllenmaschinen, Attentate und Revolten sind nach christlicher Moralauffassung keine geeigneten Mittel zur Lösung politischer Fragen. Wir beklagen aufs tiefste

die Opfer dieses gemeinen Anschlages und versichern den Angehörigen der Getöteten unsere Anteilnahme. Niemand wagt den Gedanken auszudenken, was gekommen wäre, wenn das Attentat sein Ziel erreicht hätte. Und so müssen wir der Vorsehung Gottes dankbar sein, daß der Führer, dessen Tod gerade in diesen ernsten Tagen höchster nationaler Kraftanstrengung unabsehbare Folgen gehabt hätte, glücklich gerettet wurde«.[68]

Wie hoch der Respekt vor der rechtmäßigen Obrigkeit und wie selbstverständlich die Ablehnung einer Revolution oder eines Attentates selbst noch in der Endphase des Dritten Reiches war, wird dokumentiert durch ein Vernehmungsprotokoll[69], das der Gestapo-Beamte, Regierungsrat Pflüger, am 21. August 1944 ausgefertigt und das von Kardinal Faulhaber genehmigt und unterschrieben wurde. Es handelt sich dabei um die Niederschrift einer Befragung Faulhabers über Vorgänge, die mit dem Attentat auf Hitler am 20. Juli 1944 zusammenhängen. Unter Auslassung unbedeutender Wendungen lautet dieses Vernehmungsprotokoll:

»In seinen Amtsräumen aufgesucht, erscheint Kardinal Faulhaber.
Frage: Ist Ihnen, Herr Kardinal, aus dem Kreise Ihrer Besucher in jüngster oder weiterer Vergangenheit die eine oder andere Person in Erinnerung, die im Zusammenhang mit den Ereignissen um den 20. Juli öffentlich bekanntgeworden ist?
Antwort: Ich bin erschüttert, Herr Regierungsrat, in einer Sache gefragt zu werden, die, wenn es sich auch um weit zurückliegenden Termin handelt, Männer betrifft, die, wie wir heute wissen, das himmelschreiende Verbrechen des 20. Juli vorbereitet und durchgeführt haben. Ich bin erschüttert, weil ich als Bischof das Verbrechen eines Mordplanes und vollends eines Planes gegen das Staatsoberhaupt vor aller Welt verdammen und brandmarken muß. Weil ich vor dem

20. Juli einen solchen Wahnsinn, der unser Volk in das furchtbare Chaos gestürzt und den Bolschewismus in der radikalsten Form zum Siege geführt hätte, nicht für möglich gehalten hätte. Weil ich persönlich die Verehrung zum Führer seit der langen Aussprache vom 4. November 1936 mir bewahrt habe.
Als ich die Presseaufforderung zur Fahndung nach dem ehemaligen Oberbürgermeister Dr. Goerdeler las, fiel mir der Name in der ersten Silbe ›Gö‹ und besonders der Titel ›Bürgermeister‹ auf, und ich entsann mich, daß er vor längerer Zeit — es können ein oder zwei Jahre gewesen sein — zu mir zu Besuch kam, ohne daß eine Vorprüfung des Besuchszwekkes stattgefunden hat ... Ich ließ ihn zuerst reden ... merkte aber bald, daß er abfällig die Verhältnisse im deutschen Reich kritisierte ... Einzelne Klagepunkte und Personennamen sind mir nicht mehr in Erinnerung. Als seine Sprache immer derber wurde, stand ich auf und erklärte, wie ich das in allen ähnlichen Fällen tue: ›Über politische Dinge haben wir hier nicht zu sprechen. Das liegt nicht in meinem Beruf und nicht in meiner Absicht.‹ Nur zögernd und offensichtlich unzufrieden mit diesem Kurzschluß ging er langsamen Schrittes zur Türe.
Von bestimmten Absichten und politischen Plänen, die etwa konkrete Form wie die Organisierung einer Opposition verfolgt hätten, war nicht die Rede, schon gar nicht von einer gewaltsamen Änderung der Verhältnisse ... Tatsächlich hat der Mann meine Antwort als klare Abfuhr aufgefaßt und hat später keinen Versuch mehr gemacht, ein zweitesmal oder durch dritte Personen oder brieflich an mich heranzutreten.
Die Sache war für mich erledigt, hatte kein Nachspiel und damit hängt es wohl zusammen, daß meine Erinnerungen nicht bestimmter sind. Zudem hat mein Gedächtnis seit der Zuckerkrankheit und natürlicherweise in den siebziger Jahren an Schärfe gelitten.
Hätte ich auch nur den leisesten Eindruck gehabt, es sei hier ein staatsfeindliches Komplott im Werden oder ein hochver-

räterisches Unternehmen in Vorbereitung, hätte ich das pflichtgemäß der Staatspolizei zur Anzeige gebracht.
Geschlossen: gez. Pflüger
Laut diktiert, genehmigt und unterschrieben:
gez. Kardinal Faulhaber.«

Auch wenn man ein »Vernehmungsprotokoll« — gerade in der fraglichen Zeit! – mit gebührender Reserviertheit lesen muß, so fällt doch auf, daß Kardinal Faulhaber mit keinem Wort es gewagt hat, wenn auch noch so vorsichtig und klug auf das Widerstandsrecht zu verweisen.
Zusammenfassend ist über die Staatsauffassung der deutschen Bischöfe im Jahre 1933 (wenngleich mit manchen Modifizierungen) zu sagen: Die meisten katholischen Bischöfe des damaligen deutschen Reiches standen aufgrund ihres Alters und ihres Theologiestudiums, das noch im 19. Jahrhundert lag und ihnen eine ganz bestimmte, naturrechtliche und theologische Wertung des Staates vermittelte, auf jenem Standpunkt, wie ihn etwa Papst Leo XIII. in seiner Enzyklika »Diuturnum illud« (vom 29. Juni 1881) dargelegt hatte:

»... in neuerer Zeit behaupten sehr viele, nach dem Vorgang derer, die sich im vorigen Jahrhundert den Namen Philosophen beilegten, daß jede Gewalt überhaupt vom Volke ausgehe, daß also jene, die sie im Staate ausüben, dies nur tun im Auftrage des Volkes, und daß sie deshalb ebensowohl auch vom Volke ihnen wieder genommen werden könne. Im entschiedenen Widerspruch gegen diese Ansicht leiten die katholischen Christen das Herrscherrecht von Gott ab als seinem ebenso natürlichen wie notwendigen Urquell.
Indessen ist auch hier wieder zu beachten, daß es mit der katholischen Lehre nicht im Widerspruch steht, wenn man sagt, daß die, welche einem Staatswesen vorzustehen haben, in gewissen Fällen nach dem Wunsch und Willen der Majorität des Volkes gewählt werden können; auf diese Weise wird nun allerdings der Betreffende bezeichnet, der die Gewalt

ausüben soll, das Recht dazu aber oder die Herrschaft selbst wird an diesen nicht vom Volke übertragen ... die Kirche lehrt mit Recht, daß die politische Gewalt von Gott kommt«.[70]

In einem überaus schmerzlichen Lernprozeß mußten die deutschen Bischöfe vom Jahr 1933 an erfahren, daß die politische Wirklichkeit des Hitler-Regimes sich nicht mit den Maßstäben des 13. Kapitels des Römerbriefes werten läßt. Jenen weiten Weg, den urchristliches Denken und Leiden vom 13. Kapitel des Römerbriefes zum 13. Kapitel der johanneischen Apokalypse[71] gegangen ist, mußten mit den katholischen Bischöfen viele katholische Christen nachvollziehen. »... die ganze Erde sah dem Tier (aus dem Meer) staunend nach. Die Menschen warfen sich vor dem Drachen nieder, weil er seine Macht dem Tier gegeben hatte; und sie beteten das Tier an und sprachen: Wer ist dem Tier gleich, und wer kann den Kampf mit ihm aufnehmen? ... Das Tier tat sein Maul auf, um Gott und seinen Namen zu lästern, seine Wohnung und alle, die im Himmel wohnen. Und es wurde ihm erlaubt, Krieg zu führen mit den Heiligen und sie zu besiegen« (Offb 13,3–4.6–7).

Die Regierungserklärung Adolf Hitlers am 23. März 1933

Der Eröffnung des am 5. März 1933 gewählten Reichstages war eine der raffiniertesten Inszenierungen des Hitler-Regimes bewußt vorgeschaltet: der Tag von Potsdam am 21. März 1933. An diesem nationalen Festtag sollte ein Zweifaches vor dem deutschen Volk, ja vor der Weltöffentlichkeit demonstriert werden – die Verknüpfung des Dritten Reiches mit der nationalen Tradition, repräsentiert durch den Reichspräsidenten und Generalfeldmarschall Paul von Hindenburg, wie auch mit der religiös-christlichen Überlieferung der deut-

Pythia: »Wer von Euch die Grenze überschreitet, wird ein großes Reich zerstören!«

Pythia und das Rätsel der Regierungsbildung durch Hitler. Aus: Binder Gerhart, Irrtum und Widerstand. Pfeiffer-Verlag, München 1968, 65.

schen Geschichte. »Die Nationalsozialisten hatten am 21. März 1933 für die nötige kirchliche Begleitmusik zum feierlichen Staatsakt gesorgt. Man hatte der Reichstagseröffnung einen evangelischen Gottesdienst und ein katholisches Hochamt vorgeschaltet; sogar Himmler erschien bei der heiligen Messe, während Göring in der evangelischen Nicolaikirche die Reihe der Abgeordneten anführte. Hitler und Goebbels hatten, wie wir uns erinnern, ostentativ Gräber nationalsozialistischer ›Märtyrer‹ besucht, um dem Episkopat ihren Unwillen darüber, daß noch immer die Beschränkungen nicht aufgehoben waren, zu zeigen. Hitler hatte aus diesem politischen Zweck aber auch gleich eine ›Tugend‹ gemacht. Denn ursprünglich sollte in der Reichskanzlei durch den ehemaligen Benediktinerabt Schachleiter[72] eine stille Messe vor Hitler und Goebbels gelesen werden. Damit hätte man zweierlei erreicht: einmal die Bekundung der Kritik an den Bischöfen und zugleich die Demonstration, welch treue Katholiken Hitler und Goebbels doch seien, daß sie ihre Extramesse lesen ließen. Dieser Teil des Plans mißlingt; Abt Schachleiter war kurz zuvor suspendiert worden und hatte abtelegrafieren müssen«.[73]

Dem neugewählten Reichstag gehörten (da aufgrund des Reichstagsbrandes, der den Kommunisten in die Schuhe geschoben wurde, die 81 kommunistischen Mandate für ungültig erklärt wurden) folgende Parteien bzw. Reichstagsabgeordnete an:

Partei	Reichtagsabgeordnete
NSDAP	288
Deutschnationale Volkspartei	52
SPD	120
Zentrum	74
Bayerische Volkspartei	18
Deutsche Staatspartei	5
Splitterparteien	9

Es standen somit den 340 Abgeordneten der Regierung Hitlers (gebildet aus Mitglieder der NSDAP und der Deutschnationalen Partei) 226 Abgeordnete der Opposition gegenüber.
Für das sog. Ermächtigungsgesetz, für das eine Zweidrittelmehrheit erforderlich war, brauchte Hitler Stimmen aus der Opposition. Vor allem bemühte er sich um die 92 Stimmen des Zentrums und der Bayerischen Volkspartei. Welches Angebot machte Hitler, um im Reichstag die Zweidrittelmehrheit für das Ermächtigungsgesetz zu erreichen?
Nachträglich kann sehr leicht gesagt werden, einem Ermächtigungsgesetz hätte man grundsätzlich nicht trauen und auch nicht zustimmen dürfen. In der damaligen Situation der übergroßen Arbeitslosigkeit und gewiß auch in dem Vertrauen, der Staatsmann Hitler werde das Ermächtigungsgesetz nicht mißbrauchen und auch nicht länger als nötig wirksam sein lassen, kam es zu Gesprächen. Die christlichen Parteien (Zentrum und Bayerische Volkspartei) handelten ihr Ja ein durch eine mit Hitler ausdrücklich abgesprochene und von Hitler auch akzeptierte Zusicherung, die Rechte und Freiheit der christlichen Konfessionen wie auch die Weitergeltung der mit den Ländern bereits abgeschlossenen Konkordate bzw. Kirchenverträge würden nicht angetastet werden.
Zunächst der Wortlaut des (später sogenannten) »Ermächtigungsgesetzes«, das eigentlich »Gesetz zur Behebung der Not von Volk und Staat«[74] hieß und am 24. März 1933 mit den Stimmen der Regierung auch von der Mehrheit der Stimmen des Zentrums und der Bayerischen Volkspartei (auch Theodor Heuß, Mitglied der Deutschen Staatspartei, stimmte dafür) angenommen wurde:

»Der Reichstag hat das folgende Gesetz beschlossen, das mit Zustimmung des Reichsrats hiermit verkündet wird, nachdem festgestellt ist, daß die Erfordernisse verfassungsändernder Gesetzgebung erfüllt sind:

Artikel 1. Reichsgesetze können außer in dem in der Reichsverfassung vorgesehenen Verfahren auch durch die Reichsregierung beschlossen werden. Dies gilt auch für die in den Artikeln 85 Absatz 2 und 87 der Reichsverfassung bezeichneten Gesetze.

Artikel 2. Die von der Reichsregierung beschlossenen Reichsgesetze können von der Reichsverfassung abweichen, soweit sie nicht die Einrichtung des Reichstags und des Reichsrats als solche zum Gegenstand haben. Die Rechte des Reichspräsidenden bleiben unberührt.

Artikel 3. Die von der Reichsregierung beschlossenen Reichsgesetze werden vom Reichskanzler ausgefertigt und im Reichsgesetzblatt verkündet. Sie treten, soweit sie nichts anderes bestimmen, mit dem auf die Verkündung folgenden Tag in Kraft. Die Artikel 68 bis 77 der Reichsverfassung finden auf die von der Reichsregierung beschlossenen Gesetze keine Anwendung.

Artikel 4. Verträge des Reichs mit fremden Staaten, die sich auf Gegenstände der Reichsgesetzgebung beziehen, bedürfen für die Dauer der Geltung dieser Gesetze nicht der Zustimmung der an der Gesetzgebung beteiligten Körperschaften. Die Reichsregierung erläßt die zur Durchführung dieser Verträge erforderlichen Vorschriften.

Artikel 5. Dieses Gesetz tritt mit dem Tage seiner Verkündung in Kraft. Es tritt mit dem 1. April 1937 außer Kraft, es tritt ferner außer Kraft, wenn die gegenwärtige Reichsregierung durch eine andere abgelöst wird . . .«

Was war aber »der Preis«, um den das Ermächtigungsgesetz erkauft, d. h. von den christlichen Parteien gefordert und von Hitler bezahlt wurde? Vergleicht man (wie es die folgende

Gegenüberstellung deutlich macht) den Entwurf der Zentrumsfraktion, der von Prälat Kaas und den Abgeordneten Brüning und Bell erarbeitet worden war, mit der Regierungserklärung Hitlers, dann konnten sich die Abgeordneten der christlichen Parteien durchaus beruhigt, vielleicht sogar als vermeintliche Sieger fühlen, denn die Anliegen der Zentrumsfraktion sind in bewußter Verstärkung aufgenommen worden.

Entwurf der Zentrumsfraktion[75]

»Die Regierung ist entschlossen, den Kampf gegen den staatsfeindlichen Umsturz mit aller Energie fortzusetzen und erwartet und verlangt von allen staatsbejahenden Kräften überzeugte und nachhaltige Unterstützung.
Diesen sie in ihrem Kampfe unterstützenden Kräften gegenüber wird sie keinerlei Maßnahmen treffen, die gegen den Grundsatz der Gleichheit aller vor dem Gesetz verstoßen.
Die Reichsregierung wird sich angelegen sein lassen, die bestehenden Rechte der christlichen Konfessionen auf dem Gebiet der Schule und Erziehung zu wahren.
Die in den Ländern abgeschlossenen Kirchenverträge bleiben unberührt. Die in der Reichsverfassung und in den Länderverfassungen sowie in den Kirchenverträgen der verschiedenen Länder gewährleisteten Rechte der christlichen Kirchen bleiben gesichert.«

Text der Regierungserklärung[76]

»Indem die Regierung entschlossen ist, die politische und moralische Entgiftung unseres öffentlichen Lebens durchzuführen, schafft und sichert sie die Voraussetzung für eine wirkliche tiefe, innere Religiosität. Die Vorteile personalpolitischer Art, die sich aus Kompromissen mit atheistischen Organisationen ergeben mögen, wiegen nicht annähernd die Folgen

auf, die in der Zerstörung der allgemeinen religiös-sittlichen Grundwerte sichtbar werden. Die nationale Regierung sieht in den beiden christlichen Konfessionen wichtigste Faktoren der Erhaltung unseres Volkstums. Sie wird die zwischen ihnen und den Ländern abgeschlossenen Verträge respektieren; ihre Rechte sollen nicht angetastet werden. Sie erwartet aber und hofft, daß die Arbeit an der nationalen und sittlichen Erhebung unseres Volkes, die sich die Regierung zur Aufgabe gestellt hat, umgekehrt die gleiche Würdigung erfährt. Sie wird allen anderen Konfessionen in objektiver Gerechtigkeit gegenübertreten. Sie kann aber niemals dulden, daß die Zugehörigkeit zu einer bestimmten Konfession oder einer bestimmten Rasse eine Entbindung von allgemeingesetzlichen Verpflichtungen sein könnte oder gar ein Freibrief für straflose Begehung oder Tolerierung von Verbrechen. Die nationale Regierung wird in Schule und Erziehung den christlichen Konfessionen den ihnen zukommenden Einfluß einräumen und sicherstellen. Ihre Sorge gilt dem aufrichtigen Zusammenleben zwischen Kirche und Staat. Der Kampf gegen eine materialistische Weltauffassung und für die Herstellung einer wirklichen Volksgemeinschaft dient ebensosehr den Interessen der deutschen Nation wie denen unseres christlichen Glaubens.«

Wie sehr aber an der Regierungserklärung Hitlers, auch und gerade nachdem sie am 23. März 1933 abgegeben worden war, »herumformuliert« wurde, geht allein daraus hervor, daß in der nationalsozialistischen Parteizeitung »Völkischer Beobachter« wie auch in den meisten anderen Zeitungen des Jahres 1933 der Satz: »Die nationale Regierung wird in Schule und Erziehung den christlichen Konfessionen den ihnen zukommenden Einfluß einräumen und sicherstellen« unterschlagen wurde und daher der nächste Satz abgeändert lautet: »Die Sorge der Regierung gilt ...«. Außerdem heißen in den damaligen Veröffentlichungen die letzten Worte nicht: »... wie denen unseres christlichen Glaubens«, sondern bewußt ab-

geschwächt und distanziert: »... wie denen des christlichen Glaubens«.[77]
Eines hat die Geschichte des Dritten Reiches gelehrt: Die Regierungserklärung zunächst sprachlich und inhaltlich zu unterlaufen, war nur die erste Etappe eines bitteren Weges für die christlichen Konfessionen, dem noch viele andere Etappen der radikalen Umdeutung und zynischen Mißachtung folgten. Es hat sich nicht ausgezahlt, für das Ermächtigungsgesetz Hitlers mit Ja zu stimmen. Damit waren endgültig jene Weichen gestellt, die das Ende der deutschen Demokratie und den Beginn einer totalen Suspendierung aller Menschenrechte anzeigten.

Erklärung der Fuldaer Bischofskonferenz vom 28. März 1933

Das Ja zum Ermächtigungsgesetz und die eingehandelte, positive Stellungnahme zu den christlichen Konfessionen in der Regierungserklärung Hitlers erschien damals manchem Politiker als »der Weisheit letzter Schluß« und als Fessel, die sich Hitler selbst anlegte. Die geschickte Inszenierung des »Tages von Potsdam« und die bejahenden Worte Hitlers für die christlichen Kirchen brachten aber viele christliche Bürger in einen schweren Gewissenskonflikt. Ist Hitler doch nicht so schlimm, doch nicht so kirchenfeindlich, wie er bisher in bischöflichen Erklärungen oder im »Geraden Weg« hingestellt wurde? Muß man nicht den bisherigen Parteiführer Hitler deutlich trennen vom jetzigen Reichskanzler Hitler? Scheint Hitler – wider so manche Erwartungen und Unkenrufe – doch staatsmännisches Format zu haben?
Bestand die Gefahr, daß durch die damalige Hitler-Euphorie ein Keil zwischen dem christlichen Volk und seiner Kirchenführung, den Bischöfen, getrieben wurde? Durch das deutsche Volk, das am Wahltag des 5. März 1933 Hitler keineswegs eine überwältigende Mehrheit, sondern nur 43,9 % der Stim-

men gegeben hatte, und sicherlich auch durch die Bischöfe der katholischen Kirche Deutschlands ging damals ein Zwiespalt. Es bahnte sich eine Neubewertung der politischen Situation und eine langsame Umschichtung der eben noch abgegebenen Nein-Stimmen zu Ja-Stimmen an. Diejenigen, die sich damals aus durchaus unterschiedlichen Gründen zu einem Ja für Hitler und zum Eintritt in die NSDAP oder in eine ihrer Parteigliederungen entschlossen (wobei dies da und dort auch geschah, um im konkreten Schul-, Betriebs- oder Gemeindebereich Schlimmeres zu verhüten), sind im Volksmund mit scherzhafter Hintergründigkeit »März-Gefallene« genannt worden.

Daß Hitler den Kampf gegen den Kommunismus auf seine Fahnen geschrieben hatte, erschien nicht wenigen Christen und auch Bischöfen als ein Zeichen der Gemeinsamkeit. Unmittelbar nach der Regierungserklärung Hitlers wurde das deutsche Volk mit einer geradezu rührenden Welle kirchenfreundlicher und zugleich nationaler Parolen überflutet. Es klang wie ein Motto der katholischen Jugendverbände, wenn z. B. der bayerische (nationalsozialistische) Kultusminister Hans Schemm damals die Losung ausgab: »Unsere Religion heißt Christus, unsere Politik heißt Deutschland«. Unmittelbar nach der Regierungserklärung Hitlers äußerte der 74jährige Erzbischof von Breslau, Kardinal Adolf Bertram (1859 bis 1945), in einem dringenden Zirkular (vom 24. März 1933) an die Mitglieder der Fuldaer Bischofskonferenz die Auffassung, die bisherigen negativen Richtlinien und die »Stellungnahme zur nationalsozialistischen Bewegung sind überholt durch die gestrigen Erklärungen des Führers derselben, des jetzigen Reichskanzlers«.[78]

Nicht alle katholischen Bischöfe stimmten dieser Auffassung des Breslauer Kardinals zu. Mit unverständlich großer Eile, ja mit einer ja nicht zu spät kommen wollenden Hast wurde die Kundgebung von Kardinal Bertram erstellt. Es konnten – beabsichtigt oder unbeabsichtigt? – dabei die Einwände,

Abschwächungs- und Änderungswünsche vieler Bischöfe nicht mehr berücksichtigt werden. Selbst in Rom war man verwundert über das vorgelegte Tempo. Kardinalstaatssekretär Eugenio Pacelli äußerte, wie sein Berater P. Robert Leiber SJ bezeugte, über den so frühen Zeitpunkt der Herausgabe dieser Kundgebung der Fuldaer Bischofskonferenz sehr kräftig seinen Unwillen:

»Warum mußten die Bischöfe so schnell entgegenkommen? Wenn schon, konnten sie dann nicht gut noch einen Monat auf sich warten lassen?«[79]

Die Kundgebung der Fuldaer Bischofskonferenz vom 28. März 1933 hat folgenden Wortlaut:[80]

»Die Oberhirten der Diözesen Deutschlands haben aus triftigen Gründen, die wiederholt dargelegt sind, in ihrer pflichtmäßigen Sorge für Reinerhaltung des katholischen Glaubens und für Schutz der unantastbaren Aufgaben und Rechte der katholischen Kirche in den letzten Jahren gegenüber der nationalsozialistischen Bewegung eine ablehnende Haltung durch Verbote und Warnungen eingenommen, die solange und insoweit in Geltung bleiben sollen, wie diese Gründe fortbestehen.
Es ist nunmehr anzuerkennen, daß von dem höchsten Vertreter der Reichsregierung, der zugleich autoritärer Führer jener Bewegung ist, öffentlich und feierlich Erklärungen gegeben sind, durch die der Unverletzlichkeit der katholischen Glaubenslehre und den unveränderlichen Aufgaben und Rechten der Kirche Rechnung getragen sowie die vollinhaltliche Geltung der von den einzelnen deutschen Ländern mit der Kirche abgeschlossenen Staatsverträge durch die Reichsregierung ausdrücklich zugesichert wird. Ohne die in unseren früheren Maßnahmen liegende Verurteilung bestimmter religiös-sittlicher Irrtümer aufzuheben, glaubt daher der Episkopat das

Vertrauen hegen zu können, daß die vorbezeichneten allgemeinen Verbote und Warnungen nicht mehr als notwendig betrachtet zu werden brauchen.
Für die katholischen Christen, denen die Stimme ihrer Kirche heilig ist, bedarf es auch im gegenwärtigen Zeitpunkt keiner besonderen Mahnung zur Treue gegenüber der rechtmäßigen Obrigkeit und zur gewissenhaften Erfüllung der staatsbürgerlichen Pflichten unter grundsätzlicher Ablehnung alles rechtswidrigen oder umstürzlerischen Verhaltens.
In Geltung bleibt die so oft in feierlicher Kundgebung an alle Katholiken ergangene Mahnung, stets wachsam und opferfreudig einzutreten für Frieden und soziale Wohlfahrt des Volkes, für Schutz der christlichen Religion und Sitte, für Freiheit und Recht der katholischen Kirche und Schutz der konfessionellen Schule und katholischen Jugendorganisation.
In Geltung bleibt ferner die Mahnung an die politischen und ähnlichen Vereine und Organisationen, in Gotteshaus und kirchlichen Funktionen aus Ehrfurcht vor der Heiligkeit derselben zu vermeiden, was als parteimäßige Demonstration erscheinen und daher Anstoß erregen kann.
In Geltung bleibt endlich die so oft und eindringlich ergangene Aufforderung, für Ausbreitung und Wirksamkeit der katholischen Vereine, deren Arbeit so überaus segensreich ist für Kirche, Volk und Vaterland, für christliche Kultur und sozialen Frieden, stets mit weitblickender Umsicht und mit treuer, opferwilliger Einigkeit einzutreten.«

Mit diesem Schreiben der Fuldaer Bischofskonferenz war ein Ja zu Hitler gesprochen worden. Der Kurswechsel ist nicht zu überhören. Bisher: »... gegenüber der nationalsozialistischen Bewegung eine ablehnende Haltung durch Verbote und Warnungen«, jetzt aber wird beteuert, »daß die vorbezeichneten allgemeinen Verbote und Warnungen nicht mehr als notwendig betrachtet zu werden brauchen«.
Bereits damals fragten sich mit Verwunderung und Verwir-

rung viele katholische Hörer und Leser dieses Schreibens: Mußte wirklich diese bischöfliche Absolution so schnell kommen? Wollte man Hitler mit seinen eigenen Worten und Versprechungen festnageln? Sollten außerdem die Worte Hitlers gegen jene untergeordneten Parteiinstanzen verwendet, ja beschworen werden, die bereits damals in vielen Pfarreien gegen Priester und Mitglieder katholischer Verbände einschritten?

Das Schreiben der Fuldaer Bischofskonferenz vom 28. März 1933 stellte – nicht erst in der heutigen Betrachtung! – eine Wendemarke dar, die sich als verwirrend und als irreparabel erwiesen hat. Die katholische Kirche Deutschlands hat durch ihre bischöfliche Führung selbst und ohne Grund ihre eigenen Schutzdämme und Verteidigungsmauern preisgegeben. Man hat bloßen Worten Hitlers in seiner Reichstagsrede am 23. März 1933 geradezu kindlich geglaubt, sie für bare Münze gehalten und an sein redliches Bemühen geglaubt, zwischen der Regierung Hitlers und den christlichen Kirchen könne es jetzt zu einem neuen, und zwar unerwartet positiven Verhältnis kommen. Man wartete nicht ab, ob die Worte Hitlers in der politischen Wirklichkeit auch in die Tat umgesetzt werden.

Viele katholische Priester und Laien waren verwirrt. Ja, die Verwirrung war komplett. Das katholische Volk war gewiß im Obrigkeitsdenken erzogen worden. Aber obwohl das bischöfliche Schreiben vom 28. März 1933 mit Absicht betonte, daß »die Stimme der Kirche heilig ist«, haben viele katholische Christen – wohl zum ersten Mal in ihrem Leben – Konflikte gehabt und durchgestanden zwischen der Stimme ihres Gewissens und zwischen den Empfehlungen ihrer Bischöfe. Rückblickend hat P. Friedrich Muckermann SJ geäußert, er habe »immer wieder den sicheren Instinkt des katholischen Volkes bewundern müssen, der viel klarer sah als der der Akademiker, der viel früher die grauenhafte Gefahr erkannte als selbst die Bischöfe«.[81]

Das verwirrende Pro und Contra

Die Gefährlichkeit Hitlers, seine Unredlichkeit, Gewissenlosigkeit und Wortbrüchigkeit wurden in vielen politischen und kirchlichen Kreisen des Jahres 1933 völlig unterschätzt, ja überhaupt nicht gesehen. Überall dort aber, wo sich kritische Stimmen auch im katholischen Lager meldeten, war sehr schnell eine Apologie Hitlers zur Hand.
So schrieb am 12. Juli 1933 im »Bayerischen Kurier« der katholische Lazarettseelsorger von Pasewalk, in dem Hitler 1918/19 wegen einer zeitweiligen Giftgas-Erblindung gelegen hatte, folgende Verteidigung:

»Da in weiten Volkskreisen noch immer die Ansicht verbreitet ist, daß unser Herr Reichskanzler Adolf Hitler der katholischen Kirche als Katholik feindlich gegenübersteht, möchte ich als ehemaliger Kaplan von Pasewalk, wo ich gleichzeitig Garnisons- und Lazarettseelsorger war, und zwar in der Zeit vom August 1918 bis August 1920, die Erklärung abgeben, daß der damalige Gefreite, Herr Adolf Hitler, andächtig dem katholischen Gottesdienste beigewohnt hat und ich ihn aus dieser Zeit als gläubigen Katholiken kenne«.[82]

Zu den Pro-Stimmen der damaligen Monate ist auch jenes Schreiben zu rechnen, das die Fuldaer Bischofskonferenz am 31. Mai 1933 an Papst Pius XI. (1922–1939) schickte. Dieses positiv gehaltene Schreiben[83] mußte in Rom als durchaus förderlich für die laufenden Verhandlungen über ein Reichskonkordat verstanden werden.

»Fulda, den 31. Mai 1933

Heiliger Vater!
Wir Bischöfe von ganz Deutschland haben uns am Grabe des hl. Bonifatius versammelt, um in dieser entscheidungsvollen Zeit und den völlig veränderten Verhältnissen des öffentlichen

Lebens mit Unterstützung des Hl. Geistes zu beratschlagen, wie wir in angemessener Weise für das Wohl der Kirche und für das Heil der uns anvertrauten Herde Sorge tragen können. Da aber das Wohl der gesamten Kirche vom Haupte auf die Glieder überströmt, bitten wir Dich inständig um Deinen Apostolischen Segen und erweisen Dir, Hl. Vater, demütig Gefühle kindlicher Ergebenheit und Liebe.
Denn erste Glaubensregel ist für uns, in allem, was wir unternehmen, die Lehre, die Du in Deinen Enzykliken in reichem Maße mitgeteilt hast, genau zu befolgen; dort wird uns ein sicherer Weg gewiesen und an dunkler Stelle wird das Licht von oben nicht fehlen.
Der gegenwärtigen deutschen Regierung sind wir ›guten Gewissens und in ungeheuchelter Treue‹ ergeben, eingedenk der Mahnung des hl. Apostels Paulus: ›Jedermann sei den obrigkeitlichen Gewalten untertan.‹ Daher ist es unser Vorsatz, das, was von der Regierung gegen die gottlosen bolschewistischen Machenschaften und die weit um sich greifende Unsittlichkeit lobenswerterweise unternommen wird, mit aller Kraft und Anstrengung zu unterstützen und zu fördern.
Auf die Erneuerung des sittlichen Lebens bedacht, lehren wir mit apostolischer Vollmacht, daß die Wurzel aller Übel die böse Begehrlichkeit, daß Gebet und Buße Geheimnisse des Lichtes sind, die die wunderbare Kraft haben, ›die zügellosen Gewalten der Finsternis zu unterjochen‹, daß überreiche Früchte vom Kreuz und Leiden unseres Herrn Jesus Christus zu ernten sind, besonders in diesem Hl. Jahre. Durch diese übernatürlichen Kräfte gestärkt, bemühen wir uns darum, die Sitten des Volkes zu reinigen, den Familien ihre frühere Heiligkeit zurückzugeben und daß der Friede in die Gesellschaft zurückkehrt.«

Wie schnell und kritiklos selbst katholische Studentenverbindungen den Fahnen und Ideen Hitlers nachliefen, bezeugt ein Aufruf des Führers des CV[84] vom 15. Juli 1933:

»Der CV bekennt sich zur nationalsozialistischen Revolution als dem großen geistigen Umbruch unserer Zeit. Der CV will und muß Träger und Künder der Idee des Dritten Reiches sein ... und deswegen wird der CV im Geiste des Nationalsozialismus geleitet werden ... Nur der nationalsozialistische Staat, der machtvoll aus der Revolution herauswächst, kann uns die Wiederverchristlichung unserer Kultur bringen ...
Es lebe der CV!
Es lebe das Großdeutsche Reich!
Heil unserem Führer Adolf Hitler!

Edmund Forschbach.
Führer des CV.«

Es gab aber damals auch sehr klar sehende und mutig sprechende Priester und Laien, die vor allem in der katholischen Jugend tätig waren. Hier wurde unmißverständlich von einer seit dem 30. Januar 1933 angebrochenen Epoche gesprochen, in der sich die Scheidung der Geister vollziehen wird. In einem (im März 1933 erschienenen) Artikel »Der Präses auf der Wacht«[85] schrieb Jakob Clemens, der damalige Generalsekretär des Jungmännerverbandes:

»I.
Der soeben ausgefochtene Wahlkampf bedeutete eine seit 1918 nicht erlebte geistige Kraftprobe des deutschen Katholizismus. Eingezwängt zwischen den geballten Massen des fanatisierten Bolschewismus und des vergifteten Nationalismus stehen wir da, ganz auf uns selbst gestellt, in Einsamkeit und verhaltenem Zorn. Der 30. Januar brachte die seit Jahren erwartete Entspannung, brachte auch weiterhin eine Scheidung der Geister in unserem Lager. Morsches Holz wurde vom Sturm weggefegt. Wankende Gestalten, besonders im Beamtenstande, bis zu den höchsten Stellen, sind umgeschwenkt, genau wie sie 1919–22 zu den Sozialisten abwanderten. Bekannte Persönlichkeiten, die vor Monaten noch in

Brüning-Kundgebungen heftig Beifall klatschten, jubeln jetzt Hitler zu. Der Rechtsradikalismus hat nun die Machtposten besetzt und ist entschlossen, sie unter allen Umständen zu halten. Und das ist ihm vorab die Hauptsache. Sie werden auch durch den neuen Reichstag sich nicht in ihrer Position schwächen lassen. Die in den ersten 5 Wochen des neuen Regimes erlebten Großtaten im Mißbrauch der Gewalt, die Beamtenabsetzung, die Eroberung der Polizei, die Knebelung der Freiheit der Presse, des Rundfunks, der Wahlversammlungen, der Aufzüge zeigen uns den rücksichtslosen Faschisierungswillen der Regierung.

Wer als freier deutscher Mann diese Wochen miterlebt hat, ist im tiefsten erschüttert ob des Erlebten. Wer am Rundfunk den Massenversammlungen beigewohnt hat, hat seelisch bluten müssen, hat tiefsten Schmerz empfunden ob der Kluft im deutschen Volksganzen, die gewissenlos immer tiefer und weiter aufgerissen wird.

Der professionelle Massenpsychologe findet in den Vorgängen der Gegenwart Stoff zu reicher Ausbeute. Er wird manches nur aus einem fast an Hysterie grenzenden krankhaften Seelenzustand gewisser Volksschichten erklären können.

Bei der Kölner Hitlerrede, die sich mit dem Aufruf der katholischen Verbände auseinandersetzte, war bei den Stellen, die die Katholiken ins Herz treffen sollten, ein höllisches Freudengeheul zu bemerken. Es spricht daraus jener Haß, der in diesem Ausmaße meist nur den Apostaten der Kirche und einem gewissen Liberalismus eigen ist, der, mit sich und seinem Glauben zerfallen, es als einen Hochgenuß empfindet, wenn Katholiken und kirchliche Organisationen ›vorgenommen‹ werden ...

II.

Aber, seien wir uns darüber klar. Noch stehen wir am Anfang der Erschütterungen. Was wir jetzt erleben, ist nur ein Ausschnitt aus dem großen Gärungs- und Läuterungsprozeß des deutschen Volkes, den wir durchmachen müssen. Wir haben nach menschlichem Ermessen noch einen weiten Leidensweg zu gehen. Ohne Propheten zu sein, dürfen wir sagen: Nach aller Voraussicht werden die kommenden Kämpfe noch schwerer und bitterer werden. Die begonnene Faschisierung nach italienischem Muster wird mit rücksichtsloser Selbstverständlichkeit angestrebt werden. Der Jugendreferent im Wehrministerium stellte kürzlich den ›faschistischen Jungmann Italiens‹ als das Ideal deutscher Erziehung hin. Die Hitlerjugend wird die Staatsjugend sein. Die letzte Sitzung des Reichskuratoriums Anfang Februar, unter dem Vorsitz des Arbeitsministers Seldte, sprach ganz offen von dem Ziel der Wehrlager, möglichst bald eine schlagfertige Truppe an die Grenze entsenden zu können. Da wird nicht mehr der von uns mit allem Nachdruck geforderte Unterschied gemacht zwischen Geländesport als Ergänzung unseres DJK-Programms und Wehrsport mit militärischen Zielen und Mitteln. Der vorerst noch freiwillige Arbeitsdienst wird wahrscheinlich durch die Arbeitsdienstpflicht abgelöst, dem freiwilligen Werkjahr wird ein pflichtmäßiges folgen. ›Die Stunde des Soldaten naht, wenn die trügerische Scheinordnung dieses Übergangszustandes zusammengebrochen ist.‹ (Friedrich Wilhelm Heinz in: Die Nation greift an.) ›Nachdem Bürgerverein, Partei, Kirche jahrelang alles versucht haben, die Jugend für ihre Ziele einzuspannen, folgt endlich der Staat. Vorerst noch die Erfahrungen und Kräfte der Verbände ausnützend, setzt er doch zugleich die Fülle der ihm zur Verfügung stehenden Mittel ein – es sei hier nur auf Arbeitslager, Werkjahr, Jugendnotwerk, Miliz hingewiesen –, um die Jugend zu gewinnen. Käme es auf dem Wege solcher Übergangsmaßnahmen zur Bildung einer obligatorischen ›Staatsjugend‹, so hätte der Staat alles erreicht, was er will; die vorwärtsdrängende Unruhe der Jugend wäre seinen Zwecken dienstbar gemacht und eine der wesentlichen Schlüsselstellungen der Zukunft bezogen ... Wir wollen die totale Mobilmachung, d. h. das gesamte Leben, auch das der Wirtschaft, dem unbedingten Herrschaftsanspruch der Nation unterwerfen.‹

III.

Was fordert solche Kampfzeit von uns?

1. Daß wir in großen und weiten Zeiträumen denken lernen, daß wir trotz aller menschlichen Anwandlungen mit dem Auge des Homo religiosus die Zeit schauen und werten. Daß wir mit der Ruhe und dem Gleichmut des Mönches in der Zelle die Geschehnisse des Tages in die Weite Gottes rücken.

›Nehmet in die Hand das Leben,
Ins Gesicht die Ewigkeit!‹ (Thurmair)

Es wird so kommen, wie es schon oft in der Geschichte gewesen ist: Der Rechtsradikalismus wird sich austoben, wird vielleicht zur Diktatur, zur Tyrannis ausarten, wird Orgien seiner Herrscherlust feiern und die anderen, die ›zu vernichten mein unbändiger Wille ist‹ (Hitler), bis zur Verzweiflung treiben – die Stunde des Gegenstoßes aber kommt. Die unterdrückten Massen des Sozialismus, des Kommunismus werden eines Tages aufschreien vor Wut und Schmerz und Ingrimm, und dann werden die letzten Dinge vielleicht schlimmer sein als die ersten. Ob dann die blutige Revolution, der Bürgerkrieg zu vermeiden ist? Wir wagen den Gedanken nicht auszudenken. Und doch, die Entwicklung treibt geradewegs darauf hin. Der Übergang von der Kastenherrschaft der Rechten zur Klassenherrschaft der Linken wird mit Bruderblut gezeichnet sein. Dann werden wir vielleicht eine Zeitlang die Herrlichkeiten eines bolschewistischen Sowjetdeutschlands genießen, in dem mit noch größerer Brutalität alles vernichtet wird, was national und sozial, konservativ und christlich heißt. Gott weiß, wie lange wir durch dieses Tal des Todes gehen müssen. – Das Pendel bleibt niemals am einen oder anderen Ende stehen, es schlägt zur Mitte zurück. So, das dürfen wir annehmen, wird auch der Tag kommen, wo das gequälte und zer-

mürbte deutsche Volk sich wieder auf sich selbst besinnt und nach den Kräften der Mitte die Hände ausstreckt, um langsam und mühsam mit dem verbliebenen Rest der Volkskraft ein neues Deutschland zu bauen. Dann wird die Stunde kommen, für die wir uns bereithalten müssen, für die wir Kräfte in uns aufspeichern müssen, Kräfte der Natur und Übernatur. In dieser Zeit wird der Ruf des Herrn an die katholischen Männer ergehen, wie die Stimme Gottes an die Propheten des Alten Bundes, sich als Führer vor das Volk zu stellen, um es mit starker Hand aus der ägyptischen Knechtschaft und heidnischen Barbarei herauszuführen.

2. Sollen wir solange warten und in stiller Resignation die Hände in den Schoß legen? Nein, wir dürfen nicht schweigen, nicht leisetreten. Jede Zeit ist Gotteszeit. Jetzt schon müssen wir neben der inneren Bereitung und Kräftesammlung alles tun, um Unheil abzuwenden und Heil zu wirken in unserem Volk. Jetzt schon müssen wir einen in eiserner Zucht geschmiedeten Widerstandswillen in uns selbst und in unserem Volke schaffen. Eine Welle kraftvoller Gegenwehr muß über das katholische Deutschland gehen. Darum weg mit den entkräftenden Vertröstungen wie: ›Es wird immer noch mit Wasser gekocht.‹ Wir dürfen uns nicht den Vorwurf zuziehen, daß wir ›stumme Hunde seien, die nicht bellen‹. Es war ein Aufatmen im katholischen Volke, als jüngst nach dem Auftreten Hitlers Brüning und Kaas aus ihrer Verborgenheit heraustraten und mit der Kraft des gereiften Staatsmannes und des in Gott wurzelnden Führers Wahrheit, Gerechtigkeit und Freiheit kündeten. Es ging ein Jubel durch die Reihen der Jugend, als unser Generalpräses in der letzten Woche vor der Wahl in den Großstädten Berlin, Gleiwitz, München, Osnabrück, Dortmund und Köln vor das Jungvolk trat mit seinem kraftvollen Aufruf ›Im Ringen um Deutschland‹. Und neue Hoffnung und neuer Glaube an die Kraft des katholischen Volksteiles brach auf in den Herzen der Gottgläubigen, als ›christliches deutsches Volk‹ im mächtigen Aufmarsch durch die

Straßen der Städte zog unter dem Wehen der Christusbanner. Dieses stolze Selbstgefühl stärkt die Herzen und schweißt die Massen zusammen zu einer eisernen Schicht. Die Treue zur Idee wird zur Treue zu sich selbst.

3. In diesem Kraftgefühl lassen wir uns nicht beirren in unseren Grundsätzen. Je persönlicher, gehässiger und verlogener die Gegner ihren Kampf führen, um so sachlicher, gerechter und wahrhaftiger wollen wir ihnen entgegentreten in Presse und Rede, in Bericht und Aussprache. Die Wucht der Wahrheit und Gerechtigkeit ist nicht zu unterdrücken.«

Deutschland unter dem Hakenkreuz. Karrikatur aus dem »Daily Express« vom 29. Juni 1933 (wiedergegeben in Läpple A., Report der Kirchengeschichte. München 1968, 316).

Im Vorfeld der Erarbeitung des gemeinsamen Hirtenbriefes der Oberhirten der Diözesen Deutschlands, der (neben den Diskussionen über ein mögliches Reichskonkordat) auf der Plenarkonferenz in Fulda vom 30. Mai bis 1. Juni 1933 verabschiedet werden sollte, hat Konrad Graf von Preysing,[86] damals Bischof von Eichstätt, seine schweren Bedenken geäußert, allzu selbstverständlich und wohlwollend und ohne jede kritische Reserve einen neuen Hirtenbrief zu verfassen, in dem auch die Beziehungen zwischen Hitler und der katholischen Kirche angesprochen werden.

»1. Ich bitte, in dem Hirtenwort (wie auch in den anderen Kundgebungen) kein Bekenntnis zur ›neuen Ordnung‹, zum ›neuen Staat‹ aufzunehmen.
Begründung: Der neue Staat wird von seinen Schöpfern mit der nationalsoz. Partei gleichgesetzt. Er hat somit – wie diese – Grundlagen, die mit anderer Weltanschauung nicht vereinbar sind.
2. Ich bitte, in das Hirtenwort grundsätzlich *dogmatische und ethische Ausführungen einzufügen, die actu exercito, wenn nicht signato eine Verwerfung der Irrtümer in dogmatischer und ethischer Beziehung enthalten, die der Grund für die Verurteilung des Nationalsozialismus in den letzten Jahren waren.*

Begründung:
a) Wir sind es dem katholischen Volke schuldig, ihm die Augen zu öffnen über die Gefahren für Glaube und Sitte, die sich aus der n.s. Weltanschauung ergeben.
b) Wir müssen den Nationalsozialisten, die katholisch bleiben wollen, einen Prüfstein geben, an dem sie Wahr und Falsch an der neuen Bewegung unterscheiden.
c) Ohne solche Reserve ist unsere Stellung zu kath. Organisationen, die nicht rein religiös sind (Jugendvereine, Studentenkorporationen, Parteien), unverständlich und widerspruchsvoll.

d) Wir müssen uns bei einem, wahrscheinlich kommenden Konflikt auf diesen *Hirtenbrief berufen können.*
e) Wir können auch zu so vielfach praktischen Verstößen gegen das Sittengesetz Distanz halten.
Abschließend gestatte ich mir zu bemerken, daß wir in einer ähnlichen Gefahr uns befinden wie zur Zeit des Modernismus. Er hat die christl. Termini gebraucht und sie zu gleicher Zeit ihres Inhalts beraubt (Wahrheit, Offenbarung).
Heute wird den Worten Gott, Christentum, Sittlichkeit, Recht ihr Sinn genommen und ihnen ein entleerter, besser gesagt, verdeckter Sinn gegeben.«

Diese Befürchtungen des Eichstätter Bischofs haben sich schon in den folgenden Monaten und noch mehr in den kommenden Jahren des Dritten Reiches Wort für Wort bewahrheitet.
Wenn von der Begegnung der katholischen Kirche Deutschlands mit dem Nationalsozialismus gesprochen wird, sollte eine Begegnung nicht vergessen werden, nämlich die erste und einzige Unterredung des Münchener Erzbischofs, Kardinal Michael von Faulhaber, mit dem Reichskanzler Adolf Hitler auf dem Obersalzberg bei Berchtesgaden am 4. November 1936, und zwar in der Zeit zwischen 11 Uhr und 14 Uhr. In den Bericht[87], der als »Streng vertraulicher Bericht« von Kardinal Faulhaber verfaßt wurde, sind in [ ]-Klammern die Ergänzungen von Ludwig Volk, des Herausgebers der Faulhaber-Akten, und auch Teile aus seinem Anmerkungsapparat nachgetragen. Die Texte in ()-Klammern stammen von Kardinal Faulhaber.

»Der Besuch beim Führer war in der letzten Phase durch Herrn Apostolischen Nuntius Orsenigo und Herrn Staatssekretär Lammers vorbereitet, der nach den fernmündlichen Vereinbarungen des Vortags nach dreistündiger Fahrt auf der Reichsautobahn am Fuße des Salzberges mich erwartete

und in seinem Wagen den Steilweg hinauf zum tiefeingeschneiten Ruhesitz des Führers brachte. Die Aussprache, bei der als dritter nur Herr Reichsminister Rudolf Hess zugegen war, dauerte drei Stunden: Die erste Stunde redete der Führer allein, freimütig, vertraulich, gemütvoll, teilweise temperamentvoll. Die zweite Stunde konnte ich, fast ohne Unterbrechung, auf die Gedankengänge des Führers antworten und eigene Punkte vorbringen, in der dritten Stunde gab es ein immer mehr sich entspannendes Zwiegespräch. An die Aussprache schloß sich ein halbstündiges Mittagsmahl in der Nische des Speisesaales im Anblick der verschneiten Alpen, die heute nach langer Regenzeit in heller Sonne strahlten.
Der Herr Reichskanzler begann: Manche von seinen Ausführungen würden meine Zustimmung nicht finden, es müsse aber einmal ganz offen gesagt werden, wie die Dinge liegen, und man müsse zu einer Lösung kommen, ›positiv oder negativ‹. Das erste Thema war die außenpolitische Gefahr des Bolschewismus. Wenn es nach dem Fall von Madrid nicht gelinge, die Roten in Katalanien vernichtend zu schlagen (Einzelangaben in dieser Frage muß ich vertraulich behandeln), wird jeder Erfolg des Bolschewismus weitere Erschütterungen bringen; zunächst in Frankreich, wo durch die Politik von Léon Blum [1936/37 sozialistischer Ministerpräsident Frankreichs] alles vorbereitet sei, dann in der Tschechoslowakei, in Polen und anderen Staaten. Das sei nicht Schwarzseherei. Er sei schon öfter Prophet gewesen. Die katholische Kirche dürfe sich darüber nicht täuschen: Werde der Nationalsozialismus nicht Herr über den Bolschewismus, dann sei es auch mit dem Christentum und mit der Kirche in Europa vorbei. Der Bolsch [ewismus] sei ebenso der Todfeind der Kirche wie des Faschismus. Leider habe das Zentrum das Verbrechen begangen und die Begriffe verwirrt. Das Volk mußte glauben, es könne mit dem Kommunismus nicht so schlimm sein, wenn die Zentrumsgeistlichen mit ihm zusammengingen. Wie die Untermenschen, von Juden aufgehetzt, als Bestien in Spanien hau-

sen, darüber habe er genaue Berichte ... Er werde die geschichtliche Stunde nicht verpassen.
Der Übersicht halber setze ich meine an sich spätere Antwort auf diesen Grundgedanken gleich hieher: Das ist für mich keine Schwarzseherei, Herr Reichskanzler, das ist alles in erschütternder Weise, nur ohne die Einzelheiten, in Ihrer großen Rede [vom 14. September 1936] auf dem Parteitag in Nürnberg teils offen, teils zwischen den Zeilen ausgesprochen. Papst Pius XI. hat in seiner Rede Februar 1930 und in diesem Jahr [am 14. September 1936] in der Rede vor den spanischen Flüchtlingen den Bolsch[ewismus] als den Todfeind jeder christlichen Kultur gekennzeichnet, und ebenso haben die Bischöfe von Fulda in ihrem diesjährigen Hirtenbrief und in früheren Kundgebungen sich geäußert. Während die Führerrede in Nürnberg mit eindrucksvollen Gedankengängen die allgemeinen kulturellen und wirtschaftlichen Auswirkungen des Bolsch[ewismus] darlegte (kann nur niederreißen, wird von Juden geführt, vernichtet jede Volkswirtschaft), hat die Rede des Heiligen Vaters, am gleichen Tag gehalten, den Atheismus, die Gottlosigkeit und Gottfeindlichkeit als die Wurzel und das innerste Wesen des Bolsch[ewismus] bezeichnet. Schade, daß die Papstrede und die Kundgebungen der Bischöfe in deutschen Zeitungen oder in Broschürenform nicht verbreitet werden durften. Ich war Ohrenzeuge, als Papst Pius XI. im öffentlichen Konsistorium 1933 den Reichskanzler des Deutschen Reiches öffentlich den ersten Staatsmann nannte, der offen und bestimmt mit Ihm, dem Papst, die bolsch[ewistische] Gefahr erkannt habe. (Ich konnte Einzelangaben bringen, weil ich natürlich auf diesen Punkt mich vorbereitet hatte.)
Sie können sich denken, Herr Reichskanzler, wie schmerzlich es uns Katholiken berühren mußte, die Unwahrheit zu hören und zu lesen, die heute noch da und dort in deutschen Zeitungen und Schulungsreden verbreitet wird: ›Im Stillen stehe der Papst doch im Bunde mit Moskau, er denke sogar daran,

ein Konkordat mit Moskau zu schließen, darum habe er anfangs zu den Greueln in Spanien geschwiegen, und immer noch hoffe man, der Bolsch[ewismus] werde das Dritte Reich vernichten‹. In meiner Papstrede 1936 habe ich nach dem ›Osservatore Romano‹, also nach einer amtlichen Erklärung, dieses Märchen, es sei ein Konkordat mit Moskau im Anmarsch, als den ›Gipfel gewissenloser Erfindungskunst‹ bezeichnet. Trotzdem brachte das ›Schwarze Korps‹ die Lüge aufs neue mit Berufung auf einen Zeitungsartikel in Prag und mit der Überschrift: ›Herr Kardinal – wer lügt‹. Ich bin der Sache nachgegangen und habe festgestellt: Der Artikelschreiber in der ›Deutschen Presse‹ in Prag, mit dem Schriftstellernamen Roland, ein Emigrant und, wie er selber erklärt, ein fanatischer Gegner des Nationalsozialismus, hat aus der moskaufreundlichen Stimmung in Prag heraus als Privatansicht die Meinung ausgesprochen, mit dem Religionshaß in Moskau sei es heute nicht mehr so schlimm wie im Anfang, und das ›Schwarze Korps‹ bringt es fertig, diese Fälschung eines Emigranten im Gegensatz zur amtlichen Erklärung der vatikanischen Zeitung in die Waagschale zu werfen.

Für meine Person stelle ich die Tatsache fest, daß ich auf dem Katholikentag in Salzburg 1921 die Worte gesprochen: ›Die Völker sterben am Bolschewismus‹, der ›die tiefste Todeswunde unserer Zeit‹ ist. Bei der gleichen Gelegenheit habe ich das furchtbare Wort zurückgewiesen: ›Lieber Bolschewismus als Katholizismus‹. 1922 habe ich den marxistischen Umsturz von 1918 und 1919 als ›Meineid und Hochverrat‹ bezeichnet und trotz aller Bedrohungen das Wort nicht zurückgenommen. Bald darauf erschienen die ersten Maueranschläge der ersten Nationalsozialisten mit dem Aufruf ›Gegen die Novemberverbrecher‹. Im Februar 1930 habe ich eine besondere Predigt über den ›Kampf des Bolsch[ewismus] gegen Gott und jede Religion‹ gehalten. Das alles ist nicht in die Jahre 1921, 1922, 1930 zurückdatiert, es kann in meinen Büchern nachgelesen werden. (Erst hier in diesem Bericht füge

ich ein: ›Rufende Stimmen‹ S. 14–25, 378, 383, 470.) Auch wenn irgendwo ein Kaplan im Westen des Reiches oder ein Prälat in Böhmen oder, wie Herr Reichskanzler sagte, Priester in Katalanien sich versöhnlich über den Bolsch[ewismus] äußern – Einzelentgleisungen wird es immer geben –, kann ich Sie versichern, Herr Reichskanzler, daß alle deutschen Bischöfe und alle amtlichen Stellen der Kirche davon überzeugt sind, der Bolsch[ewismus] kann nur Chaos und den Ruin des religiösen Lebens bringen, und daß sie alle mit kirchlichen Mitteln, ohne ins Politische sich zu verirren, gegen den Bolsch[ewismus] anzukämpfen bereit sind.
Das zweite Thema des Führers war Nationalsozialismus und Kirche. Dabei sprach der Führer nur von der katholischen Kirche. Es habe sich doch in der Kirche alles gewandelt: die Frage, ob die Welt in 6 Tagen oder 6 Millionen Jahren erschaffen wurde, ob die Sonne sich um die Erde drehe, der Einmarsch der Hunnen, die Reformation, die französische Revolution ... So müsse auch die Kirche ihren Kampf aufgeben gegen unsere Rassengesetzgebung, ›die auf absoluten wissenschaftlichen Forschungen beruhe‹. Gegen diese Gesetze werde immer noch von der Kanzel gepredigt. Er habe auf seinem Schreibtisch die Akten über 380 (370?) Anklagen gegen Geistliche, die feindlich gegen den neuen Staat sich geäußert hätten. Die Zentrumspriester könnten es nicht verwinden, daß der Nat[ional]soz[ialismus] sich durchgesetzt und so Großes geleistet habe. Das Christentum sei durch eine tausendjährige Geschichte mit unserem Volk und mit der abendländischen Kultur unlöslich verbunden. Man könne nicht alles gut heißen, was in diesen 1900 Jahren vorgekommen sei, etwa in der Geschichte der deutschen Kaiser mit den Päpsten, das Christentum sei aber damals eine Macht gewesen. Wenn jetzt die Kirche sich gegen den Nat[ional]soz[ialismus] weiterhin feindlich verhalte und den Kampf fortsetze, dann müsse der Nat[ional]soz[ialismus] auch ohne die Kirche fertig werden. Man sage ihm: Wir dürfen tun, was

wir wollen, die Kirche sei nicht zu versöhnen, sie habe vor der Machtübernahme gegen uns gekämpft und tue es heute noch trotz der Gefahr, daß sich weite Kreise von ihr abwenden. Wenn doch die Kirche wenigstens aus taktischen Erwägungen den Kampf aufgäbe! Im Vergleich mit dem großen Ziel, das der Führer sich gesteckt habe, den Bolsch[ewismus] niederzuschlagen und das deutsche Volk glücklich zu machen, sei ja alles klein und eine lächerliche Bagatelle.

Meine Antwort: Herr Reichskanzler, ich bin erschüttert, daß Sie von einem ›Kampf‹ der Kirche gegen den Nat[ional]-soz[ialismus] und von einer ›unversöhnlichen‹ Haltung der Kirche sprechen. Die deutschen Bischöfe haben auf Ihre erste Reichstagsrede [vom 23. März 1933] hin, in der Sie vom Konkordatsfrieden mit der Kirche sprachen, ihre früheren Bedenken zurückgenommen und in einer gemeinsamen feierlichen Erklärung [vom 28. März 1933] (Datum war mir nicht gegenwärtig) sich zur friedlichen Mitarbeit mit dem Neuen Reich bereit erklärt, und immer wieder haben die deutschen Bischöfe ihren Klerus ermahnt, in den Predigten alle politischen Seitensprünge zu unterlassen und auch in Privatgesprächen die Zunge zu beherrschen. Man kommt immer wieder auf die Warnungen der Kirche vor der Machtübernahme zu sprechen. Die Warnungen von damals haben sich auf Aussprüche und Vorkommnisse bezogen, die mit dem kirchlichen Dogma und der christlichen Sittenlehre unvereinbar waren, und dem gegenüber war es die Pflicht der Bischöfe zu reden. Ich stelle aber fest, daß nach einer amtlichen Umfrage in Bayern in jenen Jahren keinem einzigen das kirchliche Begräbnis einzig deshalb verweigert wurde, weil er Nationalsozialist war. Herr Reichskanzler haben von ›dem ewigen Wandel‹ in der Kirche gesprochen. Die Dogmen der Kirche haben sich nicht gewandelt. Herr Reichskanzler haben von einem Frieden ›aus taktischen Erwägungen‹ gesprochen. Für uns gibt es in dieser Frage nicht taktische, sondern dogmatisch sittliche Erwägungen. Sie sind als das Oberhaupt des Deutschen Reiches für uns gottgesetzte Autorität, rechtmäßige Obrigkeit, der wir im Gewissen Ehrfurcht und Gehorsam schulden. Herr Reichskanzler haben so klar gesagt, Mißachtung der staatlichen Autorität erschüttere die Achtung vor jeder Autorität. Ich glaube, daß der Autoritätsgedanke in keiner Religionsgesellschaft so stark betont wird wie in der katholischen Kirche. Wenn freilich Ihre Behörden oder Gesetze gegen Dogma oder gegen das Sittengesetz, also gegen unser Gewissen verstoßen, müssen wir das als die verantwortlichen Verkünder des Sittengesetzes aussprechen dürfen. Wir achten die großen Ziele Ihrer Politik, die Störungen des Friedens zwischen Staat und Kirche betreffen aber doch nicht immer nur Kleinigkeiten und Bagatellen. Es sei mir gestattet, auf drei Tatsachen hinzuweisen, die heute den Frieden immer wieder stören oder, wie Sie sagten, immer wieder als Kampf gegen den Staat gedeutet werden:

1. Die Deutsche Glaubensbewegung von Stuttgart. Der Führer winkt mit einer energischen Handbewegung ab: ›Mit der hat die Partei nichts zu tun‹. Herr Reichskanzler! Die Flugblätter der Deutschen Glaubensbewegung stellen es so dar, als ob der Vollsieg des Nat[ional]soz[ialismus] nur nach Vernichtung des Christentums komme (nachträglich finde ich den Wortlaut: Die Deutsche Glaubensbewegung wolle alle Deutschen sammeln, die sich vorbehaltlos zum Dritten Reich bekennen; das Christentum müsse aus dem öffentlichen Leben verschwinden). Die Deutsche Glaubensbewegung will Trennung von Kirche und Staat, will die theologischen Fakultäten aus den Universitäten entfernt haben und wird dabei von Parteistellen unterstützt. In den Versammlungen dieser Bewegung wird gegen Christentum und Kirche gehetzt, in München werden Theaterstücke aufgeführt, wie ›Der König reitet‹, in denen im Dienste der Deutschen Glaubensbewegung die größten Beschimpfungen über Papsttum und Kirche ausgegossen werden. Uns sind alle Flugblätter verboten, auch wenn sie nur die Gedanken einer Predigt wiedergeben. Die Deutschgläubi-

gen können unter den Augen der Polizei Flugblätter in Massen verteilen. Wenn in einem solchen Flugblatt behauptet wird, das Christentum gefährde den Bestand des deutschen Volkes, die Person des Stifters Jesus sei für uns nicht verpflichtend, dann sind das für uns keine Kleinigkeiten. Wenn wir gegen diese Verlästerungen unseres Heilandes durch die Deutschgläubigen auftreten, dann ist das nicht Kampf gegen den Nat[ional]soz[ialismus]. Darauf der Führer in seiner bestimmten Art: ›Herr Kardinal! Wenn der Friede zwischen Nat[ional]soz[ialismus] und der Kirche kommt, wird das alles aufhören. Wir haben mit dieser Bewegung nichts zu tun‹.

2. Eine zweite Störung des Friedens ist die Art und Weise, wie gegenwärtig der Schulkampf geführt wird: Die Bekenntnisschule wird mit Druckmitteln beseitigt und in Bayern werden zunächst 600 und bald darauf alle 1676 klösterlichen Lehrerinnen in Staatsschulen abgebaut. Es handelt sich um Schulorden, die wie die Schulschwestern seit 100 Jahren (oder, erst hier eingefügt: wie die Englischen Fräulein seit 300 Jahren) in Zeiten, in denen die Mädchenbildung noch im Argen lag, ihre Mädchenschulen eröffneten. Es handelt sich um Lehrerinnen, die, deutscher und arischer Abkunft, nach staatlichen Vorschriften den Befähigungsnachweis für die Volksschule erworben und in der Führung solcher Schulen von staatlichen Schulbehörden die besten Zeugnisse erhalten haben. (Vergessen habe ich, darauf hinzuweisen, daß diese Ordensschulen dem staatlichen Schulhaushalt jährlich Millionen ersparten, weil die klösterlichen Lehrerinnen nicht das volle Gehalt der weltlichen Lehrerinnen und namentlich nicht Pension erhielten.) Jetzt sollen diese wertvollen deutschen Menschen im Ausland sich Brot und Stelle suchen. Seit 1848 haben die Schulschwestern in Nordamerika viele deutsche Schulen, die erst durch das Gesetz, das die englische Sprache als einzige Unterrichtssprache einführte, ihren deutschen Charakter verloren. Angebote haben diese klösterlichen

Lehrerinnen auch aus Südamerika. Sie verstehen nur nicht, warum sie schuldlos in so großer Zahl aus ihrer deutschen Heimat verbannt werden sollen. Man sagt ihnen: ›Wenn ihr das Kleid der weltlichen Lehrerinnen anzieht, werdet ihr sofort wieder angestellt‹. Man sollte sich schämen, den Erziehern deutscher Jugend einen Treubruch gegenüber ihren Ordensgelübden zuzumuten. Der Führer folgte dieser Darstellung mit gespannter Aufmerksamkeit, nahm aber zu dieser Frage keine Stellung.

3. Eine dritte Störung des innerpolitischen Friedens ist das Verbot der Doppelmitgliedschaft für die Arbeitervereine, die Jugendvereine, in der allerletzten Zeit auch für die Lehrerinnenvereine und sogar für die Lehrerinnenkongregationen. Die Arbeitervereine haben sich durch Änderung ihrer Statuten und Ausschaltung alles dessen, was berufsständisch oder gar gewerkschaftlich klingen könnte, auf rein religiöse und sittliche Fragen umgestellt. Sie gehören zu 95 vom Hundert der Deutschen Arbeitsfront an, zahlen ihre Beiträge, sind also dabei, und trotzdem mutet man ihnen aus lauter Mißtrauen gegen die katholischen Vereine zu, aus ihrer rein religiösen Vereinigung auszutreten. Von den katholischen Jugendvereinen sind viele nicht bei der HJ, nicht aus staatsfeindlicher Einstellung, sondern deshalb, weil die HJ auf die kirchlichen Pflichten der katholischen Jugend keine Rücksicht nimmt. Wie oft wird in der HJ ein Appell angesetzt gerade in der Zeit, in der die Jugend eine gemeinsame Kommunion in der Kirche feiern wollte! Wie oft wird es durch Übungen der HJ der katholischen Jugend unmöglich gemacht, ihre Sonntagspflicht zu erfüllen! Das löst natürlich bei den Eltern ein starkes Mißtrauen gegen die HJ aus. Staatsminister Schemm hatte 1933 auf meine Bitte zugesagt, der Sonntag solle von 7 bis 10 [Uhr] *von Übungen und Appellen freigehalten werden. Auch die Einführung des Staatsjugendtages sollte ursprünglich die Jugend für den Sonntag freigeben. Die Mitglieder der Lehrerinnenvereine wurden in den letzten Tagen aufgefordert,*

entweder aus dem NS-Lehrerbund oder aus ihren katholischen Vereinen und sogar aus der Kongregation auszutreten, die ohne Zweifel im ersten Satz des Art. 1 des Reichskonkordates unter staatlichen Schutz gestellt ist. Über diese katholischen Vereine schweben zur Zeit noch Verhandlungen zwischen Reichsregierung und Bischöfen, und trotzdem fahren die Unterbehörden mit dem Verbot der Doppelmitgliedschaft dazwischen, ohne den Abschluß der Verhandlungen abzuwarten. Darauf der Führer: Vereine sind Staatssache. Mir war das RK von Anfang an nicht klar und bestimmt genug. Ich habe eine Liste der Vereine eingefordert, aber das waren zu viele.
Wiederholt und einmal mit erhöhter Stimme kam der Herr Reichskanzler auf den ›Kampf der Kirche gegen die Rassengesetzgebung des Dritten Reiches‹ zu sprechen. In dieser Frage kennt der Führer offenbar die Akten über den Widerspruch von kirchlicher Seite sehr genau. Unter Hinweis auf den Verbrecher Spee (?) [richtiger Name: Adolf Seefeld], der 22 Jahre lang seine Opfer durch Gift ermordete, erklärte er: Wir wollen das deutsche Volk vor solchen erblich belasteten Verbrechern schützen, wie sie jetzt in Spanien hausen. ›Ich erblicke darin den Willen Gottes‹. Die Gesunden wollen nur wenige Kinder und da sollen die Kranken einen Haufen Kinder haben? Die Operation ist ja einfach und macht für den Beruf und für die Ehe nicht unfähig und nun fällt uns die Kirche in den Arm. Bei keinem andern Punkt der Aussprache drohte die Ruhe der Auseinandersetzung so in die Brüche zu gehen wie hier. In diesem Punkt hatten die Hoftheologen der Partei offenbar die Erlaubtheit der Sterilisierung schon zugegeben.
Meine Antwort: Von kirchlicher Seite, Herr Reichskanzler, wird dem Staat nicht verwehrt, im Rahmen des Sittengesetzes in gerechter Notwehr diese Schädlinge von der Volksgemeinschaft fernzuhalten. In diesem Obersatz sind wir einig. Wir gehen aber auseinander in der Frage, wie sich der Staat gegen

das Verderbnis der Rasse wehren kann. Schon vor der Machtübernahme habe ich mit Professor Hermann Muckermann vom Kaiser-Wilhelm-Institut stundenlang gesprochen. Mukkermann war der eigentliche Herold, der in seinen Wandervorträgen und in seinen Büchern ›Mutter und Kind‹ weiteste Volkskreise auf die erbbiologischen Pflichten gegenüber der Rasse aufmerksam machte. Ich habe Muckermann erklärt: Ihre Ziele sind, sozial gesehen, überaus schön und hoch, aber statt der körperlichen Verstümmelung müssen andere Abwehrmittel versucht werden, und es gibt noch ein solches Mittel: die erbkranken Menschen internieren. Muckermann antwortete: Für so hohe Staatskosten sind die Sozialdemokraten im Reichstag nicht zu haben (obwohl es sich nur um Kosten für den Übergang handelt). Der Führer warf dazwischen: Es handelt sich um eine ungeheure große Zahl. (Ich glaube, er sprach von einer halben Million, die interniert werden müßten.) Soll also der Kampf der Kirche gegen die Rassengesetze des Dritten Reiches weitergehen? Herr Reichskanzler! Es hat auch früher unter der Monarchie Staatsgesetze gegeben, die vom staatlichen Gesetzgeber für eine Notwendigkeit erachtet, von der Kirche aber abgelehnt wurden. Nach dem Personenstandsgesetz [von] *1875 führte der Staat die Ehescheidung ein und führte sie bis heute durch, während die Kirche die Ehe für unauflöslich erklärt. 1925 erklärte ein Reichsgesetz, gezeichnet vom Reichskanzler Marx, die Abtreibung in den ersten 3 Monaten für straffrei, während die Kirche das für Menschenmord erklärt. Es stehen sich also in diesen Gesetzen Staat und Kirche wie Ja und Nein gegenüber. So wird sich auch in anderen Fragen, in denen die Kirche ihren dogmatisch sittlichen Standpunkt nicht verlassen kann, trotzdem ein modus vivendi finden, ohne daß man von einem Kampf der Kirche gegen den Staat sprechen muß. Der Herr Reichskanzler war, so machte es den Eindruck, in dieser Frage ruhiger geworden.*

Als Zeichen seiner Bereitschaft, einen ›Trennungsstrich unter

die Vergangenheit zu machen‹ und Frieden zu schließen, kam der Führer zweimal auf die Prozesse gegen die Ordenspersonen zu sprechen. ›Ich habe Auftrag gegeben‹, sagte er mit Betonung, ›die Berichte über diese Prozesse werden eingestellt. Der Justizminister ist kürzlich wieder bei mir gewesen. Diese Klosterfrauen haben nicht aus Eigennutz gehandelt, diese Bauernmädchen haben gemeint, ihrem Orden einen Vorteil zu verschaffen und haben die Tragweite ihrer Handlung nicht überschaut. Das muß gestraft werden, weil es unsere Wirtschaft schwer schädigen würde, wenn das alle täten. Ich will das aus der Welt schaffen. Man kann sie in Gruppen entlassen, ohne viel davon zu reden. Wir hätten‹, erklärte er mit einem Blick nach Herrn Reichsminister Hess, ›die Sache taktisch für die Partei gegen die Kirche ausschlachten können. Ich will das nicht.‹ Ich dankte dem Führer durch eine Verneigung.
Der Führer: ›Ohne Gottesglauben können die Menschen nicht sein. Der Soldat, der 3 und 4 Tage im Trommelfeuer liegt, braucht einen religiösen Halt. Gottlosigkeit ist Leerheit.‹ Ich erwiderte: Die herrlichen Gottesbekenntnisse, die der Führer bei verschiedenen Gelegenheiten und gerade in den feierlichsten Reden abgelegt habe, noch diesen Sommer in der Schlußrede des Parteitages in Nürnberg und auf dem Bückeberg [am 4. Oktober 1936], Bekenntnisse, wie man sie aus dem Munde von Léon Blum, etwa in dessen geistesarmen Antwort auf die Nürnberger Rede, oder bei anderen Staatsmännern vergeblich suche, hätten in der Welt sicher einen tiefen Eindruck gemacht. Gerade in dieser Frage Gottesglaube und Religion könne die Kirche aus ureigensten Kräften dem Staate helfen und die Seelen rüsten. Die deutschen Bischöfe seien eben darüber, die Seelsorge im Feld und die für künftige Kriege ebenso notwendige Seelsorge in der Heimat neu zu ordnen. Der Führer mit ansteigender Stimme: Die tausendjährige christliche Vergangenheit könne man nicht einfach aus der Geschichte des deutschen Volkes ausstreichen. Er habe sich von Ludendorff getrennt, weil seine Frau Gemahlin meinte,

der Nat[ional]soz[ialismus] solle eine neue Religion gründen. ›Ich habe das meinen Parteiführern immer wieder gesagt, ich wolle nicht den religiösen Reformator spielen. Ich will es nicht tun und werde es nicht tun.‹ Aus dem gleichen Grund habe er sich von Artur Dinter und von Reventlow getrennt.

Mitten hinein kam der Führer auf den Mythus von Alfred Rosenberg zu sprechen. Seine Worte wurden scharf wie Schwerthiebe. Einen Glauben im Herzen des Volkes könne man doch nicht mit einem Mythus überwinden. Wenn er wenigstens einen anderen Titel gewählt hätte! Erst als die Bischofskonferenz von Freising vor dem Buch gewarnt und als vollends die Kirche das Buch auf den Index gesetzt hätte [Dekret des Hl. Offiziums vom 9. Februar 1934], seien die Auflagen des Buches in die Höhe geschnellt und das Buch in Hunderttausenden verkauft worden. Dabei gebe es in Deutschland keine 10 000, die dieses Buch verstehen. Dieser Auffassung steht allerdings die Tatsache gegenüber, daß schon vor dem kirchlichen Verbot in den Schulungslagern der Mythos von Rosenberg der ganzen Schulungsarbeit zugrunde gelegt war, und daß, wie der Herr Bischof von Berlin [Konrad Graf Preysing] dem Herrn Reichskanzler schon gesagt hatte [am 23. Oktober 1935], der Mythus schon vor der Verurteilung durch den Index in einer Riesenzahl im Volke verbreitet war.

In irgendeinem Zusammenhang, ich weiß nicht mehr in welchem, bemerkte ich: Eine Einrichtung, die 1900 Jahre Geschichte hinter sich hat wie die katholische Kirche, hatte natürlich mehr Zeit, die menschliche Kurzsichtigkeit und Schwäche in ihren Amtswaltern zum Vorschein kommen zu lassen als eine Weltanschauung, die erst ein paar Jahre am Werke ist. In einem andern Zusammenhang fragte ich, ob den Geistlichen, die zusammen mit den staatlichen Stellen gegen den Bolsch[ewismus] kämpfen, das nicht als Einmischung in die Politik, also als Konkordatswidrigkeit ausgelegt werde. Dessen dürfe der Herr Reichskanzler sicher sein. Auch wenn er

380 Fälle von unverantwortlichen oder mißverständlichen Redewendungen von Geistlichen in der Aktentasche habe, der Klerus als Ganzes wisse, daß, wenn der Bolsch[ewismus] in unserm Volk Herr werde, auch das kirchliche Leben wie alle Lebensgebiete in das vollendete Chaos gestoßen würden.
Gegen Ende der dritten Stunde faßte der Herr Reichskanzler alles zusammen: ›Überlegen Sie, Herr Kardinal, und sprechen Sie mit den anderen ›Führern der Kirche‹, in welcher Weise Sie die große Aufgabe des Nat[ional]soz[ialismus], den Bolsch[ewismus] nicht Herr werden zu lassen, unterstützen und in ein friedliches Verhältnis zum Staate kommen wollen. Entweder siegen Nat[ional]soz[ialismus] und Kirche zusammen oder sie gehen beide zugrunde. Ich sage Ihnen: Ich werde all das Kleine, was die friedliche Zusammenarbeit stört, wie die Klosterprozesse und die Deutsche Glaubensbewegung, aus der Welt schaffen. Ich will keinen Kuhhandel schließen. Sie wissen, daß ich ein Feind von Kompromissen bin, aber es soll ein letzter Versuch sein.‹ Die Bischöfe werden also bestimmte Vorschläge machen müssen, sei es in Form eines neuen Hirtenbriefes oder in Form einer neuen Adresse, noch bevor Bischof Hudal[88] zum Hoftheologen der Partei ernannt wird. Ich habe kein Wort gesprochen, das die deutschen Bischöfe in der Freiheit ihrer Entschließung einschränken könnte.
In der Auseinandersetzung hält sich der Führer mit einer imponierenden Sicherheit wie auch in seinen großen Reden auf der staatsmännischen Linie und das gibt ihm den Vorsprung, daß er, sobald man Einzelvorkommnisse vorbringt, diese abtun kann mit dem Wort: ›Das sind ja nur Kleinigkeiten.‹ Auch den Parteiführern sage er immer wieder: ›Nur bei der großen Linie bleiben und nicht für den Tag, sondern für die Zukunft arbeiten.‹ Der Führer beherrscht die diplomatischen und gesellschaftlichen Formen mehr wie ein geborener Souverän sie beherrschte. Er läßt die Dinge nicht an sich herankommen, wie in der Zeit der parlamentarischen Auseinandersetzungen die Regierungen taten, er steuert ihnen ent-

gegen. Er entwickelt seine Gedanken affektvoll und doch sichtlich mit Selbstbeherrschung. Dazwischen kann er ganz feierlich und beinahe weich werden, wie bei den Worten: ›Der einzelne ist nichts: Der einzelne wird sterben. Kardinal Faulhaber wird sterben, Alfred Rosenberg wird sterben, Adolf Hitler wird sterben. Da wird man innerlich und demütig vor Gott.‹ Der Reichskanzler lebt ohne Zweifel im Glauben an Gott. Er anerkennt das Christentum als den Baumeister der abendländischen Kultur (also doch nicht Chamberlain). Weniger klar steht das Bild der katholischen Kirche vor seinem Geist als göttliche Stiftung, mit ihrer göttlichen dem Staat gegenüber selbständigen Mission, mit ihren unveränderlichen Dogmen, mit ihrer geschichtlichen und kulturellen Größe.

Im Anfang der Aussprache herrschte eine Gewitterschwüle, als ob ein schweres Wetter sich entladen werde. Auch während der Aussprache ging es einige Male sehr laut her, in der zweiten und noch mehr in der dritten Stunde kam es mehr und mehr zu einem friedlichen Ausklang. Also so wie im 28. Psalm: Zuerst Gewitter über dem Libanon, zum Schlusse: Dominus benedicet populo suo in pace. Bei Tisch kam die Unterhaltung auf die volkswirtschaftliche Lage, worin der Führer erstaunliches Einzelwissen besitzt und wozu ich einige Vorschläge machen durfte. Naturgemäß habe ich meine eigenen Worte in diesem Bericht ausführlicher wiedergegeben als die Worte des Führers. Doch glaube ich, keinen wesentlichen Gedanken in seinen Ausführungen ausgelassen zu haben.«

M. Kardinal Faulhaber.

Ein Jahr nach der Unterredung des Erzbischofs und Kardinals Faulhaber mit dem Reichskanzler Adolf Hitler (am 4. November 1936) hatte sich die kirchenpolitische Lage in Deutschland bereits merklich verschärft, so daß Papst Pius XI. am 14. März 1937 seine anklagende Enzyklika »Mit brennender

Sorge« veröffentlichte. Aus der brisanten Zeit des Jahres 1937 stammt eine kaum bekannt gewordene Ansprache, die Kardinal Faulhaber am 21. November 1937 im sogenannten »Roten Saal« des Freisinger Priesterseminars an die aus dem sechsmonatigen Arbeitsdienst zurückgekehrten Kandidaten der Philosophie und Theologie gehalten hat. Die in Klammern gesetzten Ergänzungen sind nachträglich im Manuskript[89] zur Erklärung eingefügt worden.

»Auf den Tag genau sind es neun Monate, seit ich einen großen Teil von Euch mit einem Exitus-Segen für den Arbeitsdienst verabschiedet habe. Heute, am Feiertag unseres Diözesanpatrons Korbinian, freue ich mich, den aus dem Arbeitsdienst heimgekehrten Kandidaten mit einem Introitus-Segen den Willkommgruß zu entbieten. Wir alle, der Bischof und die Vorstände des Seminars, hatten damals zu Euch das Vertrauen, daß Ihr guten Willens waret und dem Seminar auch in der Fremde Ehre machen wolltet. Unsere Sorgen und unsere Gebete haben Euch in die weit entfernten und weit zerstreuten Lager begleitet, die Gebete, daß der Herr zu Eurem guten Wollen das Vollbringen gebe. Heute wissen wir und danken wir Gott, daß wir in unserem Vertrauen zu Euch nicht enttäuscht wurden. In einer, man kann sagen lückenlosen Geschlossenheit seid Ihr zurückgekommen. Dem Hochwürdigsten Regens (Dr. Johann Baptist Westermayr, bis 1945 Regens) sage ich oberhirtlichen Dank, daß er die briefliche Verbindung mit den Seminaristen, soweit immer möglich, aufrecht erhalten und in einer Ansprache voll priesterlicher Wärme Euch alle zur Heimkehr begrüßt hat.

... Heute bei der Begrüßung meiner heimgekehrten Philosophen und Theologen denke ich zurück an jene unvergeßliche Stunde, als ich am 5. Februar 1919 hier im Dom die aus dem Weltkrieg heimgekehrten Theologen des Priesterseminars begrüßte. Die kamen aus Schlachten und Gefahren ohnegleichen, die hatten den lehmbeschwerten Menschen des Schützengra-

bens auszuziehen und in der Tonsur den neuen Menschen anzuziehen, die hatten die Waffen des Todes mit den Waffen des Lichtes zu vertauschen. Ihr, meine Seminaristen, kommt nicht aus dem blutigen Krieg und doch liegen in religiöser und sittlicher Hinsicht schwere Kämpfe hinter Euch. Die Angriffe, die auf Euren Glauben und Euren sittlichen Charakter erfolgten, waren im Arbeitsdienstlager schwerer als im Felde. Was ich damals den aus dem Felde heimgekehrten Theologen gesagt habe, sage ich heute den Männern des Arbeitsdienstes: Selig, die ihres Berufes sicher, ihrem Berufe treu, ihres Berufes froh geblieben sind!

Euer Wortführer hat in Worten, die mir ganz aus der Seele gesprochen waren, versichert, daß Ihr gerne in das Seminar zurückgekommen seid und daß auch der Arbeitsdienst zur Festigung Eures heiligen Berufes beigetragen habe. Euer Erzbischof hat das feste Vertrauen, daß diese harten Monate im Dienste des Vaterlandes für die Charakterbildung, für die Gestaltung des inneren Menschen, für die Ordnung im Seminar und sogar für Eure spätere Seelsorge in mehrfacher Hinsicht viel Gutes gestiftet haben.

In moralischer Hinsicht: Wo das Unmoralische so dick und so grob einem jungen Menschen, der noch einen Funken anständiger Gesinnung in sich bewahrt hat, entgegentritt, kann es doch nur abstoßen und anekeln. Es gibt aber Bakterien, die erst später als zerstörende Keime wirken, und so kann das, was als Erlebnis in seiner grobschlächtigen Art mehr abgestoßen als angereizt hat, später in der Erinnerung eine Versuchung werden und die Seele aufwühlen. Der Herr, der in seiner Gnade Euch im Lager behütete, wird seine Geweihten auch in der Erinnerung die Verwesung nicht schauen lassen.

In beruflicher Hinsicht: Ihr habt um den Beruf, um das Ziel, ein ordentlicher Priester zu werden, kämpfen müssen. Ihr habt hämische Blicke und Bemerkungen gegen die Kirche und ihre Priester hingenommen, ohne im Beruf irre zu werden. Wer einmal um seinen Beruf kämpfen mußte, der ist als

Charakter gewachsen, dem ist der Beruf um so teuerer geworden. Selbst wenn einer die Feuerprobe damals nicht bestanden und den Mut nicht aufgebracht hätte, zu sagen: Ja, ich will Priester werden, selbst wenn einer mit Petrus in der Stunde der Prüfung umkippte, mag er nachher sich schämen und wiederum mit Petrus zu einer Heilandsliebe und einer Treue zurückkehren, die fortan nicht mehr erschüttert werden kann! Dann wird der Soldat der Arbeit auch ›ein guter Soldat Christi‹ werden.

In erzieherischer Hinsicht: Lager und Seminar haben beide eine feste Haus- und Lebensordnung, wenn auch der Sinn dieser Ordnung ein verschiedener ist. Wenn Ihr im Lager sonst nichts gelernt hättet als die Pünktlichkeit, die auf die Minute zur Stelle ist und ohne Widerrede in Reih und Glied sich einordnet, Ihr hättet für Euer ganzes Leben etwas Großes gelernt. Die Haus- und Lebensordnung im Seminar ist nicht Schablone und nicht Schikane eines Vorgesetzten, sie vermitteln das allmähliche Sich-Einordnen und Hinwachsen in die acies des Christkönigs, dem fortan die Arbeit Eures Lebens geweiht ist. Das Leben im Arbeitslager war eine Schule der Abhärtung, mehr oder minder auch eine Schule der Entbehrung und damit eine Vorschule jener großen Kunst, die der Priester der nächsten Zukunft beherrschen muß, die Kunst der anspruchslosen Einfachheit apostolischer Lebenshaltung.

In pastoraler Hinsicht: Ihr seid mit den Söhnen des Volkes aus allen Schichten im Arbeitsdienst Schulter an Schulter gestanden, um diesen vaterländischen Dienst wie alle anderen abzudienen. Ihr habt die Zähne übereinander gebissen, wenn die Anforderungen Eure physischen Kräfte übersteigen wollten. Ihr könnt später in der Seelsorge den Männern und Jungmännern sagen: Ich bin auch dabei gewesen. Viele von Euch haben die entsetzliche Not der Diaspora mit eigenen Augen gesehen und werden mit doppelter Freude in der geordneten Seelsorge unserer Heimat wirken.

Ich habe die Zeugnisse gelesen, die manchem von Euch von

dem Seelsorger ausgestellt wurden, der Euch persönlich kennenlernte. In diesen Zeugnissen wird mit Worten der Anerkennung bestätigt, das Verhalten in der Dienstzeit sei vorbildlich gewesen, der und jener hätte auch auf weite Entfernung den Gottesdienst besucht und von Zeit zu Zeit die Sakramente empfangen. Der eine oder andere habe ›unerschrocken und geschickt die katholische Auffassung verteidigt‹ und als Laienapostel Vorurteile gegen unsere Kirche zerstreut. Das sind schöne Zeugnisse und in meinen Augen Reifezeugnisse. Ich will nicht, daß in meinem Seminar sich nun zwei Klassen bilden: eine Exzelsior-Klasse von solchen, die den Arbeitsdienst mitgemacht haben, und eine Inferior-Klasse von solchen, die den Dienst nicht zu leisten hatten. Die Reservisten und Veteranen des Arbeitsdienstes werden keine Privilegien beanspruchen und keine Dispensen in der Hausordnung des Seminars, sie werden im Gegenteil in der Beobachtung der Hausordnung, in der Freude an der wissenschaftlichen und aszetischen Ausbildung die eifrigsten und treuesten sein.
Der Herr hat Euch, um mit dem 39. Psalm zu sprechen, aus der Grube herausgeführt, Euren Fuß auf Felsen gestellt und in Euren Mund ein neues Lied gelegt. Ihr werdet dieses canticum novum mit der ganzen Freude Eurer Seele singen. In dieser Zuversicht erteile ich Euch den Introitus-Segen für die Rückkehr in unser Seminar und für die weitere Vorbereitung zum Priestertum im Namen des Vaters und des Sohnes und des Heiligen Geistes. Amen!«

Was heute aufgrund der Veröffentlichung nationalsozialistischer Dokumente erschütternd handgreiflich ist, war dem deutschen Volk und auch den katholischen Bischöfen Deutschlands nicht oder nur zum geringsten Teil bekannt. Adolf Hitler war »ein Mann mit zwei Seelen und unbeständig in allem, was er tut« (Jak 1,8). Auf der einen Seite verhandelte er mit christlichen Politikern, um ihr Ja zum Ermächtigungsgesetz zu erhalten, besprach sich mit katholischen Bischöfen und schloß mit dem Vatikan am 20. Juli 1933 ein Reichskonkordat ab, auf der anderen Seite suchte er – um nur ein besonders drastisches Beispiel zu erwähnen, das weithin unbekannt ist! – einen »Gegenpapst« in Gestalt des Augsburger Weihbischofs Dr. Franz Xaver Eberle[90] († 18. November 1951), um eine romfreie, deutsche Nationalkirche zu errichten.

Abschließende Bemerkung: Bereits das Jahr 1933 mit seinem Meer von Hakenkreuzfahnen und mit der geschicken Inszenierung nationalsozialistischer Feste und Feiern war für den deutschen Katholizismus das Schicksalsjahr. Damals bereits sind die Würfel gefallen. Was damals geschehen ist und bejaht wurde, konnte später nicht mehr rückgängig gemacht werden. Der eigentliche Grund aber für die Fehlbewertung und für die Fehlentscheidungen des Jahres 1933 muß darin gesehen werden, »daß auch der deutsche Katholizismus dem Phänomen des – gar nationalistisch getarnten – totalitären Staats ganz unvorbereitet gegenüberstand; und zwar deswegen, weil die Reflexion des Verhältnisses von Glaube und Politik von einem uneinholbaren Modernitätsrückstand bestimmt war«.[91] Heute glaubt man, der katholischen Kirche und den Katholiken des damaligen Deutschland Vorwürfe wegen ihres zu geringen Widerstandes oder wegen ihrer Fehlbewertung Hitlers machen zu müssen. Wer aber auf andere Steine wirft, sollte zuerst überlegen, ob er selbst nicht im Glashaus sitzt! Dies gilt nicht nur für Deutsche, sondern auch für Politiker des Auslandes. Papst Pius XI. hat in seiner vernichtenden Enzyklika »Mit brennender Sorge« (vom 14. März 1937) die skrupellose Verschlagenheit und Vertragsunfähigkeit Hitlers an Hand des am 20. Juli 1933 abgeschlossenen Reichskonkordates vor aller Welt schonungslos aufgedeckt.[92] Trotz dieser unüberhörbaren und allseits bekannten Warnungen des Papstes, – trotz der mißachteten deutsch-österreichischen Vereinbarung vom 11. April 1936, – trotz des gewaltsamen »Anschlusses« Österreichs an Deutschland (am 13. März 1938) kamen – um nur ein einziges Beispiel zu nennen! – der englische Premierminister Neville Chamberlain und der französische Ministerpräsident Edouard Daladier nach München, um unter das sogenannte Münchener Abkommen[93] vom 29. September 1938 ihre Unterschrift neben die Unterschrift Hitlers zu setzen und damit wiederum die internationale Glaubwürdigkeit Hitlers zu testieren. In der Zeit zwischen 1933 und 1939 hat man da und dort geglaubt, mit Hitler verhandeln, paktieren und unterschreiben zu müssen, »um Schlimmeres zu verhüten«. Immer wieder mußte man aber erkennen, daß man »das Schlimmere« mit »dem Schlimmsten« eingehandelt hatte. Man kann den Teufel nicht mit Beelzebub austreiben!

3.

Das Reichskonkordat

Das am 20. Juli 1933 in der Vatikanstadt von Kardinalstaatssekretär Eugenio Pacelli und dem Beauftragten der Deutschen Reichsregierung, Vizekanzler Franz von Papen, unterschriebene »Reichskonkordat«[94] hat bereits damals eine recht gegensätzliche Bewertung erfahren. Nicht wenige Katholiken, die in kirchlichen Jugendvereinen oder religiösen Verbänden standen, waren über diesen Handschlag zwischen Kirche und Nationalsozialismus beinahe ebenso überrascht und bestürzt, wie in ähnlicher Weise sechs Jahre später viele Deutsche es nicht fassen konnte, als es zwischen dem Nationalsozialismus und dem russischen Kommunismus am 23. August 1939 zum deutsch-sowjetischen Pakt kam.

1933 wurde der katholischen Kirche von nicht wenigen ihrer Mitglieder der Vorwurf gemacht, sie habe viel zu schnell und auch viel zu unkritisch mit Adolf Hitler verhandelt, sie habe keineswegs eine Bewährungszeit der nationalsozialistischen Regierung abgewartet und außerdem gerade durch das Reichskonkordat Adolf Hitler eine unverdiente, aber verhängnisvoll sich auswirkende, internationale Aufwertung gegeben.

Sehr häufig wird heute die Frage gestellt, ob damals wirklich eine so große Eile nötig war, innerhalb von knapp sechs Monaten zu einem unterschriftsreifen Konkordat zu kommen, nachdem doch gut ausgehandelte und präzis ausformulierte Länderkonkordate mit Bayern (1924), mit Preußen (1929) und mit Baden (1932) ohnehin vorhanden waren.

Die ganze Problematik des Reichskonkordats wurde nochmals nach Kriegsschluß im sogenannten Konkordatsprozeß[95] vor dem Bundesverfassungsgericht in Karlsruhe und seinem

Urteil vom 26. März 1957 sichtbar. Hat das Reichskonkordat einseitig nur Adolf Hitler und der Stabilisierung seines Regimes gedient, der katholischen Kirche aber nur geschadet oder ihr doch den Vorwurf eingebracht, sie habe durch zu schnelle Verhandlungen ihre sonst gewohnte und praktizierte Klugheit und jahrhundertelange Erfahrung mißachtet?

Zur Geschichte des Reichskonkordats

Bereits in jener Auffassung, das Reichskonkordat sei innerhalb weniger Monate gewünscht und ausformuliert worden, muß nicht bloß eine geschichtliche Unwahrheit, sondern eine verfälschende Bewertungstendenz gesehen werden. Um der geschichtlichen Wahrheit willen muß man sich vergegenwärtigen, daß der Abschluß eines Reichskonkordats erstmals bereits 1919 angesprochen wurde. Es hat seit dem Jahre 1920 eine Vielzahl von Besprechungen und Entwürfen in Richtung Reichskonkordat gegeben, so daß man keineswegs sagen kann, Adolf Hitler habe erstmals an eine Neuregelung der Beziehungen zwischen dem Deutschen Reich und der katholischen Kirche gedacht.
Wohl aber wird man – aufgrund der über ein Jahrzehnt sich hinschleppenden Vorgeschichte – sagen müssen, daß Adolf Hitler in einem für ihn überaus günstigen Zeitpunkt Reichskanzler wurde und daß er als gerissener Politiker sich die ideale Gelegenheit nicht entgehen ließ, durch einen Vertrag mit der katholischen Kirche innen- und vor allem außenpolitisch glaubwürdig zu werden.

In einer knappen Zeittafel kann an Hand der wichtigsten Daten die Vorgeschichte des Reichskonkordats eingesehen werden.

1919 (Herbst) Der sozialdemokratische Außenminister Hermann Müller spricht erstmals von der Neuregelung der

Beziehungen zwischen dem Deutschen Reich und der katholischen Kirche

1920 (30. Juni) Reichspräsident Ebert bestätigt anläßlich der Überreichung des Beglaubigungsschreibens des Vertreters des Heiligen Stuhles, Nuntius Eugenio Pacelli, den Wunsch, in einem Reichskonkordat die Beziehungen zwischen dem Deutschen Reich und der katholischen Kirche zu regeln

1921 (6. Juni) Unterrichtung (unter Beifügung von »Richtlinien«) der Gliedstaaten des Deutschen Reiches durch Reichsinnenminister Dr. Koch-Weser über die Absicht der Reichsregierung, ein Reichskonkordat abzuschließen

1921 (15. November) Nuntius Pacelli stellt, dem Wunsch der Reichsregierung folgend, dieser eine Punktation über Wünsche und Forderungen des Hl. Stuhles zu (Vatikan-Punktation)

1922 (Januar) Der deutsche Botschafter beim Hl. Stuhl, Diego von Bergen, übersendet seinerseits der Reichsregierung einen angeforderten Konkordatsentwurf (Bergen-Entwurf)

1924 (29. Oktober) Abschluß des Bayerischen Konkordats

(Ende Oktober) Im Auftrage des Reichskanzlers Dr. Marx erstellter Entwurf eines Reichskonkordats

1929 (14. Juni) Abschluß des Preußischen Konkordats

(Dezember) Berufung des Nuntius Pacelli nach Rom und Ernennung zum Kardinalstaatssekretär durch Papst Pius XI. (Februar 1930)

1933 (Ende Februar) Erneute, bereits 1930 begonnene Konkordatsbesprechungen (Promemoria vom 25. Oktober 1932), ausgelöst durch die Neuregelung der Militärseelsorge. Das Ergebnis der gegenseitigen Wünsche und Absprachen lag Ende Februar 1933 vor (30. Januar 1933: Adolf Hitler – Reichskanzler)

Initiative von Vizekanzler Franz von Papen zum Abschluß eines Reichskonkordats

(28. März) Gemeinsame Erklärung der deutschen Bischöfe
(20. April) Prälat Dr. Ludwig Kaas (letzter Parteiführer des Zentrums und Professor des Kirchenrechts an der theol. Hochschule in Trier) erarbeitet, von Kardinalstaatssekretär Pacelli und Vizekanzler von Papen gebeten, einen neuen Konkordatsentwurf (nochmals überarbeitete Fassung vom 11. Mai 1933)
(30. Mai.–1. Juni) Die Fuldaer Bischofskonferenz wird durch Erzbischof Gröber/Freiburg über den Wortlaut des Konkordatsentwurfes informiert und um Mitteilung der Wünsche bzw. Änderungsvorschläge gebeten
(29. Juni–2. Juli) Vizekanzler von Papen nimmt als amtlicher Bevollmächtigter der deutschen Reichsregierung an der Ausarbeitung des endgültigen Vertragstextes in Rom teil
(8. Juli) Paragraphierung des Reichskonkordats
(14. Juli) Einstimmige Annahme des Reichskonkordates durch die gesamte Reichsregierung
(20. Juli, 11 Uhr) Unterzeichnung des Reichskonkordats durch Kardinalstaatssekretär Pacelli und Vizekanzler von Papen in Rom – Bei der Unterzeichnung waren von kirchlicher Seite noch anwesend Unterstaatssekretär Pizzardo, Substitut Ottaviani und Minutant Montini; in Begleitung des Vizekanzlers von Papen wohnten bei Ministerialdirektor Buttmann, Prälat Kaas und Botschafter Klee

1957 (26. März) Urteil des Bundesverfassungsgerichtes in Karlsruhe: Das Reichskonkordat ist als völkerrechtlicher Vertrag gültig zustandegekommen; es ist innerstaatlich verbindliches Recht geworden und heute noch völkerrechtlich verbindlich (da aber nach dem Grundgesetz die Kulturhoheit den Ländern zusteht, sind die Länder vertragsrechtlich nicht verpflichtet, das Reichskonkordat bei ihrer Schulgesetzgebung zu beachten)

Dokumente zur Vorgeschichte und zum Abschluß des Reichskonkordats

Aus der Fülle von Einzelaussagen, Erklärungen, Memoranden, Entwürfen und Protokollen, die in einer Vielzahl von Veröffentlichungen über das Reichskonkordat heute zur Verfügung stehen, sollen nur einige typische Orientierungstexte herausgegriffen werden.

■ Anläßlich der Überreichung des Beglaubigungsschreibens am 30. Juni 1920 durch den Nuntius Eugenio Pacelli erklärte der damalige Reichspräsident Friedrich Ebert:

»Mit Ihnen, Herr Nuntius, denke ich die vor uns liegende Aufgabe, das Verhältnis zwischen Kirche und Staat in Deutschland neu zu regeln. Das soll geschehen aufgrund der Verfassung der Republik, die vollste Gewissensfreiheit verbürgt. Die Reichsregierung ist sich bewußt, daß hier eine die berechtigten Interessen beider Teile dauernd befriedigende Einigung erzielt werden muß. Sie dürfen des größten Verständnisses und Entgegenkommens auf deutscher Seite von vornherein versichert sein.«

■ Der Erzbischof von München-Freising, Kardinal Michael von Faulhaber, übergab am 17. März 1933 folgendes Memorandum[96] an vatikanische Stellen, um sie über die kirchenpolitische Situation in Deutschland, aber auch über die persönliche und weltanschaulich-religiöse Einstellung Adolf Hitlers zu informieren.

»I. Was an ihm [= Hitler] zu loben ist.

1) In den öffentlichen Reden hat er den Mut, den Namen Gottes zu bekennen. Er vertraue auf den Segen des Allmächtigen und habe von der Vorsehung eine ›Sendung‹. In der Verfassung des Deutschen Reiches von 1919 kommt der Name Gottes nicht vor.

2) *Er betrachtet es als die Aufgabe seines Lebens, den Marxismus in jeder Form, besonders den Kommunismus, als Wirtschafts- und als Staatsprinzip zu ›vernichten‹.*

II. Was nicht zu loben ist.

1) *Er predigt den wilden Haß und die Methoden der Gewalt, statt mit geistigen Waffen zu kämpfen. Er verfolgt hochverdiente katholische Männer wie den Altkanzler Marx oder den Ministerpräsidenten Held mit tödlichem Haß, bloß deshalb, weil diese dem Zentrum oder der Bayerischen Volkspartei angehören. In einigen Fällen brachte die Coalition zwischen Zentrum und Sozialdemokratie eine Verdunkelung der klaren katholischen Linie, im Sinne jener Männer aber war es nur ein taktisches, kein prinzipielles Zusammengehen, wie auch die Nationalsozialisten oft mit den Kommunisten im Reichstag und in den Landtagen stimmten.*
2) *Er predigt den Kult der Rasse und damit einerseits die Ablehnung des Christentums als einer jüdischen Importware (ohne diese letzte Konsequenz selber zu wollen) und die Gefahr des Krieges mit anderen Völkerrassen.*
3) *Es fehlt die religiöse Konsequenz. Sein Freund, der jetzige Minister Dr. Goebbels, von Haus aus katholisch, läßt sich mit einer geschiedenen Frau protestantisch trauen, und er selber ist als Trauzeuge dabei. Er duldet den Hauptmann Röhm, einen notorischen Homosexuellen, in seiner nächsten Umgebung. Dagegen ist nicht wahr, daß er als Realschüler von Linz die hl. Hostie nach der hl. Kommunion verunehrt habe.*
4) *Er hat ernsten Willen, die kapitalistische Wirtschaftsordnung zu stürzen, die Arbeiter zu entproletarisieren und in der heutigen Not dem arbeitenden Volk Arbeit und Brot zu schaffen. Er sollte Quadragesimo anno studieren.*
4) *Es muß festgestellt werden, daß er, seit er Reichskanzler ist, nicht mehr die tobsüchtige Sprache gegen Judentum und*

Kapitalismus führt und auch bis heute noch niemals zum Revanchekrieg gegen Frankreich aufgerufen hat. Ich habe seine sämtlichen Reden seitdem mitstenographiert, weil man deren Wortlaut niemals bekommt. Psychologisch auf die Seele des Bauern und Arbeiters abgestimmt, sind die Reden Meisterstücke.

III. Was zum Konflikt mit den Bischöfen führte.

1) ›Sein Christentum ist nicht mehr das Christentum Christi‹. Der Nationalsozialismus will eine neue ›Weltanschauung‹, eine neue Religion sein, nicht bloß eine neue Politik. Die These von Abt Schachleiter, er habe überhaupt kein religiöses Programm, ist unhaltbar. Er muß doch wissen, ob das Deutsche Reich christlich bleiben oder altgermanisch-heidnisch werden soll. Von Ludendorffs Heidentum und Christushaß hat er sich losgesagt. Es wird im Ernst daran gearbeitet, die biblische Geschichte des Alten Bundes aus den Schulen zu entfernen und durch deutsche Geschichte in überspanntem Nationalismus zu ersetzen. Er lehnt die mosaischen Gebote ab, weil beim 4. Gebot eine Verheißung beigefügt sei, also die undeutsche Lohnsucht gefördert werde. In § 24 des nationalsozialistischen Programms wird eine germanische Moral an Stelle der christlichen gefordert.

2) Er duldet schweigsam, daß ein Alfred Rosenberg, der Chefredakteur des Völkischen Beobachters, das Christentum wie das größte Unglück für uns hinstellt, daß laute Stimmen den Erlöser der Welt als ›den Sohn der Jüdin‹ verlästern und eine deutschnationale, romfreie Kirche fordern. Er selber sagt und fordert das nicht, er spricht nur von dem Fluch der dreifachen Internationale (Sozialismus, Kirche, Freimaurer), aber er schweigt und lehnt diese Forderungen nicht ab, um nicht als Römling oder verkappter Jesuit in Norddeutschland zu gelten. Er hat auch geschwiegen, als seine Hauptblätter und Hauptredner forderten, die Konkordate zu kündigen, die philosophisch-theologischen

Hochschulen in Bayern aufzuheben, dem Kardinal Faulhaber Friedenspredigten zu verbieten. Auf offener Straße wurde den Geistlichen nachgerufen: Bald werden Euere Köpfe rollen.

3) *Im besonderen fürchten die Bischöfe für die katholische und klösterliche Schule. Für die katholische Schule, weil das Ziel der Nationalsozialisten die ›christliche‹, d. h. die paritätische Schule ist. Für die klösterliche Schule, weil viele stellenlose weltliche Lehrkräfte die Stelle der klösterlichen einnehmen wollen. Ein großes Verdienst [ist], daß die neue Regierung die weltliche, d. h. die religionslose Schule aufgehoben und die volksverderbende Nacktkultur auf Bühnen und im Bild verboten hat.*

4) *Der Nationalsozialismus ist in vielen äußeren Dingen, wie in Uniform und Gruß, eine Kopie des Faschismus. Während aber das italienische Volk katholisch ist, spielen in Deutschland bei jeder großen Bewegung die protestantischen Instinkte mit. Der katholische Klerus hat mit lobenswerter Disziplin den Weisungen der Bischöfe gefolgt, die protestantischen Kreise sind in Haufen zum Nationalsozialismus abgeschwenkt, und viele hoffen, es werde jetzt die Reformation des 16. Jahrhunderts bis zur Ablösung von Rom durchgeführt werden.*

In diesem Sinne haben die deutschen Bischöfe vor dem Nationalsozialismus gewarnt. Ihre Warnungen haben immer unterschieden zwischen den Funktionären der Partei, die das ganze Programm des Nationalsozialismus mit Einschluß der antichristlichen Ziele sich zu eigen machen, und zwischen den Mitläufern, die nur die politischen und wirtschaftlichen Ziele des Nationalsozialismus wollen wie die Befreiung von den schweren Reparationen und die Beschaffung von Arbeit und Brot. Diese letztgenannten Ziele waren von den Bischöfen niemals verboten. In gleicher Weise wie gegen den Nationalsozialismus haben die Bischöfe ihre Stimme gegen den Liberalismus und gegen den Sozialismus

erhoben. Freilich waren die oberhirtlichen Stellen in der Praxis nicht immer einig, da auch die Haltung dieser Partei gegenüber der Kirche nicht überall gleich feindlich war. Während einige, wie Mainz und Würzburg, jedem eingeschriebenen Nationalsozialisten das kirchliche Begräbnis verweigerten, haben andere, wie Freiburg und München, es nur dann verweigert, wenn außerdem ein canonisches Hindernis, wie Bigamie oder Feuerbestattung, vorlag.
Während einige das Hakenkreuz als ein heidnisches Gegenstück zum christlichen Kreuz bezeichneten, haben andere darin nur ein Ornament erblickt, das sich früher auch in christlichen Kirchen, wie in S. Anastasia in Rom findet.
Wenn die neue Regierung durch die Tat beweist, daß die Befürchtungen der Bischöfe unbegründet waren, wenn die neue Regierung auch weiterhin im Kampf gegen den Anmarsch des Bolschewismus und gegen die öffentliche Unsittlichkeit stark bleibt, werden die Bischöfe das Mißtrauen gegen die Partei gerne aufgeben und zum Beispiel den Kirchenbesuch in geschlossenen Kolonnen gestatten, der bisher als Demonstration galt und deshalb verboten war, und die Hakenkreuzfahne beim kirchlichen Begräbnis zulassen.«

■ Über die letzte Verhandlungsphase, die schließlich zur Unterzeichnung des Reichskonkordats führte, berichtete der deutsche Gesandte beim Vatikan, Diego von Bergen, in einem Brief vom 2. Juli 1933 an den damaligen Reichsaußenminister Konstantin Freiherr von Neurath:

»Herr von Papen hat die Verhandlungen mit Geschick und Verve geführt; die Erledigung offizieller Konkordatsverhandlungen in vier Sitzungen ist ein Rekord und ein Novum; ohne die ausgezeichnete Vorarbeit des Prälaten Kaas wäre dies nicht zu erzielen gewesen.
Den drei letzten Sitzungen wohnte Prälat Kaas, denjenigen von Sonnabend und Sonntag auch der auf Wunsch des Kar-

dinalstaatssekretärs (Pacelli) telegraphisch herberufene Erzbischof von Freiburg, Gröber, bei; der Erzbischof zeigte sich für die Wünsche der Regierung und die durch die neue Lage bedingten Notwendigkeiten voller Verständnis.«

■ Das Protokoll der Kabinettsitzung der deutschen Reichsregierung, anläßlich der Beschlußfassung des Gesamtkabinetts über die Annahme des Reichskonkordats am 14. Juli 1933, hat folgenden Wortlaut:

»Der Reichskanzler lehnte eine Debatte über Einzelheiten des Reichskonkordats ab. Er vertrat die Auffassung, daß man hierbei nur den großen Erfolg sehen dürfte. Im Reichskonkordat wäre Deutschland eine Chance gegeben und eine Vertrauenssphäre geschaffen, die bei dem vordringlichen Kampf gegen das internationale Judentum besonders bedeutungsvoll wäre. Etwaige Mängel des Konkordats könnten später, bei besserer außenpolitischer Lage verbessert werden.
Der Reichskanzler sah im Abschluß des Reichskonkordats drei große Vorteile:
1. daß der Vatikan überhaupt verhandelt habe, obwohl, besonders in Österreich, damit operiert würde, daß der Nationalsozialismus unchristlich und kirchenfeindlich wäre;
2. daß der Vatikan zur Herstellung eines guten Verhältnisses zu diesem einen nationalen deutschen Staat bewogen werden könnte. Er, der Reichskanzler, hätte es noch vor kurzer Zeit nicht für möglich gehalten, daß die Kirche bereit sein würde, die Bischöfe auf diesen Staat zu verpflichten. Daß das nunmehr geschehen wäre, wäre zweifellos eine rückhaltlose Anerkennung des derzeitigen Regimes;
3. daß mit dem Konkordat sich die Kirche aus dem Vereins- und Parteileben herauszöge, z. B. auch die christlichen Gewerkschaften fallen ließe. Auch das hätte er, der Reichskanzler, noch vor einigen Monaten nicht für möglich gehalten. Auch die Auflösung des Zentrums wäre erst mit Abschluß des

Konkordats als endgültig zu bezeichnen, nachdem nunmehr der Vatikan die dauernde Entfernung der Priester aus der Parteipolitik angeordnet hätte.
Daß das von ihm, dem Reichskanzler, stets erstrebte Ziel einer Vereinbarung mit der Kurie so viel schneller erreicht wurde, als er noch am 30. Januar gedacht hätte, das wäre ein so unbeschreiblicher Erfolg, daß demgegenüber alle kritischen Bedenken zurücktreten müßten.«

■ Überaus beachtenswert ist der streng geheime Bericht[97], den der österreichische Gesandte Rudolf Kohlruß (seit 1929 österreichischer Gesandter beim Heiligen Stuhl) aus Rom am 15. Juli 1933 an den österreichischen Bundeskanzler Engelbert Dollfuß schickte (Eingangsstempel in Wien 19. Juli 1933). Darin wird vor allem auf die drängende Rolle des Erzbischofs Gröber/Freiburg hingewiesen, der den Heiligen Stuhl zum baldigen Abschluß des Reichskonkordats förmlich beschwor.

»Außer aus den einberichteten Gründen stand dieser Ausgang so ziemlich fest angesichts der Haltung des zu Rate gezogenen Erzbischofs von Freiburg, Dr. Gröber, der den Heiligen Stuhl zum ehesten Abschluß des Konkordats förmlich beschworen und erklärt haben soll, daß das Reichskonkordat die allerletzte Möglichkeit ist, um noch in allerletzter Stunde die Entfesselung des wütenden Kulturkampfes, im Vergleich zu dem die Geschehnisse zu Bismarcks Zeiten als verhältnismäßig harmlos angesehen werden könnten, hintanzuhalten; der vorausgegangene vollständige Umfall der Bayerischen Volkspartei und auch die Auflösung des Zentrums, die keineswegs so rasch erwartet worden war, hatten dabei die Kirche wehrlos gelassen, ihr gegenüber aber das Regime zu einer in Deutschland als noch nicht dagewesen empfundenen Machtfülle gebracht.
Solcher Art sah sich der Heilige Stuhl einem vollkommenen Kleinmut des Episkopats (Dr. Gröber), einem kompletten

Zusammenbruch der politischen Stützen und der grimmigen Kampfesentschlossenheit des in Deutschland unbeschränkt selbstherrlich gewordenen Regimes gegenübergestellt; insbesondere bei der Beurteilung der Lage durch den Erzbischof Dr. Gröber sah der Heilige Stuhl für sich keine freie Wahl mehr offen, sobald andrerseits weitgehende Bereitwilligkeiten der Regierung für den kirchlichen Bereich vorlagen.
Die Nichtannahme dieser, wie es scheint, wirklich verhältnismäßig sehr weitgehenden Zugeständnisse der Regierung auf rein kirchlichem und kulturellem Gebiete, durch die – abgesehen von den katholischen Organisationen – sogar die Frage der konfessionellen Schule im ganzen Reich und auch ein bescheidener Ansatz auf eherechtlichem Gebiete in das Reichskonkordat Eingang gefunden haben soll, glaubte der Heilige Stuhl unter den geschilderten Verhältnissen nicht mehr verantworten zu können.«

■ Vizekanzler Franz von Papen[98] sandte am Tag der Unterzeichnung des Reichskonkordats von Rom am Donnerstag, 20. Juli 1933, 14.45, folgendes Telegramm an den Reichskanzler Adolf Hitler:

»Ich melde Ihnen die soeben erfolgte Unterzeichnung des Reichskonkordats, dessen Text nach Vereinbarung mit der Kurie Sonnabend nachmittag 6 Uhr veröffentlicht wird.
Dank Ihrer großzügigen und weisen staatsmännischen Auffassung von der bedeutsamen Aufgabe der christlichen Kirche beim Neubau des Dritten Reiches ist damit ein Werk vollendet, das späterhin als eine historische Tat des Nationalsozialismus anerkannt werden wird. Nur die Wiederherstellung der christlichen, nationalen und sozialen Grundlagen wird es ermöglichen, die abendländische Kultur erfolgreich gegen alle Angriffe zu verteidigen, und Deutschland wird für diese historische Arbeit das unerschütterliche Fundament bilden.
Papen.«

Reaktionen nach dem Abschluß des Reichskonkordats

■ Wie groß die anfängliche Begeisterung über den Abschluß des Reichskonkordats auch in Kreisen katholischer Akademiker war, ist einer Ansprache zu entnehmen, die der (seit 1913) Abt P. Ildefons Herwegen (1874–1946) auf der Dritten soziologischen Sondertagung des Katholischen Akademikerverbandes in Maria Laach am 21. Juli 1933 (also einen Tag nach der Unterzeichnung des Reichskonkordats!) gehalten hat. Übrigens hat am nächsten Tag (22. Juli 1933) auf der gleichen Tagung in Maria Laach der aus Rom zurückgekehrte Vizekanzler Franz von Papen[99] das Thema »Zum Reichskonkordat« behandelt.
Aus der Ansprache des Abtes von Maria Laach, P. Ildefons Herwegen[100]:

»Was auf religiösem Gebiet die Liturgische Bewegung ist, ist auf dem politischen Gebiet der Faschismus. – Der deutsche Mensch steht und handelt unter Autorität, unter Führerschaft, die sich in Stufung und Gliederung zur Hierarchie aufbaut. Die Gefolgschaft wird dem Führer geleistet aus Gemeinschaftsgeist und zur Wahrung der Totalität, das heißt der Ganzheit aller Lebensbeziehungen in Hinblick auf das Wohl des Ganzen ... Wer nicht folgt, ist ein Schädling für die Gemeinschaft. Dieser Einsatz für das Ganze verlangt starken Opfermut; Verzicht auf sich selbst ... Die Totalität des Staates erstreckt sich auf alle Lebensgebiete. Das Konkordat ist eines der Leuchttürme dessen, was gewollt ist. Sagen wir ein rückhaltloses Ja zu dem neuen soziologischen Gebilde des totalen Staates, das durchaus analog gedacht ist dem Aufbau der Kirche. Die Kirche steht in der Welt wie das heutige Deutschland in der Politik. Der Schritt aus der Idee zur Wirklichkeit vollzieht sich nicht immer glatt. Etwas so Ungeheures, wie es sich jetzt vollzieht, kann nicht ohne Leiden sein. Das Leiden hat eine große Funktion innerhalb der Geschichte der Menschheit.«

Zur zeitgeschichtlichen Einordnung dieses Zitates von Abt Ildefons Herwegen ist zu beachten, daß etwa seit dem Jahr 1929 die Abtei Maria Laach immer mehr zum Sammelpunkt rechtskatholischer Kreise geworden ist, die einen Ausweg aus der Staats- und Gesellschaftskrise der Weimarer Republik suchten. Eine »Verherrlichung des Führerprinzips und kultische Überhöhung des Reiches« (R. Morsey) brachte – gerade im Zusammenhang mit dem Abschluß des Reichskonkordats am 20. Juli 1933 in Rom – die Dritte soziologische Sondertagung des Katholischen Akademikerverbandes in Maria Laach vom 21. bis 23. Juli 1933. Das Tagungsthema lautete: »Die nationale Aufgabe im Katholizismus – Idee und Aufbau des Reiches«. Die Liste der Tagungsteilnehmer nennt u. a. Alois Dempf, Franz Schnabel, Peter Wust, Robert Grosche, Edgar Jung, Carl Schmitt und den (aus Rom eben zurückgekehrten) Vizekanzler Franz von Papen.

Um der geschichtlichen Wahrheit und Gerechtigkeit willen muß aber gesagt werden, daß Abt Ildefons Herwegen allzu bald eingesehen hat, daß er einer irrigen Illusion verfallen war. Er gehörte zu den Ersten, die in aller Öffentlichkeit diesen Irrtum bekannten und in den kommenden Jahren wiederholt mit der Gestapo zu tun hatten. Bereits anfangs März 1934 hat Abt Ildefons Herwegen gegenüber P. Emanuel von Severus die bündige Feststellung gemacht, die eine totale Korrektur seiner früheren Einstellung bekundet: »Wir werden von Verbrechern regiert.«

■ Am 24. Juli 1933 schrieb der Erzbischof von München-Freising, Kardinal Michael von Faulhaber, an Reichskanzler Adolf Hitler folgenden Brief[101]:

»Verehrter Herr Reichskanzler!
Der Erzbischof von München gibt sich die Ehre, Eurer Exzellenz einen tiefempfundenen Glückwunsch zum Abschluß des Reichskonkordates zu übersenden.
Was die alten Parlamente und Parteien in 60 Jahren nicht

fertig brachten, hat Ihr staatsmännischer Weitblick in sechs Monaten weltgeschichtlich verwirklicht.
Für Deutschlands Ansehen nach Westen und Osten und vor der ganzen Welt bedeutet dieser Handschlag mit dem Papsttum, der größten sittlichen Macht der Weltgeschichte, eine Großtat von unermeßlichem Segen.
Für das innere Leben des deutschen Volkes kann dieses Abkommen mit dem Oberhaupt der Kirche durch die Sicherungen der religiösen Freiheit eine Mehrung des Glaubens und damit eine Mehrung der sittlichen Volkskraft bringen.
Wir wollen hoffen, daß die Artikel dieses Konkordates nicht auf dem Papier stehen bleiben, daß sie vielmehr als Artikel eines zweiseitigen feierlichen Vertrages dort, wo sie Pflichten enthalten, ebenso Leben und Wirklichkeit werden wie dort, wo sie Rechte und Zugeständnisse enthalten. Vor aller Welt ist nun bewiesen, daß Reichskanzler Adolf Hitler nicht bloß große Reden halten kann wie seine Friedensrede, daß er auch Taten wirken kann von weltgeschichtlicher Größe wie das Reichskonkordat.
Haben Sie Dank, Herr Reichskanzler, daß mit dem Reichskonkordat auch die Länderkonkordate, die früher ohne Mitwirkung der NSDAP zustande kamen, nunmehr als Rechtsgrundlage für die Beziehungen zwischen Kirche und Staat auch für das neue Reich übernommen wurden. Gebe Gott, daß die nachgeordneten Stellen der ersten, zweiten und dritten Unterstufe in der Durchführung des Reichskonkordates nicht allzuweit hinter der staatsmännischen Größe des Führers zurückbleiben. Erlauben Sie mir eine Bitte: Krönen Sie die große Stunde mit einer großmütigen Amnestie für jene, die ohne Verbrechen, nur wegen einer politischen Gesinnung in Schutzhaft sind und mitsamt ihren Familien seelisch furchtbar leiden. Uns kommt es aufrichtig aus der Seele: Gott erhalte unserem Volk unseren Reichskanzler.
In aufrichtiger Verehrung Eurer Exzellenz
Ergebener Kardinal Faulhaber von München.«

■ Am 17. August 1933 hat P. Robert Leiber SJ dem Kardinalstaatssekretär Eugenio Pacelli einen Situationsbericht[102] über die allgemeine Stimmung in Deutschland und über »besondere Vorkommnisse« nach und trotz (!) Abschluß des Reichskonkordats übermittelt. Darin heißt es u. a.:

»Die allgemeine Stimmung läßt sich vielleicht so ausdrücken: das Konkordat hat zunächst erlösend gewirkt. Aber dann ist die Besorgnis und Unruhe doch wiedergekehrt. Man fürchtet, daß das Konkordat nicht ausgeführt, jedenfalls in wesentlichen Bestimmungen umgangen oder ausgehöhlt wird, so daß es seinen Zweck, die kirchliche Freiheit und Selbständigkeit zu retten, nicht erfüllen kann ...

3) Die größte allgemeine Schwierigkeit ist die weltanschauliche Verwirrung, die in die Katholiken hineingetragen worden ist und anläßlich des Konkordats in sie hineingetragen wird. Es unterliegt keinem Zweifel, daß man von nationalsozialistischer Seite alles tut, um dem katholischen Volk die Überzeugung beizubringen, auch weltanschaulich sei zwischen dem Nationalsozialismus und der katholischen Kirche der Ausgleich gefunden. Auf katholischer Seite hat man sich seit einem halben Jahr nicht mehr getraut, den weltanschaulichen Gegensatz zu behaupten und zu betonen, und jetzt gehen einzelne Professoren und Kreise des Akademikerverbandes schon weiter. In dieser Beziehung hat die Maria-Laacher-Woche sehr verwirrt und verbittert, um so mehr, als Herr von Papen verkündete, er habe dem Akademikerverband den besonderen Segen des Hl. Vaters zu überbringen. Im Vortrag von Prof[essor] Dr. Schmaus[103] von der Fachschaft der katholischen Theologen in Münster i. W. über ›Katholischer Glaube und nationalsozialistische Weltanschauung‹ (K.V.[Z.] Nr. 188 – 14. Juli 1933) wird über weltanschauliche Differenzen kein Wort gesagt. P. Hürth teilt mir mündlich mit, daß bereits eine Reihe von Professoren der katholischen theol[ogischen] Fakultäten lehren, der Staat sei nicht der Menschen wegen da, sondern die Menschen seien ganz auf den Staat hingeordnet. Sie sagen, die Lehre vom totalitären Staat sei durchaus katholisch und zitieren dafür Stellen aus Thomas von Aquin, in denen der Heilige Aristotelestexte einfach übernommen hat, und Aristoteles hatte für das Verhältnis zwischen Mensch und Staat ja ganz die antik-heidnische Auffassung. Aber da, wo der hl. Thomas ausführlich dies Verhältnis bestimmt, ist er ganz und gar der katholischen Auffassung, daß der Staat auf die Menschen hingeordnet ist. Die Enzykliken Leos XIII. und Pius' XI., besonders die über die soziale Frage, werden von diesen Autoren umgedeutet. Von Sätzen, die bisher dem katholischen Volke als sichere und unverrückbare katholische Norm erklärt wurden, sagen sie, man dürfe diese Sätze nicht in ihrem strengen Sinne nehmen. Das gibt eine unglaubliche Verwirrung unter den Katholiken. Schon vor etwa einem halben Jahr erfuhr ich von P. von Nell, daß unter dem kath[olischen] Adel und den deutschnationalen Katholiken stark gegen die Enzyklika »Quadragesimo Anno« gearbeitet werde.

Es wäre sicher sehr zu begrüßen, wenn vor der Ratifikation des Konkordats die Tatsache, daß es keinen weltanschaulichen Ausgleich zwischen der katholischen Kirche und dem Nationalsozialismus bedeutet, noch einmal klar zum Ausdruck käme ...

5) Eine weitere nicht geringe Schwierigkeit fängt an, sich für den einzelnen Katholiken wie die gesamte Seelsorge geltend zu machen: Dürfen katholische Ärzte nach dem Sterilisierungsgesetz vorangehen? Sie können, soweit sie in öffentlichen Krankenhäusern tätig sind, dazu gesetzlich gezwungen werden. Die Bischöfe haben auf ihre Eingabe an die Regierung bis Mitte August keine Antwort erhalten. Dürfen die Katholiken alles billigen, was die Regierung tut: Die Behandlung der Juden, die einfach brotlos gemacht werden; die Behandlung der Strafgefangenen in den Kon-

zentrationslagern (es wird dort Prügelstrafe auch für politische Gegner, auch für Frauen, angewandt, nach zugegangenen Berichten; jedenfalls ist die Behandlung äußerst streng und hart, die Sterblichkeit in den Lagern, vor allem im Dachauer, sehr groß; Prälat Leicht ist wie ein gewöhnlicher Strafgefangener behandelt worden; Gerlich ist die Freiheit angeboten worden, wenn er öffentlich erklären wolle, daß die von ihm über die sexuellen Perversitäten Röhms [eines der ‹Väter des Vaterlands›] veröffentlichten Briefe gefälscht seien. Er hat sich geweigert, das zu erklären, weil die Erklärung nunwahr wäre); das Angebertum, das überall ausgenützt wird: im Breslauer Theol[ogen-] Konvikt, um von den Priesteramtskandidaten zu sprechen, sei es unausstehlich. Der Regens wurde für jede Instruktion angezeigt, in der er etwas über die katholische Auffassung vom Frieden, von Rasse und ähnlichem brachte. Ein Innsbrucker Theologe ist auf der Reise in die Heimat zu Beginn der Ferien beim Grenzübergang sofort festgenommen und nach Dachau geführt worden wegen abträglicher Äußerungen, die er in Innsbruck über den Nationalsozialismus gemacht habe. In St. Georgen, Frankfurt, hat bis jetzt alles gut gegangen. Die Leitung des Hauses hat auf der Studenten- oder Parteizentrale (?) erfahren, daß zwei der Theologiestudierenden SA-Männer seien. Namen wurden nicht genannt. Es muß von jetzt an jede kath[olische] Anstalt damit rechnen, daß Beobachter und Berichterstatter da sind. Die entlassenen Schutzhäftlinge werden oft wirtschaftlich ruiniert. Sie werden mit ihrem ganzen Vermögen nach der Entlassung in solidum für die Ausgaben des Lagers, nicht nur für ihre eigene Verpflegung, haftbar gemacht. Mir ist ein Fall erzählt worden, daß ein Entlassener zur Zahlung von 100 000 Mark Lagergeld verpflichtet wurde. Er war Unternehmer und damit ruiniert. Alle diese Dinge häufen sich. Sie kommen in und außerhalb der Beichte zur Sprache. Es ist für Priester und andere unmöglich, zu allem nur zu

schweigen. Was sollen sie sagen, wie sich verhalten? Wenn die katholische Kirche nicht das Vertrauen des Volkes verlieren soll, dürfen ihre Bischöfe und Priester nicht zu allem schweigen. Gerade dadurch hat Herr von Papen soviel Befremden hervorgerufen, daß er überall wissen ließ, er und seine Rgierung hätten in Rom nur Lob und freundliches Entgegenkommen gefunden.
Auch das wäre sicher für viele Katholiken ein Trost, wenn der Heilige Stuhl vor Ratifikation des Konkordats wenigstens für beste um ihrer früheren Tätigkeit willen schwer geschädigte oder internierte Katholiken (Held, Bolz, Dessauer, Brüning, die Herren aus Baden u[nd] a[ndere]) ein Wort der Anerkennung oder Fürsprache einlegte.«

■ Am 14. März 1937 veröffentlichte Papst Pius XI. die Enzyklika »Mit brennender Sorge«, in der »über die Lage der katholischen Kirche im Deutschen Reich«, vor allem über die Vertragsumdeutungen, Vertragsumgehungen, Vertragsaushöhlungen und Vertragsverletzungen durch das Hitler-Regime vor aller Welt Protest erhoben wird. Der Vorentwurf für diese Enzyklika wurde von Kardinal Faulhaber erarbeitet, der ihn in drei Nächten in der römischen Anima auf elf Seiten in Großformat niederschrieb und am 21. Januar 1937 dem Kardinalstaatssekretär Eugenio Pacelli zukommen ließ. Dieser hat die Formulierungen Faulhabers weitgehend übernommen und durch Ergänzungen und Präzisierungen wesentlich an der Endfassung der Enzyklika mitgewirkt. Die Enzyklika »Mit brennender Sorge« greift folgende Themen auf: Reiner Gottesglaube – reiner Christusglaube – reiner Kirchenglaube – reiner Glaube an den Primat – keine Umdeutung heiliger Worte und Begriffe – Sittenlehre und sittliche Ordnung – Anerkennung des Naturrechts – an die Jugend – an die Priester und Ordensleute – an die Getreuen aus dem Laienstand.

Auszüge aus der Enzyklika »Mit brennender Sorge«:

»Als Wir, ehrwürdige Brüder, im Sommer 1933 die Uns von der Reichsregierung in Anknüpfung an einen jahrealten früheren Entwurf angetragenen Konkordatsverhandlungen aufnehmen und zu Euer aller Befriedigung mit einer feierlichen Vereinbarung abschließen ließen, leitete Uns die pflichtgemäße Sorge um die Freiheit der kirchlichen Heilsmission in Deutschland und um das Heil der ihr anvertrauten Seelen – zugleich aber auch der aufrichtige Wunsch, der friedlichen Weiterentwicklung und Wohlfahrt des deutschen Volkes einen wesentlichen Dienst zu leisten.

...

Trotz mancher schwerer Bedenken haben Wir daher Uns damals den Entschluß abgerungen, Unsere Zustimmung nicht zu versagen. Wir wollten Unseren treuen Söhnen und Töchtern in Deutschland im Rahmen des Menschenmöglichen die Spannungen und Leiden ersparen, die andernfalls unter den damaligen Verhältnissen mit Gewißheit zu erwarten gewesen wären.

...

Wir haben alles getan, um die Heiligkeit des feierlich gegebenen Wortes, die Unverbrüchlichkeit der freiwillig eingegangenen Verpflichtungen zu verteidigen gegen Theorien und Praktiken, die – falls amtlich gebilligt – alles Vertrauen töten und jedes auch in Zukunft gegebene Wort innerlich entwerten müßten.

...

Jeder, dessen Geist sich noch einen Rest von Wahrheitsempfinden, dessen Herz sich noch einen Schatten von Gerechtigkeitsgefühl bewahrt hat, wird dann zugeben müssen, daß in diesen schweren und ereignisvollen Jahren der Nachkonkordatszeit jedes Unserer Worte und jede Unserer Handlungen unter dem Gesetze der Vereinbarungstreue standen. Er wird aber auch mit Befremden und innerster Ablehnung feststellen müssen, wie von der anderen Seite die Vertragsumdeutung, die Vertragsumgehung, die Vertragsaushöhlung, schließlich die mehr oder minder öffentliche Vertragsverletzung zum ungeschriebenen Gesetz des Handelns gemacht wurden.

. . .

Vor Unserem Auge steht die unübersehbar große Schar treuer Söhne und Töchter, denen das Leid der Kirche in Deutschland und ihr eigenes Leid nichts geraubt hat von ihrer Hingabe an die Sache Gottes, nichts von ihrer zärtlichen Liebe gegen den Vater der Christenheit, nichts von ihrem Gehorsam gegen Bischöfe und Priester, nichts von ihrer freudigen Bereitschaft, auch in Zukunft – komme, was da wolle – dem treu zu bleiben, was sie geglaubt und von ihren Voreltern als heiliges Erbe erworben haben. Ihnen allen senden Wir aus gerührtem Herzen Unseren Vatergruß.

Allen voran die Mitglieder der kirchlichen Verbände, die tapfer und um den Preis vielfach schmerzlicher Opfer Christus die Treue hielten und sich nicht bereit fanden, die Rechte preiszugeben, die ein feierliches Abkommen der Kirche und ihnen nach Treu und Glauben gewährleistet hatte.

Ein besonders inniger Gruß ergeht an die katholischen Eltern. Ihre gottgegebenen Erzieherrechte und Erzieherpflichten stehen gerade im gegenwärtigen Augenblick im Mittelpunkt eines Kampfes, wie er schicksalsvoller kaum gedacht werden kann. Die Kirche Christi kann nicht erst anfangen, zu trauern und zu klagen, wenn die Altäre verwüstet werden, wenn sakrilegische Hände die Gotteshäuser in Rauch und Flammen aufgehen lassen. Wenn man versucht, den Tabernakel der durch die Taufe geweihten Kindesseele durch eine christusfeindliche Erziehung zu entweihen, wenn aus diesem lebendigen Tempel Gottes die ewige Lampe des Christusglaubens herausgerissen und an ihrer Statt das Irrlicht eines Ersatzglaubens gesetzt werden soll, der mit dem Glauben des Kreuzes nichts mehr zu tun hat – dann ist die geistige Tempelschändung nahe, dann wird es für jeden bekennenden Christen

Pflicht, seine Verantwortung von der der Gegenseite klar zu scheiden, sein Gewissen von jeder schuldhaften Mitwirkung an solchem Verhängnis und Verderbnis freizuhalten.
Und je mehr die Gegner sich bemühen, ihre dunklen Absichten abzustreiten und zu beschönigen, um so mehr ist wachsames Mißtrauen am Platze und mißtrauische, durch bittere Erfahrung aufgerüttelte Wachsamkeit.
Die formelle Aufrechterhaltung eines, zudem von Unberufenen kontrollierten und gefesselten Religionsunterrichts im Rahmen einer Schule, die in anderen Gesinnungsfächern planmäßig und gehässig derselben Religion entgegenarbeitet, kann niemals einen Rechtfertigungsgrund abgeben, um einer solchen, religiös zersetzenden Schulart die freiwillige Billigung eines gläubigen Christen einzutragen. Wir wissen, geliebte katholische Eltern, daß von einer solchen Freiwilligkeit bei euch nicht die Rede sein kann.
Er, der Herz und Nieren durchforscht (Ps 7,10), ist Unser Zeuge, daß Wir keinen innigeren Wunsch haben als die Wiederherstellung eines wahren Friedens zwischen Kirche und Staat in Deutschland.
Wenn aber – ohne Unsere Schuld – der Friede nicht sein soll, dann wird die Kirche Gottes ihre Rechte und Freiheiten verteidigen im Namen des Allmächtigen, dessen Arm auch heute nicht verkürzt ist.«

■ Als im Jahre 1937 (nach der Veröffentlichung der Enzyklika »Mit brennender Sorge«) zur Diskussion stand, ob die Nuntiatur in Berlin aufrechterhalten oder aufgegeben werden solle, plädierte in Rom Kardinalstaatssekretär Eugenio Pacelli, der selbst von 1920 bis 1930 Nuntius in Berlin war, für den Status quo mit folgenden Überlegungen:

»1. Es ist nicht Brauch des Heiligen Stuhls, zuerst die Beziehungen abzubrechen (von sich aus als erster).
2. Man erweise der Regierung einen großen Dienst, da diese

nichts mehr wünscht, als sich vom Konkordat zu befreien, einer Kette, die sie immerhin noch stets belästigt.
3. Die im Januar nach Rom gekommenen Bischöfe und Kardinäle (neben den deutschen Kardinälen waren es Bischof Preysing von Berlin und Bischof Galen von Münster) baten den Heiligen Stuhl wiederholt, daß er nicht den Abbruch begänne.
4. Wie würde man fernerhin mit den Bischöfen verkehren, Verbindung halten?
5. Der Nuntius ist Diplomat, aber in erster Linie hat er eine kirchliche Sendung, die, wenn im wahren Geist erfüllt, für die Kirche Früchte bringen kann.
6. Der Heilige Stuhl bemüht sich, häufig vergeblich, einen seiner Vertreter (Delegaten) in Ländern zu erhalten, wo die Verfolgung wütet, wie zum Beispiel in Mexiko. Und er sollte ihn wegschicken, wo er sich schon befindet?
7. Es war eine große Mühe und schwierig, zu Berlin eine diplomatische Vertretung zu errichten, wo sie vor 1920 niemals geduldet worden war. Sollte jetzt der Heilige Stuhl sie von sich aus zerstören? Vielleicht kann sie dann niemals mehr wieder aufgenommen werden.«

■ Nach seiner Wahl richtete Papst Pius XII, der als Kardinalstaatssekretär das Reichskonkordat unterzeichnet und auch bei der Abfassung der Enzyklika »Mit brennender Sorge« wesentlich beteiligt war, nach herkömmlichem Brauch an die Staatsoberhäupter der Welt persönliche Grußbotschaften. Einen Anzeigebrief seiner Wahl richtete er auch an den Führer und Reichskanzler Adolf Hitler. Das pragmatische Dokument, nach Beratung mit Kardinal Faulhaber in deutscher Sprache abgefaßt, hat folgenden Wortlaut:

»Dem hochzuverehrenden Herrn Adolf Hitler, Führer und Kanzler des Deutschen Reiches, Pius Papst XII.
Hochzuverehrender Herr!

Nachdem Wir durch die gesetzmäßig vollzogene Wahlhandlung des Kardinalskollegiums auf den Päpstlichen Thron erhoben sind, erachten Wir es als Unsere Amtsobliegenheit, Ihnen als Staatsoberhaupt von Unserer Erwählung hiermit Kenntnis zu geben.

Wir legen dabei gleich zum Beginn Unseres Pontifikates Wert darauf, Ihnen zu versichern, daß Wir dem Ihrer Obsorge anvertrauten deutschen Volke in innigem Wohlwollen zugetan bleiben und ihm von Gott dem Allmächtigen in väterlicher Gesinnung jenes wahre Glück erflehen, dem aus der Religion Nahrung und Kraft erwachsen.

In angenehmer Erinnerung an die langen Jahre, da Wir als Apostolischer Nuntius in Deutschland mit Freude alles daransetzten, um das Verhältnis zwischen Kirche und Staat in gegenseitigem Einvernehmen und hilfsbereitem Zusammenwirken zum Nutzen beider Teile zu ordnen und zu gedeihlicher Weiterentwicklung zu bringen, richten Wir jetzt zumal auf die Erreichung solchen Zieles das ganze dringende Verlangen, welches die Verantwortung Unseres Amtes Uns eingibt und ermöglicht. Wir geben Uns der Hoffnung hin, daß dieser Unser heißer Wunsch, der mit der Wohlfahrt des Deutschen Volkes und der wirksamen Förderung jeglicher Ordnung aufs engste verbunden ist, mit Gottes Hilfe zu glücklicher Verwirklichung gelange. Inzwischen erflehen Wir Ihnen, hochzuehrender Herr, sowie allen Angehörigen Ihres Volkes mit den besten Wünschen den Schutz des Himmels und den Segen des allmächtigen Gottes.

Gegeben zu Rom, bei St. Peter, am 6. März 1939, im ersten Jahr Unseres Pontifikats.

Pius PP. XII.«

■ Wenige Wochen nach Abschluß des Zweiten Weltkriegs äußerte sich Papst Pius XII. in einer Ansprache vor dem Kardinalskollegium am 2. Juni 1945 über Motive und Sinn des Konkordatsabschlusses mit der deutschen Reichsregierung.

»Im Frühjahr 1933 ersuchte die deutsche Regierung den Heiligen Stuhl um den Abschluß eines Konkordats mit dem Reich; der Gedanke fand die Zustimmung auch des Episkopats und wenigstens des größeren Teils der deutschen Katholiken. Tatsächlich schienen weder die mit einzelnen Ländern bereits abgeschlossenen Sonderkonkordate noch die Weimarer Verfassung ihnen genügend Sicherung und Gewähr zu bieten für die Achtung ihrer Überzeugungen, ihres Glaubens, ihrer Rechte und ihrer Betätigungsfreiheit. Unter solchen Umständen konnten diese Sicherungen nur erreicht werden durch eine Abmachung mit der Reichsregierung in der feierlichen Form eines Konkordats. Da zudem sie selbst den Vorschlag gemacht hatte, wäre im Fall der Ablehnung die Verantwortung für alle üblen Folgen auf den Heiligen Stuhl zurückgefallen.

Nicht als ob die Kirche ihrerseits sich von übertriebenen Hoffnungen hätte täuschen lassen, auch nicht, als ob sie mit Abschluß des Konkordats die Lehre und die Ziele des Nationalsozialismus irgendwie hätte gutheißen wollen, wie damals ausdrücklich erklärt und dargelegt wurde. Immerhin muß man zugeben, daß das Konkordat in den folgenden Jahren verschiedene Vorteile brachte oder wenigstens größeres Unheil verhütete. Trotz aller Verletzungen, denen es ausgesetzt war, ließ das Konkordat tatsächlich den Katholiken doch eine rechtliche Verteidigungsgrundlage, eine Stellung, in der sie sich verschanzen konnten, um von da aus, solange es ihnen möglich war, sich der ständig steigenden Flut der religiösen Verfolgung zu erwehren.«

■ In einem Gedenkartikel[104] anläßlich des Todes von Papst Pius XII. († 9. Oktober 1958) hat P. Robert Leiber SJ, der als vatikanischer Mitarbeiter über interne, ja internste Informationen verfügte, zum Abschluß des Reichskonkordats geschrieben:

»Auf die verhängnisvollen Ereignisse, die sich von Januar bis März 1933 in Deutschland abspielten: die Machtergreifung Hitlers, die Abstimmung in der Krolloper mit dem Ja der Zentrumsabgeordneten für Hitler, die Kundgebung des deutschen Episkopates bzw. des Kardinals Bertram in einem der Partei gegenüber versöhnlichen Sinn – dies alles hat sich ohne die geringste Einflußnahme des Heiligen Stuhls und des Kardinalstaatssekretärs Pacelli zugetragen. Der Kardinal äußerte an einem jener Tage, er habe selbst Privatbriefe nach Deutschland unterlassen, um jeden Schein zu vermeiden, als wolle er sich in den Ablauf der Dinge einmischen. Von der Märzerklärung der Bischöfe, die der Partei günstig war, ist er buchstäblich aus der Presse überrascht worden.
Dem Reichskonkordat waren Pläne und Fühlungnahmen zwischen kirchlichen und staatlichen Vertretern schon seit 1920 vorausgegangen. Man soll sie aber nicht überbewerten. Es ist nicht so, als ob das Reichskonkordat vom 20. Juli 1933 sich als ihre reife Frucht dargeboten hätte. Die Hauptarbeit wurde von Ostern 1933 bis zum Abschluß des Vertrags geleistet. Der Heilige Stuhl hätte damals, in den ersten Monaten des Dritten Reiches, einen Modus vivendi etwa in der Form einer vorläufigen Weitergeltung der Länderkonkordate dem Reichskonkordat vorgezogen. Aber die Regierung drängte, und da sie weitgehende Zugeständnisse anbot, hätte der Heilige Stuhl sich durch Ablehnung ins Unrecht gesetzt und die Katholiken in Deutschland schwersten Gefahren ausgeliefert. Das war die Meinung aller, die damals verantwortlich zu Rate gezogen wurden, auch solcher, die für Konkordate an sich wenig übrig hatten. Uns ist noch ein Wort des Kardinalstaatssekretärs Pacelli aus jener Situation genau in Erinnerung: Es ist leicht, bemerkte er, einen Kirchenkampf zu beginnen, aber schwer, ihn durchzuhalten. Und wenn er schon der Kirche aufgezwungen wird, müssen die Katholiken im Land wissen, daß die oberste Führung vorher alles versucht hat, um ihnen den Kampf zu ersparen. – Wie eindringlich beleuchtet

die Kirchengeschichte der letzten Jahrzehnte die Richtigkeit dieser Bemerkung!
Es kam noch etwas anderes hinzu, was nicht übersehen werden darf. Genau in dem Augenblick, in dem die Regierung Hitler ein Reichskonkordat anbot, Ostern 1933, fanden sich in Rom deutsche katholische Politiker ein, unter ihnen Altreichskanzler Dr. Joseph Wirth, und machten darauf aufmerksam, daß die innerdeutschen Sicherungen der Rechte und Freiheiten, die sich die deutschen Katholiken in den vorausgehenden achtzig bis hundert Jahren erkämpft hätten, fraglich geworden seien; der Heilige Stuhl möge sich einschalten. Man antwortete ihnen, daß der Heilige Stuhl dies nur auf dem Weg von Verhandlungen und Vereinbarungen mit der Reichsregierung tun könne.
So kam es also zum Abschluß des Reichskonkordats. Es hat sich in den Jahren des Dritten Reichs als eine Kampfstellung bewährt, die zwar Stück um Stück vor der Gewalt und dem Vertragsbruch geräumt werden mußte, die aber nie ganz verlorenging und die es ermöglichte, sich inzwischen auf die Notlage der Kirche in jenen Jahren umzustellen.«

Das Reichskonkordat in geschichtlicher Distanz

Das Reichskonkordat steht – wie man heute erkennen kann – ohne Zweifel an einem neuralgischen Punkt der Geschichte des Dritten Reiches, an dem wichtige Weichenstellungen für die deutsche wie für die internationale Zukunft vollzogen worden sind. Wer wirklich lesen kann, hört bereits aus dem Protokoll jener Kabinettsitzung der deutschen Reichsregierung, in der durch einstimmigen Beschluß das Reichskonkordat am 14. Juli 1933 angenommen wurde, die sicheren Gewitter der Zukunft heraus: ». . . Kampf gegen das internationale Judentum . . . rückhaltlose Anerkennung des derzeitigen Regimes . . . Auflösung des Zentrums . . . unbeschreiblicher Erfolg.«

Haben aber die deutschen Bischöfe wirklich nicht ahnen können, daß Adolf Hitler alles andere als ein vertrauenswürdiger Verhandlungspartner der katholischen Kirche war? Offensichtlich standen die Bischöfe unter einem psychologischen Druck, wie dies den Aussagen zu entnehmen ist, die Erzbischof Gröber/Freiburg am 1. Juli 1933 in Rom gegenüber dem Kardinalstaatssekretär Eugenio Pacelli gemacht hat:

»Manche werden sagen, daß ein solcher Vertrag in diesem Zeitpunkt der Würde des Hl. Stuhles widerstreite und im Auslande nicht begriffen würde. Dagegen ist man in Deutschland sowohl im Episkopat als in der Geistlichkeit wie bei den führenden katholischen Laien darüber einig, daß das Konkordat je bälder desto lieber abgeschlossen werden müßte. Das Konkordat selbst ist gut und würde wenigstens vorübergehend die Verhältnisse ordnen. Kommt es nicht zustande, dann wird uns in der nächsten Zeit alles zerschlagen, und ich frage mich, ob es überhaupt wieder aufgebaut werden kann. Die Katholiken würden sagen: Der Hl. Stuhl hätte uns helfen können, hat aber nicht geholfen. Die Regierung würde den Konkordatsentwurf veröffentlichen und die Schuld am Nichtzustandekommen eines so guten Werkes dem Hl. Stuhl zuschreiben.«[105]

Die Erwartungen des Vatikan und der katholischen Bischöfe Deutschlands haben sich nicht erfüllt. Der Vorschuß an Vertrauen und der dokumentierte »gute Wille«, zu einer Neuregelung zwischen Deutschland und dem Vatikan zu kommen, ist von Adolf Hitler in bewußter und geplanter Hinterhältigkeit so schamlos mißbraucht worden, daß heute noch ein unverdienter Schatten auf den damals entscheidenden Gremien der katholischen Kirche liegt. Alle Kritiker des Reichskonkordats dürfen aber der Frage nicht ausweichen: Was wäre geschehen, wenn der (bereits Ende Februar 1933 ausgesprochene) Wunsch der deutschen Reichsregierung nach Abschluß eines Konkordats von Seite der katholischen Kirche abgelehnt worden wäre oder wenn es in der Endphase (Juli 1933) der Konkordatsverhandlungen plötzlich zum Abbruch gekommen wäre? Welche publizistischen Möglichkeiten hätten die deutschen Bischöfe gehabt, um einen solchen Abbruch erklären zu können?

Eines ist jedoch sicher: Ohne das Reichskonkordat wäre die zynische Mißachtung internationaler Verträge durch Hitler vor aller Welt nicht so deutlich geworden wie gerade durch das Reichskonkordat. Die Enttäuschung der katholischen Kirche hätte aber den internationalen Staatsmännern, die Adolf Hitler immer wieder ihre Aufwartung machten, eine Warnung vor Hitlers Wortbrüchigkeit sein müssen. Was zuerst die katholische Kirche erfahren mußte, wurde weithin als Einzelfall gewertet und nicht ernstgenommen. Erst durch die weltweiten Katastrophen, die mit dem Zweiten Weltkrieg nur zum Teil endeten und zum andern Teil heute noch im Gesicht des geteilten Deutschland und der Weltpolitik sich auswirken, haben die Völker einsehen müssen, daß man aus dem nicht gehaltenen »Reichskonkordat« nichts gelernt hatte und dafür eine Geschichte mit Blut und Tränen durchschreiten mußte.

Daß ausgerechnet das vielgeschmähte Reichskonkordat nach dem Ende des Dritten Reichs die Funktion einer gesamtdeutschen Klammer hatte, sollte aber nicht vergessen werden. »Nach 1945 wurde das Reichskonkordat zu einem entscheidenden Argument in der Auseinandersetzung darüber, ob das Deutsche Reich untergegangen sei oder ob es fortbestehe. In dieser Frage, die für die Rückkehr Deutschlands in die internationale Rechtsgemeinschaft und für unsere gesamten Rechts- und Handelsbeziehungen äußerst wichtig war, kam der Tatsache ausschlaggebende Bedeutung zu, daß der Vatikan unter Papst Pius XII. ganz eindeutig von der Fortgeltung des Reichskonkordats und vom Fortbestand des Deutschen Reiches ausging. So konnte die Bundesrepublik unter Anerkennung der internationalen Rechtsgemeinschaft Nachfolger des Deutschen Reiches werden.«[106]

Man kann Ludwig Volk voll und ganz zustimmen, wenn er in seinem gründlichen und mit einzigartigen Quellen ausgestatteten Werk »Das Reichskonkordat vom 20. Juli 1933« schreibt: »Wenn Hitler sich im Sommer 1933 in dem Erfolg sonnte, als Konkordatspartner des Hl. Stuhles nun den Status internationaler Vertragswürdigkeit erklommen zu haben, so hatte er diesen für ihn erfreulichen Effekt – und niemand wußte das besser als er – eingehandelt gegen eine langfristige Hypothek. Denn vom Tage der deutschen Unterschrift an lief unter den Augen einer nicht unkritischen Weltöffentlichkeit das Experiment der Erprobung von Hitlers Vertragstreue, einer druckempfindlichen unterirdischen Bombe vergleichbar, die, durch ein Zuviel an wachsendem Konkordatsschutt zur Detonation gebracht, die Fassade von Hitlers Vertragswürdigkeit demolieren konnte.«[107]

4.

Der deutsche Protestantismus im Jahr der Machtergreifung Hitlers

Am 16. Oktober 1948 erklärte die Evangelische Kirche in Deutschland, die sich wenige Monate vorher, am 13. Juli 1948, in der Lutherstadt Eisenach konstituiert hatte:

»Unsere gegenwärtige Aufgabe besteht darin, darüber zu wachen und darum zu beten, daß die Evangelische Kirche in Deutschland und ihre Gliedkirchen wirklich Bekennende Kirchen werden, wie es in der Grundordnung der EKD heißt. Wir wollen nicht wieder eine sichere und schlafende Kirche werden. Ecclesia semper reformanda est, die Kirche bedarf ständiger Erneuerung.«[108]

Mit dem Eingeständnis, *»sichere und schlafende Kirche«* gewesen zu sein, wird ein bemerkenswert ehrlicher Rückblick vor allem auf die Jahre des Dritten Reiches gemacht und die keineswegs rühmliche Rolle angesprochen, die große Teile des deutschen Protestantismus damals gespielt haben. Wiederum muß man sich aber bewußt machen, daß das Stichwort »deutscher Protestantismus« nur als große und übergreifende Überschrift zu verstehen ist, die im Jahr 1933 eine Vielzahl nicht bloß unterschiedlicher, sondern auch gegensätzlicher Gruppierungen und Gemeinschaften umfaßte. Es bietet also der deutsche Protestantismus im Jahr der Machtergreifung Hitlers ein äußerst uneinheitliches Erscheinungsbild. Aktionen der einen Gruppe wurden von anderen Gemeinschaften oft schärfstens abgelehnt. Es gab keine einheitliche Führung des deutschen Protestantismus, wie es etwa die Fuldaer bzw. die Freisinger Bischofskonferenz für den deutschen Katholizismus war. Außerdem hatte der deutsche Protestantismus keine internationale Außenstation, wie dies für die deutschen Bischöfe und Katholiken etwa der Papst in Rom war. Wegen des Fehlens einer einzigen kirchlichen Entscheidungsstelle war ein Angriff auf die evangelische Kirche deshalb erfolgversprechend, weil es nicht allzu schwer war, einzelne Gruppen und Gemeinschaften gegeneinander auszuspielen, Keile der Spaltung in den deutschen Protestantismus zu treiben und seine Glaubwürdigkeit auf ein Minimum herabzusetzen.

Die protestantische Majorität im deutschen Volk

Die Volkszählungen, die im Deutschen Reich vom Jahr 1871 bis 1910, in der Weimarer Republik im Jahr 1925 und im »Dritten Reich« 1933 und nochmals 1939 durchgeführt wurden, ergaben folgende Prozentzahlen.

Volkszählung	Protestanten	Katholiken	Sonstige
1. 12. 1871	62,3	36,2	1,5
1. 12. 1890	62,8	35,8	1,4
1. 12. 1919	61,6	36,7	1,7
16. 6. 1925	64,1	32,4	3,5
16. 6. 1933	62,7	32,5	4,8
17. 5. 1939	60,8	33,2	6,0

Es waren – wie die Ergebnisse der Volkszählungen zeigen – zwei Drittel des deutschen Volkes evangelische Christen und etwa ein Drittel katholische Christen. Bemerkenswert ist, daß die Prozentzahl der »Sonstigen«, denen verschiedene christlich orientierte Kirchen und Sondergemeinschaften, aber auch Freikirchen und nicht zuletzt die Gruppe jener zugezählt wurden, die aus der evangelischen bzw. katholischen Kirche ausgetreten sind, ständig ansteigt. Der wachsende Anteil der »Sonstigen«, vor allem seit dem Jahr der Machtergreifung

Hitlers, ist auf die sich mehrenden Kirchenaustritte zurückzuführen.
Es wäre aber doch zu einfach, die prozentuale Majorität der evangelischen Christen in Deutschland bereits als Ursache für den Prozentsatz der Hitler-Stimmen zu erklären. Es gab und gibt kein einheitliches Wählerverhalten der evangelischen wie der katholischen Christen. Es lassen sich aber doch bestimmte Trends feststellen. So zeigt etwa eine Wahlanalyse der Reichstagswahl am 31. Juli 1932, »daß Hitler in den protestantischen Gebieten ... seine Wähler gefunden hat und durch sie zur Macht kam. Dagegen konnte er selbst 1932 noch in keinem katholischen Landkreis eine Stimmenmehrheit erringen ...
Ist also die evangelische Kirche schuld an dem Erfolg des Nationalsozialismus? Ist Martin Luther der Ahnherr Adolf Hitlers? Viele protestantische Pastoren haben sich einst stolz zu dieser Auffassung bekannt, haben Hitler als neuen Befreier aus römischer Knechtschaft und schwarz-roter Koalition gefeiert. Manche evangelische Theologen haben nach dem Zusammenbruch beschämt auf Luther als Schuldigen am Aufstieg des Nationalsozialismus hingewiesen ...
Die Schuld liegt nicht in der Lehre Luthers und der Reformation, sondern in der Entchristlichung des Volkes und der Säkularisierung des Lebens und Denkens, die in den protestantischen Gebieten weit mehr fortgeschritten war als etwa in den katholischen. Sie haßten jede Form religiöser Bindung und kirchlichen Einflusses und wandten sich daher – übrigens heute wie damals – vorab gegen die katholische Kirche, wo sie dies am stärksten verkörpert und lebendig sahen. Zwar hatten Adolf Hitler, Joseph Goebbels, Julius Streicher und manch andere Nazigröße einen katholischen Taufschein, aber man erhoffte sich doch von ihnen die Befreiung aus der geistigen ›Knechtschaft‹ der Kirche, das Ende der schwarz-roten Koalition.«[109]
Gegen eine geschlossene Front der deutschen Protestanten hätte Hitler nie zur Macht kommen können. Warum war

»der Katholik« Adolf Hitler für evangelische Christen kein Problem? Gewiß war Hitler alles andere als ein profilierter, katholischer Kirchenchrist. Das Stichwort »positives Christentum«, von dem bereits Artikel 24 des nationalsozialistischen Parteiprogramms sprach, scheint einerseits so allgemein und so wenig anstößig, andererseits so zukunftsverheißend, so unrömisch und auch so konfessionsüberwindend geklungen zu haben, daß dieses inhaltsleere Schlagwort wie die Verheißung einer »Dritten Konfession« und wie die Erfüllung eines säkularisierten, kapellenlosen Glaubens erschien.
Berücksichtigt man die kirchenpolitischen und theologischen Frontbildungen und Konfrontationen innerhalb der evangelischen Christen während des Dritten Reiches, dann kommt man nicht umhin, zu sagen, daß der deutsche Protestantismus ausgerechnet im Jahr der Machtergreifung Hitlers (1933) alles andere als eine acies ordinata, eine wohlgeordnete und innerlich einige, kirchliche Gemeinschaft war, sondern im Gegenteil gefährlichen Dynamit in den eigenen Reihen mitschleppte und damit viele Ansatzpunkte der Uneinigkeit und der Gefährdung hatte.

Nationalprotestantisches Staatskirchentum

Nur in Grundzügen kann jene geschichtliche Entwicklung angedeutet werden, die das protestantisch-staatskirchliche Verständnis ausgelöst und gerade in Deutschland durch Theologen und Historiker des 19. Jahrhunderts eine ganz bestimmte Profilierung erfahren hat. Seit Luthers großer Reformationsschrift »An den christlichen Adel deutscher Nation von des christlichen Standes Besserung« (1520) gehört es zu den Grundauffassungen des Protestantismus, daß der Landesherr seine schützende Hand über die Kirche hält, ja daß die Kirche von der staatlichen Obrigkeit regiert wird. Der Landesherr war daher – auch wenn er, wie etwa der österreichi-

sche Kaiser oder der König von Bayern katholisch war! – summus episcopus, oberster Bischof der evangelischen Kirche seines Landes.
Das staatskirchliche Regiment des Landesherrn, das er durch seine Kirchenbeamten ausüben ließ, war zuständig für die kirchlichen Verwaltungsangelegenheiten, während in Lehrfragen die theologischen Fakultäten die Entscheidungen zu fällen hatten. Es gab daher im protestantischen Denken und Glauben eine »enge Verbindung des kirchlichen Bewußtseins mit Größen wie Volk, Nation und Staat«[110]. Der evangelische Bischof Otto Dibelius schrieb 1959 noch: »Obrigkeit – das ist ein schönes Wort. In dem Wort ist Seele und Gemüt. Es ist etwas von väterlicher Autorität darin – wie denn auch Martin Luther nicht müde geworden ist, die Parallele zu ziehen zwischen der väterlichen Autorität und der Obrigkeit. Die Obrigkeit findet man vor, wenn man zur Welt kommt ... Sie steht da, von Gott gesetzt. Sie mag von guten oder schlechten Menschen dargestellt werden, von Christen oder Türken – sie ist da, und wir müssen uns ihr willig beugen. Und dahinter steht, durch alles hindurchscheinend, Gottes Wille. Wilhelm, von Gottes Gnaden, König von Preußen, Kurfürst von Brandenburg ... Das ist Obrigkeit.«[111]
Die Verbindung von »Thron und Altar« war der notwendige Ausdruck dieses nationalkonservativ-protestantischen Obrigkeitsdenkens. Wie sehr die gesamte deutsche Geschichte und Kultur mit diesen vaterländisch-protestantischen Denkvoraussetzungen verknüpft wurden, bezeugt ein Gedicht, das Ernst Lissauer[112] während des Ersten Weltkriegs (Sommer 1915) verfaßt hat:

»Der Führer

An den Grenzen in Westen und Osten,
an beiden Meeren, entlang den Strand,
erdharte Wolken lagern, Land überm Land
Himmlische Mannschaft steht in Lüften auf Posten.

Luther, der Landsknecht Gottes, mit reisiger Bibel bewehrt,
Bach, vorbetend preisende Orgelgesänge,
Kant, gewappnet mit Pflicht, gewappnet mit Strenge,
Schiller, die mächtige Rede schwingend als malmendes Schwert.

Beethoven, von kämpfenden Erzmusiken umdröhnt,
Goethe, kaiserlich ragend, von Tagewerksonne gekrönt,
Bismarck, großhäuptig, geharnischt, pallaschbereit,
des ewigen Bundes Kanzler in Ewigkeit.

Seht sie gedrängt verdämmern in Ferneschein,
Dürer und Arndt und Hebbel, Peter Vischer und Kleist und Stein.
Rings über Deutschland stehn sie auf hoher Wacht.
Generalstab der Geister, mitwaltend über der Schlacht.«

Die staatskirchlichen Denkvoraussetzungen des deutschen Protestantismus gerieten bereits mit der Ablösung der Monarchien am Ende des Ersten Weltkriegs in eine Krise, die aber kaum einen Umdenkprozeß in Richtung Demokratie auslöste. Wenn der Landesfürst als König bzw. als Kaiser »von Gottes Gnaden« abgelöst wird durch den Reichspräsidenten, der »von Volkes Gnaden« gewählt und nach einer bestimmten Zeit wieder abgelöst werden kann, dann erhebt sich die Frage, ob auch einem demokratisch gewählten Präsidenten die staatskirchliche Sonderstellung eines Landesfürsten zukommt, wie es im traditionellen, protestantischen Verständnis grundgelegt war.
Ist das Dritte Reich bereits Gottesreich? Leuchtet im Dritten Reich bereits das Reich Gottes auf? Es ist von nationalkirchlich eingestellten Protestanten tatsächlich gesagt worden, man müsse »den Sinn des Dritten Reiches im Rahmen der Ewigkeit«[113] aufzeigen. Auch die Frage wurde damals erörtert, ob Hitler, dem Führer und Reichskanzler, jene staatskirch-

liche Sonderstellung zukomme, die früher einem Landesherrn selbstverständlich zuerkannt wurde. Steht hinter den Entscheidungen Hitlers der Wille Gottes? Daß solche Überlegungen nicht bloße utopische Fragen sind, sondern tatsächlich damals von Verfechtern der Deutschen Christen vorgetragen worden sind, sei durch einen Ausspruch von Julius Leutheuser bestätigt. Er schrieb: »Wenn irgendwo, so konnte der wahrhaft jesusgläubige Deutsche in der Bewegung Adolf Hitlers den Geist des Reiches Gottes wieder verspüren. Millionen deutsche Menschen, die den Zusammenhang mit den Kräften der Ewigkeit verloren hatten, lernten durch Adolf Hitler wieder an Gott glauben.«[114]

Theologische Differenzen und Konfrontationen

Nach dem Ersten Weltkrieg zeichneten sich in der evangelischen Kirche Deutschlands Gruppierungen ab, die sich nicht bloß durch klare, ja scharfe Konturen voneinander abhoben, sondern die in heftigen und kontroversen Auseinandersetzungen gegeneinander standen. Es kann sich hier nicht darum handeln, die breite und überaus bunte Palette der damaligen evangelischen Theologie und ihrer Hauptvertreter vorzulegen. Es sollen lediglich einige markante Richtungen genannt werden.

Nach der Ablösung der Monarchien und angesichts des Unbehagens gegenüber der keineswegs idealen Demokratie in Gestalt der Weimarer Republik suchte eine »nationale« Richtung, vertreten durch Paul Althaus, Emanuel Hirsch und Friedrich Gogarten, im Begriff »Volk« einen neuen Kristallisationspunkt für gläubig-ethisches Handeln aufzuzeigen. Ein Signal dieser Richtung war der »Vaterländische Kirchentag«, der im Sommer 1927 in Königsberg stattgefunden hat. Das während der Monarchien ungeklärt gebliebene Thema: Kirche und Sozialismus wurde von einer sozialistisch akzentuierten

Bewegung innerhalb der evangelischen Theologie aufgegriffen. Sie bemühte sich, Brücken zwischen dem Sozialismus und dem Reich Gottes (wobei vor allem auf die Bergpredigt verwiesen wurde) zu schlagen. Für die Zielsetzung eines »religiösen Sozialismus« setzte sich vor allem ein die 1924 gegründete »Arbeitsgemeinschaft der religiösen Sozialisten Deutschlands«.

Diese beiden Richtungen einer national bzw. sozialistisch geprägten Theologie ebneten die Wege zu einer Politisierung der Existenz und verflüssigten die politische Ordnung allzu leicht in politische Religion. Die Reichsbewegung der Deutschen Christen hat später diese Gedanken aufgegriffen, unerhört radikalisiert und die »Ordnung der Beziehung zum Diesseits nach den Grundsätzen der nationalsozialistischen Weltanschauung«[115] verkündet. Die propagandistische Formel lautete: Ganz nationalsozialistisch – ganz evangelisch-reformatorisch.

Eine zweite Grundströmung, die die theologischen Diskussionen der Nachkriegszeit anheizte und unter den jüngeren Pfarrern der evangelischen Gemeinde die meisten Anhänger hatte, war die dialektische Theologie, deren Initiator und Hauptvertreter der aus der Schweiz stammende (geboren am 10. Mai 1886 in Basel), calvinische Theologe Karl Barth gewesen ist. Sein erstmals 1919 erschienener »Römerbrief« (von der zweiten Auflage im Jahre 1922 sagte er, »kein Stein ist auf dem anderen geblieben«) riß wie eine Pflugschar den Gegensatz zwischen Gott und Welt, zwischen der Königsherrschaft Christi und dem Weltregiment auf. Ausgehend von der These, Gott ist »der Ganz-Andere«, wird von den Vertretern der dialektischen Theologie jede Brückenfunktion der Welt und auch der politischen Ordnungen als Irrweg und Götzendienst schärfstens abgelehnt. Wie es – nach der »dialektischen Theologie« – keinen Weg und keinen Beweis von der irdischen Welt zu Gott gibt, so gibt es auch keinen Weg vom politischen Reich zur Gottesherrschaft Jesu Christi. Es ist daher nach Karl

Barth eklatante Häresie, die man nicht laut und oft genug entlarven kann, im Dritten Reich das Reich Gottes durchscheinend zu sehen. Was Karl Barth (der sich als einziger deutscher Theologieprofessor weigerte, den Beamteneid auf den Führer ohne Einschränkung zu leisten, deshalb seine Professur für Dogmatik an der Universität Bonn verlor und gezwungen wurde, 1935 Deutschland zu verlassen) bereits vor dem Schicksalsjahr 1933 wiederholt und heftig kritisierte, »war der ›Bindestrich zwischen Christentum und Volkstum‹, zwischen ›evangelisch und deutsch‹«[116].

Eigene theologische Akzente setzte Paul Tillich (1886–1965), der als erster »arischer« deutscher Universitätsprofessor 1933 abgesetzt wurde und nach Amerika emigrierte. Tillich hatte ein starkes Empfinden für das Dämonische in der Geschichte.[117] Ausgehend von seiner philosophisch-theologischen These des »Unbedingten« hat er auf die unvermeidbare Konfrontation zwischen der Botschaft der Kirche und dem Mythos des Nationalsozialismus aufmerksam gemacht. »Der neue Mythos widerspricht der Unbedingtheit des Unbedingten und damit der Botschaft der Kirche und dem Anspruch, von dem sie nicht lassen kann. Dieser Mythos aber ist die Grundlage für den Totalitätsanspruch des Staates.«[118] Bereits 1932 schrieb er über die Grundlagen und Intentionen des Nationalsozialismus, »daß im Kreuz die Nation, die Rasse, das Blut, die Herrschaft in ihrer Heiligkeit gebrochen und unter das Gericht gestellt sind«[119].

Von Paul Tillich, noch mehr aber von Karl Barth gingen entscheidende Impulse für die Bekennende Kirche in Deutschland aus, die mutig und unerschrocken den Kampf für die Botschaft Jesu Christi und gegen das nationalsozialistische Kirchenregiment aufnahm. Karl Barth hat der Bekennenden Kirche die theologischen Waffen für diesen erbitterten Kampf geliefert. Unter seinem Einfluß wurde auch die »Theologische Erklärung zur gegenwärtigen Lage der Deutschen Evangelischen Kirche« (Barmen, Mai 1934) abgefaßt.

Die harten Auseinandersetzungen mit der nationalsozialistischen Weltanschauung haben innerkirchlich eine überaus brisante und offene Frage nicht mehr zur Ruhe kommen lassen, die nach dem Zusammenbruch des fast 400 Jahre praktizierten Staatskirchentums nach einer Lösung geradezu schrie. Das Wormser Edikt (1521) hatte den Theologischen Fakultäten besondere Autorität in Sache Lehre und Lehrzucht zuerkannt. Angesichts der neuen theologisch-kirchlichen Situation nach der Ablösung der Monarchien und des damit verbundenen Staatskirchentums und vor allem angesichts der häretischen Entschließung der Glaubensbewegung der Deutschen Christen (vom 13. November 1933) wie auch angesichts der divergierenden Gutachten etwa zum Arier-Paragraph, die von theologischen Fakultäten (Marburg: Ja, Erlangen: Nein) erstellt wurden, war die Frage nach dem Lehramt in der evangelischen Kirche neu gestellt und mußte mit höchster Dringlichkeit beantwortet werden.

Welchem Gremium in der evangelischen Kirche kommt in Glaubensfragen »das Lehramt« zu? Ohne daß die Frage nach der Kompetenz des Lehramtes bereits geklärt war, hat die Reichsbekenntnissynode der Deutschen Evangelischen Kirche in Barmen-Gemarke (vom 29.–31. Mai 1934) eine weittragende, theologische Grundsatzentscheidung gefällt. War aber die »Theologische Erklärung von Barmen« eine Entscheidung, der lehramtliches Gewicht zukommt? Es ist die Barmer Bekenntnissynode mit Recht als ein kühnes, erstes Zeichen »eines bis dahin hierzulande unbekannten neu entstehenden evangelischen Kirchentums«[120] gewertet worden.

Die Frage nach dem Lehramt stieß aber trotz der großen Bedrängnis, in der sich die evangelische Kirche damals befand, auf erhebliche Schwierigkeiten und Widerstände. Es wurde nicht bloß auf die bisherige Tradition hingewiesen, die nach einer Not- und Ausnahmesituation durchaus wieder praktikabel werden könne. Entscheidender waren aber in den meisten Debatten zwei Einwände, die leidenschaftlich vorgetragen

wurden: einerseits wurde argumentiert, das prophetische Element in der Kirche lasse sich nicht institutionalisieren, anderseits scheute man vor einer »Romanisierung« zurück, denn ein Lehramt in der evangelischen Kirche würde allzu deutlich angesehen werden als Anpassung an die Strukturen und Entscheidungsvollmachten der römisch-katholischen Kirche. Nachdem allzu lange und allzu heftig gerade gegen das römische Lehramt agiert woren war, wollte man nicht als verschämte »Rompilger« jetzt plötzlich übernehmen, was man gegenüber Rom so hart attackiert hatte.
Diese knappe Skizzierung der inneren Situation der evangelischen Kirche Deutschlands zu Beginn des Dritten Reiches macht sicherlich deutlich, daß eine innere theologische Geschlossenheit – selbst unter dem Druck der Kirchenverfolgung – nur schwer erreichbar war und daß – was kein Vorwurf, sondern nur eine Feststellung sein soll – die evangelische Kirche der Gefahr der nationalsozialistischen Infiltration (wenigstens in der Anfangsphase) mehr ausgesetzt war als die katholische Kirche Deutschlands.

Chronologie der kirchenpolitischen Anfangsphase

Aus der Vielzahl wichtiger Ereignisse, die mit dem Leben und dem Kampf der evangelischen Kirche Deutschlands zusammenhängen, wird nur eine Auswahl getroffen, und zwar nur aus der Anfangsphase des Dritten Reiches.

1932 (13. Nov.) Kirchenwahlen in der altpreußischen Union: ein Drittel der Sitze fällt an (vom nationalsozialistischen Gauleiter Wilhelm Kube und von Pfarrer Joachim Hossenfelder angeführten) »Deutsche Christen«

1933 (30. Januar) Adolf Hitler vom Reichspräsidenten Paul von Hindenburg zum Reichskanzler ernannt

(23. März) Reichstagsrede Adolf Hitlers
(3.–5. April) Erste Reichstagung der Glaubensbewegung »Deutsche Christen« in Berlin
(6. Mai) Richtlinien der »Deutschen Christen« für die Umgestaltung des kirchlichen Lebens
(23. Mai) Wahl des Leiters der Bethelschen Anstalten, Friedrich von Bodelschwingh, zum Reichsbischof (am 24. Juni 1933 zurückgetreten unter dem Druck u. a. des »Staatskommissars« August Jäger)
(1. Juli) Intervention des (protestantischen) Reichspräsidenten Paul von Hindenburg bei Hitler – Einstellung des Kampfes gegen die evangelische Kirche (zunächst) angeordnet
(11. Juli) Reichskirchenverfassung der Evangelischen Kirche (durch Reichsgesetz am 14. Juli bestätigt)
(23. Juli) Kirchenwahlen unter starkem politischen Druck: die »Deutschen Christen« erhalten in den meisten Landeskirchen eine Zweidrittel-Mehrheit, nur in Bayern, Württemberg und in der Hannoveranischen Landeskirche konnten sich – wenn auch nur knapp – die alten Kirchenleitungen halten
(21. Sept.) Gründung des Pfarrer-Notbundes durch Pfarrer Martin Niemöller (Berlin-Dahlem)
(27. Sept.) Wehrkreispfarrer Ludwig Müller wird von der Nationalsynode in Wittenberg zum Reichsbischof gewählt
(17. Oktober) Erlaß von Rudolf Heß, des Stellvertreters des Führers: Anordnung strikter Neutralität der Partei in Kirchenfragen

1933 (13. Nov.) »Sportpalastskandal«: Proklamation einer Volkskirche

1934 (19. April) Verordnung zur Neuregelung der Verwaltung der Deutschen Evangelischen Kirche
(29.–31. Mai) Erste Reichsbekenntnissynode der Deutschen Evangelischen Kirche (=DEK) in Barmen-Ge-

marke: »Theologische Erklärung zur gegenwärtigen Lage der Deutschen Evangelischen Kirche«
(19.–20. Okt.) Zweite Reichsbekenntnissynode der Deutschen Evangelischen Kirche in Berlin-Dahlem: Verkündigung des kirchlichen Notrechts
(20. Nov.) Gründung einer »Vorläufigen Kirchenleitung der Deutschen Evangelischen Kirche« unter Bischof Marahrens

1935 (4.–6. Juni) Dritte Reichsbekenntnissyndode der Deutschen Evangelischen Kirche in Augsburg
(26. Juni) Reichsgesetz über das Beschlußverfahren in Rechtsangelegenheiten der Deutschen Evangelischen Kirche
(16. Juli) Hitler ernennt Hans Kerrl zum Reichsminister für die kirchlichen Angelegenheiten[121]
(24. Sept.) Gesetz zur Sicherung der Deutschen Evangelischen Kirche

Ein Überblick allein des Jahres 1933 zeigt, daß sich die Ereignisse förmlich überschlagen haben. Es gab innerkirchlich viele Theologien, viele Thesen und Antithesen, viele und leider auch unversöhnliche Fronten. Durch die Angriffe der nationalsozialistischen Weltanschauung und durch die hitlerhörigen »Deutschen Christen« ist aber in der evangelischen Kirche eine grundsätzliche Thematik provoziert worden: die Frage nach dem wahren, evangelischen Bekenntnis. Das Jahr 1933 war das Jahr der innerkirchlichen Scheidungen und Entscheidungen. »Zwischen dem parteifeindlichen und dem parteifreundlichen Flügel der evangelischen Kirche gab es eine breite Schicht von Geistlichen, die eine klare Stellungnahme im Kampf zwischen Kirche und Staat zu vermeiden suchten. In der Tat stand es ja in völligem Widerspruch zu den Traditionen des Luthertums, der staatlichen Obrigkeit widerstehen zu müssen. Es war ein weiter Weg vom herkömmlichen Untertanengehorsam des frommen Lutheraners bis zum Widerstand gegen das nationalsozialistische Regime. So versuchte die Mehrheit einen völligen Bruch mit dem neuen Staat zu vermeiden. Doch mit den Jahren mußten immer mehr Gläubige, Theologen wie Laien, einsehen, daß die scharfe Trennung von Kirche und Staat, von Politik und Religion, angesichts des Totalitätsanspruches des Nationalsozialismus eine Illusion, ja eine gefährliche Fiktion war.«[122]

Rückblickend läßt sich aber doch sagen, daß Gottes Hand im verwirrenden Spiel der damaligen Geschichte tätig war. Ausgerechnet auf der großen Berliner Sportpalastkundgebung der »Deutschen Christen« am 13. November 1933 glaubte man das erreichte Ziel proklamieren zu können, daß nunmehr allein eine nationalsozialistische Volkskirche vorhanden ist, – und doch war ausgerechnet diese Veranstaltung der Ausgangspunkt eines unaufhaltsamen Zerbröckelungsprozesses der »Deutschen Christen«. Anderseits gaben viele evangelische Christen dem von Pastor Martin Niemöller am 12. September 1933 gegründeten Pfarrer-Notbund kaum eine Überlebenschance. Aber ausgerechnet dieser Pfarrer-Notbund ist die Keimzelle der »Bekennenden Kirche« geworden, die eine unerbittliche Widerstandsfront gegen jede nationalsozialistische Verkürzung der Christusbotschaft bildete und die Brücke zur Evangelischen Kirche Deutschlands der Nachkriegszeit geschlagen hat. Den Höhepunkt des Kirchenkampfes stellt das Jahre 1937 dar. Aber gerade die Härte des Kirchenkampfes hat der evangelischen Kirche eine neue und tragfähige Solidarität des Glaubens geschenkt und nicht wenige evangelische Pfarrer wie Laien bestärkt, den Weg des Widerstandes bis zum Martyrium zu gehen.

■ Verfassung der Deutschen Evangelischen Kirche[123] (vom 11. Juli 1933)

»In der Stunde, da Gott unser deutsches Volk eine große geschichtliche Wende erleben läßt, verbinden sich die deutschen evangelischen Kirchen in Fortführung und Vollendung der durch den Deutschen Evangelischen Kirchenbund eingeleiteten Einigung zu einer einigen Deutschen Evangelischen Kirche. *Sie vereint die aus der Reformation erwachsenen, gleichberechtigt nebeneinander stehenden Bekenntnisse in einem feierliche Bund und bezeugt dadurch: ›Ein Leib und Geist, ein Herr, ein Glaube, eine Taufe, ein Gott und Vater unser aller, der da ist über allen und durch alle und in allen.‹*

Die Deutsche Evangelische Kirche gibt sich nachstehende Verfassung:

Artikel 1. Abschnitt 1.

Die unantastbare Grundlage *der Deutschen Evangelischen Kirche ist das* Evangelium von Jesus Christus, *wie es uns in der Heiligen Schrift bezeugt und in den* Bekenntnissen der Reformation *neu ans Licht getreten ist. Hierdurch werden die* Vollmachten, *deren die Kirche für ihre Stellung bedarf,* bestimmt *und* begrenzt.

Artikel 2. Abschnitt 2.

1. Die Deutsche Evangelische Kirche gliedert sich in Kirchen (Landeskirchen).

2. Bekenntnisverwandte Kirchengemeinschaften können angeschlossen werden. Die Art des Anschlusses wird durch Gesetz bestimmt.

3. Die Landeskirchen bleiben in Bekenntnis und Kultus selbständig.

4. Die Deutsche Evangelische Kirche kann den Landeskirchen für ihre Verfassung, *soweit diese nicht bekenntnismäßig gebunden ist,* durch Gesetz einheitliche Richtlinien geben. *Sie hat die Rechtseinheit unter den Landeskirchen auf dem Gebiet der Verwaltung und der Rechtspflege zu fördern und zu gewährleisten.*
5. Eine Berufung führender Amtsträger der Landeskirchen *erfolgt nach Fühlungnahme mit der Deutschen Evangelischen Kirche.*
6. Alle kirchlichen Amtsträger sind beim Amtsantritt auf die Verfassung der Deutschen Evangelischen Kirche zu verpflichten.

Artikel 3. Abschnitt 3.
1. Die Deutsche Evangelische Kirche regelt das deutsche gesamtkirchliche Rechtsleben.
2. Sie ordnet ihr Verhältnis zum Staat.
3. Sie bestimmt ihre Stellung zu fremden Religionsgesellschaften.

Artikel 4.
1. Die Deutsche Evangelische Kirche will die in ihr geeinte deutsche evangelische Christenheit für die Erfüllung des göttlichen Auftrags derKirche rüsten und einsetzen. Sie hat deshalb von der Heiligen Schrift und den reformatorischen Bekenntnissen her sich um eine einheitliche Haltung in der Kirche zu bemühen und der kirchlichen Arbeit Ziel und Richtung zu weisen.
2. Ihre besondere Fürsorge widmet sie dem deutschen Volkstum, *vornehmlich der* Jugend.
3. Die freie kirchliche Arbeit von gesamtkirchlicher Bedeutung, insbesondere auf dem Gebiete der inneren *und* äußeren Mission, *nimmt sie unter ihre fördernde Obhut.*
4. Die Verbundenheit mit den evangelischen Deutschen im Auslande *hat sie zu wahren und zu festigen.*

5. Sie pflegt die Beziehungen zu den befreundeten Kirchen des Auslandes.

Artikel 5. Abschnitt 4.

1. An der Spitze der Kirche steht der lutherische Reichsbischof.
2. Dem Reichsbischof tritt ein geistliches Ministerium *zur Seite.*
3. Eine deutsche evangelische Nationalsynode *wirkt bei der Bestellung der Kirchenleitung und bei der Gesetzgebung mit.*
4. Beratende Kammern *verbürgen den im deutschen evangelischen Volkstum lebenden Kräften die freie schöpferische Mitarbeit im Dienst der Kirche.*

Artikel 6.

1. Der Reichsbischof *vertritt die Deutsche Evangelische Kirche. Er ist berufen, die Gemeinsamkeit des kirchlichen Lebens in den Landeskirchen sichtbar zum Ausdruck zu bringen und für die Arbeit der Deutschen Evangelischen Kirche eine einheitliche Führung zu gewährleisten.*
Er trifft die zur Sicherung der Verfassung erforderlichen Maßnahmen.
2. Der Reichsbischof weist die Mitglieder des Geistlichen Ministeriums in ihr Amt ein.
Mit den führenden Amtsträgern der Landeskirchen tritt er zu regelmäßigen Aussprachen und Beratungen zusammen.
Er vollzieht die Ernennung und Entlassung der Beamten der Deutschen Evanglischen Kirche.
3. Der Reichsbischof hat das Recht, jede geistliche Amtshandlung vorzunehmen, insonderheit zu predigen, Kundgebungen im Namen der Deutschen Evangelischen Kirche zu erlassen und außerordentliche Buß- und Festgottesdienste anzuordnen.
Soweit es sich hierbei um die Wahrung und Pflege eines anderen als seines Bekenntnisses handelt, werden seine Befugnisse durch das hierfür berufene Mitglied des Geistlichen Ministeriums wahrgenommen.

4. Der Reichsbischof erhält einen kirchlichen Sprengel.
Für die Erledigung der kirchlichen Verwaltungsgeschäfte hat der Reichsbischof seinen Amtssitz in Berlin.
5. Der Reichsbischof wird der Nationalsynode *von den im leitenden Amt stehenden Führern der Landeskirchen in Gemeinschaft mit dem Geistlichen Ministerium vorgeschlagen und von der Nationalsynode in das Bischofsamt berufen.*
6. Das Nähere bestimmt ein Gesetz.«

■ Wahlaufruf der NSDAP[124] zur Stimmabgabe für die Liste »Deutsche Christen« vom 17. Juli 1933

Glaubensbewegung »Deutsche Christen« Der Reichsleiter

An die Herren
Gauleiter der N.S.D.A.P.

Sehr geehrte Herren Parteigenossen!
Ich darf Sie an mein Schreiben vom 10. 6. 1933 erinnern und an die darin enthaltene Anordnung des Stabsleiters der P.O. Pg. Dr. Ley.
Anordnung Nr. 28/33. »Wehrkreispfarrer Müller, der Beauftragte des Führers für die evangelische Kirche teilt mir mit, daß der Führer wünscht, daß die Deutschen Christen die Reaktion aus ihrer letzten Stellung hinausdrängen.
Die Deutschen Christen werden einen vierwöchentlichen [!] Kampf aufnehmen. Die N.S.D.A.P. hat diesen Kampf mit allen Mitteln zu unterstützen, ohne jedoch selbst den Kampf zu führen. Die Gauleiter werden von sich aus die nötigen Schritte unternehmen.

Heil Hilter!
Der Stabsleiter der P. O.
gez. Dr. Ley.«

Ich erhalte soeben aus dem Preuß. Kultusministerium die Mahnung, die Herren Gauleiter noch einmal zu bitten, sie mögen die Parteigenossenschaft, soweit sie evangelisch ist, an ihre Pflicht erinnern, sich bis Donnerstag, den 20. Juli, nachm. 3 Uhr in die Wählerlisten eintragen zu lassen und am Sonntag den 23. Juli ihrer Wahlpflicht (siehe Reichsgesetz) zu genügen (Liste »Deutsche Christen«).

Heil Hitler!
Der Reichsleiter der Glaubensbewegung
»Deutsche Christen«
gez. Hossenfelder
I. A. Heidenreich
Pfarrer

Berlin SW 61,
den 17. Juli 1933.

■ Bericht über die »Wahl« des Wehrkreispfarrers Ludwig Müller zum Reichsbischof[125] am 27. September 1933

Dieser Bericht stammt von dem damaligen Ministerialrat und Kirchenreferenten im Reichsministerium des Innern, Walter Conrad, der das Referat für die evangelische Kirche bis zum 2. Februar 1934 leitete. In seinem Erlebnisbericht (Der Kampf um die Kanzeln, erschienen 1957) berichtet W. Conrad sowohl von der Vorgeschichte wie auch von dem Stimmungs-Test, der schließlich als »Wahl« deklariert wurde. Wehrkreispfarrer Müller war von Adolf Hitler zum Bevollmächtigten für die Angelegenheiten der evangelischen Kirche ernannt worden. Es verdient festgehalten zu werden, daß Wehrkreispfarrer Müller – ohne einen Rechtstitel dafür zu haben – am 28. Juni 1933 das Gebäude des evangelischen Kirchenbundes durch SA besetzen und die Leitung des evangelischen Kirchenbundes ergreifen ließ.

»... Nach der Kirchenverfassung sollte der Reichsbischof der ›Nationalsynode‹ von den im leitenden Amt stehenden Führern der Landeskirchen in Gemeinschaft mit dem ›Geistlichen Ministerium‹ vorgeschlagen und von der Nationalsynode in das Bischofsamt berufen werden. Alle Organe der Reichskirche, die hier genannt sind, waren aber noch nicht vorhanden. Andererseits drängte der Müllersche Gewaltstreich gegen das Kirchenbundesamt zu schnellem Handeln, das sozusagen im luftleeren Raum einer noch nicht vorhandenen Kirchenverfassung vorgenommen werden mußte. Man veranstaltete also, rechtlich gesehen, eine Art von Stimmungs-Test. Hierbei ergab sich schließlich eine Mehrheit für Müller ...
Man sprach nun nicht mehr vom vorläufigen, sondern vom Reichsbischof schlechthin. Das erste pomphafte Auftreten des auf so seltsame Weise gekürten Oberhauptes der Reichskirche sollte an der Weihestätte des Protestantismus in Wittenberg erfolgen; es war mit der Eröffnung der Ersten Deutschen Nationalsynode am 27. 9. 1933 verbunden und beendete den ersten Abschnitt des evangelischen Kirchenkampfes. Als Vertreter der Reichsregierung nahmen – auf Wunsch von Frick – Gottheimer, Buttmann und ich daran teil ... Der Anblick der dicht gefüllten Räume bot insofern etwas Ungewöhnliches, als die priesterliche Gewandung und die braune SA-Kleidung auf etwa paritätischer Basis miteinander wetteiferten. Auf meine Frage, ob etwa die SA einen Ehrensturm gestellt hätte, wurde ich dahin belehrt, daß es sich bei den braunberockten Männern ebenfalls um Pfarrer handelte, die aber durch diese Art der Kostümierung ihrem Bekenntnis zu Adolf Hitler sinnfälligen Ausdruck zu geben wünschten. Die feierliche Vorstimmung, in die ich durch das bereits Erlebte versetzt worden war, wurde noch gesteigert, als plötzlich ein wohlbeleibter SA-Priester ... die Räume durchschritt und mit dem im Kasernenhofton herausgebrüllten Befehl ›Antreten zum Kirchgang!‹ den allgemeinen Aufbruch in den Gang brachte. Während wir drei Regierungsvertreter ... uns zur Stadtkirche be-

gaben, gestand mir Buttmann, er habe sich selten so geschämt wie in dieser Umrahmung . . .«

■ Richtlinien der Kirchenbewegung »Deutsche Christen« in Thüringen (vom 11. Dezember 1933) über die »Deutsche Christliche Nationalkirche«[126]

»1. Wir Deutschen Christen glauben an unseren Heiland Jesus Christus, an die Macht seines Kreuzes und seiner Auferstehung. Jesu Leben und Sterben lehrt uns, daß der Weg des Kampfes zugleich der Weg der Liebe und der Weg zum Leben ist.
Wir sind durch Gottes Schöpfung hineingestellt in die Blut- und Schicksalsgemeinschaft des deutschen Volkes und sind als Träger dieses Schicksals verantwortlich für seine Zukunft.
Deutschland ist unsere Aufgabe, Christus ist unsere Kraft!
2. Quelle und Bestätigung unseres Glaubens sind die Gottesoffenbarung in der Bibel und die Glaubenszeugnisse der Väter.
Das Neue Testament ist uns die heilige Urkunde vom Heiland, unserem Herrn, und seines Vaters Reich.
Das Neue Testament ist uns Beispiel göttlicher Volkserziehung. Für unseren Glauben ist es von Wert, soweit es uns das Verständnis für unseres Heilandes Leben, Kreuz und Auferstehung erschließt.
3. Wie jedem Volk, so hat auch unserem Volk der ewige Gott ein arteigenes Gesetz eingeschaffen. Es gewann Gestalt in dem Führer Adolf Hitler und in dem von ihm geformten nationalsozialistischen Staat.
Dieses Gesetz spricht zu uns in der aus Blut und Boden erwachsenen Geschichte unseres Volkes. Die Treue zu diesem Gesetz fordert von uns den Kampf für Ehre und Freiheit.
4. Der Weg zur Erfüllung des deutschen Gesetzes ist die gläubige deutsche Gemeinde. In ihr regiert Christus, der Herr, als Gnade und Vergebung. In ihr brennt das Feuer heiliger

Opferbereitschaft. In ihr allein begegnet der Heiland dem deutschen Volke und schenkt ihm die Kraft des Glaubens. Aus dieser Gemeinde Deutscher Christen soll im nationalsozialistischen Staat Adolf Hitlers die das ganze Volk umfassende ›Deutsche Christliche Nationalkirche‹ erwachsen.

Ein Volk! – Ein Gott! – Ein Reich! – Eine Kirche!«

■ Kritischer Bericht von Karl Barth[127] zur religiösen und kirchenpolitischen Lage der Deutschen Evangelischen Kirche im Jahr 1933

»Die deutsche evangelische Kirche hat sich in ihren verantwortlichen Vertretern in diesen Monaten nicht verhalten als die Kirche, die ihren Führer hat. *Aber noch hat er* sie, *so gewiß wir sein Gesetz und sein Evangelium noch immer von ihm hören dürfen. Wo es begriffen ist, daß* er, *und zwar er* allein *Führer ist, da ist theologische Existenz. Und wo theologische Existenz ist, da ist man in aller Bescheidenheit – und wenn man ein noch so kleiner Theologe, wenn man der unbekannteste Dorfpfarrer oder auch gar kein Pfarrer und Theologe, sondern ›nur‹ so etwas wie ein Laienältester wäre, der aber seine Bibel und seinen Katechismus kennt* – selber *der rechte Bischof, wie er in der Heiligen Schrift vorgesehen ist. Wo keine theologische Existenz ist, wo man nach dem kirchlichen Führer* ruft, *statt Führer zu* sein *in seinem befohlenen Dienste, da ist alles Rufen nach dem Führer so vergeblich wie das Schreien der Baalspfaffen: ›Baal, erhöre uns!‹ ... Wir versündigen uns nicht nur an Gott, sondern auch an diesem Volk, wenn wir anderen Idealen und Aufgaben nachgehen, die nun eben* uns nicht *aufgetragen sind. Es liegt aber auch in der Natur dieses Auftrags, daß er keinem anderen Anliegen, das uns auch bewegen mag, untergeordnet oder nebengeordnet werden kann. Und dieser Auftrag will durchgeführt sein, gleichviel ob das Volk selbst es wünscht oder nicht wünscht, versteht oder nicht versteht, gutheißt oder nicht*

gutheißt. Wir dürfen dabei weder Dank noch Ehre erwarten. Wir dürfen uns nicht wundern, wenn wir von alledem das Gegenteil ernten. Wir müssen es unter Umständen auf uns nehmen, sehr einsam zu werden gerade um der Gemeinsamkeit mit dem Volke willen. Wir würden uns auch darin nicht nur an Gott, sondern auch am Volk versündigen, wenn wir mit *dem Volk gehen wollten, statt* für *das Volk zu stehen. Das Volk, auch und gerade auch das deutsche Volk von 1933, braucht es, kann es nicht entbehren, daß der uns gewordene Auftrag ausgeführt werde.*

Darum kann die Kirche auch im totalen Staat keinen Winterschlaf antreten, kein Moratorium und auch keine Gleichschaltung sich gefallen lassen. Sie ist die naturgemäße Grenze jedes, auch des totalen Staates. Sie ist es zum Heil des Volkes, zu dem *Heil, das weder Staat noch auch die Kirche schaffen können, das zu verkündigen aber die Kirche berufen ist. Sie muß ihrer eigentümlichen Sachlichkeit treu bleiben* dürfen *und treu bleiben* wollen. *In der ihm aufgetragenen* besonderen *Sorge muß der Theologe* wach *bleiben, ein einsamer Vogel auf dem Dach, auf der Erde also, aber unter dem offenen, weit und unbedingt offenen Himmel. Wenn doch der deutsche evangelische Theologe wach bleiben oder, wenn er geschlafen haben sollte, heute, heute wieder wach werden wollte!«*

■ Botschaft der ersten Bekenntnissynode der Deutschen Evangelischen Kirche[128] über das wahre Evangelium (beschlossen vom 29.–31. Mai 1934 in Barmen-Gemarke)

». . . Wir bekennen uns angesichts der die Kirche verwüstenden und damit auch die Einheit der Deutschen Evangelischen Kirche sprengenden Irrtümer der ›Deutschen Christen‹ und der gegenwärtigen Reichskirchenregierung zu folgenden evangelischen Wahrheiten:

1. ›Ich bin der Weg und die Wahrheit und das Leben; niemand kommt zum Vater denn durch mich‹ (Joh 14,6).

›Wahrlich, wahrlich, ich sage euch: Wer nicht zur Tür hineingeht in den Schafstall, sondern steigt anderswo hinein, der ist ein Dieb und ein Mörder. Ich bin die Tür; so jemand durch mich eingeht, der wird selig werden‹ (Joh 10,1.9).
Jesus Christus, wie er uns in der Heiligen Schrift bezeugt wird, ist das eine Wort Gottes, das wir zu hören, dem wir im Leben und im Sterben zu vertrauen und zu gehorchen haben. Wir verwerfen die falsche Lehre, als könne und müsse die Kirche als Quelle ihrer Verkündigung außer und neben diesem einen Worte Gottes auch noch andere Ereignisse und Mächte, Gestalten und Wahrheiten als Gottes Offenbarung anerkennen.
2. ›Jesus Christus ist uns gemacht von Gott zur Weisheit und zur Gerechtigkeit und zur Heiligung und zur Erlösung‹ (1 Kor 1,30).
Wie Jesus Christus Gottes Zuspruch der Vergebung aller unserer Sünden ist, so und mit gleichem Ernst ist er auch Gottes kräftiger Anspruch auf unser ganzes Leben; durch ihn widerfährt uns frohe Befreiung aus den gottlosen Bedingungen dieser Welt zu freiem, dankbaren Dienst an seinen Geschöpfen. Wir verwerfen die falsche Lehre, als gebe es Bereiche unseres Lebens, in denen wir nicht Jesus Christus, sondern anderen Herren zu eigen wären, Bereiche, in denen wir nicht der Rechtfertigung und Heiligung durch ihn bedürften ...
5. ›Fürchtet Gott, ehret den König!‹ (1 Petr 2,17).
Die Schrift sagt uns, daß der Staat nach göttlicher Anordnung die Aufgabe hat, in der noch nicht erlösten Welt, in der auch die Kirche steht, nach dem Maß menschlicher Einsicht und menschlichen Vermögens unter Androhung und Ausübung von Gewalt für Recht und Frieden zu sorgen.
Die Kirche erkennt in Dank und Ehrfurcht gegen Gott die Wohltat dieser seiner Anordnungen an. Sie erinnert an Gottes Reich, an Gottes Gebot und Gerechtigkeit und damit an die Verantwortung der Regierenden und Regierten. Sie vertraut und gehorcht der Kraft des Wortes, durch das Gott alle Dinge trägt.

Wir verwerfen die falsche Lehre, als solle und könne der Staat über seinen besonderen Auftrag hinaus die einzige und totale Ordnung menschlichen Lebens werden und also auch die Bestimmung der Kirche erfüllen.
Wir verwerfen die falsche Lehre, als solle und könne sich die Kirche über ihren besonderen Auftrag hinaus staatliche Art, staatliche Aufgaben und staatliche Würde aneignen und damit selbst zu einem Organ des Staates werden.
6. ›Siehe, ich bin bei euch alle Tage bis an der Welt Ende‹ (Matth 28,20).
›Gottes Wort ist nicht gebunden‹ (2 Tim 2,9). Der Auftrag der Kirche, in welchem ihre Freiheit gründet, besteht darin, an Christi Statt und also im Dienst seines eigenen Wortes und Werkes durch Predigt und Sakrament die Botschaft von der freien Gnade Gottes auszurichten an alles Volk.
Wir verwerfen die falsche Lehre, als könne die Kirche in menschlicher Selbstherrlichkeit das Wort und Werk des Herrn in den Dienst irgendwelcher eigenmächtig gewählter Wünsche, Zwecke und Pläne stellen.
Die Bekenntnissynode der Deutschen Evangelischen Kirche erklärt, daß sie in der Anerkennung dieser Wahrheiten und in der Verwerfung dieser Irrtümer die unumgängliche theologische Grundlage der Deutschen Evangelischen Kirche als eines Bundes der Bekenntniskirchen sieht. Sie fordert alle, die sich ihrer Erklärung anschließen können, auf, bei ihren kirchenpolitischen Entscheidungen dieser theologischen Erkenntnisse eingedenk zu sein. Sie bittet alle, die es angeht, in die Einheit des Glaubens, der Liebe und der Hoffnung zurückzukehren.

Verbum Dei manet in aeternum.«

■ Gesetz zur Sicherung der Deutschen Evangelischen Kirche[129] vom 24. September 1935

»Nach dem Willen des evangelischen Kirchenvolkes ist der Zusammenschluß der Landeskirchen zu einer Deutschen Evan-

gelischen Kirche vollzogen und in einer Verfassung verbrieft. Mit tiefster Besorgnis hat die Reichsregierung jedoch beobachten müssen, wie später durch den Kampf kirchlicher Gruppen untereinander und gegeneinander allgemach ein Zustand hereingebrochen ist, der die Einigkeit des Kirchenvolkes zerreißt, die Glaubens- und Gewissensfreiheit des einzelnen beeinträchtigt, die Volksgemeinschaft schädigt und den Bestand der Evangelischen Kirche selbst schwersten Gefahren aussetzt.
Von dem Willen durchdrungen, einer in sich geordneten Kirche möglichst bald die Regelung ihrer Angelegenheiten selbst überlassen zu können, hat die Reichsregierung ihrer Pflicht als Treuhänder gemäß und in der Erkenntnis, daß diese Aufgabe keiner der kämpfenden Gruppen überlassen werden kann,
zur Sicherung des Bestandes der Deutschen Evangelischen Kirche und zur Herbeiführung einer Ordnung, die der Kirche ermöglicht, in voller Freiheit und Ruhe ihre Glaubens- und Bekenntnisfragen selbst zu regeln,
das nachfolgende Gesetz beschlossen, das hiermit verkündet wird:

Einziger Paragraph

Der Reichsminister für die kirchlichen Angelegenheiten wird zur Wiederherstellung geordneter Zustände in der Deutschen Evangelischen Kirche und in den Evangelischen Landeskirchen ermächtigt, Verordnungen mit rechtsverbindlicher Kraft zu erlassen. Die Verordnungen werden im Reichsgesetzblatt verkündet.
München, den 24. September 1935.

Der Führer und Reichskanzler: Adolf Hitler
Der Reichsminister für die kirchlichen Angelegenheiten:
Kerrl«

Die Deutsche Evangelische Kirche (DEK) mußte während des Dritten Reiches einen bitteren Kreuzweg gehen, der vorgezeichnet und vorbelastet war durch ein jahrhundertelanges

Obrigkeits- und Untertanendenken. Die Konsequenz dieser staatskirchlichen Auffassungen war (bei evangelischen Christen erheblich stärker als bei katholischen Christen), »daß der christliche Widerstand gegen Hitler im Dritten Reich naturgemäß von Anfang an den Charakter des Singulären, des Außergewöhnlichen, des Unerwünschten, des ›Ungehorsams‹ trug«.[130]

Ist dieser protestantische Respekt vor der Obrigkeit eine der vielen Ursachen, warum unter allen Geistlichen aller Bekenntnisse, die in allen Konzentrationslagern des Dritten Reiches inhaftiert waren, nur ein sehr kleiner Prozentsatz evangelischer Geistlicher sich findet? Einer Statistik[131], die *alle* Geist-

Albaner	–	2
Belgier	46	–
Dänen	–	5
Deutsche	298	35
Franzosen	166	3
Griechen	–	2
Holländer	40	24
Italiener	29	–
Jugoslawen	28	15
Litauer	3	1
Luxemburger	17	–
Norweger	–	1
Österreicher	100	–
Polen	1773	34
Tschechen	143	16
Rumänen	2	–
Schweizer	–	2
Spanier	1	–
Ungarn	3	–
Staatenlose	1	2

liche *aller* Bekenntnisse aus *allen* Konzentrationslagern umfaßt, nennt insgesamt 2794 Häftlinge; von diesen waren 2652 Geistliche und 142 nichtkatholische Geistliche. Verteilt auf 20 Nationen ergibt sich folgendes Zahlenbild, wobei in der ersten Rubrik die Zahl der katholischen Geistlichen, in der zweiten Rubrik die der nichtkatholischen Geistlichen eingetragen ist (siehe Seite 163!).

Von den insgesamt geistlichen Häftlingen waren

2652 katholische Geistliche und
142 nichtkatholische Geistliche.

In Prozentzahlen aufgeteilt ergibt sich, daß

97 % katholisch,
3,8 % evangelisch waren und
1,5 % den kirchlichen Gemeinschaften der Altkatholiken, Griechisch-Orthodoxen, Mariavieten, Tschechisch-katholischen angehörten bzw. Mohammedaner waren.

Der Kirchenkampf von außen traf eine evangelische Kirche, die randvoll war von innerkirchlichen Kontroversen und theologischen Diskussionen. Die kirchenpolitischen Ereignisse haben diese evangelische Kirche in den ersten Monaten des Jahres 1933 förmlich überrollt. Sehr bald zeigte sich aber trotz der von den »Deutschen Christen« überrollten Stellungen der Wille zum Widerstand, der sich in erster Linie als Bekenntnis zum wahren Evangelium artikulierte. Angesichts der tiefgreifenden Spannungen zwischen »Deutschen Christen« (DC) und Anhängern der »Bekennenden Kirche« (BK) hat der damalige konservativ-protestantische Reichsfinanzminister v. Schwerin-Krosigk (Mitte Juli 1934) gegenüber dem Reichsinnenminister Frick seine Besorgnis offen ausgesprochen, »daß wir uns bei den zu erwartenden wirtschaftlichen und außenpolitischen Schwierigkeiten den überflüssigen Luxus eines Streites in der evangelischen Kirche nicht leisten können«.[132]

In einem vertraulichen Brief an Dr. Wilhelm Stapel vom 6. September 1939 mußte sogar der von Adolf Hitler am 16. Juli 1935 ernannte Reichsminister für die kirchlichen Angelegenheiten, Hans Kerrl, eingestehen: »Der Führer hält seine Bemühungen, die Evangelische Kirche zur Vernunft zu bringen, für mißlungen und die Evangelische Kirche mit Rücksicht auf ihren Zustand mit Recht für einen nutzlosen Sektenhaufen.«[133]

Die Glaubens- und Widerstandskraft der evangelischen Kirche zeigte sich in nicht wenigen Blutzeugen, als deren Repräsentant Dietrich Bonhoeffer mit Recht gilt und mit Respekt auch von katholischen Christen genannt wird. Für den Neujahrstag 1945 hat Bonhoeffer im SS-Gefängnis Prinz-Albrecht-Straße in Berlin ein Gedicht[134] geschrieben, das ebenso das Morgenlied wie zugleich das Abendlied jenes Jahres werden sollte, das ihm den Märtyrertod brachte.

»Von guten Mächten treu und still umgeben,
Behütet und getröstet wunderbar, –
So will ich diese Tage mit euch leben
Und mit euch gehen in ein neues Jahr. –

Noch will das alte unsre Herzen quälen,
Noch drückt uns böser Tage schwere Last,
Ach Herr, gib unsern aufgescheuchten Seelen
Das Heil, für das Du uns bereitet hast.

Und reichst Du uns den schweren Kelch, den bittern
Des Leids, gefüllt bis an den höchsten Rand,
So nehmen wir ihn dankbar ohne Zittern
Aus deiner guten und geliebten Hand.

Doch willst Du uns noch einmal Freude schenken
An dieser Welt und ihrer Sonne Glanz,
Dann woll'n wir des Vergangenen gedenken,
Und dann gehört Dir unser Leben ganz.

Laß warm und still die Kerzen heute flammen,
Die Du in unsre Dunkelheit gebracht,
Führ, wenn es sein kann, wieder uns zusammen.
Wir wissen es, Dein Licht scheint in der Nacht.

Wenn sich nun tief die Stille um uns breitet,
So laß uns hören jenen vollen Klang
Der Welt, die unsichtbar sich um uns weitet,
All Deiner Kinder hohen Lobgesang.

Von guten Mächten wunderbar geborgen,
Erwarten wir getrost, was kommen mag.
Gott ist mit uns am Abend und am Morgen
Und ganz gewiß an jedem neuen Tag.«

Abschließend sei noch ein Thema genannt, das überaus dringlich einer umfassenden Darstellung bedarf. Es scheint angesichts »der Gunst der Stunde« so etwas wie eine Rivalität zwischen der katholischen und der evangelischen Kirche gegeben zu haben, die mit kritischem Blick darüber wachte, ob das Regime des Dritten Reiches eine allzu kräftige Imprägnierung und Förderung durch die »andere« Konfession erfahre. Die Verhandlungen der katholischen Zentrumspolitiker vor der Reichstagsrede Adolf Hitlers am 23. März 1933 und erst recht der Abschluß des Reichskonkordates am 20. Juli 1933 ließen im deutschen Protestantismus da und dort Befürchtungen laut werden, es könne sich die katholische Kirche allzu gut und allzu vorteilhaft mit den Machthabern des Dritten Reiches arrangieren. Befürchtungen in umgekehrter Richtung gab es sicherlich auch im damaligen deutschen Katholizismus. »Das Buch über das Verhältnis von Katholizismus und Protestantismus im Dritten Reich ist bislang noch nicht geschrieben worden ... Hier dürfte sich ein reiches, vorerst noch kaum ins Auge gefaßtes Spektrum neuer Aufgaben und Fragen erschließen.«[135]

5.

Die katholische Kirche Österreichs im Schicksalsjahr 1938

Kurt Schuschnigg[136] hat im Schlußwort seines Buches »Dreimal Österreich« (Erstausgabe 1932) eine Passage aus einem Vortrag zitiert, den Hans von Hammerstein 1935 gehalten hatte. Darin heißt es: »Man frage eine Reihe guter Durchschnittsösterreicher, was Österreich sei, und man wird mehr oder weniger geistvolle, darunter der Mehrzahl nach sicher recht witzige Antworten hören, aber kaum eine erschöpfende und befriedigende, manche zweifelnde, und ich fürchte keine, die eine rechte Glaubensstärke sprüht. Aber man nehme Österreich den Österreichern weg, und alle werden sofort fühlen, was sie verloren haben.«

Sicherlich könnte man fast ähnliche Formulierungen hören, wenn man einer Reihe guter Durchschnittsösterreicher die Frage vorlegte, wie sich im März 1938 der Anschluß an das Deutsche Reich ereignet habe. Es mag aber sehr zweifelhaft sein, ob man witzige Antworten auf die Frage erhielte, was in den berühmt-berüchtigten Märztagen 1938 der einzelne Österreicher persönlich getan hat und von welchen Stimmungen er damals erschüttert oder vielleicht sogar mitgerissen wurde. Waren alle, die damals an den Straßen von Braunau bis Wien standen und dem Führer zujubelten, nur eingeschleuste »Reichsdeutsche«? Sehr häufig wird ein entschuldigendes Herumreden oder ein betroffenes Schweigen die Antwort jener Österreicher sein, die die Märztage 1938 selbst erlebt haben.

Rückblick in die Geschichte

Um verstehen zu können, was im März 1938 im staatlichen wie auch im kirchenpolitischen Bereich Österreichs »passiert« ist, muß man sich wenigstens in einem knappen Rahmen von

Zahlen und Informationen die religiöse Situation und zugleich auch die Reichsverbundenheit und die großdeutsche Sehnsucht nicht weniger Österreicher vergegenwärtigen. Je mehr sich Österreich gerade unter den Bundeskanzlern Dollfuß und Schuschnigg vom »Reich« abzugrenzen suchte, um so lauter wurde (gewiß auch durch wirtschaftliche Probleme gefördert) der Ruf nach dem Anschluß: »Heim ins Reich!«

1918 Vertrag von Saint Germain
Artikel 88: *»Die Unabhängigkeit Österreichs ist unabänderlich, es sei denn, daß der Rat des Völkerbundes einer Änderung zustimmt. Daher übernimmt Österreich die Verpflichtung, sich, außer mit Zustimmung des besagten Rates, jeder Handlung zu enthalten, die mittelbar oder unmittelbar oder auf irgendwelchem Wege oder im Wege der Teilnahme an den Angelegenheiten irgend einer anderen Macht seine Unabhängigkeit gefährden könnte.«*

1918 (12. November) Einstimmiger Beschluß der österreichischen Nationalversammlung: *»Deutsch-Österreich ist ein Bestandteil der Deutschen Republik«* (diesen Beschluß wiederholte die Nationalversammlung am 12. März 1919).

1933 (September) Gesamtdeutscher Katholikentag in Wien (verbunden mit der 250-Jahrfeier der Türkenbefreiung Wiens im Jahre 1683)

1934 (25. Juli): Ermordung des österreichischen Bundeskanzlers Dr. Engelbert Dollfuß

1935 (21. Mai): Erklärung des Reichskanzlers Adolf Hitler vor dem Reichstag, daß Deutschland keine Absicht habe, weder Österreich anzugreifen noch in seine inneren Angelegenheiten sich einzumischen.

1936 (11. Juli): Vertrag zwischen Deutschland und Österreich

Artikel 1:

»Im Sinne der Feststellungen des Führers und Reichskanzlers vom 21. Mai 1935 anerkennt die Deutsche Reichsregierung die volle Souveränität des Bundesstaates Österreich.«

Artikel 2:

»Jede der beiden Regierungen betrachtet die in dem anderen Lande bestehende innenpolitische Gestaltung, einschließlich der Frage des österreichischen Nationalsozialismus, als eine innere Angelegenheit des anderen Landes, auf die sie weder unmittelbar noch mittelbar Einwirkungen nehmen wird.«

1938 (12. Februar): Besprechung zwischen dem Führer und Reichskanzler Adolf Hitler und dem österreichischen Bundeskanzler Dr. Kurt Schuschnigg auf dem Obersalzberg (bei Berchtesgaden)

Aktennotiz des österreichischen Bundeskanzlers Schuschnigg[137] über seine Unterredung mit Adolf Hitler:

». . . Hitler: . . . Übrigens hat Österreich überhaupt nie etwas getan, was dem Deutschen Reich genützt hat. Seine ganze Geschichte ist ein ununterbrochener Volksverrat. Das war früher nicht anders wie heute. Aber dieser geschichtliche Widersinn muß endlich sein längst fälliges Ende finden. Und das sage ich Ihnen, Herr Schuschnigg: ich bin fest dazu entschlossen, mit dem allen ein Ende zu machen. Das Deutsche Reich ist eine Großmacht, und es kann und wird ihm niemand dreinreden wollen, wenn es an seinen Grenzen Ordnung macht . . .

. . . Ich habe einen geschichtlichen Auftrag, und den werde ich erfüllen, weil mich die Vorsehung dazu bestimmt hat . . .

. . . Ich habe in der deutschen Geschichte das Größte

geleistet, was je einem Deutschen zu leisten bestimmt war ...

... Ich sage Ihnen, ich werde die ganze sogenannte österreichische Frage lösen, und zwar so oder so! ...

... Glauben Sie nur nicht, daß mich jemand in der Welt in meinen Entschlüssen hindern wird! Italien? – Mit Mussolini bin ich im reinen; ich bin mit Italien aufs engste befreundet. England? – England wird keinen Finger für Östereich rühren ...

... Alle Welt muß wissen, daß es für eine Großmacht einfach unerträglich ist, wenn an ihren Grenzen jeder kleine Staat glaubt, sie provozieren zu können. Ich habe lange genug untätig zugesehen. Weil ich immer noch hoffte, daß die Vernunft die Oberhand bekäme. Aber das ist einfach unmöglich, daß in Österreich einer, bloß weil er ein Lied singt, das Ihnen nicht paßt, oder ›Heil Hitler‹ sagt, ins Gefängnis kommt. Die Verfolgung der Nationalsozialisten muß ein Ende haben, sonst werde ich ein Ende machen.

Ich [Schuschnigg]: In Österreich wird niemand verfolgt, der sich nicht gegen die Gesetze vergeht. Unsere Gesetze und die Verfassung, die keine Parteien kennt, hat das Reich im Abkommen vom 11. Juli 1936 selbst anerkannt ...

Hitler: ... Ich will Ihnen jetzt noch einmal, zum letzten Mal, die Gelegenheit geben, Herr Schuschnigg. Entweder wir kommen zu einer Lösung, oder die Dinge sollen laufen; wir werden dann ja sehen, wie das werden wird ... Ich habe nur mehr Zeit bis heute Nachmittag. Wenn ich Ihnen das sage, dann tun Sie gut daran, mich wörtlich zu nehmen. Ich bluffe nicht. Meine ganze Vergangenheit beweist dies zur Genüge. Ich habe noch alles erreicht, was ich wollte ...

Ich: Herr Reichskanzler, Sie kennen meinen grundsätzlichen Standpunkt, den ich aus persönlicher Über-

zeugung und auch pflichtgemäß vertrete! – Welches sind Ihre konkreten Wünsche?

Hitler: Darüber können wir uns am Nachmittag unterhalten ...

Schließlich wurden wir – Dr. Schmidt und ich – in ein kleines Zimmer gebeten und fanden uns dort dem Reichsaußenminister von Ribbentrop und Herrn von Papen gegenüber.

Der Außenminister zeigte uns einen maschinengeschriebenen Entwurf von etwa zwei Seiten und bemerkte, dies sei das Äußerste, was uns der Führer konzedieren wolle.

Glücklich, endlich etwas Konkretes zu erfahren, schickte ich mich an die Überprüfung des Inhalts.

Im wesentlichen enthielt das Papier die nachfolgenden, dem Sinne nach wiedergegebenen Punkte:

1. Die österreichische Bundesregierung verpflichtet sich, sofort den Dr. Arthur Seyß-Inquart zum Sicherheitsminister mit voller und unbeschränkter Polizeikompetenz zu ernennen.

2. Zur Betreuung des österreichisch-deutschen Wirtschaftsverkehrs und aller daraus resultierenden Zuständigkeiten wird Dr. Fischböck als Regierungsmitglied ernannt.

3. Sämtliche Nationalsozialisten, die in Österreich sich wegen ihrer Tätigkeit in gerichtlicher oder sicherheitsbehördlicher Haft befinden – einschließlich der Teilnehmer am Juliaufstand 1934 und der Blutverbrecher – werden binnen längstens drei Tagen amnestiert.

4. Alle disziplinierten nationalsozialistischen Beamten und Offiziere werden im Wege der Verwaltungsamnestie in den Genuß der früheren Rechte eingesetzt.

5. Hundert Offiziere der deutschen Wehrmacht werden mit sofortiger Wirkung dem österreichischen Bundesheere zugeteilt und umgekehrt.

6. Das freie Bekenntnis zur nationalsozialistischen Weltanschauung wird erlaubt. Die österreichischen Nationalsozialisten sind gleichberechtigt mit den übrigen Gruppen der vaterländischen Front; es wird ihnen die legale Betätigungsmöglichkeit auf dem Boden der vaterländischen Front eröffnet, bei Anerkennung der österreichischen Gesetze und der Verfassung vom 1. Mai 1934, deren berufsständische Ordnung die Bildung politischer Parteien ausschließt. Die nationalsozialistische Partei und ihre Gliederungen bleiben daher in Österreich verboten.

7. Die deutsche Regierung bestätigt hingegen den Weiterbestand der Abmachungen vom 11. Juli 1936 und erneuert dadurch ausdrücklich die Anerkennung der Unabhängigkeit und Souveränität des Bundesstaates Österreich, bei Verzicht auf jede innerpolitische Einmischung ...

[Nach einer kurzen Verhandlung mit Ribbentrop und von Papen wurde von Schuschnigg wieder zu Hitler beschieden.]

Hitler: Ich habe mich entschlossen, einen allerletzten Versuch zu unternehmen, Herr Schuschnigg. Hier ist der Entwurf. Verhandelt wird nicht; ich ändere keinen Beistrich. Sie haben entweder zu unterschreiben, oder alles Weitere ist zwecklos, und wir sind zu keinem Ergebnis gekommen; ich werde dann im Laufe der Nacht meine Entschlüsse zu fassen haben.

Ich: Ich bin vom Inhalt informiert und kann bei der gegebenen Sachlage nichts anderes tun, als ihn zur Kenntnis nehmen. Ich bin auch bereit zur Unterschrift; ich mache nur darauf aufmerksam, daß Sie, Herr Reichskanzler, von dieser Unterschrift allein nichts haben. Nach unserer Verfassung ernennt das Staatsoberhaupt, also der Bundespräsident, über Antrag des Regierungschefs die Mitglieder der Regierung; auch die

Amnestie ist Prärogative des Bundespräsidenten. Meine Unterschrift besagt also nur, daß ich mich zur Antragstellung verpflichte und mich für die Durchsetzung einzusetzen bereit bin.
Hitler: Da haben Sie recht ...
Ich: Daher kann ich auch für die Einhaltung der vorgeschriebenen Frist – drei Tage – keine Gewähr übernehmen.
Hitler: Das müssen Sie!
Ich: Das kann ich nicht.
Der Reichskanzler steigert sich in sichtliche Erregung, öffnet die Türe und ruft in den Vorraum:
»General Keitel!« – dann, zu mir gewandt: »Ich werde Sie dann rufen lassen ...«
Etwa eine halbe Stunde später. Ich werde zu Hitler gerufen.
Hitler: Ich habe mich entschlossen – zum ersten Mal in meinem Leben – von einem gefaßten Entschluß noch einmal abzugehen. Also! Ich wiederhole Ihnen: es ist der allerletzte Versuch. Innerhalb von drei Tagen erwarte ich die Durchführung ...«

1938 (16. Februar): Der Nationalsozialist Arthur Seyß-Inquart wird Innenminister im Kabinett Schuschnigg –Amnestie für alle politischen Häftlinge

1938 (18. Februar): Der Führer und Reichskanzler Adolf Hitler empfängt den österreichischen Innenminister Seyß-Inquart zu Besprechungen in Berlin

1938 (9. März): Der österreichische Bundeskanzler Schuschnigg verkündet in Innsbruck die Abhaltung einer Volksabstimmng (am 13. März 1938) über die Unabhängigkeit Österreichs

1938 (11. März): Ultimatum Hitlers an Schuschnigg mit der Forderung, die Volksabstimmung abzusagen
Telefongespräch[138] zwischen Göring (Berlin) und Seyß-Inquart (Wien) am 11. März 1938:

Seyß: *Nein, das ist nicht so. Ich habe dem (österreichischen) Bundespräsidenten den Vorschlag gemacht, mir die Kanzlerschaft zu geben, das dauert allgemein 3 bis 4 Stunden ...*

Göring: *Also, das geht so nicht! Das geht unter keinen Umständen! Die Sache ist jetzt im Rollen, also bitte, es muß jetzt sofort dem Bundespräsidenten mitgeteilt werden, daß er unverzüglich Ihnen die Macht zu übergeben hätte als Bundeskanzler und daß er das Ministerium so anzunehmen hat, wie es gesagt worden war, also Sie Bundeskanzler und das Heer ...*

Seyß (unterbricht): *Herr Generalfeldmarschall, jetzt ist der Mühlmann gerade gekommen, der dort war, darf er Ihnen berichten?*

Göring: *Ja!*

Mühlmann: *Die Situation ist so, daß der Bundespräsident noch immer hartnäckig die Zustimmung verweigert und eine diplomatische Aktion, eine offizielle, seitens des Reiches fordert. ... Es sieht insofern also so aus, als ob er keinesfalls gewillt wäre, nachzugeben.*

Göring: *Geben Sie mir Seyß-Inquart.*

– Seyß führt das Gespräch fort. –

Göring: *Also bitte folgendes: Sie möchten sich sofort zusammen mit dem Generalleutnant Muff zum Bundespräsidenten begeben und ihm sagen, wenn nicht unverzüglich die Forderungen, wie benannt, Sie kennen sie, angenommen werden, dann erfolgt heute nacht der Einmarsch der bereits an der Grenze aufmarschierten und anrollenden Truppen auf der ganzen Linie und die Existenz Österreichs ist vorbei! ... Bitte geben Sie uns unverzüglich Nachricht, auf welchem Standpunkt Miklas bleibt. Sagen Sie ihm, es gibt keinen Spaß jetzt ...*

(Eineinhalb Stunden später)

Göring: *Und Sie sind nicht beauftragt worden, das ist abgelehnt?*
Seyß: *Das ist nach wie vor abgelehnt. Man stellt sich das so vor, daß, man läßt es darauf ankommen, auf den Einmarsch und stellt sich so vor, daß nach Maßgabe des Einmarsches die Vollzugsgewalt an andere Personen übergeben wird.*
Göring: *Also gut, ich gebe den Befehl zum Einmarsch und dann sehen Sie zu, daß Sie sich in Besitz der Macht setzen. Machen Sie die führenden Leute auf folgendes aufmerksam, was ich Ihnen jetzt sage: Jeder, der Widerstand leistet oder Widerstand organisiert, verfällt augenblicklich damit unseren Standgerichten, den Standgerichten der einmarschierenden Truppen. Ist das klar?*
Seyß: *Ja.*
Göring: *Einschließlich der führenden Persönlichkeiten, ganz gleichgültig.*
Seyß: *Ja, die haben Befehl gegeben, keinen Widerstand zu leisten.*
Göring: *Ja, ganz egal, auch der Bundespräsident hat Sie nicht beauftragt, und das ist auch Widerstand.*
Seyß: *Na ja.*
Göring: *Gut. Also Sie haben dafür den offiziellen Auftrag.*
Seyß: *Ja.*
Göring: *Also alles Gute. Heil Hitler.*

Am gleichen Tag (11. März 1938) diktierte Göring der Deutschen Botschaft in Wien ein Telegramm, das Seyß-Inquart an Adolf Hitler senden sollte. Der Wortlaut dieses Göring-Telegramms[139] (das jedoch Seyß-Inquart nicht abgeschickt noch »Einverstanden« telegraphiert hat):
»Die Provisorische Österreichische Regierung, die nach

der Demission der Regierung Schuschnigg ihre Aufgabe darin sieht, die Ruhe und Ordnung in Österreich wiederherzustellen, richtet an die Deutsche Regierung die dringende Bitte, sie in ihrer Aufgabe zu unterstützen und ihr zu helfen, Blutvergießen zu verhindern. Zu diesem Zweck bittet sie die Deutsche Regierung um baldmöglichste Entsendung deutscher Truppen.«

1938 (12. März): Einmarsch deutscher Truppen in Österreich
Proklamation des Führers Adolf Hitler:
»Panzertruppen, Infanteriedivisionen und SS-Verbände auf der Erde und die deutsche Luftwaffe am blauen Himmel werden – selbst gerufen von der neuen, nationalsozialistischen Regierung in Wien – der Garant dafür sein, daß dem österreichischen Volk nunmehr endlich in kürzester Frist die Möglichkeit geboten wird, durch eine wirkliche Volksabstimmung seine Zukunft und damit sein Schicksal selbst zu gestalten ... Ich selbst als Führer und Kanzler des Deutschen Volkes werde glücklich sein, nunmehr wieder als Deutscher und freier Bürger jenes Land betreten zu können, das auch meine Heimat ist ...«

1938 (13. März): Gesetz zur Wiedervereinigung Österreichs mit dem Deutschen Reich – Fahrt Hitlers über Braunau, Linz, St. Pölten (am 14. März 1938) nach Wien

1938 (15. März): Parade deutscher und österreichischer Truppen vor dem Führer in Wien.

Es ist nicht leicht, sich – nach über 40 Jahren – ebenso den Begeisterungstaumel wie auch die stumme Betroffenheit und Verwirrung vorzustellen, die den »Anschluß« Österreichs an Deutschland vom 12. März 1938 an begleitet haben. Es ist – sicherlich nicht zu Unrecht – geradezu von einem politischen Rausch gesprochen worden, von dem auch Männer der Kirche

sichtlich befallen waren. Eines muß man aber heute um der geschichtlichen Gerechtigkeit willen stets berücksichtigen: Vieles, was heute durch Veröffentlichung auch von Geheimdokumenten einsichtig gemacht werden konnte und die Schamröte ins Gesicht treibt, war damals nicht bekannt. Sicherlich mißtrauten nicht wenige Österreicher und auch Deutsche der zwielichtigen Rolle, die der (nationalsozialistische) österreichische Innenminister Arthur Seyß-Inquart spielte. Man hatte damals zwar keine Beweise in der Hand, aber trotzdem konnte man ein ungutes Gefühl nicht völlig unterdrücken.
Daß hinter den Kulissen vieles ganz anders vor sich ging, als es in der damaligen Presse und vor allem im Rundfunk verbreitet wurde, war mehr als eine Vermutung. Wer konnte aber damals mit Sicherheit wissen und behaupten, daß das »hilfesuchende« Telegramm, auf das der Führer und Reichskanzler Adolf Hitler in seiner Proklamation vom 12. März 1938 sich ausdrücklich berief, vom österreichischen Innenminister Seyß-Inquart nicht abgeschickt wurde[140]? Wer konnte außerdem damals von der »Geheimen Kommandosache«, ausgefertigt in Berlin am 11. März 1938 und unterzeichnet von Adolf Hitler, wissen, in der es heißt:

»... Das Verhalten der Truppe muß dem Gesichtspunkt Rechnung tragen, daß wir keinen Krieg gegen ein Brudervolk führen wollen. Es liegt in unserem Interesse, daß das ganze Unternehmen ohne Anwendung von Gewalt in Form eines von der Bevölkerung begrüßten friedlichen Einmarsches vor sich geht. Daher ist jede Provokation zu vermeiden. Sollte es aber zu Widerstand kommen, so ist er mit größter Rücksichtslosigkeit zu brechen.«[141]

Nachträglich und nicht zuletzt aufgrund der Einsicht in die Akten und Dokumente erscheint der »Anschluß« wie eine dämonische Inszenierung auf zwei Ebenen, denn auf der einen, äußerlich registrierbaren und in den Massenmedien

vorgestellten Bühne wurde etwas ganz anderes »gespielt« als gleichzeitig auf der geheimen Bühne des machtpolitischen Intrigantentums. Es wurden zwar die gleichen Stichworte auf beiden Bühnen gebraucht, aber sie wurden unterschiedlich verstanden und praktiziert.
Vieles, was damals (1938) schon schwierig zu verstehen war, erscheint heute – und zwar aufgrund der Akteneinsicht – als ein erschütternder Reinfall auf eine raffinierte Falschmünzerei. Was damals höchste Repräsentanten der katholischen wie der evangelischen Kirche Österreichs an impulsiven Aktionen und Reaktionen geschrieben und getan haben, mag angesichts der damaligen Unkenntnis der wirklichen Hintergründe und des großdeutschen Begeisterungstaumels vielleicht entschuldbar erscheinen. Trotzdem fällt es heute schwer, den Enthusiasmus damaliger, kirchlicher Äußerungen zu verstehen – vor allem angesichts der Tatsache, daß die katholische und auch die evangelische Kirche Deutschlands bereits ein recht schmerzhaftes Praktikum von fünf Jahren durchzustehen hatten und die unguten Erfahrungen mit dem Nationalsozialismus wie auch die ungezählten Konkordatsbrüche sicherlich über die rotweißroten Grenzpfähle Österreichs bekannt sein mußten. Das österreichische Jahr 1938 läßt sich daher nicht mit dem deutschen Jahr 1933 gleichsetzen.
Daß auch der österreichische Kardinal Theodor Innitzer, der Erzbischof von Wien, die Unterdrückung der katholischen Kirche in Deutschland und die vielen Verletzungen des Reichskonkordates genau kannte, geht aus einer Predigt hervor, die er am 5. November 1934 bei einer Männerversammlung in Wien gehalten hat:

»... Ich habe in den letzten Wochen viele Besuche aus Deutschland bekommen. Es ist erschütternd, wenn diese Leute ihre Erlebnisse schildern. Draußen im Reich dürfen die Katholiken nicht einmal mehr offen miteinander reden; aber die Katholiken und die bekenntnistreuen Protestanten halten zu-

sammen. In den Zeitungen darf von katholischen Veranstaltungen nichts mehr gebracht werden, auch dann nicht, wenn Kardinal Faulhaber spricht. Die katholische Jugend darf überhaupt nicht mehr zusammenkommen. Aber dessen ungeachtet halten 80 Prozent der katholischen Jugendvereine Zusammenkünfte ab, wie die ersten Christen in den Katakomben ...«[142]

Vieles, was in den Märztagen 1938 durch kirchliche Stellen Österreichs an Sympathiekundgebungen für Adolf Hitler geäußert und was in den nationalsozialistischen Zeitungen mit sichtlichem Zynismus den deutschen Katholiken und Protestanten »serviert« wurde, stieß in Deutschland gerade bei denen, die wegen ihrer Kirchentreue jeden Tag mit nationalsozialistischen Intrigen rechnen mußten, auf ein tiefes Unverständnis (um nicht ein härteres Wort zu gebrauchen). Kardinal Michael von Faulhaber, Erzbischof von München-Freising, hat in einem Schreiben an die Bischöfe Bayerns (vom 30. März 1938) sein deutliches Unbehagen und Mißfallen gegenüber den Aktivitäten der österreichischen Bischöfe (vor allem über ihre Erklärung zur Volksabstimmung vom 10. April 1938) wie auch sein Mißtrauen gegenüber nationalsozialistischen Versprechungen, und zwar unter Hinweis auf die fünfjährigen »Erfahrungen« (1933–1938) mit den Machthabern des Dritten Reiches mit unverhohlener Deutlichkeit ausgesprochen:

»... Nun kommt natürlich an uns von allen Seiten die Anforderung, ein Gleiches zu tun, wie die österreichischen Bischöfe. Ich antworte privat: In den Flitterwochen geben sich die Neuvermählten schöne Worte voll Lob und voll Anerkennung, während nach einer fünfjährigen Ehe mehr Aussetzungen gemacht und Tatsachen angeführt werden können. Herr Gauleiter Wagner hat uns in Altötting die Hand geboten, während er noch vor ein paar Tagen in einer Versammlung

in München die Losung gab: Hinaus mit dem politisierenden Pfaffentum, und am gleichen Tag mit der Zeitungsmeldung über Altötting aus seinem Ministerium die Aufhebung der Freisinger Hochschule angekündigt wurde.«[143]

Aus den Märztagen 1938 sollen zunächst einige kirchliche Dokumente vorgelegt werden, deren Wortlaut noch einen Nachhall der damaligen Euphorie widerspiegelt.

Grußadresse der Evangelischen Kirche an Adolf Hitler

Noch während des Einmarsches der deutschen Truppen in Österreich wurde am 13. März 1938 von dem Evangelischen Oberkirchenrat an Adolf Hitler eine Begrüßungsadresse[144] geschickt, die Dr. Robert Mauer unterzeichnete, der damals mit den Geschäften des Präsidenten betraut war.

> *»An den Führer und Reichskanzler*
> *Adolf Hitler*
> *auf dem Wege nach Wien durch*
> *Deutschösterreich.*
>
> *Im Namen der mehr als 330 000 Evangelischen Deutschen in Österreich begrüße ich Sie auf österreichischem Boden. Nach einer Unterdrückung, die die schrecklichsten Zeiten der Gegenreformation wiederaufleben ließ, kommen Sie als Retter aus 5jähriger schwerster Not aller Deutschen hier ohne Unterschied des Glaubens.*
>
> *Gott segne Ihren Weg durch dieses Deutsche Land, und Ihre Heimat!«*

Dieser Text wurde in den Hirtenbrief vom 17. März 1938 wortwörtlich einbezogen, den die Evangelische Kirche Österreichs herausgab. Jedem heutigen Leser dieser Grußadresse bleibt es überlassen, diese Aussagen und Huldigungen an den österreichischen Katholiken Adolf Hitler wie auch die Beschwörung der »schrecklichsten Zeiten der Gegenreformation« kritisch zu bewerten.

Das »Heil Hitler« des Kardinals Innitzer

Kardinal Theodor Innitzer (geboren am 25. Dezember 1875 in Neugeschrei/Böhmen) dachte als gebürtiger Sudetendeutscher von Jugend an »großdeutsch« und »empfand sich daher immer als Angehöriger des deutschen Volkes und dann erst als Staatsbürger Österreichs-Ungarns«[145]. Wichtige Daten seines Lebens: Seit 1913 Professor für Neues Testament an der Theologischen Fakultät der Universität Wien, vom 26. September 1929 bis zum 25. September 1930 Sozialminister im Kabinett Schober, 1932 Erzbischof von Wien, 1933 Kardinal, gestorben am 9. Oktober 1955 in Wien.

In den Märztagen 1938 war Kardinal Innitzer nur einer von vielen Österreichern mit einem großdeutschen Herzen. Sichtlich vom Anschlußtaumel mitgerissen sandte er Adolf Hitler, dessen Triumphstraße von Braunau bis Wien von Hunderttausenden heilrufender und Hakenkreuzfahnen schwingender Menschen umjubelt wurde, eine Grußbotschaft entgegen, die den »Führer« am 14. März 1938 in St. Pölten[146] erreichte. Kardinal Innitzer befahl, bei Hitlers Einzug in Wien die Kirchenglocken zu läuten[147]. Am 15. März 1938 kam es zu einer Begegnung zwischen Innitzer und Hitler im Wiener Hotel »Imperial«[148]. Wenige Tage später verfaßte Kardinal Innitzer jene Schreiben, deren dramatische Vorgeschichte erst durch neueste Forschungen aufgehellt werden konnte. Wo man in der bisherigen Literatur dem Kardinal Innitzer den Vorwurf momentaner Unklugheit und impulsiver Unüberlegtheit gemacht hatte, wird man auf Grund der Aktenveröffentlichungen zu einem weitaus differenzierteren und maßvolleren Urteil kommen.

Schreiben des Kardinals Innitzer an Gauleiter J. Bürckel[149]

Der Erzbischof von Wien

Wien, am 18. März 1938.

Sehr geehrter Herr Gauleiter.

Beigeschlossene Erklärung der Bischöfe übersende ich hiemit. Sie ersehen daraus, daß wir Bischöfe freiwillig und ohne Zwang unsere nationale Pflicht erfüllt haben. Ich weiß, daß dieser Erklärung eine gute Zusammenarbeit folgen wird.

Mit dem Ausdruck ausgezeichneter Hochachtung

und Heil Hitler!

+ Th. Kard. Innitzer

Vorwort zur feierlichen Erklärung der österreichischen Bischöfe in Sachen der Volksabstimmung[150]

Nach eingehenden Beratungen haben wir Bischöfe von Österreich angesichts der großen geschichtlichen Stunden, die Österreichs Volk erlebt, und im Bewußtsein, daß in unseren Tagen die tausendjährige Sehnsucht unseres Volkes nach Einigung in einem großen Reich der Deutschen ihre Erfüllung findet, uns entschlossen, nachfolgenden Aufruf an alle unsere Gläubigen zu richten. Wir können das um so unbesorgter tun, als uns der Beauftragte des Führers für die Volksabstimmung in Österreich, Gauleiter Bürckel, die aufrichtige Linie seiner

Politik bekanntgab, die unter dem Motto stehen soll: »Gebet Gott, was Gottes ist, und dem Kaiser, was des Kaisers ist.«

Wien, am 21. März 1938.

Für die Wiener Kirchenprovinz: *Th. Kard. Innitzer*
Erzbischof

Für die Salzburger Kirchenprovinz: *S. Waitz*
Fürst-Erzbischof

Feierliche Erklärung![151]

Aus innerster Überzeugung und mit freiem Willen erklären wir unterzeichneten Bischöfe der österreichischen Kirchenprovinzen anläßlich der großen geschichtlichen Geschehnisse in Deutschösterreich: Wir erkennen freudig an, daß die nationalsozialistische Bewegung auf dem Gebiet des völkischen und wirtschaftlichen Aufbaues sowie der Sozialpolitik für das Deutsche Reich und Volk und namentlich für die ärmsten Schichten des Volkes Hervorragendes geleistet hat und leistet. Wir sind auch der Überzeugung, daß durch das Wirken der nationalsozialistischen Bewegung die Gefahr des alles zerstörenden gottlosen Bolschewismus abgewehrt wurde.
Die Bischöfe begleiten dieses Wirken für die Zukunft mit ihren besten Segenswünschen und werden auch die Gläubigen in diesem Sinne ermahnen. Am Tage der Volksabstimmung ist es für uns Bischöfe selbstverständlich nationale Pflicht, uns als Deutsche zum Deutschen Reich zu bekennen, und wir erwarten auch von allen gläubigen Christen, daß sie wissen, was sie ihrem Volke schuldig sind.

Wien, am 18. März 1938.

Th. Kard. Innitzer *A. Hefter* *S. Waitz*
Eb. *Fb.* *F.-Eb.*
Pawlikowski
Johannes Maria Gföllner
Michael Memelauer
Von allen Kanzeln verlesen.

Die feierliche Erklärung der österreichischen Bischöfe zur Volksabstimmung am 10. April ist am 27. März im gesamten bisherigen österreichischen Staatsgebiet von allen Kanzeln zur Verlesung gebracht worden.

Die unterschiedlichen Daten, unter denen diese drei Schreiben ausgefertigt wurden, lassen bereits die Vermutung von Unstimmigkeiten bzw. von nachträglichen (erzwungenen oder erwünschten?) Korrekturen oder Ergänzungen aufkommen. Das Anschreiben an den Gauleiter Bürckel wie auch die »Feierliche Erklärung« tragen das Datum »Wien, am 18. März 1938, während das »Vorwort« erst am 21. März 1938 ausgefertigt wurde. Die Hintergründe dieser Datierungsdifferenzen sind in Anmerkung 151 ausführlich und mit Quellenmaterial geschildert. Über die Entstehung und auch über die Hintergründe der Schreiben der österreichischen Bischöfe vom 18. bzw. vom 21. März 1938 liegen zwei interessante Aussagen vor, und zwar eine von kirchlicher, die andere von politischer Seite, so daß die beiden damaligen Verhandlungspartner zu Wort kommen.

Das eine Dokument berichtet von den »Erfahrungen« der österreichischen Bischöfe, niedergeschrieben noch im März 1938, die andere Aussage hingegen ist erst vierzig Jahre später (1978) von jenem Beauftragten der nationalsozialistischen Parteistellen (Gauleiter Bürckel) gemacht worden, der die damaligen Verhandlungen mit den österreichischen Bischöfen durchzuführen hatte. Weil offensichtlich Unruhe und Unbehagen unter den österreichischen Geistlichen entstanden waren, ließ der Erzbischof von Salzburg (seit 1934), Sigismund Waitz, dem Klerus seiner Salzburger Erzdiözese eine aufklärende Information am 25. März 1938 zukommen, in der ebenso die Schwierigkeit wie die Notwendigkeit dieser Schreiben erläutert wurde.

Schreiben des Erzbischofs von Salzburg an den Klerus[152]

»Verschiedenen Bitten um Aufklärung und um Weisungen sei hiemit entsprochen.
1) Als der Führer und Reichskanzler in Wien weilte, begab sich S[ein]e Eminenz Kardinal Innitzer zu ihm. Die Besprechung war veranlaßt, weil manche der Ansicht waren, daß hiermit ein Akt der Höflichkeit geschehe, der gute Wirkungen erzielen könne. Es war ganz die Sache des Herrn Kardinals allein. Die Besprechung dauerte eine Viertelstunde. Sie erfolgte in Höflichkeit und Achtung. Es wurde das Bedauern geäußert, daß in Deutschland ein Übereinkommen mit den beiden großen Konfessionen nicht zustande gekommen sei. Den Schluß bildete das Wort, ›die Kirche werde es nicht zu bereuen haben, wenn sie sich mit dem Staate verständiget‹.
2) Das war vorangegangen, als die Bischöfe, vom Herrn Kardinal zu einer Aussprache eingeladen, nach Wien kamen. Das war am Freitag, den 18. März. Bei ihrem Zusammentreffen um 10 Uhr vorm[ittags] im erzb[ischöflichen] Palais wurde ihnen mitgeteilt, daß der Gauleiter Bürckel eine Aussprache mit den Bischöfen haben wolle und um 11 Uhr kommen werde. Der Kardinal hatte den Entwurf einer Erklärung erhalten und dazu war nun ein anderer Entwurf auch noch gemacht worden.
3) Es hat demnach die neue Regierung selbst ersucht um eine Aussprache mit den Bischöfen und nicht die Bischöfe haben das veranlaßt. Da die Bischöfe telegrafisch eingeladen worden waren, mußte die Regierung Kenntnis von der bevorstehenden Besprechung haben. Die Besprechung konnte nun begreiflicherweise nicht abgesagt, auch nicht verschoben werden, ohne eine peinliche Situation hervorzurufen. Die Bischöfe hatten etwa eine halbe Stunde Zeit, sich mit dem Entwurf zu befassen und milderten manches darin. Der zweite Entwurf erschien ihnen zu lang. Die Bischöfe traten in die Verhandlung ein mit dem Gedanken, beizutragen, daß das Verhältnis von

Staat und Kichre in Österreich auf friedliche Weise geregelt werde. Die Möglichkeit, dies zu erreichen, schien gegeben. Es wäre gewiß verantwortungslos gewesen, das außer acht zu lassen.

4) Zur Besprechung erschienen drei Herrn von der Gauleitung, nicht der Gauleiter selbst, wie zuerst in Aussicht stand, sondern sein Adjutant Klaus Selzner, dann ein Herr Dr. Himmelreich (Schwiegersohn des Malers Fugel in München, der aus seiner katholischen Gesinnung kein Hehl machte) und ein dritter Herr. Die Aussprache geschah in Höflichkeit und Offenheit und entbehrte nicht einer gewissen Vertrauensstimmung. Zuerst hatten Salzburg und Graz Gelegenheit, mitzuteilen, wie es bei ihnen vorgegangen worden [!] war, und brachten das als Klage vor. Der Bischof von Graz war volle 24 Stunden wie ein Verbrecher im Gefängnis. Ferner wurden schon manche Angelegenheiten vorgetragen, was nach und nach zu einer ausführlichen Erörterung führte. Dann kam der Antrag der Erklärung. Die erste Form enthielt nichts, was verfänglich erschien, sondern nahm nur Bezug auf das, was in Deutschland wirtschaftlich, völkisch und sozialpolitisch zugunsten der ärmsten Klasse und zur Abwehr des Bolschewismus geschehen ist, und die Aufforderung, an der Abstimmung teilzunehmen. Dies wurde dem Herrn Gauleiter zurückgesandt. Da die Einleitung nun nicht stimmte, in der gesagt war, der Herr Gauleiter habe sich mit den Bischöfen besprochen, gestaltete er die Einleitung um und gab ihr eine gewisse pompöse Fassung. Da er augenblicklich danach abreiste, war es nicht möglich, das zu ändern.

5) Gleich anfangs wurde gesagt, Einzelheiten könnten jetzt nicht definitiv geregelt werden, weil die Vorbereitung zur Abstimmung viel Arbeit erfordere, aber nach dem Tage der Abstimmung würde den Bischöfen Gelegenheit geboten, ausführlich während eines ganzen Tages alle kirchlichen Belange besprechen zu könnten. Dies wird nun sehr wahrscheinlich am 12. April oder in der Charwoche erfolgen. Die Bischöfe glaub-

ten, mit der Annahme der Erklärung kein Prinzip preisgegeben zu haben, auch nichts anerkannt zu haben, was früher verurteilt wurde. Sie konnten nicht sagen, daß sie den Vertretern der neuen Regierung kein Vertrauen schenken, und offenbar war wenigstens die Möglichkeit geboten, Schlimmes abzuwehren und manche Anliegen zur Erfüllung zu bringen.
6) In weiterer Erwägung tauchte immer mehr der Gedanke auf, daß die Erklärung doch entweder einer Änderung oder einer Ergänzung bedürfe, es müsse der kirchliche Standpunkt mehr hervorgehoben und es sollte eine Bemerkung hinzu kommen oder eingefügt werden: ›Unbeschadet der Rechte Gottes und der Kirche‹ oder ein ähnliches Wort. Das wurde nun alsbald geltend gemacht. Da die anderen Bischöfe am ersten oder am zweiten Tag bereits abreisten oder nicht zugänglich waren, nahmen an den weiteren Besprechungen der Kardinal und der Fürsterzbischof teil.
7) Der Sprecher der ersten Vertretung erkrankte in der folgenden Nacht schwer und wurde noch in der Nacht am Blinddarm operiert. Gleichwohl wünschte er dann am folgenden Tag, dem ersten nach der Operation, daß Kardinal und Fürsterzbischof zu ihm in das Krankenhaus kamen. Dabei wurde schon gleich das vorher erwähnte Anliegen einer Änderung oder Ergänzung vorgebracht. Der Herr Adjutant bevollmächtigte dann Herrn Dr. Himmelreich, mit uns weiter zu konferieren. Nach der Rückkehr ins erzb[ischöfliche] Palais wurden diese Besprechungen gehalten. Mit Nachdruck wurde gesagt, was jetzt geschehe, geschehe in der Weltöffentlichkeit. Es sei die erste Kundgebung der österreichischen Bischöfe an den neuen Staat. Die Bischöfe könnten nicht so vorgehen, daß der Hl. Vater es nicht billigen könnte. So wurde nun die Forderung gestellt, daß diese Ergänzung erfolge. Weiters konnte dann in ganz vertrauter Weise und ganz im katholischen Sinn manches besprochen werden: Religionsunterricht in den Volks-, Haupt- und Mittelschulen, Schulgebet, religiöse Bündnisse, bischöfliche Knaben- und Priesterseminare, das

Presse- und Zeitungswesen, Militärjahr der Priestertumskandidaten, Dotation des Klerus. Bei dieser Gelegenheit wurde dem Staatsvertreter jene Nummer des ›Osservatore Romano‹ überreicht, in welcher das Pastoralschreiben der bayrischen Bischöfe, mit der schweren Klage über die Enthebung der katholischen Jugendvereine in Bayern enthalten war.
Die Besprechungen wurden fortgesetzt am Sonntag vormittag. Am Montag dann sollte die Besprechung mit dem Gauleiter Bürckel selbst sein. Unter dem Eindruck der Ereignisse und verschiedener Bemerkungen trat bei Kardinal und bei Fürsterzbischof eine sehr gedrückte Stimmung ein. Man war völlig darauf gefaßt, daß dem Antrag nicht entsprochen werde. Und dann wäre es zum Bruch gekommen. Nun trat doch eine Wendung ein. Es wurde von beiden kirchlichen Vertretern ein Entwurf für die Vorbemerkung zur bischöflichen Erklärung vorgelegt. Schließlich und endlich kam es nur darauf an, daß wenigstens ein markanter Satz eingefügt werde. Auch diese Aussprache gestaltete sich dann offen und vertrauenswürdig. Der überreichte Entwurf wurde inhaltlich vom Gauleiter gebilligt, aber die Terminologie schien ihm nicht zu passen. Es dürfe in keiner Weise der Eindruck erweckt werden, daß es sich um einen Vertrag ›do, ut des‹ handle. Er meinte, die Textierung müsse so sein, daß weder die Bischöfe bei den Katholiken Beanstandung erfahren würden, noch auch er bei seinen Kreisen. Er wollte noch einige Zeit haben, zu überdenken. Wenige Stunden später kam Herr Dr. Himmelreich zum Kardinal mit der neuen Textierung, in der die Worte stehen: Gauleiter Bürckel gab die aufrichtige Linie seiner Politik bekannt, welche unter dem Motto stehen soll: ›Gebt Gott, was Gottes ist, und dem Kaiser, was des Kaisers ist.‹ Dieses Wort sei zumindest gleichwertig dem früher vorgeschlagenen ›unbeschadet der Rechte Gottes und der Kirche‹. Herr Kardinal unterschrieb das und Herr Dr. Himmelreich brachte es dann dem Fürsterzbischof. So ist diese Erklärung entstanden.

8) Nochmals sei gesagt, daß nicht eine gehässige, kirchenfeindliche Stimmung hiebei sich geltend gemacht hat, sondern immer wieder die Bereitwilligkeit hervorgehoben wurde, auf kirchliche Anliegen einzugehen. Als bei dieser letzten Besprechung gesagt wurde, daß der Wiener Stadtschulrat das Schulgebet abgeschafft habe, erwiderte der Gauleiter, das widerspreche seinen Anordnungen, das Schulgebet müsse wieder eingeführt werden. Er sagte dabei ausdrücklich: Wir können die Religion nicht entbehren mit ihrem Segen. Und die Rücknahme wurde alsbald angeordnet. Auch wurde gesagt, daß ein Schuldirektor, der etwa das nicht vollziehe, eine Strafe zu gewärtigen habe.

9) Nun sei einiges besonders hervorgehoben:

a) Grundlegend wird gesagt, dem Staate obliege das Politische, der Kirche das Religiöse, und die Kirche solle sich in die Politik in keiner Weise einmischen.

b) Im Deutschen Reiche stehe man auf dem Standpunkt der Gewissensfreiheit. Jedem sei es unbenommen, der Weltanschauung sich hinzugeben, die er für richtig halte, und niemandem soll wegen seiner Weltanschauung eine Schwierigkeit bereitet werden. Dies gilt nun für alle Weltanschauungen, auch für die katholische.

c) Über Katholische Aktion herrscht bei diesen Regierungsstellen eine ganz falsche Auffassung. Es wurde nun alles darangesetzt, diese falsche Auffassung zu bekämpfen. Actio catholica non est actio politica. Auch seien ja vor einigen Jahren die Priester der politischen Tätigkeit entzogen worden. Es erscheint wichtig, daß andere Bezeichnungen in den Vordergrund treten, am passendsten das Wort ›Laienapostolat‹. Für Standesbündnisse der verschiedenen Alters- und Berufsklassen besteht keine Schwierigkeit. Männerapostolat, Mütterapostolat, Jugendapostolat, das alles kann ordentlich durchgeführt werden. Gegen Vereine besteht großes Mißtrauen, weil deren Tätigkeit in der Öffentlichkeit und in Vereinshäusern die Gefahr politischer Betätigung in sich schließt.

d) Verlagsanstalten, Buchdruckereien, Buchhandlungen können ihre Tätigkeit entfalten, nur müssen sie sich vollends enthalten, politische Blätter, die nicht nationalsozialistisch eingestellt sind, herauszugeben. Die religiöse Literatur hingegen, religiöse Wochenblätter, religiöse Zeitschriften, Monatshefte werden nicht gehindert werden.
e) Wenn offen ungerechte Belästigungen erfolgen, so ist eine Abwehr möglich. Übergriffe können abgewehrt werden durch telegrafische Anmeldung bei Herrn Gauleiter Josef Bürckel, Wien, Parlamentsgebäude. Über die Beschlagnahme verschiedener Anstalten kann erst nach dem Abstimmungstag verhandelt werden.
10) Abschließend kann hier nun gesagt werden: man hat den Eindruck, daß die neue Regierung in Österreich den Kulturkampf nicht will. Jedenfalls ist die Bereitwilligkeit der Bischöfe, in die angeboten Verhandlung einzutreten, ein Mittel, Schlimmes abzuwehren, beispielsweise auch Schlimmes abzuwehren von den Klöstern und Instituten und den Schulen klösterlicher Vereinigungen, allenfalls drohende Devisen- und Sittlichkeitsprozesse zu verhindern. In Anbetracht alles dessen wird das Vorgehen der Bischöfe verständlich und erklärlich erscheinen.
11) Das Augenmerk ist jetzt darauf zu richten, intensive Seelsorge zu betreiben, ernste, würdige und innige, zeitentsprechende Seelsorge, in der die Kraft der Religion allein jetzt zur Geltung kommt und kommen muß. Die Seelsorge muß auf alle Stände ausgedehnt werden. Die Seelsorge darf in keiner Weise einen Angriffspunkt bieten, es muß alle Polemik gegen das Staatliche ausgeschaltet und alles Politische unterlassen werden. Man muß jede Provokation verhüten und ja keinen Anlaß geben zu Beschuldigungen.
12) Was die Flaggenfrage anbetrifft, scheint es an und für sich wohl gerechtfertigt, wenn an den Kirchtürmen die päpstlichen Fahnen (weiß-gelb) gehißt werden, aber am Pfarrhof und an den anderen Gebäuden soll die vorschriftsmäßige Staats-

flagge verwendet werden. Freilich, wenn mit Gewalt das Hissen der Nationalflagge an den Kirchtürmen erzwungen wird, wird man es geschehen lassen müssen.

13) Es ist Niemandem zu verwehren, daß er das Abzeichen trage, den deutschen Gruß leiste. Amtspersonen müssen sich begreiflicherweise allen Anweisungen fügen.

14) Zum Schluß sei noch aufmerksam gemacht, daß in den Schulen zuerst das Schulgebet gesprochen, hierauf aber dann der staatliche Gruß geleistet wird.

Der Ordinarius.«

Vierzig Jahre später hat sich auch die politische Seite über die Hintergründe dieser unterschiedlichen Datierungen wie auch über die Verlassung, warum Kardinal Innitzer handschriftlich »und Heil Hitler« anfügte, geäußert, und zwar durch Dr. Josef Himmelreich, der in den Märztagen 1938 an der entscheidenden Wiener Schaltstelle zwischen der katholischen Kirche Österreichs und dem Nationalsozialismus stand. Gauleiter Bürckel hat am 16. März 1938 Dr. Josef Himmelreich, den Pressereferenten des bayerischen Reichsstatthalters General Ritter von Epp, für die Verhandlungen mit der katholischen Kirche Österreichs erbeten und beauftragt. Dr. Himmelreich erschien gerade deshalb als idealer Verhandlungspartner, weil er – neben seinem nationalsozialistischen Parteibuch – katholisch war und als Schwiegersohn des bayerischen Kirchenmalers Gebhard Fugel als loyaler Gesprächspartner den katholischen Bischöfen erscheinen konnte.

Univ.-Professor Dr. Karl Amon, dem Vorstand des Instituts für Kirchengeschichte an der Universität Graz, ist es zu danken, daß er im Jahre 1978 Dr. Josef Himmelreich gebeten hat, im Rahmen eines Privatissimums über die damaligen kirchenpolitischen Ereignisse zu sprechen. Im Grazer Institut für Kirchengeschichte leitet Univ.-Professor Dr. Maximilian Liebmann eine Arbeitsgruppe, die sich besonders mit kirchlicher Zeitgeschichte, u. a. mit der »Märzerklärung der österreichischen Bischöfe vom Jahr 1938«, beschäftigt und die nach der Durcharbeitung der Privatarchive Himmelreich und Bürckel Ergebnisse vorlegen kann, die wertvolle Erhellungen und Korrekturen der damaligen Ereignisse und ihrer literarischen Kommentierung bieten. Im »Österreichischen Klerusblatt«[153] war über die Äußerungen von D. Himmelreich – 40 Jahre nach den Geschehnissen des Jahres 1938 – folgendes zu lesen, was bisher der breiten Öffentlichkeit nicht bekannt war und daher einer außerordentlich wichtigen Enthüllung gleichkommt:

»Himmelreich erklärte gleich eingangs, daß er heute als 73jähriger spreche, daß damals alle ›Bemühungen, einen dauerhaften Frieden zwischen Staat und Kirche zu schaffen, keinen Erfolg hatten, ja aus heutiger Sicht ein Mißerfolg waren‹. Den Eindruck wiederholt er wieder am Schluß: ›Ich stehe als Gescheiterter vor Ihnen.‹ Aber als 33jähriger hätte er die Hoffnung gehabt, sich in Geheimverhandlungen für die Befriedung zwischen Staat und Kirche, wegen der sich ständig verschlechternden Lage der Kirche, einsetzen zu sollen, wobei er von ›Ehrgeiz und Idealismus‹ getrieben gewesen sei.

Ehrgeiz, Idealismus, das Vertrauen der Bischöfe – zu großes Vertrauen, wie man heute sagen muß – und der Auftrag des Gauleiters Bürckel führten dann zum ganz merkwürdigen Ergebnis einer ›feierlichen Erklärung‹ und zum ›Heil Hitler‹ Innitzers, mit dem die Nationalsozialisten kräftig Propaganda machten.

Himmelreichs Schilderung ist spannend. Die Erklärung der österreichischen Bischöfe vom 18. März 1938 habe schon fertig vorgelegen, als er am 17. März nach Wien gekommen sei. Mit dieser Erklärung habe er nichts zu tun, betont Himmelreich. Bei der Unterzeichnung durch die Bischöfe am 18. März wurde ihm auf eigenen Wunsch hin gestattet, anwesend zu sein. Klaus Selzner war damals als Vertreter des Gauleiters anwesend. Nach der Unterzeichnung hätte er (Himmelreich) gegenüber Kardinal Innitzer auf die Frage, was er von der

Erklärung halte, geäußert, daß die Erklärung zu schnell abgegeben worden sei und einen Blankoscheck für den Nationalsozialismus bedeute, da die Erklärung zu einseitig begünstigend wäre, worauf der Kardinal ziemlich betroffen zu sein schien. Himmelreich versucht die schnelle Unterzeichnung mit ›seelischer Pression, unter der die Bischöfe gestanden haben‹ zu erklären, von staatlicher Seite sei damals kein Druck auf die Bischöfe ausgeübt worden. Tatsächlich haben aber schon vorher Bischof Pawlikowsky aus Graz und Erzbischof Waitz aus Salzburg handfesten physischen Druck zu spüren bekommen.

Kardinal Innitzer habe ihm kurz nach dem Empfang am Nachmittag eine Bitte vorgetragen, die ihm, Himmelreich, ›den Atem verschlagen hat‹. Der Kardinal bat ihn, die unterzeichnete Erklärung vom Vormittag vom Gauleiter Bürckel zurückzuerbitten, um noch Änderungen und Erklärungen für das katholische Volk an ihr vorzunehmen. Bedenken und der Eindruck, daß die Erklärung zu rasch abgegeben worden sei, hätten den Kardinal zu diesem Schritt bewogen. Erst auf Drängen des Kardinals hätte dann er das Anliegen des Kardinals dem Gauleiter vorgetragen, der anfangs heftig ablehnend reagierte, weil die Erklärung bereits telefonisch Hitler mitgeteilt worden sei. Jetzt kam Himmelreichs historischer Augenblick. Er hatte die Idee, für die Erklärung ein Vorwort auszuarbeiten und dieses der Erklärung voranzustellen, dem dann Bürckel unter der Bedingung zustimmte, daß an der Erklärung nichts geändert werde. Himmelreich hätte dann dem Kardinal geraten, auch Bürckels Wunsch zuzustimmen, der im Zitat ›Gebet Gott, was Gottes ist, und dem Kaiser, was des Kaiser ist‹ die Interessen der Kirche ausreichend vertreten sah. ›Bürckel aber ließ sich die Kompromißbereitschaft zum Vorwort bezahlen und Innitzer durch mich bitten, das Begleitschreiben mit dem damals allgemein amtlichen Hitlergruß zu unterzeichnen, um den Eindruck des etwas sonderbaren Vorwortes bei Hitler abzuschwächen.‹ So wurde mit der Unterzeichnung des Vorwortes am 21. März 1938, drei Tage später als die Erklärung zur Volksabstimmung, auf dem Begleitschreiben, das mit 18. März datiert ist, nachträglich das ›Heil Hitler‹ eingefügt, das dann im In- und Ausland größtes Aufsehen erregt hat. Persönliche Gutgläubigkeit und Unerfahrenheit des Kardinals gegenüber der Kampftaktik eines religionsfeindlichen Regimes zählen sicher zu den Voraussetzungen für dieses Ereignis.

Dann bedauert Himmelreich, dem Kardinal den Wunsch Bürckels, das Begleitschreiben mit ›Heil Hitler‹ zu unterzeichnen, überbracht zu haben. Himmelreich bedauert heute, damals keinen Ausweg gefunden zu haben und ›daß mir damals nicht eingefallen ist, die schwierige Situation dadurch zu entschärfen, indem ich dem Kardinal geraten hätte, er solle einfach mit ›deutschem Gruß‹ unterzeichnen, weil der ja das ›Heil Hitler‹ impliziere‹.

Rechtfertigung kann auch im Geständnis liegen, wenn Himmelreich sagt, was er damals dachte: ›Eine besondere Grußgeste des Kardinals an Hitler sei nur vorteilhaft, weil ich im Glauben an die Zuverlässigkeit der Angaben Bürckels damals noch der Ansicht sein konnte, daß die sehr erwartete Verständigung zwischen Staat und Kirche auf breiterer Basis sich dadurch noch schneller realisieren ließe, ich war damals wirklich dieser vielleicht ideologischen Auffassung ... der Rausch der Anschlußtage, dieser Rausch hat mich genauso hingerissen‹, daß er an Einzelheiten damals nicht gedacht hätte.

Um in Verhandlungen dann doch noch zu einem Modus vivendi zwischen Staat und Kirche zu gelangen, seien Ende Juni die Gespräche noch einmal wiederaufgenommen worden, aber inzwischen hatte der Kampf der Nationalsozialisten gegen die Kirche in Österreich mit voller Wucht begonnen und, so Himmelreich, ›hinterhältige und makabre Maßnahmen‹ hätten es den Bischöfen unmöglich gemacht, weiter zu verhandeln.«

Das »Heil Hitler« des Kardinals Innitzer ist (wie es heutige

Akteneinsicht bestätigt) schändlich ausgenützt worden. Kardinal Innitzer selbst ist ins Zwielicht geraten, und als er versuchte, seine Kirchentreue mutig vorzuleben, hatte er wütende Übergriffe auf Leben und Eigentum jahrelang durchzuleiden. Was jedoch von ihm und auch von den übrigen österreichischen Bischöfen gleichsam als »Vorleistung« erbracht wurde, hat weder der katholischen Kirche Österreichs genützt noch einem Kirchenfrieden im Gesamtreich die Wege geebnet. Man muß vielmehr feststellen: Was in Deutschland in geschickter und langsam erkennbarer Taktik gegen die katholische Kirche getan wurde, ist mit unvorstellbarer Brutalität und Plötzlichkeit über die katholische Kirche Österreichs hereingebrochen. Während aber für Deutschland das Reichskonkordat noch die Möglichkeit des nationalen und internationalen Protestes gab, wurde Österreich in einen konkordatslosen Zustand versetzt, denn das Reichskonkordat wurde nicht für Österreich gültiges Gesetz.

Die am 10. April 1938 durchgeführte Volksabstimmung über den Anschluß Österreichs an Deutschland erbrachte folgende Ergebnisse:

	Österreich	Altreich
Ja-Stimmen	4 453 772 = 99,6 %	44 451 401 = 98,8 %
Ungültige und Nein-Stimmen	17 705 = 0,4 %	512 827 = 1,2 %

Bemerkenswert ist die geringe Zahl der ungültigen und Nein-Stimmen in Österreich und die große Zahl der ungültigen und Nein-Stimmen im »Altreich«, wo man nach fünfjährigen Erfahrungen mit dem Hitler-Regime bereits kritischer urteilte. Was in den wenigen Monaten nach der Volksabstimmung (vom 10. April 1938) in Österreich über einen »Modus vivendi« zwischen Kirche und Staat verhandelt wurde, erwies sich als ein einziges Täuschungsmanöver. Die katholischen Bischöfe Österreichs mußten schließlich einsehen, daß sie in schändlicher Weise mißbraucht worden sind. Am 19. August 1938 rang sich die Österreichische Bischofskonferenz zu dem Beschluß durch:

»... Die Verhältnisse haben sich seit Beginn der Verhandlungen fortwährend bis zum heutigen Tag verschlechtert, so daß wir nicht imstande sind, die Verhandlungen weiterzuführen.«[154]

In einer dreizehn Schreibmaschinenseiten umfassenden Denkschrift, die die österreichischen Bischöfe am 28. September 1938 unmittelbar an Adolf Hitler richteten, heißt es:

»... Wir Bischöfe haben die monatelangen Verhandlungen, die in diesem Sinne zwischen dem Episkopat und dem Reichskommissariat in Wien geführt wurden, bis Anfang September offen und im Glauben an die Möglichkeit eines loyalen Abkommens geführt. Unser Glaube wurde aber erschüttert, da der Kulturkampf um so bedrückendere und bedrohlichere Formen annahm, je länger wir verhandelten und je näher der in Aussicht gestellte Friede erschien. Wir Bischöfe stellen daher fest, daß die Schuld nicht an uns liegt, wenn der Friede bis jetzt nicht zustande kam. – Soll aber wirklich Frieden werden, so sind von Seite der Regierung und der Partei die vielen Ursachen aus der Welt zu schaffen, die den Frieden verhindern und unmöglich machen.«[155]

Diese Denkschrift wurde nie beantwortet.

Überaus empfindlich reagierten die nationalsozialistischen Parteiinstanzen auf das Protestsschreiben der österreichischen Bischöfe an den Führer, wie aus dem Schreiben[156] einer SS-Behörde vom 29. Oktober 1938 hervorgeht:

»Der österreichische Episkopat hat ein Protestschreiben an den Führer fertiggestellt, in dem er gegen die verschiedensten

Maßnahmen des Staates und der Partei Stellung nimmt. Abschrift dieses Protestschreibens wurde vom österreichischen Episkopat bereits an den Vatikan gegeben. Gleichzeitig wurde das Protestschreiben folgenden Personen zugeleitet:

1. dem Kardinal Faulhaber, München,
2. dem Chefredakteur der »Ostschweiz«, Dr. Doka, St. Gallen,
3. dem Chefredakteur der »Neuen Züricher Nachrichten«, Dr. Buomberger, schweizerischer Nationalrat und Züricher Stadtrat,
4. dem Erzbischof von Freiburg, Dr. Gröber.

Kardinal Faulhaber und Erzbischof Gröber waren über das Protestschreiben des österreichischen Episkopates sehr erfreut und brachten zum Ausdruck, daß sie besonders glücklich seien über die Einigung des österreichischen Episkopates.«

Was im politischen Bereich Österreichs geschehen ist, hatte auch einen »Erdrutsch« im kirchlichen Raum. Welch tiefgreifende Auswirkungen die Ereignisse des Jahres 1938 (und sicherlich auch manche Geschehnisse aus der Dollfuß- und Schuschnigg-Epoche) in der katholischen Kirche Österreichs hatten, kann der rasant steigenden Austrittsbewegung[157] aus der katholischen Kirche entnommen werden.

Die Märzereignisse 1938 im Urteil des österreichischen Wehrdienstverweigerers Franz Jägerstätter

Franz Jägerstätter (geboren am 20. Mai 1907 in St. Radegund/Innviertel; als Wehrdienstverweigerer am 9. August 1943 in Brandenburg enthauptet; am 9. August 1946 beigesetzt in St. Radegund) hat trotz des Aufrufs der österreichischen Bischöfe bei der Volksabstimmung am 10. April 1938 nicht mit »Ja« gestimmt. Wenige Jahre später schreibt er über die Märzereignisse des Jahres 1938:

«... In Deutschland hat es vor der Machtübernahme Hitlers einmal geheißen, dem Nationalsozialisten wird die Kommunionbank verweigert. Und wie schaut es jetzt im Großdeutschen Reich aus? Manche gehen, scheint's, seelenruhig zur Kommunionbank, obwohl sie Mitglieder der Partei sind, auch ihre Kinder zur Partei gehen lassen oder sie gar von nationalsozialistischen Erziehern ausbilden lassen.

Haben sie denn heute, wo man schon mehr als zwei Jahre lang ein grauenhaftes Menschenmorden betreibt, ein anderes Programm, das dies alles jetzt für erlaubt oder für nichtssagend gelten läßt? Oder hat das kirchliche Lehramt schon die Entscheidung oder die Gutheißung gegeben, daß es jetzt auch erlaubt ist, einer kirchenfeindlichen Partei beizutreten? Ja, man möchte schon manchmal laut aufschreien, wenn man da ein wenig darüber nachdenkt; es könnte einen nicht wundern, wenn in einem solchen Land auch die Gerechtesten irre werden. Allen Anzeichen nach wird es bei uns zu keiner blutigen Christenverfolgung mehr kommen, denn es wird bei den Christen ohnehin alles so gelten, wie es die Partei wünscht oder befiehlt.

Es würde freilich nicht mehr viele gute Priester in Österreich in Freiheit oder in ihrem Beruf geben, wenn sich der katholische Klerus Österreichs gleich bei der Wahl am 10. April stramm entgegengestellt hätte, statt diese Partei sogar zu loben über so manche ihrer guten Taten und ihr zu einem fast hundertprozentigen Wahlsieg zu verhelfen. Ich glaube, daß es kaum schlimmer stünde um den echten christlichen Glauben in unserem Lande, wenn auch nicht mehr ein einziges katholisches Gotteshaus offen stünde und vielleicht schon Tausende ihr Blut und Leben für Christus und ihren Glauben geopfert hätten, als daß man jetzt stillschweigend diesem immer mehr um sich greifenden Irrtum zusieht! Es warten zwar schon viele mit Ungeduld auf die Befreiung aus dieser traurigen Lage. Da wäre es gut, an die Worte des Führers zu denken, als er sagte: ›Mensch, hilf dir selbst, dann hilft dir Gott!‹

Werfen wir aber deswegen keine Steine auf unsere Bischöfe und Priester, sie sind ja auch Menschen wie wir, aus Fleisch und Blut, und können schwach werden. Sie werden vielleicht noch weit mehr vom bösen Feind versucht als wir. Sie waren vielleicht zuwenig vorbereitet, diesen Kampf aufzunehmen und sich zu entscheiden: Leben oder Sterben. Würde nicht auch uns das Herz erbeben, wenn es auf einmal heißen würde, heute noch müssen wir vor dem Richterstuhl Gottes erscheinen, obwohl wir gewöhnlich nur für einige unserer Mitmenschen zur Verantwortung gezogen würden? Deshalb kann man sich leicht in die schwere Entscheidung, vor der unsere Bischöfe und Priester im März 1938 standen, hineindenken. Unsere Bischöfe werden vielleicht auch geglaubt haben, es dauert vielleicht nur eine kurze Zeit, und dann zerfällt alles wieder, und sie können durch ihre Nachgiebigkeit den Gläubigen viele Martyrien und Peinen ersparen; doch leider kam es halt anders, es sind schon Jahre vergangen, und Tausende von Menschen müssen jetzt jährlich in diesem Irrtum dahinsterben. Wir können uns daher leicht vorstellen, was das für ein heroischer Entschluß sein mußte, vor dem Volk das zu widerrufen, was in den letzten Jahren gefehlt gemacht wurde. Machen wir es ihnen durch Vorwürfe nicht noch schwerer, als es für sie ohnedies schon ist. Beten wir lieber für sie, damit Gott ihnen die große Aufgabe, vor der sie noch stehen, erleichtern möge.

Wenn wir die Zeit, in der wir jetzt leben, mit Ernst betrachten, so müssen wir gestehen, daß die Lage für uns Christen Deutschlands weit trostloser und verwirrter ist als für die Christen in den ersten Jahrhunderten unter den blutigen Verfolgungen. Viele werden sich da vielleicht denken: Warum mußte der Herrgott uns gerade zu einer solchen Zeit leben lassen? Wir dürfen unserm Herrgott deshalb keine Schuld geben oder diese Schuld vielleicht andern in die Schuhe schieben, denn ein Sprichwort heißt: ›Wie der Mensch sich bettet, so liegt er.‹ Und noch heute ist es uns mit Gottes Hilfe mög-

lich, wenn wir das ernstliche Bestreben haben und alle Kraft anwenden, uns noch aus diesem Sumpf, in dem wir stecken, herauszuarbeiten und ewig glückselig zu werden ...
Ich glaube, es ist im Frühjahr 1938 nicht viel anders zugegangen als am Gründonnerstag vor mehr als 1900 Jahren, als man dem jüdischen Volke freie Wahl gegeben zwischen dem unschuldigen Heiland und dem Verbrecher Barabbas. Auch damals hatten die Pharisäer Geld ausgeteilt unter das Volk, um fest zu schreien, und diejenigen, die noch zu Christus hielten, irrezuführen und umzustimmen. Was hat man nicht auch bei uns im März 1938 gegen den noch geistlich gesinnten Kanzler Schuschnigg und gegen die Geistlichkeit für Schaudermärchen erzählt und erdichtet. Die wenigen, die nicht irre wurden und zu diesem unglückseligen ›Ja‹ zu bewegen waren, hat man einfach als Narren und Kommunisten bezeichnet, aber bis heute hat man den Kampf um diese Narren noch nicht aufgegeben, um sie vielleicht doch noch zur Nationalsozialistischen Volksgemeinschaft zu gewinnen oder wenigstens für diese Idee zu opfern. Freilich haben bei vielen diese Siegesfreuden nicht lange gewährt, und (sie) sind zur Erkenntnis gekommen, daß doch alles anders gekommen ist, als man anfangs versprach. Was wurde nicht von solchen seitdem zusammengeschimpft und gemeutert! Aber sich von dieser antichristlichen Volksgemeinschaft auszuschließen, dazu haben sie doch nicht den Mut ...
Und nun schauen wir ein wenig nach Rußland – hat vielleicht dort der Herrgott der Guten wegen, die noch darunter waren, den Strom aufgehalten? Sollte auch dieses Jahr, was sich vielleicht manche (er)hoffen, eine Befreiung aus ihrer traurigen Lage bringen, wie sieht aber die wieder aus? Wird aber auch das russische Volk der bolschewistischen Gemeinschaft gleich so willig und zahlreich beigetreten sein wie das österreichische im März 1938 der Nationalsozialistischen Volksgemeinschaft, die schließlich auch keinen Schmarren besser ist, höchstens noch ein wenig hinterlistiger? Oder sollten wir vielleicht des-

wegen strafloser aus unserer Lage herauskommen, weil wir Österreicher noch dazu fast durchwegs katholisch waren? Wehe, wenn die Worte, die Christus einmal über Kapharnaum gesprochen hat, auch für uns Geltung hätten: ›Bis zum Himmel habe ich dich erhoben, jedoch bis zur Hölle wirst du hinuntersteigen müssen!‹ Soll es in unserem schönen Österreich noch einmal so weit kommen, daß Christus regieren wird, so muß auf den Gründonnerstag auch noch der Karfreitag kommen, denn Christus mußte auch erst sterben, bis er von den Toten auferstehen konnte. Auch für uns gibt es kein glückliches Auferstehen, bis wir nicht bereit sind, für Christus und unseren Glauben zu leiden und, wenn es sein muß, auch zu sterben. Der Gründonnerstag war halt für uns Österreicher der unglückselige 10. April 1938. Dort ließ sich die Kirche Österreichs gefangennehmen und liegt seitdem noch immer in Fesseln. Und bevor nicht dieses ›Ja‹, das eben damals von vielen Katholiken doch sehr zaghaft und beängstigt abgegeben wurde, nicht mit einem kräftigen ›Nein‹ beantwortet wird, gibt es auch für uns keinen Karfreitag. Sterben müssen wir zwar deshalb schon, aber nicht für Christus; viele vielleicht zwecks Mithilfe zum Nazi-Sieg. Wird aber auch dieses ›Nein‹ so geschlossen und zahlreich abgegeben werden können, wie seinerzeit das ›Ja‹? Ich glaube kaum. Wie aber kann dieses ›Nein‹ erfolgen? Wird es dann auch viel nützen, wenn es nicht gleich sehr zahlreich geschieht? Ganz ohne Zweifel; zudem braucht eines das andere nicht fragen, wie es meint und tut, denn für jeden einzelnen, glaub' ich, hat es Wert genug, seine Seele aus dieser gefährlichen Lage zu befreien.

Um diesen Entschluß auch auszuführen, heißt es natürlich jederzeit bereit sein, für Christus und seinen Glauben auch, wenn es sein muß, das Leben dafür einzusetzen. Ist dieser Entschluß in einem reif, dann sofort heraus aus der Nazi-Volksgemeinschaft; kein Opfer mehr für sie geben, denn wer die christliche Nächstenliebe auch in der Tat ausüben will, kann den Ärmeren auch ohne WHW oder Volkswohlfahrt etwas zu ihrem Lebensunterhalt beisteuern . . .«[158]

Wie klar und unmißverständlich war der »Hirtenbrief über den wahren und falschen Nationalismus«, den der Bischof von Linz, Johannes Maria Gföllner, am 21. Januar 1933 (veröffentlicht durch den Katholischen Preßverein) herausgab! Es hieß darin:

». . . Der Nationalsozialismus krankt innerlich am materialistischen Rassenwahn – an unchristlichem Nationalismus – an nationalistischer Auffassung der Religion – an bloßem Schein-Christentum; sein religiöses Programm weisen wir darum zurück . . . Alle überzeugten Katholiken müssen ihn (den Nationalsozialismus) ablehnen und verurteilen. Wenn es nach der Erklärung Papst Pius' XI. unmöglich ist, zugleich ein wahrhafter Katholik und ein guter Sozialist zu sein, dann ist es ebenso unmöglich, ein wahrhafter Katholik und ein guter Nationalsozialist zu sein.«

Was trotzdem in den Märztagen 1938 geschehen ist und warum (auch zum Erstaunen seiner österreichischen, bischöflichen Mitbrüder!) der Linzer Bischof Gföllner unter die »Feierliche Erklärung« vom 18. März 1938 seine Unterschrift gegeben hat, scheint im resignierenden Schweigen dieser Bischof (gestorben am 3. Juni 1941) in seine Linzer Domgruft mitgenommen zu haben.

Ferdinand Klostermann[159], der als Priester vom Jahr 1938 bis 1942 in der katholischen Jugendarbeit der Diözese Linz tätig war, schreibt rückblickend auf die damalige Zeit (wobei seine Aussagen für ganz Österreich Geltung haben dürften):

»Ein reines christliches Heldenlied ist die Geschichte des kirchlichen Kampfes gegen den nationalsozialistischen Staat und die NSDAP gerade nicht. Die Unterscheidung der Gei-

ster und die Balance zwischen Klugheit und Tapferkeit gelang nicht immer. Die Parole ›Kampf gegen den jüdisch-materialistischen Geist‹, das christliche antisemitische Erbe, die Verachtung der Demokratie, des Liberalismus und Pazifismus brachte die Kirche und kirchliche Kreise oft in eine verdächtige und peinliche Nähe nationalsozialistischer Ideen. Oft sprach die Kirche erst oder nur, wenn sie selbst bedroht war.«

6.

Nationalsozialistische Judenpogrome und christliches Gewissen

Im Sommersemester 1946 hielt der calvinische Theologe Karl Barth in den Halbruinen des Kurfürstenschlosses in Bonn seine Vorlesung »Dogmatik im Grundriß im Anschluß an das apostolische Glaubensbekenntnis«. Im Rückblick auf das, was gerade dem jüdischen Volk während des Dritten Reiches zugefügt worden war, deckte er den antisemitischen Kern des Nationalsozialismus schonungslos auf und stellte mit besonderem Nachdruck heraus, daß auch für den Christen »das Heil von den Juden« (Joh 4,22) kommt und daß der gekreuzigte, gottmenschliche Erlöser Jesus Christus völkisch wie rassisch ein Jude war.

»Jesus Christus wäre nicht, was er ist, wenn er nicht der Christus wäre, der Amtsträger, der aus *Israel* kommt, der der *Jude* Jesus ist. Aber wiederum wäre dieser Jude Jesus nicht der, der er ist, wenn er nicht Gottes Amtsträger, wenn er nicht Christus wäre, der das, was Israel ist und bedeutet, als *Licht* leuchten läßt in der Völkerwelt und in der ganzen *Menschheit*... Jesus, der Christus, der Heiland und Gottesknecht, ist der, der die Sendung des Volkes Israel ausführt und offenbar macht, er ist der, der den zwischen Gott und Abraham geschlossenen Bund erfüllt. Wenn die christliche Kirche Jesus Christus bekennt als Heiland und Gottesknecht für uns, für alle Menschen, also auch für die übergroße Mehrzahl derer, welche mit dem Volk Israel keinen direkten Zusammenhang haben, dann spricht sie dieses Bekenntnis zu diesem Jesus Christus nicht etwa aus, *obwohl* Jesus ein Jude war (wie wenn dieses Judesein Jesu ein pudendum wäre, über das man hinwegsehen könnte und müßte!). Die Meinung kann auch nicht die sein, daß wir an Jesus Christus glauben, der nun eben *zufällig* ein Israelit war, der aber ebenso gut auch einem anderen Volk hätte entstammen können. Nein, hier muß man ganz streng denken: Jesus Christus, an den wir glauben, den wir Christen aus den Heiden unseren Heiland nennen und als den Vollbringer des Gotteswerkes für uns preisen, er war *notwendig Jude*. An dieser Tatsache ist nicht vorbeizusehen, sondern sie gehört zu der konkreten Wirklichkeit des Werkes Gottes und seiner Offenbarung ... Wer sich Israels schämt, der schämt sich Jesu Christi und damit seiner eigenen Existenz.«[160]

Kurzgeschichte der christlich-jüdischen Konfrontationen

Der Apostel Paulus hat den gekreuzigten Christus als das große Entscheidungszeichen der Menschheit verkündigt:

> *»... für Juden ein Anstoß.*
> *für Heiden eine Torheit,*
> *für die Berufenen aber, Juden wie Griechen,*
> *Christus, Gottes Kraft und Gottes Weisheit«*
> *(1 Kor 1,23–24).*

Wenngleich gerade Paulus, wie kein anderer der neutestamentlichen Schriftsteller, den Trennungsstrich zwischen dem Judentum und dem Christentum vor allem in dem im Jahr 58 n. Chr. abgefaßten Römerbrief scharf gezogen hat, so sah er sich bereits genötigt, vor liebloser Arroganz und vor einem unchristlichen Antijudaismus nachdrücklich zu warnen: »... wenn du als Zweig vom wilden Ölbaum (des Heidentums) in den edlen Ölbaum (des auserwählten, alttestamentlichen Gottesvolkes) eingepfropft wurdest und damit Anteil erhieltest an der Kraft seiner Wurzel, so erhebe dich nicht über die anderen Zweige. Wenn du es aber tust, sollst du wissen: Nicht du trägst die Wurzel, sondern die Wurzel trägt dich« (Röm 11,17–18). In seiner Argumentation für das jüdische Volk

verweist Paulus außerdem auf den göttlichen Heilsplan: »Vom Evangelium her gesehen sind sie (die Juden, die Jesus Christus nicht als Messias und Erlöser anerkennen) Feinde Gottes und das um euretwillen; von ihrer Erwählung her gesehen sind sie von Gott geliebt, und das um der Väter willen. Denn unwiderruflich sind Berufung und Gnade, die Gott gewährt« (Röm 11,28–29).
In der christlichen Glaubensgeschichte hat es trotz der deutlichen Mahnungen des Apostels Paulus Jahrhunderte gegeben, in denen christliche Fürsten und Kaiser, leider auch Bischöfe und Päpste die Juden als »Christusmörder« abstempelten und ihnen sogar die Kollektivschuld für die Kreuzigung Jesu aufbürdeten. In einer Predigt, die Gregor von Nyssa (334–394) über die Auferstehung gehalten hat, heißt es über die Juden wörtlich: »Mörder des Herrn, Mörder der Propheten, Rebellen und Hasser Gottes. Sie beleidigen das Gesetz, widerstehen der Gnade, verleugnen den Glauben ihrer Väter. Sie sind Statisten des Teufels, Otterngezücht, Angeber, Verleumder, Hirnrissige, Verfluchte, Verabscheuungswürdige, Schmachsüchtige, Feinde des Schönen.«[161]

Um das Jahr 1000 gab es bedeutende Zentren des jüdischen Geisteslebens in Europa, an denen neben Philosophie und Talmud-Theologie vor allem Mathematik und Medizin (erste medizinische Hochschule des Abendlandes in Salerno) gelehrt wurden.[162]

Die Zeit der Kreuzzüge hat antijüdischen Tendenzen Auftrieb gegeben. Übelste Verleumdungen wie Ritualmorde, Hostienschändungen und Brunnenvergiftungen sorgten dafür, daß in manchen Städten des ausgehenden Mittelalters Juden in Ghettos leben mußten, um vor Übergriffen einzelner Christen geschützt zu sein. Im Jahr 1412 hat der Dominikaner Vincente Ferrei für Spanien das erste Ghetto errichtet. Es kann nicht geleugnet werden, daß der Antijudaismus (dieser Ausdruck ist präziser als das häufig verwendete Wort »Antisemitis-

mus«, weil auch Araber Semiten sind!) aus religiösen Wurzeln Impulse und Verschärfungen erhalten hat.
Vom ausgehenden 13. Jahrhundert an, verstärkt im 14. und 15. Jahrhundert, kam es in vielen europäischen Ländern zu Judenverfolgungen und -vertreibungen. Der Strom der jüdischen Emigranten hat sich vor allem in den osteuropäischen Raum und in das Osmanische Reich mit Zentrum Konstantinopel ergossen.[163]

Martin Luther (1483–1546) bewegte sich durchaus in der religiösen Wertung und theologischen Argumentation seiner Zeit, wenn er über dem ungläubigen, jüdischen Volk den Strafzorn Gottes sah. Noch wenige Jahre vor seinem Tod (1543) forderte Luther, was wie eine Anweisung zu Judenpogromen anmutet.[164]

»..., daß man ihre Synagoga oder Schule mit Feuer anstecke und, was nicht verbrennen will, mit Erde überhäufe und beschütte, daß kein Mensch einen Stein oder Schlacke davon sehe ewiglich. Und solches soll man tun, unserm Herrn und der Christenheit zu Ehren, damit Gott sehe, daß wir Christen seien und solch öffentlich Lügen, Fluchen und Lästern seines Sohnes und seiner Christen wissentlich nicht geduldet noch gewilliget haben. Denn was wir bisher aus Unwissenheit geduldet (ich hab's selbst nicht gewußt), wird uns Gott verzeihen. Nun wir's aber wissen, und sollten darüber, frei vor unserer Nase, den Juden solch ein Haus schützen und schirmen, darin sie Christum und uns belügen, lästern, fluchen, anspeien und schänden (wie droben gehört), das wäre ebensoviel, als täten wir's selbst und viel ärger, wie man wohl weiß.«

Daß mit religiösen Motiven sich auch ökonomische, nationale, soziale und rassische Argumente verbinden konnten, bezeugen im österreichischen Raum des 19. Jahrhunderts[165] vor allem Georg Ritter von Schönerer (1841–1921) und der Wiener

Bürgermeister Karl Lueger (1844–1910). Schönerer hat bereits 1885 Gedanken ausgesprochen, die Wort für Wort im nationalsozialistischen Hetzblatt »Der Stürmer« des Nürnberger Gauleiters Julius Streicher (durch den internationalen Militärgerichtshof zum Tod durch den Strang verurteilt) stehen oder auch von Adolf Hitler stammen könnten:
»Meine Herren! Auf alle festen Kernpunkte und Stützen des nationalen und staatlichen Lebens haben es die jüdischen Unterwühler der Gesellschaft bekanntlich abgesehen. Das internationale, beutegierige Judentum hat tatsächlich auch bereits seine Krallen in den hehren Leib des germanischen Volkes eingeschlagen.«[166]
Neben Wien war Berlin ein Zentrum des Antisemitismus, als dessen Inspiratoren der evangelische Theologe und Hofprediger Adolf Stoecker (1835–1909), Eugen Dühring (1833–1921) und Heinrich von Treitschke (1834–1896) zu nennen sind. Von letzterem stammt der im Dritten Reich so oft nachgesprochene, verhängnisvolle Slogan: »Die Juden sind unser Unglück.« Wie negativ noch zu Beginn des 20. Jahrhunderts in vatikanischen Kreisen Roms über Juden und über die Möglichkeit eines jüdischen Staates in Palästina gedacht wurde, ist einem Gespräch zu entnehmen, das im Januar 1904 zwischen Papst Pius X. (1903–1914) und Theodor Herzl (1860–1904), dem Gründer der zionistischen Bewegung, stattfand. Theodor Herzl schrieb darüber in seinem Tagebuch:[167]

»Gestern war ich beim Papst ... Er empfing mich stehend und reichte mit die Hand, die ich nicht küßte ... Ich glaube, dadurch verdarb ich es mir mit ihm, denn jeder, der zu ihm kommt, kniet nieder und küßt ihm mindestens die Hand ... Ich unterbreitete ihm kurz mein Anliegen. Er aber – vielleicht durch den verweigerten Handkuß gereizt – antwortete streng und bestimmt:
›Wir können diese Bewegung nicht begünstigen. Wir werden die Juden nicht daran hindern können, nach Jerusalem zu

gehen – aber befürworten können wir das niemals. Wenn das Land von Jerusalem nicht immer heilig war, ist es geheiligt durch das Leben Jesu Christi. Ich als Oberhaupt der Kirche kann nichts anderes sagen. Die Juden haben unseren Herrn nicht anerkannt, deshalb können wir das jüdische Volk nicht anerkennen.‹ (Übersetzung vom Herausgeber.) Der Konflikt zwischen Rom, das er, und Jerusalem, das ich vertrat, war somit wieder aufgerollt. Zunächst versuchte ich es allerdings gütlich. Ich sagte mein Sprüchlein von der Exterritorialisation, res sacrae extra commercium, her. Es machte nicht viel Eindruck. ›Gerusalemme‹ dürfte nicht in die Hände der Juden kommen.
›Und der jetzige Zustand, Heiliger Vater?‹
›Ich weiß, es ist nicht angenehm, daß die Türken unsere heiligen Stätten besitzen. Das müssen wir eben ertragen. Aber die Juden in der Erlangung der heiligen Stätten begünstigen, das können wir nicht ... Und so, wenn Sie nach Palästina kommen und Ihr Volk ansiedeln werden, wollen wir Kirchen und Priester bereit halten, um Sie alle zu taufen ...‹ ... In der Sache selbst wiederholte er, was er mir gesagt. Non possumus! ...
Dauer der Audienz etwa fünfundzwanzig Minuten.«

Die beschämende Hilflosigkeit, angesichts der ersten Boykottaktion des Dritten Reiches gegen jüdische Geschäfte ein klares und entschiedenes Wort zu sprechen, wird sichtbar in einem Schreiben, das Kardinal Adolf Bertram, Erzbischof von Breslau, an die deutschen Erzbischöfe am 31. März 1933 richtete. Auf die Bitte, wegen des für den 1. April 1933 angesetzten Boykotts jüdischer Geschäfte den katholischen Episkopat Deutschlands für eine Intervention beim Reichspräsidenten Paul von Hindenburg und bei der Reichsregierung zu gewinnen, fehlte zur bejahenden Antwort die nationale Courage und auch die theologische Einsicht, da es sich bei Juden nur um einen »uns in kirchlicher Hinsicht nicht nahestehenden Interessenkreis handelt«. Der entlarvende und zugleich anklagende Brief des Kardinals Bertram[168] hat folgenden Wortlaut:

»An die hochwürdigsten Herren Erzbischöfe der Kirchenprovinzen Deutschlands. Mit Empfehlung des Herrn Domkapitular Monsignore Lichtenberg in Berlin erschien heute Herr Direktor der Deutschen Bank in Berlin, Oscar Wassermann (zugleich als Präsident der Arbeitsgemeinschaft der Konfessionen für den Frieden), mit der Bitte, der Episkopat wolle beim Herrn Reichspräsidenten und bei der Reichsregierung intervenieren für die Aufhebung des gegen alle jüdischen Geschäfte veranstalteten Boykotts. Seine schriftliche Darlegung folgt anbei. Auf meine Bemerkung, daß ich als Einzelperson nicht Auftrag zu solchen Schritten vom Episkopat habe, auch die Begründung des Boykotts nicht beurteilen könne, noch weniger eine Prognose über den Erfolg oder die Erfolglosigkeit stellen könne, war er einverstanden mit einer Rundfrage wenigstens bei den hochwürdigsten Herren Erzbischöfen der Kirchenprovinzen über die Frage der Opportunität eines solchen Schrittes.

Meine Bedenken beziehen sich:

1. darauf, daß es sich um einen wirtschaftlichen Kampf in einem uns in kirchlicher Hinsicht nicht nahestehenden Interessenkreis handelt;

2. daß der Schritt als Einmischung in eine Angelegenheit erscheint, die das Aufgabengebiet des Episkopats weniger berührt, der Episkopat aber triftigen Grund hat, sich auf sein eigenes Arbeitsgebiet zu beschränken;

3. daß der Schritt keinen Erfolg haben dürfte, weil die Gründe pro und kontra den maßgebenden Stellen auch ohne unsere Vorstellung genügend bekannt sind; dazu kann

4. die taktische Erwägung kommen, daß dieser Schritt, der nicht vertraulich im engeren Kreis bleiben kann, sicher die übelste Interpretation in den weitesten Kreisen von ganz

Deutschland finden würde, was bei der überaus diffizilen und dunklen Gesamtlage keineswegs gleichgültig sein kann.
Daß die überwiegend in jüdischen Händen befindliche Presse gegenüber den Katholikenverfolgungen in verschiedenen Ländern durchweg Schweigen beobachtet hat, sei nur nebenbei berührt.
Ich bitte ehrerbietigst die hochwürdigen Herren Metropoliten von Köln, München, Freiburg, Paderborn und Bamberg um eine telegrafische Äußerung des Inhalts: ›Erfüllung Wunsches geschehe‹ oder ›Erfüllung unterlassen‹. gez. Bertram«

Auch Kardinal Faulhaber, der in seinen berühmt gewordenen Adventspredigten 1933 mutig für das Alte Testament und die Rechte des jüdischen Volkes eintrat, schwankte bei der beginnenden Judenverfolgung zwischen ohnmächtigem Bedauern und sichtlicher Gereiztheit. Als er von christlicher und jüdischer Seite angegangen wurde, wegen des Judenboykotts bei der Reichsregierung vorstellig zu werden, versuchte er in einem Brief[169] vom 10. April 1933 an Kardinal-Staatssekretär Eugenio Pacelli seine Passivität mit folgenden Worten zu begründen:
»*. . . Uns Bischöfen wird zur Zeit die Frage vorgelegt, warum die katholische Kirche nicht, wie so oft in der Kirchengeschichte, für die Juden eintrete. Das ist zur Zeit nicht möglich, weil der Kampf gegen die Juden zugleich ein Kampf gegen die Katholiken werden würde und weil die Juden sich selber helfen können, wie der schnelle Abbruch des Boykotts zeigt. Ungerecht und schmerzlich ist bei diesem Vorgehen gegen die Juden besonders die Tatsache, daß auch solche, die seit zehn und zwanzig Jahren getauft und gute Katholiken sind, sogar solche, deren Eltern schon katholisch waren, gesetzlich noch als Juden gelten und als Ärzte oder Rechtsanwälte ihre Stelle verlieren sollen.*«

Als Dr. Alois Wurm, der Herausgeber der »Monatszeitschrift im Dienste christlicher Lebensgestaltung: Seele« bei Kardinal

Faulhaber in überaus heftiger Weise sein Unverständnis über den mangelnden Mut beklagte, kritisch zum Judenboykott Stellung zu nehmen, antwortete Kardinal Faulhaber[170] in sichtlich gereiztem und unwirschen Ton am 8. April 1933:

»Verehrter Herr Doktor!
Ihre Epistel über das Presse-Elend der Gegenwart hätten Sie an eine andere Adresse richten müssen. Der beiliegende Zeitungsartikel, den ich anbei wieder zurückgebe, wäre wohl aufgenommen worden, wenn Sie ihn mit Ihrem Namen gezeichnet, also ganz auf Ihre Verantwortung übernommen hätten. Ich nehme an, daß in der nächsten Nummer der ›Seele‹ ein flammender Protest gegen die Judenverfolgung unter Ihrem Namen erscheint, und noch mehr würde der Presse der Mut wachsen, wenn es einen einzigen gäbe, der den Mut besäße, einen solchen Protest als Flugblatt mit seinem Namen drucken zu lassen und auf den Straßen zu verteilen.
Dieses Vorgehen gegen die Juden ist derart unchristlich, daß jeder Christ, nicht bloß jeder Priester, dagegen auftreten müßte. Für die kirchlichen Oberbehörden bestehen weit wichtigere Gegenwartsfragen; denn Schule, der Weiterbestand der katholischen Vereine, Sterilisierung sind für das Christentum in unserer Heimat noch wichtiger, zumal man annehmen darf, und zum Teil schon erlebte, daß die Juden sich selber helfen können, daß wir also keinen Grund haben, der Regierung einen Grund zu geben, um die Judenhetze in eine Jesuitenjetze umzubiegen. Ich bekomme von verschiedenen Seiten die Anfrage, warum die Kirche nichts gegen die Judenverfolgung tue. Ich bin darüber befremdet; denn bei einer Hetze gegen die Katholiken oder gegen den Bischof hat kein Mensch gefragt, was man gegen diese Hetze tun könne. Das ist und bleibt das Geheimnis der Passion.

Mit ergebenem Gruß
(s.) M. Card. Faulhaber.«

Ohne Zweifel hat es ein gestörtes Verhältnis zwischen Christen und Juden gegeben. Auch wenn es nicht ausgesprochen wurde, so waren die Juden, wie es Kardinal Bertram mit erschütternder Deutlichkeit aussprach, ein »uns in kirchlicher Hinsicht nicht nahestehender Interessenkreis«. Lediglich dort begann sich die Kirche behutsam einzusetzen, wo es sich um getaufte Juden handelte. Dadurch aber, daß neben der evangelischen Kirche auch der katholische Episkopat den schrecklichen Anfängen des ersten Judenboykotts nicht klaren Widerstand entgegensetzte, kamen viele spätere, noch so lobenswerte und opferbereite Aktionen zu spät. Vor allem waren viele jüdische Mitbürger verwirrt, ja enttäuscht, daß nicht wenige Christen in führenden Positionen schweigend, interesselos, nur auf die eigene Rettung bedacht dem Beginn der Judenpogrome zuschauten.

Wenngleich beim einfachen christlichen Volk nicht von einem philosophisch oder nationalistisch akzentuierten Antijudaismus gesprochen werden kann, so ist doch eine unterschwellige Abqualifizierung der Juden als Nachfolger der »Christusmörder« durch den Religionsunterricht und durch manche Fastenpredigt begünstigt worden.

Es ist mehr als ein unausgesprochenes Eingeständnis von Schuld oder doch von Unterlassung und Verschweigen, wenn nach 1945 wiederholt auf Tagungen die Frage aufgeworfen wurde: Wo bietet der christliche Religionsunterricht Anlaß zum Entstehen antijüdischer Tendenzen? Die Synode der Evangelischen Kirche in Deutschland erklärte in Berlin-Weißensee am 27. April 1950: »Wir sprechen es aus, daß wir durch Unterlassen und Schweigen vor dem Gott der Barmherzigkeit mitschuldig geworden sind an dem Frevel, der durch Menschen unseres Volkes an den Juden begangen worden ist. – Wir warnen alle Christen, das, was über uns Deutsche als Gottesgericht gekommen ist, aufrechnen zu wollen gegen das, was wir den Juden angetan haben, denn im Gericht sucht Gottes Hand den Bußfertigen. – Wir bitten alle Christen, sich von jedem Antisemitismus loszusagen und ihm, wo er sich neu regt, mit Ernst zu widerstehen und den Juden und Judenchristen in brüderlichem Geist zu begegnen.«[171] In einer Vielzahl von Resolutionen und Thesenzusammenstellungen sind Richtlinien[172] erstellt worden, wie gerade im schulischen Religionsunterricht über das jüdische Volk gesprochen werden müsse.

Ein Zweifaches verdient aber als Nachklang einer fast zweitausendjährigen, christlich-jüdischen Differenz festgehalten zu werden: Einerseits wird heute sehr lautstark vom ökumenischen Anliegen gesprochen. Dabei kommt aber kaum oder viel zu wenig zur Sprache, daß auch das Judentum in die Sorge um die Einheit im Glauben und um eine gemeinsame Kirchengemeinschaft einbezogen werden muß. Anderseits ist es mehr als ein Formfehler, sondern eine offensichtliche theologische (kirchengeschichtlich vielleicht sogar vorprogrammierte?) Panne, daß die Judenerklärung des Zweiten Vatikanischen Konzils in die Erklärung über das Verhältnis der Kirche zu den nichtchristlichen Religionen (vom 28. Oktober 1965, Art. 4), und zwar erst nach der Würdigung des Hinduismus (Art. 2) und des Islam (Art. 3) aufgenommen wurde, obwohl sie ihren legitimen Platz in der Dogmatischen Konstitution über die Kirche (vom 21. November 1964) haben müßte.

Etappen der nationalsozialistischen Judenverfolgung

Vermessen und sich als Werkzeug Gottes erkennend hat Adolf Hitler[173] bereits im Jahre 1924/25 in seinem Buch »Mein Kampf« geschrieben: *»Indem ich mich des Juden erwehre, kämpfe ich für das Werk des Herrn.«* Diese Aussage hat ihre schreckliche Einlösung im Holocaust, in der sogenannten »Endlösung« der Judenfrage gefunden. Es ist dem britischen Historiker David Irving[174] vorbehalten gewesen, zu behaupten: ». . . Es gibt keinen Beleg dafür, weder ein amtliches noch ein privates schriftliches Dokument, geschweige denn einen Führerbefehl, aus denen hervorginge, daß Hitler die organisierte physische Vernichtung geplant und befohlen hätte.« Dieser Aussage steht jedoch klar entgegen, was am 11. November 1941 der Leibarzt des Reichsführer SS, Felix Kersten, in seinen Aufzeichnungen notierte: »Himmler ist heute sehr bedrückt. Er kommt aus der Kanzlei des Führers. Ich behandle ihn. Nach längerem Drängen und Fragen, was ihm fehle, erklärte er, man plane die Vernichtung der Juden.«[175]

Der Weg bis zur »Endlösung« der Judenfrage – man sollte sich gewöhnen, diesen verharmlosenden Namen grundsätzlich durch den Ausdruck »Holocaust«[176] zu ersetzen! – hat viele Etappen, die immer neue Verschärfungen und Radikalisierungen brachten – angefangen von den ersten Boykotten jüdischer Geschäfte (1. April 1933) über die Nürnberger Rassengesetze (15. September 1935) bis zur sogenannten »Reichskristallnacht«[177] (9./10. November 1938), zum Auswanderungsverbot (1. Oktober 1941), zu den Deportationen (von 1941 an) der Juden aus dem Altreich, aus Österreich und dem Protektorat Böhmen (denen später noch Juden aus den besetzten Gebieten Frankreichs usw. folgten) und dem Holocaust im Warschauer Ghetto[178] (April 1943), wie in den Gegenden von Riga, Lodz, Kowno und Minsk.

Nur die wichtigsten Weichenstellungen in die Holocaust-Katastrophe sollen durch folgende Daten festgehalten werden:

1933 (28. Februar) Verordnung zum Schutz von Volk und Staat (Aufhebung der demokratischen Grundrechte)
(1. April) Boykott aller jüdischen Geschäfte in Deutschland durch die SA
(7. April) Gesetz zur Wiederherstellung des Berufsbeamtentums (Ausschaltung aller nichtarischen Beamten)
(10. Mai) Bücherverbrennungsaktionen

(14. Juli) Gesetz über Widerruf von Einbürgerungen und Aberkennung der deutschen Staatsbürgerschaft
(6. September) »Arierparagraph« der Evangelischen Kirche
(22. September) Reichskulturkammer-Gesetz (Ausschaltung der Juden aus dem Kulturleben)
(4. Oktober) Schriftleiter-Gesetz (Ausschaltung der Juden aus der Presse)

1935 (21. Mai) Wehrgesetz (arische Abstammung Voraussetzung zum Wehrdienst)
(15. September) Reichsparteitag in Nürnberg: Gesetz zum Schutz des deutschen Blutes und der deutschen Ehre und Reichsbürgergesetz (Eheschließungen von Juden und Ariern werden für nichtig erklärt)

1936 (4. Februar) Der Jude Frankfurter ermordet in Davos den NSDAP-Landesgruppenleiter der Schweiz, Wilhelm Gustloff

1938 (28. März) Die jüdischen Gemeinden, bisher Körperschaften öffentlichen Rechts, werden private Vereine
(22. April) Verordnung gegen »Tarnung jüdischer Gewerbebetriebe«
(26. April) Verordnung über die Anmeldung jüdischen Vermögens: Vorbereitung der Ausschaltung aus der Wirtschaft
(14. Juni) Verordnung über die Registrierung und Kennzeichnung jüdischer Gewerbebetriebe
(15. Juni) »Asozialen-Aktion«: Verhaftung aller »vorbestraften« Juden, einschließlich der wegen Verkehrsvergehen u. ä. Belangten
(23. Juli) Einführung einer Kennkarte für Juden ab 1. Januar 1939
(25. Juli) Approbationen jüdischer Ärzte erlöschen am 30. September 1938

(17. August) »Jüdische Vornamen« (Sara bzw. Israel) ab 1. Januar 1939
(27. September) Jüdische Rechtsanwälte müssen ab 30. November ausscheiden
(5. Oktober) Reisepässe von Juden werden mit »J« gekennzeichnet
(28. Oktober) Vertreibung von 17 000 »staatenlosen« Juden aus Deutschland über die Grenze nach Polen
(7. November) Der 17jährige polnische Jude Herschel Grynszpan, dessen Eltern von der Vertreibung nach Polen betroffen sind, erschießt den Gesandtschaftsrat Ernst vom Rath in der deutschen Botschaft in Paris (der am 9. November 16.30 Uhr seinen Verletzungen erliegt)
(9. November) »Reichskristallnacht« (Staatlich organisierter Pogrom gegen die Juden in Deutschland)
(12. November) Göring-Konferenz beschließt »Sühneleistung der Juden« in Höhe von einer Milliarde Reichsmark, Ausschaltung aus dem Wirtschaftsleben und Ausschluß von allen kulturellen Veranstaltungen
Verhaftung von über 26 000 jüdischen Männern
(15. November) Jüdische Kinder vom allgemeinen Schulbesuch ausgeschlossen
(28. November) Einführung von Wohnbeschränkungen für Juden
(13. Dezember) Verordnung über Zwangsveräußerung (»Arisierung«) jüdischer Gewerbebetriebe, Geschäfte usw.

1939 (17. Januar) Aufhebung des Mieterschutzes für Juden
(30. Januar) Hitler prophezeit vor dem Reichstag für den Fall eines Krieges »die Vernichtung der jüdischen Rasse in Europa«
(1. September) Deutscher Überfall auf Polen: Beginn des Zweiten Weltkrieges

(1. bis 21. September) Zahlreiche Pogrome in Polen
(17. September) Sowjetische Besetzung Ostpolens
(12. Oktober) Erste Deportation von Juden aus Österreich und Böhmen nach Polen
(28. Oktober) Erste Einführung des Judensterns in Wloclawek, Polen
(8. November) Hans Frank wird zum Generalgouverneur ernannt. Attentat auf Hitler in München
(23. November) Einführung des Judensterns im ganzen Generalgouvernement Polen

1940 (10. bis 12. Februar) Erste Deportation aus den Bezirken Stettin, Stralsund und Schneidemühle in den Distrikt Lublin, Polen
(30. April) Erstes Ghetto in Lodz errichtet
(10. Mai) Deutscher Überfall auf Holland, Belgien und Luxemburg; Angriff auf Frankreich
(15. August) Eichmanns Madagaskar-Plan
(16. Oktober) Befehl zur Gründung des Warschauer Ghettos
(22. Oktober) »Aktion Bürckel«: Judendeportation aus Baden, der Pfalz und dem Saargebiet nach Südfrankreich; von dort Ende 1942 nach Auschwitz
(15. November) Hermetische Abriegelung des Warschauer Ghettos

1941 (Februar bis April) Deportation von 72 000 Juden ins Warschauer Ghetto
(22. bis 23. Februar) 400 jüdische Geiseln aus Amsterdam nach Mauthausen deportiert
(7. März) Einsatz der deutschen Juden zur Zwangsarbeit
(14. Mai) Verhaftung von 3600 Pariser Juden
(Ende Mai) Bildung der Einsatzgruppen
(22. Juni) Deutscher Überfall auf die Sowjetunion

(28. Juni) Pogrom in Kowno, Litauen (3800 Opfer)
(2./3. Juli) Pogrom in Lemberg (7000 Opfer)
(8. Juli) Einführung des Judensterns in den baltischen Staaten
(11. Juli) Massaker in Bialystok
(31. Juli) Göring beauftragt Heydrich mit der Evakuierung der europäischen Juden; Beginn der »Endlösung«
(1. September) Einführung des Judensterns im Deutschen Reich für alle Juden vom 6. Lebensjahr an
(19. September) Liquidierung des Ghettos Schitomir, Ukraine (18 000 Opfer)
(23. September) Erste Versuchsvergasungen in Auschwitz
(27. September) Heydrich wird Reichsprotektor von Böhmen und Mähren
(28./29. September) Massaker in Kiew (34 000 Opfer)
(12./13. Oktober) Massaker in Dnjepropetrowsk (11 000 Opfer)
(14. Oktober) Befehl zur Verschleppung deutscher Juden nach Lodz; Beginn der allgemeinen Deportationen aus dem Reich
(25. November) Einziehung des Vermögens ausgewanderter deutscher Juden
(28. Dezember) Einziehung der Ausweise jüdischer Schwerkriegsbeschädigter

1942 (20. Januar) Wannsee-Konferenz: Endlösung der Judenfrage
(16. März) Errichtung des Todeslagers Belzec
(ab Juni) Beginn der Massenvernichtungen im KZ Auschwitz
(20. Juni) Schließung der jüdischen Schulen

1943 (vom 19. April an) Heroischer Aufstand und Untergang von etwa 1500 jüdischen Widerstandskämpfern im Warschauer Ghetto gegen SS- und Polizeieinheiten unter SS-Brigadeführer Stroop
(11. Juni) Reichsführer-SS Himmler befiehlt Vernichtung des polnischen Ghettos
(1. Juli) Unterstellung der Juden unter Polizeirecht

Dokumente zur Judenfrage und zu den Judenpogromen

Daß der Antisemitismus in Deutschland vor der Machtergreifung Hitlers (1933) keineswegs verbreitet, geschweige denn aggressiv war, hat Friedrich Heer[179] überzeugend herausgestellt.

»Der deutsche Antisemitismus! Er ist ein sehr merkwürdiges Phänomen, das mit der Judenfrage im allgemeinen und mit den deutsch-jüdischen Beziehungen im besonderen nur lose und sekundär zusammenhing. Eine sorgfältige Beobachtung der Geschichte der Juden in Europa vom 9. bis 19. Jahrhundert kommt zu einem Schluß, der manche überraschen mag: trotz zahlreichen Judenhetzen ist von allen großen Völkern Europas das deutsche Volk durch viele Jahrhunderte hindurch das am wenigsten antisemitische. In Frankreich und Spanien, in Polen und England, nicht zuletzt in Nordamerika hat sich oft viel lückenloser, dichter und massiver eine antijüdische Gesinnung durchgesetzt. Es kam auch nirgends zu einer so fruchtbaren Osmose wie in Deutschland. Die Kultur der deutschen Aufklärung und Romantik, das politische Denken der deutschen Konservativen und ihrer Gegner, deutsche Wissenschaft und Kunst sind im 19. und frühen 20. Jahrhundert durch deutsch-jüdische Begegnungen, Verwandtschaften, Versippungen und Befruchtungen charakterisiert. Auch auf dem Lande und in der kleinen Stadt hausten bis in die Sturmzeit des

Dritten Reiches hinein Deutsche und Juden freundnachbarlich nebeneinander. Es bedurfte, wie die historischen Quellen eindeutig zeigen, ganz außerordentlicher krampfhafter Anstrengungen der nationalsozialistischen Propaganda, um eine heiße Welle von aktivem Antisemitismus zu erzeugen, wobei Hitler offen im Kreise der Seinen den Sinn dieser Erziehung zum Haß enthüllte: der Haß sollte die Triebe und Leidenschaften wecken, die einzelnen Zögernden zusammenschweißen zu einem Volksleib, der bereit sein sollte, in die totale Aktion einzutreten. Als solche war der Krieg gedacht, der als Wiedergeburt verstanden wurde, als Geburt aus dem Feuer.

Adolf Hitler war ein politischer Alchimist allerersten Ranges, ein Meister der Propaganda des heißen und kalten Krieges. Für ihn war der Antisemitismus ein Mittel zum Zweck.«

Von 1871 bis 1925 sank der Anteil der jüdischen Bevölkerung im Reich von 1,25 Prozent auf 0,93 Prozent (wobei neben Berlin in der Rheinprovinz die meisten Juden lebten).[180]

Jahr	Gesamtbevölkerung	davon Juden	in Prozent
1871	41 062 444	512 153	1,25
1880	45 234 061	561 612	1,24
1890	56 367 178	586 833	1,04
1910	64 926 000	615 021	0,95
1925	63 225 000	564 000	0,93

Der Rückgang der Juden in den deutschen Bundesstaaten ist u. a. zurückzuführen auf die jüdischen Kriegsverluste, vor allem aber auf die Gebietsabtrennungen aufgrund des Vertrags von Versailles 1919.
Bereits vor dem Ersten Weltkrieg ist jedoch mit kritischen Stimmen registriert worden, daß der jüdische Prozentsatz in manchen, vor allem freien Berufen weit über dem der deutschen Bevölkerung lag.[181]

Berufsart	Zunahme 1895–1907 in Prozent		Anteil der Juden	
	Gesamtzahl	Juden	1895	1907
Rechtsanwälte, Patentanwälte, Notare	nicht ermittelt			14,67%
Gesundheits- u. Krankendienst, Ärzte u. Direktionspersonal ..	45,90%	58,73%	5,52%	6,01%
Privatgelehrte, Schriftsteller, Journalisten ..	58,94%	72,81%	7,48%	8,13%
Theaterdirektionspersonal, Künstler (Musik und Theater) ..	38,27%	112,57%	1,41%	2,18%

War der Jude wirklich intelligenter als der Deutsche? Sicherlich war die Diasporasituation, in der die Juden lebten, dazu angetan, einander mit Rat und Tat, mit finanziellen, mit kollegialen Mitteln und sicherlich auch durch persönliche Beziehungen zu helfen.

Wie sehr sich die deutschen Juden mit dem Schicksal des deutschen Volkes identisch und verbunden fühlten, ist einem Aufruf[182] zu Beginn des Ersten Weltkrieges zu entnehmen, den jüdische Verbände am 1. August 1914 erlassen haben:

»An die deutschen Juden!
In schicksalsschwerer Stunde ruft das Vaterland seine Söhne unter die Fahnen.

Daß jeder deutsche Jude zu den Opfern an Gut und Blut bereit ist, die die Pflicht erheischt, ist selbstverständlich. Glaubensgenossen! Wir rufen Euch auf, über das Maß der Pflicht hinaus Eure Kräfte dem Vaterlande zu widmen! Eilet freiwillig zu den Fahnen! Ihr alle – Männer und Frauen – stellet Euch durch persönliche Hilfeleistung jeder Art und durch Hergabe von Geld und Gut in den Dienst des Vaterlandes!

Berlin, den 1. August 1914.

Verband der deutschen Juden.

Centralverein deutscher Staatsbürger jüdischen Glaubens.«

In der Weimarer Republik[183] stellten die Juden nicht einmal 1 Prozent der deutschen Gesamtbevölkerung dar:

	Gesamtes Reichsgebiet		
	Gesamtbevölkerung	Juden	Anteil
1925	63 225 000	564 000	0,93 v.H.
1933	66 029 448	502 799	0,76 v.H.
1939	69 316 526	219 499	0,32 v.H.

Nicht uninteressant ist auch die Wirtschafts- und Sozialstruktur der deutschen Glaubensjuden in der Zeit zwischen 1933 und 1939. Die unabsehbare Veränderung der wirtschaftlichen und sozialen Strukturen ist bedingt einerseits durch das Gesetz zur Wiederherstellung des Berufsbeamtentums (vom 7. April 1933) bzw. durch die Nürnberger Gesetze (vom 15. September 1935). Die Zahl der jüdischen Erwerbslosen, die 1933 etwa 14 Prozent betrug, stieg 1939 (genaue Registrierungen liegen nicht vor) wahrscheinlich auf 80 Prozent und bezeugen eine merkliche Verelendung der zurückgebliebenen, nicht ausgewanderten Juden.

Wirtschaftsstruktur[184] der deutschen Glaubensjuden (*Die jüdische Erwerbslosenquote – genaue Zahlen liegen hierüber nicht vor – dürfte 1939 über 80 Prozent betragen haben):

Gliederung nach Wirtschaftsabteilungen	1933 v. H.	1939 v. H.
Land- und Forstwirtschaft . .	1,8	8,5
Industrie und Handwerk . . .	23,1	33,1
Handel und Verkehr	61,3	18,7
Öffentliche und private Dienstleistungen	12,4	26,6
Häusliche Dienste	1,4	13,1
Insgesamt	100,0	100,0
davon Erwerbslose	14,0	*)
sogen. berufslose Selbständige	—	—

Sozialstruktur[185] der deutschen Glaubensjuden (** Infolge des Gesetzes zur Wiederherstellung des Berufsbeamtentums vom 7. April 1933 bzw. der Nürnberger Gesetze vom 15. September 1935 und der in den folgenden Jahren hierzu ergangenen Durchführungsverordnungen):

Gliederung nach der sozialen Stellung	v. H.	v. H.
Selbständige	46,1	15,7
mithelfende Familienangehörige	9,7	3,1
Beamte	0,9	**)
Angestellte	33,4	24,7
Arbeiter	8,7	56,5
Hausangestellte	1,2	**)

In allen Diskussionen der Judenfrage und vor allem der Errichtung eines jüdischen Staates in Palästina stellt die sog. Balfour-Deklaration so etwas wie eine Magna Charta dar.

■ *Balfour-Deklaration (vom 2. November 1917)*[186]

Während des Ersten Weltkrieges gab der englische Außenminister Arthur James Balfour gegenüber Lord Rothschild eine Erklärung ab, die eine ungeahnte und sicherlich durchaus gewollte Bedeutung erlangen sollte. Wegen ihrer sprachlichen Form wie auch angesichts des Adressaten als Privatmann kann diese Erklärung kaum völkerrechtliche Verbindlichkeit beanspruchen. Diese Balfour-Erklärung ist ohne Zweifel und bewußt mehrdeutig abgefaßt. Gerade diese Unklarheit war – wie die politische Zukunft erwies – sowohl für die britische Regierung, die bis 1948 Mandatsmacht in Palästina war, von Nutzen wie auch hilfreich für die Zionisten in Großbritannien und Amerika, vor allem für die Errichtung des Staates Israel.

Der Original-Text

Foreign Office,
November 2nd, 1917.

Dear Lord Rothschild,

I have much pleasure in conveying to you, on behalf of His Majesty's Government, the following declaration of sympathy with Jewish Zionist aspirations which has been submitted to, and approved by, the Cabinet.

»His Majesty's Government view with favour the establishment in Palestine of a national home for the Jewish people, and will use their best endeavours to facilitate the achievement of this object, it being clearly understood that nothing shall be done which may prejudice the civil and religious rights of existing non-Jewish communities in Palestine, or the rights and political status enjoyed by Jews in any other country.«

I should be grateful if you would bring this declaration to the knowledge of the Zionist Federation.

[Handschrift:] Y. sinc. [= Yours sincerely,]
Arthur James Balfour

Deutsche Übersetzung (man beachte jedoch die wichtigen Unterschiede zwischen dem Original und der Übersetzung: Zeichensetzung, Erklärung des Kabinetts in Anführungszeichen usw.).

»Ministerium des Äußeren, 2. November 1917

Mein lieber Lord Rothschild,
zu meiner großen Genugtuung übermittle ich Ihnen namens S. M. Regierung die folgende Sympathie-Erklärung für die jüdisch-nationalen Bestrebungen, die vom Kabinett geprüft und gebilligt worden ist.
Seiner Majestät Regierung betrachtet die Schaffung einer nationalen Heimstätte in Palästina für das jüdische Volk mit Wohlwollen und wird die größten Anstrengungen machen, um die Erreichung dieses Zieles zu erleichtern, wobei klar verstanden wird, daß nichts getan werden soll, was die bürgerlichen und religiösen Rechte bestehender nicht-jüdischer Gemeinschaften in Palästina oder die Rechte und die politische Stellung der Juden in irgendeinem anderen Lande beeinträchtigen könnte. Ich bitte Sie, diese Erklärung zur Kenntnis der zionistischen Föderation zu bringen.

(gez.) James Balfour

■ *Kirchengesetz der Deutschen Evangelischen Kirche betreffend die Rechtsverhältnisse der Geistlichen und Kirchenbeamten (vom 6. September 1933)*

Der »Arierparagraph«[187], in der Evangelischen Kirche sehr umstritten und von profilierten Kirchenmännern (wie Karl Barth, Dietrich Bonhoeffer und den Mitgliedern der Bekennenden Kirche) wie auch von einzelnen Theologischen Fakultäten (z. B. der Universität Marburg) abgelehnt, lautet in seinen entscheidenden Passagen (§§ 1, 3 und 11):

»Die Generalsynode der Evangelischen Kirche der altpreußischen Union hat folgendes Kirchengesetz beschlossen:

§ 1

1. Als Geistlicher oder Beamter der allgemeinen kirchlichen Verwaltung darf nur berufen werden, wer die für seine Laufbahn vorgeschriebene Vorbildung besitzt und rückhaltlos für den nationalen Staat und die Deutsche Evangelische Kirche eintritt.
2. Wer nichtarischer Abstammung oder mit einer Person nichtarischer Abstammung verheiratet ist, darf nicht als Geistlicher und Beamter der allgemeinen kirchlichen Verwaltung berufen werden. Geistliche und Beamte arischer Abstammung, die mit einer Person nichtarischer Abstammung die Ehe eingehen, sind zu entlassen.
Wer als Person nichtarischer Abstammung zu gelten hat, bestimmt sich nach den Vorschriften der Reichsgesetze ...

§ 3

1. Geistliche und Beamte, die nach ihrer bisherigen Betätigung nicht die Gewähr dafür bieten, daß sie jederzeit rückhaltlos für den nationalen Staat und die Deutsche Evangelische Kirche eintreten, können in den Ruhestand versetzt werden.
2. Geistliche oder Beamte, die nichtarischer Abstammung oder mit einer Person nichtarischer Abstammung verheiratet sind, sind in den Ruhestand zu versetzen.
3. Von der Anwendung des Abs. 2 kann abgesehen werden, wenn besondere Verdienste um den Aufbau der Kirche im deutschen Geiste vorliegen.
4. Die Vorschriften des Abs. 2 gelten nicht für Geistliche und Beamte, die bereits seit dem 1. August 1914 Geistliche oder Beamte der Kirche, des Reiches, eines Landes oder einer anderen Körperschaft des öffentlichen Rechtes gewesen sind oder die im Weltkriege an der Front für das Deutsche Reich oder

für seine Verbündeten gestanden haben oder deren Väter oder Söhne im Weltkrieg gefallen sind . . .

§ 11

Für die Mitglieder der kirchlichen Körperschaften sowie für die Träger kirchlicher Ehrenämter gelten die Vorschriften der §§ 1 und 3 sinngemäß.«

■ *Reichsbürgergesetz (vom 15. September 1935)*[188]

»Der Reichstag hat einstimmig das folgende Gesetz beschlossen, das hiermit verkündet wird.

§ 1. 1. Staatsangehöriger ist, wer dem Schutzverband des Deutschen Reiches angehört und ihm dafür besonders verpflichtet ist.

2. Die Staatsangehörigkeit wird nach den Vorschriften des Reichs- und Staatsangehörigkeitsgesetzes erworben.

§ 2. 1. Reichsbürger ist nur der Staatsangehörige deutschen oder artverwandten Blutes, der durch sein Verhalten beweist, daß er gewillt und geeignet ist, in Treue dem deutschen Volk und Reich zu dienen.

2. Das Reichsbürgerrecht wird durch Verleihung des Reichsbürgerbriefes erworben.

3. Der Reichsbürger ist der alleinige Träger der vollen politischen Rechte nach Maßgabe der Gesetze.

§ 3. Der Reichsminister des Innern erläßt im Einvernehmen mit dem Stellvertreter des Führers die zur Durchführung und Ergänzung des Gesetzes erforderlichen Rechts- und Verwaltungsvorschriften.

Nürnberg, den 15. September 1935«

■ *Gesetz zum Schutz des deutschen Blutes und der deutschen Ehre (vom 15. September 1935)*[189]

»Durchdrungen von der Erkenntnis, daß die Reinheit des deutschen Blutes die Voraussetzung für den Fortbestand des deutschen Volkes ist, und beseelt von dem unbeugsamen Willen, die deutsche Nation für alle Zukunft zu sichern, hat der Reichstag einstimmig das folgende Gesetz beschlossen, das hiermit verkündet wird.

§ 1. 1. Eheschließungen zwischen Juden und Staatsangehörigen deutschen oder artverwandten Blutes sind verboten. Trotzdem geschlossene Ehe sind nichtig, auch wenn sie zur Umgehung dieses Gesetzes im Auslande geschlossen sind.

2. Die Nichtigkeitsklage kann nur der Staatsanwalt erheben.

§ 2. Außerehelicher Verkehr zwischen Juden und Staatsangehörigen deutschen oder artverwandten Blutes ist verboten.

§ 3. Juden dürfen weibliche Staatsangehörige deutschen oder artverwandten Blutes unter 45 Jahren nicht in ihrem Haushalt beschäftigen.

§ 4. 1. Juden ist das Hissen der Reichs- und Nationalflagge und das Zeigen der Reichsfarben verboten.

2. Dagegen ist ihnen das Zeigen der jüdischen Farben gestattet.

Die Ausübung dieser Befugnis steht unter staatlichem Schutz.

§ 5. 1. Wer dem Verbot des § 1 zuwiderhandelt, wird mit Zuchthaus bestraft.

2. Der Mann, der dem Verbot des § 2 zuwiderhandelt, wird mit Gefängnis oder mit Zuchthaus bestraft.

3. Wer den Bestimmungen der §§ 3 oder 4 zuwiderhandelt, wird mit Gefängnis bis zu einem Jahr und mit Geldstrafe oder mit einer dieser Strafen bestraft.

§ 6. Der Reichsminister des Innern erläßt im Einvernehmen mit dem Stellvertreter des Führers und dem Reichsminister der Justiz die zur Durchführung und Ergänzung des Gesetzes erforderlichen Rechts- und Verwaltungsvorschriften.

§ 7. Das Gesetz tritt am Tage nach der Verkündigung, § 3 jedoch erst am 1. Januar 1936 in Kraft.

Nürnberg, den 15.September 1935«

■ *Aufruf der Israelitischen Kultusgemeinde Wien (vom 20. Mai 1938)*

Nach dem »Anschluß« Österreichs wurden die Judenverfolgungen auch auf die »Ostmark« ausgedehnt. Auf der Titelseite der ersten Nummer der »Zionistischen Rundschau« (vom 20. Mai 1938) stand folgender Aufruf, der zur ethischen und religiösen Aufrichtung vieler gedemütigter und verzweifelter Juden Österreichs beitragen sollte.[190]

»An die Juden Wiens!

Der Augenblick ist ernst und bedeutungsvoll, sein Gebot lautet: Einheit und Gottvertrauen. Was uns in der Vergangenheit trennte, war klein und unbedeutend; was uns heute eint, ist groß und unvergänglich. Dieses Gefühl der Zusammengehörigkeit und der Schicksalsgemeinschaft soll uns die Quelle neuer Zuversicht werden. Vor der Größe neuer Aufgaben möge alles, was kleinlich ist und störend wirkt, zurücktreten und verschwinden. Wichtige und einschneidende Änderungen sind im jüdischen Leben eingetreten, manche Umwälzung steht noch bevor. Es gilt, an Gott zu glauben und bereit zu sein.

Es darf keiner unter uns in seiner Not einsam und verlassen bleiben. Jüdisches Mitgefühl und Opferbereitschaft müssen zur Stelle sein, um Leid zu lindern, Verzweiflung zu beschwichtigen und Lebenswillen zu wecken. Bereits in der nächsten Zeit werden viele von uns daran gehen, sich in der Ferne neue Daseinsmöglichkeiten zu schaffen. Diese Wanderung muß von unserer Gemeinde vorbereitet und geordnet werden, damit wir unsere Kräfte nicht zersplittern und nicht vergeuden. Der Scheidende soll überzeugt sein, daß ihm die Liebe und die Verbundenheit der Gemeinschaft auf seine Wanderung folgt. Die ewige Sehnsucht früherer Generationen nach Zion und die Hoffnung der Gegenwart auf den Wiederaufbau Palästinas werden ihn leiten und die Richtung bestimmen. Nicht Allen wird jedoch dieses Glück zuteil; viele müssen unter neuem Himmel in ungewohnter Umgebung ihre Arbeit aufnehmen. Wir aber wollen uns mit Würde und in strenger Disziplin den neuen Verhältnissen anpassen und durch ausgedehnte Selbsthilfe und Opferbereitschaft unserer Gemeinde die Möglichkeit einer weiteren gedeihlichen Arbeit schaffen, damit wir nicht den einzigen Mittelpunkt des jüdischen Lebens verlieren. Unsere Kinder sollen nicht namenlos, ohne Halt und Selbstvertrauen in die Welt ziehen; sondern als Träger einer großen Idee, ausgestattet mit innerer Sicherheit und mit seelischem Adel. Jüdische Lebensweise und planvolle Erziehung werden uns die Erreichung dieses Zieles ermöglichen. Aber auch wir müssen uns auf neue Aufgaben und auf neue Lebensbedingungen umstellen. Überliefertes Schrifttum und zeitgemäße Werke, jüdische Kunst und Dichtung sollen unser Leben gestalten und uns zu Quellen der Anregung und Lebensfreude werden. Im Erfassen der jüdischen Vergangenheit wollen wir die Kraft suchen, auszuharren. Hier wollen wir jene Hoffnung für die Zukunft finden, die in den Worten zum Ausdruck kommt: Gott, der Israel immer beschützt hat, wird auch mit uns sein, unser nicht vergessen und uns nicht verlassen.

Israelitische Kultusgemeinde Wien

Der Amtsdirektor:	*Der Oberrabbiner:*
Dr. Löwenherz m. p.	*Dr. Taglicht m. p.«*

■ *Fernschreiben des SS-Gruppenführers Heydrich aus München (vom 10. November 1938, 1 Uhr 20)*[191]

»An alle Staatspolizeileit- und Staatspolizeistellen.
An alle SD-Oberabschnitte und SD-Unterabschnitte
Dringend! Sofort dem Leiter oder seinem Stellvertreter vorlegen!

Betr.: Maßnahmen gegen Juden in der heutigen Nacht.
Aufgrund des Attentats gegen den Leg. Sekretär vom Rath in Paris sind im Laufe der heutigen Nacht – 9. auf 10. 11. 1938 – im ganzen Reich Demonstrationen gegen die Juden zu erwarten. Für die Behandlung dieser Vorgänge ergehen die folgenden Anordnungen:
1) Die Leiter der Staatspolizeistellen oder ihre Stellvertreter haben sofort nach Eingang dieses Fernschreiberns mit den für ihren Bezirk zuständigen politischen Leitungen – Gauleitung oder Kreisleitung – fernmündlich Verbindung aufzunehmen und eine Besprechung über die Durchführung der Demonstrationen zu vereinbaren, zu der der zuständige Inspekteur oder Kommandeur der Ordnungspolizei zuzuziehen ist. In dieser Besprechung ist der politischen Leitung mitzuteilen, daß die Deutsche Polizei vom Reichsführer SS und Chef der Deutschen Polizei die folgenden Weisungen erhalten hat, denen die Maßnahmen der politischen Leitungen zweckmäßig anzupassen wären:
a) Es dürfen nur solche Maßnahmen getroffen werden, die keine Gefährdung deutschen Lebens oder Eigentums mit sich bringen (z. B. Synagogenbrände nur, wenn keine Brandgefahr für die Umgebung vorhanden ist).
b) Geschäfte und Wohnungen von Juden dürfen nur zerstört, nicht geplündert werden. Die Polizei ist angewiesen, die Durchführung dieser Anordnung zu überwachen und Plünderer festzunehmen.
c) In Geschäftsstraßen ist besonders darauf zu achten, daß nichtjüdische Geschäfte unbedingt gegen Schäden gesichert werden.
d) Ausländische Staatsangehörige dürfen – auch wenn sie Juden sind – nicht belästigt werden.
2) Unter der Voraussetzung, daß die unter 1) angegebenen Richtlinien eingehalten werden, sind die stattfindenden Demonstrationen von der Polizei nicht zu verhindern, sondern nur auf die Einhaltung der Richtlinien zu überwachen.

3) Sofort nach Eingang dieses Fernschreibens ist in allen Synagogen und Geschäftsräumen der Jüdischen Kultusgemeinden das vorhandene Archivmaterial polizeilich zu beschlagnahmen, damit es nicht im Zuge der Demonstrationen zerstört wird. Es kommt dabei auf das historisch wertvolle Material an, nicht auf neuere Steuerlisten usw. Das Archivmaterial ist an die zuständigen SD-Dienststellen abzugeben.
4) Die Leitung der sicherheitspolizeilichen Maßnahmen hinsichtlich der Demonstrationen gegen Juden liegt bei den Staatspolizeistellen, soweit nicht die Inspekteure der Sicherheitspolizei Weisungen erteilen. Zur Durchführung der sicherheitspolizeilichen Maßnahmen können Beamte der Kriminalpolizei sowie Angehörige des SD, der Verfügungstruppe und der allgemeinen SS zugezogen werden.
5) Sobald der Ablauf der Ereignisse dieser Nacht die Verwendung der eingesetzten Beamten hierfür zuläßt, sind in allen Bezirken so viele Juden – insbesondere wohlhabende – festzunehmen, als in den vorhandenen Hafträumen untergebracht werden können. Es sind zunächst nur gesunde männliche Juden nicht zu hohen Alters festzunehmen. Nach Durchführung der Festnahme ist unverzüglich mit den zuständigen Konzentrationslagern wegen schnellster Unterbringung der Juden in den Lagern Verbindung aufzunehmen. Es ist besonders darauf zu achten, daß die aufgrund dieser Weisung festgenommenen Juden nicht mißhandelt werden.
6) Der Inhalt dieses Befehls ist an die zuständigen Inspekteure und Kommandeure der Ordnungspolizei und an die SD-Oberabschnitte und SD-Unterabschnitte weiterzugeben mit dem Zusatz, daß der Reichsführer-SS und Chef der Deutschen Polizei diese polizeiliche Maßnahme angeordnet hat. Der Chef der Ordnungspolizei hat für die Ordnungspolizei einschließlich der Feuerlöschpolizei entsprechende Weisungen erteilt. In der Durchführung der angeordneten Maßnahmen ist engstes Einvernehmen zwischen der Sicherheitspolizei und der Ordnungspolizei zu wahren. Der Empfang dieses Fern-

schreibens ist von den Stapoleitern oder deren Stellvertretern durch FS an das Geheime Staatspolizeiamt – z. Hd. SS-Standartenführer Müller – zu bestätigen.
gez. Heydrich, SS-Gruppenführer
Berlin, den 10. 11. 1938«

Fernschreiben (Blitz)

»1) an alle Staatspolizei(leit)stellen und Staatspolizeistellen.
2) an alle SD-Oberabschnitte und SD-Unterabschnitte.
Dringend sofort vorlegen!
Betrifft: Maßnahmen gegen Juden.

Im Nachgang zu meinem Befehl von heute Nacht weise ich ausdrücklich darauf hin, daß Plünderungen unter allen Umständen durch entsprechende Maßnahmen zu verhindern sind. Plünderer sind vorl. festzunehmen. Nähere Weisung ist von mir einzuholen. Das Reichsjustizministerium hat sämtliche Generalstaatsanwälte angewiesen, die Strafanstalten den Staatspolizei(leit)stellen zur Unterbringung festgenommenr Juden zur Verfügung zu stellen.
Weiter ersucht das Reichsjustizministerium, zunächst in keinem Fall Haftbefehle gegen Personen zu beantragen, die etwa im Zuge der Aktion festgenommen worden sind.
Schließlich hat das Reichsjustizministerium die Staatsanwälte angewiesen, keine Ermittlungen in Angelegenheiten der Judenaktionen vorzunehmen.

Dies dient lediglich zur dortigen Information.
Der Chef der Sicherheitspolizei
gez. Heydrich«

■ *Protokoll über die Besprechung über die Judenfrage, gehalten unter Vorsitz von Hermann Göring im Reichsluftfahrtministerium in Berlin (am 12. November 1938)* [192]

In diesem Auszug, der die erschütternde Denkweise von Göring, Goebbels und Heydrich entlarvend festhält, wurden die meisten Forderungen bereits klar ausgesprochen, die vielfach noch am gleichen Tag in Pogromverordnungen sich niedergeschlagen haben.

»Göring: *Meine Herren, die heutige Sitzung ist von entscheidender Bedeutung. Ich habe einen Brief bekommen, den mir der Stabsleiter des Stellvertreters des Führers, Bormann, im Auftrag des Führers geschrieben hat, wonach die Judenfrage jetzt einheitlich zusammengefaßt werden soll und so oder so zur Erledigung zu bringen ist. Durch telefonischen Anruf bin ich gestern vom Führer noch einmal darauf hingewiesen worden, jetzt die entscheidenden Schritte zentral zusammenzufassen.*
Da das Problem in der Hauptsache ein umfangreiches wirtschaftliches Problem ist, wird hier der Hebel angesetzt werden müssen. Selbstverständlich ergeben sich daraus auch eine Reihe rechtlicher Maßnahmen, die sowohl in das Gebiet des Justizministers wie des Innenministers fallen, dann die daraus zu folgernden Propagandamaßnahmen, die in das Gebiet des Herrn Propagandaministers fallen, selbstverständlich auch Maßnahmen des Finanzministers und des Wirtschaftsministers.
... Wir haben jetzt diese Sache in Paris gehabt. Darauf folgten wieder die Demonstrationen, und jetzt muß etwas geschehen! Denn, meine Herren, diese Demonstrationen habe ich satt. Sie schädigen nicht den Juden, sondern schließlich mich, der ich die Wirtschaft als letzte Instanz zusammenzufassen habe. Wenn heute ein jüdisches Geschäft zerstrümmert wird, wenn Waren auf die Straße geschmissen werden, dann ersetzt die Versicherung dem Juden den Schaden – er hat ihn gar nicht –, und zweitens sind Konsumgüter, Volksgüter zerstört worden. Wenn in Zukunft schon Demonstrationen, die unter Umständen notwendig sein mögen, stattfinden, dann bitte ich nun endgültig, sie so zu lenken, daß man sich nicht in das

eigene Fleisch schneidet. Denn es ist irrsinnig, ein jüdisches Warenhaus auszuräumen und anzuzünden, und dann trägt eine deutsche Versicherungsgesellschaft den Schaden, und die Waren, die ich dringend brauche – ganze Abteilungen Kleider und was weiß ich alles –, werden verbrannt und fehlen mir hinten und vorn. Da kann ich gleich die Rohstoffe anzünden, wenn sie hereinkommen.
Das Volk versteht das natürlich nicht, und deshalb müssen hier Gesetze gemacht werden, die dem Volk einwandfrei zeigen, daß hier etwas getan wird. Ich wäre wirklich dankbar, wenn durch die Propaganda einmal auf diesen Punkt hingewiesen werden könnte, daß der Schaden leider Gottes nicht den Juden trifft, sondern tatsächlich die deutschen Versicherungsgesellschaften.
Nun habe ich aber keine Lust, die deutschen Versicherungsgesellschaften diesen Schaden tragen zu lassen. Ich werde deshalb auf Grund meiner Vollmacht eine Anordnung erlassen und bitte da natürlich um die Mitarbeit der zuständigen Ministerien, damit das in das richtige Lot kommt und die Versicherungsgesellschaften den Schaden nicht zu tragen haben ...
Funk: *... Sollen die jüdischen Läden wieder aufgemacht werden?*
Goebbels: *Ob sie aufgemacht werden, ist eine andere Frage. Es handelt sich darum, ob sie wiederhergestellt werden. Ich habe Frist gestellt bis Montag.*
Göring: *Ob sie wieder aufgemacht werden, brauchen Sie nicht zu fragen. Dafür sind wir zuständig.*
Goebbels: *Nr. 2; es sind fast in allen deutschen Städten Synagogen niedergebrannt. Nun ergeben sich für die Plätze, auf denen die Synagogen gestanden haben, die vielfältigsten Verwendungsmöglichkeiten. Die einen Städte wollen sie zu Parkplätzen umgestalten, andere wollen dort wieder Gebäude errichten ...*
Ich bin der Meinung, daß das der Anlaß sein muß, die Synagogen aufzulösen. Alle, die nicht mehr vollkommen intakt

sind, müssen von den Juden niedergelegt werden. Die Juden müssen das bezahlen ... Wir können sie z. T. zu Parkplätzen umgestalten, z. T. werden dort andere Gebäude errichtet werden ...

Weiterhin halte ich es für notwendig, daß die Juden überall da aus der Öffentlichkeit herausgezogen werden, wo sie provokativ wirken. Es ist z. B. heute noch möglich, daß ein Jude mit einem Deutschen ein gemeinsames Schlafwagenabteil benutzt. Es muß also ein Erlaß des Reichsverkehrsministers herauskommen, daß für Juden besondere Abteile eingerichtet werden und daß, wenn dieses Abteil besetzt ist, die Juden keinen Anspruch auf Platz haben, daß die Juden aber nur dann, wenn alle Deutschen sitzen, ein besonderes Abteil bekommen, daß sie dagegen nicht unter die Deutschen gemischt werden und daß, wenn kein Platz ist, die Juden draußen im Flur zu stehen haben.

Göring: *Da finde ich es viel vernünftiger, daß man ihnen eigene Abteile gibt.*

Goebbels: *Aber nicht, wenn der Zug überfüllt ist.*

Göring: *Einen Moment: Es gibt nur einen jüdischen Wagen. Ist der besetzt, müssen die übrigen zu Hause bleiben.*

Goebbels: *Aber nehmen wir an: es sind nicht so viele Juden da, die mit dem Fern-D-Zug nach München fahren, sagen wir: es sitzen zwei Juden im Zug, und die anderen Abteile sind überfüllt. Diese beiden Juden hätten nun ein Sonderabteil. Man muß deshalb sagen: die Juden haben erst dann Anspruch auf Platz, wenn alle Deutschen sitzen.*

Göring: *Das würde ich gar nicht extra einzeln fassen, sondern ich würde den Juden einen Wagen oder ein Abteil geben. Und wenn es wirklich jemals so wäre, wie Sie sagen, daß der Zug sonst überfüllt ist, glauben Sie: das machen wir so, da brauche ich kein Gesetz. Da wird er herausgeschmissen, und wenn er allein auf dem Lokus sitzt während der ganzen Fahrt.*

Goebbels: *Das will ich nicht sagen. Ich glaube das nicht, sondern da muß eine Verordnung herauskommen.*
Dann muß eine Verordnung herauskommen, daß es den Juden verboten ist, deutsche Bäder, Strandbäder und deutsche Erholungsstätten zu besuchen.
... Es wäre zu überlegen, ob es nicht notwendig ist, den Juden das Betreten des deutschen Waldes zu verbieten. Heute laufen Juden rudelweise im Grunewald herum. Das ist ein dauerndes Provozieren, wir haben dauernd Zwischenfälle ...
Dann weiter, daß die Juden nicht in deutschen Anlagen herumsitzen können ... Es gibt Juden, die gar nicht so jüdisch aussehen ...
Göring: *Die sagen gar nicht, daß sie Juden sind.*
Goebbels: *... Ich halte es für notwendig, daß man den Juden bestimmte Anlagen zur Verfügung stellt – nicht die schönsten – und sagt: auf diesen Bänken dürfen die Juden sitzen ... Es steht drauf: Nur für Juden! ...*
Göring: *Ich bitte dann, Herrn Hilgard von der Versicherung hereinzurufen. Er wartet draußen ...*
Göring: *Nun kommt die dritte Kategorie.*
Hilgard: *Das sind die einfachen Diebstahlgeschädigten.*
Göring: *Da muß ich eine Frage stellen. Wenn Waren jeder Art aus den Geschäften herausgenommen wurden und draußen auf der Straße verbrannt worden sind, fällt das auch darunter? ...*
Hilgard: *... Ich darf das vielleicht an einem praktischen Beispiel klarmachen. Der größte Fall, den wir auf diesem Gebiet haben, ist der Fall Margraf Unter den Linden. Das Juweliergeschäft von Margraf ist bei uns mit einer sogenannten kombinierten Police versichert. Da ist eigentlich jeder Schaden gedeckt, der passieren kann. Dieser Schaden ist bei uns in Höhe von 1,7 Millionen angemeldet, weil der Laden vollkommen ausgeplündert worden ist.*
Göring: *Daluege und Heydrich, ihr müßt mir diese Juwelen wieder herschaffen durch Riesenrazzien!*

Daluege: *Das ist schon angeordnet. Die Leute werden dauernd kontrolliert. Nach den Meldungen von gestern nachmittag sind bisher allein 150 verhaftet.*
Göring: *Die Sachen werden sonst verschoben. Wenn einer mit Juwelen in ein Geschäft kommt und sagt, er hätte sie gekauft, müssen sie ihm rücksichtslos weggenommen werden ohne große Geschichten. Irgendwo hat er sie gestohlen oder gehandelt.*
Heydrich: *Im übrigen ist in rund 800 Fällen im Reich geplündert worden entgegen der Vermutung, aber wir haben Plünderer schon in einer Zahl von mehreren Hundert und sind auch dabei, das geplünderte Gut herbeizuschaffen.*
Göring: *Und die Juwelen?*
Heydrich: *Das ist sehr schwer zu sagen. Sie sind z. T. auf die Straße herausgeschmissen worden und dort aufgegriffen worden. Ähnliches hat sich bei Pelzläden abgespielt, z. B. in der Friedrichstraße im Revier C. Da hat sich natürlich die Menge draufgeworfen, hat Nerze, Skunkse usw. mitgenommen. Das ist sehr schwer wiederzukriegen. Z. T. haben auch Kinder lediglich aus Spielerei sich die Taschen vollgesteckt. Man müßte anregen, daß H. J. nicht ohne Wissen der Partei eingesetzt werden darf und an solchen Dingen beteiligt wird. Solche Dinge sind sehr bald zerstört.*
Daluege: *Es wäre vor allen Dingen notwendig, von der Partei aus einen Befehl herauszugeben, daß sofort an die Polizei Meldung erstattet wird, wenn etwa die Nachbarsfrau – man kennt ja den Nachbarn ganz genau – einen Pelz umarbeiten läßt oder die Leute mit neuen Ringen oder Armbändern ankommen, daß uns die Partei da unterstützt.*

. . .

Heydrich: *Sachschaden, Inventar- und Warenschaden schätzen wir auf mehrere Hundert Millionen, allerdings einschließlich des Schadens, den das Reich durch Steuerausfall erleiden wird. Umsatz-, Vermögen- und Einkommensteuer. Das wird der Herr Finanzminister sicher auch erfahren haben.*

v. Krosigk: *Ich habe keinerlei Einblick in den Umfang.*
Heydrich: *7500 zerstörte Geschäfte im Reich.*
Daluege: *... Die Waren, die sich in den Läden befanden, sind nicht Eigentum des Besitzers gewesen, sondern laufen größtenteils auf Rechnung von anderen Firmen, die diese Waren geliefert haben. Jetzt kommen die unberechneten Lieferungen von Firmen, die bestimmt nicht alle jüdisch, sondern arisch sind, die Waren, die auf Kommission gegeben waren.*
Hilgard: *Die müssen auch bezahlt werden.*
Göring: *Mir wäre lieber gewesen, ihr hättet 200 Juden erschlagen und hättet nicht solche Werte vernichtet ...*
Kerrl: *Ich glaube, man könnte es so machen: Soweit es Juden sind, wird sowieso nicht gezahlt. Soweit es Arier sind, muß gezahlt werden, und dann mag die Versicherungsgesellschaft über die Reichsgruppe mit uns in Verbindung treten, und wir prüfen die Fälle ...*
Heydrich: *Bei allem Herausnehmen des Juden aus dem Wirtschaftsleben bleibt das Grundproblem letzten Endes doch immer, daß der Jude aus Deutschland herauskommt. Darf ich dazu einige Vorschläge machen? Wir haben in Wien auf Weisung des Reichskommissars eine Judenauswanderungszentrale eingerichtet, durch die wir in Österreich immerhin 50 000 Juden herausgebracht haben, während im Altreich in der gleichen Zeit nur 19 000 Juden herausgebracht werden konnten, und zwar ist uns das durch Zusammenarbeit mit dem zuständigen Wirtschaftsministerium und den ausländischen Hilfsorganisationen gelungen ...*
Durch legale Maßnahmen sind zum mindesten 45 000 Juden herausgebracht worden.
Göring: *Wie war das möglich?*
Heydrich: *Wir haben das in der Form gemacht, daß wir den reichen Juden, die auswandern wollten, bei der jüdischen Kultusgemeinde eine gewisse Summe abgefordert haben. Mit dieser Summe und Devisenzahlungen konnte dann eine Anzahl der armen Juden herausgebracht werden. Das Problem war*

ja nicht, den reichen Juden herauszukriegen, sondern den jüdischen Mob.
Göring: *Aber, Kinder, habt ihr euch das einmal überlegt? Es nützt doch auch nichts, daß wir vom jüdischen Mob Hunderttausende herauskriegen. Habt ihr euch überlegt, ob dieser Weg nicht letzten Endes so viele Devisen kostet, daß er auf die Dauer nicht gangbar ist?*
Heydrich: *Nur die Devisen, die jeder Jude bekommen hat ... Auf diese Weise. Darf ich vorschlagen, daß wir eine ähnliche Zentrale im Reich unter Beteiligung der zuständigen Reichsbehörden einrichten und daß wir auf Grund dieser Erfahrungen unter Abstellung der mit Recht vom Herrn Generalfeldmarschall kritisierten Fehler eine Lösung für das Reich finden!? (Göring: Einverstanden.)*
Das Zweite, um die Juden herauszubekommen, müßte eine Auswanderungsaktion für das Judentum im übrigen Reich sein, die sich auf mindestens 8 bis 10 Jahren erstreckt. Wir kriegen im Jahr nicht mehr als höchstens 8000 bis 10 000 Juden heraus. Es bleibt also eine Unzahl Juden drin. Durch die Arisierung und die sonstigen Beschränkungen wird natürlich das Judentum arbeitslos. Wir erleben eine Verproletarisierung des zurückbleibenden Judentums. Ich muß also in Deutschland solche Maßnahmen treffen, daß sie auf der einen Seite den Juden isolieren, damit er nicht in den normalen Lebenskreis des Deutschen eintritt. Ich muß aber auf der anderen Seite Möglichkeiten schaffen, die den Juden auf einen engsten Kundenkreis beschränken, aber eine bestimmte Betätigung zulassen, in der Rechtsanwaltsfrage, Arztfrage, Friseurfrage usw. ...
Für die Isolierung möchte ich rein polizeilich einige Vorschläge kurz unterbreiten, die auch wegen ihres psychologischen Einflusses auf die öffentliche Meinung von Wert sind. Z. B. die persönliche Kennzeichnung des Juden, indem man sagt: Jeder Jude im Sinne des Nürnberger Gesetzes muß ein bestimmtes Abzeichen tragen. Das ist eine Möglichkeit, die viele andere

Dinge erleichtert – in bezug auf Ausschreitungen sehe ich keine Gefahr –, die uns auch das Verhältnis zum ausländischen Juden erleichtert.
Göring: *Eine Uniform!*
Heydrich: *Ein Abzeichen. Dadurch könnte man auch die Schäden abstellen, die dadurch entstehen, daß die ausländischen Juden, die sich in ihrem Äußeren nicht von inländischen Juden unterscheiden, in Mitleidenschaft gezogen werden ...*
Als Maßnahme würde ich weiter vorschlagen, daß man alle persönlichen Berechtigungen wie Zulassungsscheine und Führerscheine den Juden entzieht, daß der Jude nicht Eigentümer von Kraftwagen sein darf, daß er aber auch nicht fahren darf, weil er damit deutsches Leben gefährden kann, daß man ihn weiterhin in seiner Freizügigkeit durch Aufenthaltsverbote beschränkt ...
Zum Kurbetrieb darf ich folgendes sagen. Der Kurbetrieb in der Heilstätte ist an sich eine Zusatzangelegenheit der Körpergesundung, die nicht unbedingt für den einzelnen Menschen notwendig ist. Viele Millionen deutscher Volksgenossen sind nicht in der Lage, ihren Gesundheitszustand durch einen Besuch eines Heilbades zu verbessern. Ich sehe nicht ein, warum der Jude überhaupt in Bäder gehen soll.
Göring: *In Heilbäder, nein.*
Heydrich: *Dann würde ich dasselbe für die Krankenhäuser vorschlagen. Ein Jude kann nicht im Krankenhaus mit arischen Volksgenossen zusammenliegen ...*
Göring: *Noch eine Frage, meine Herren: Wie beurteilen Sie die Lage, wenn ich heute verkünde, daß dem Judentum als Strafe diese 1 Milliarde als Kontribution auferlegt wird?*
Bürckel: *Die Wiener werden sehr damit einverstanden sein ...*
Göring: *Ich werde den Wortlaut wählen, daß die deutschen Juden in ihrer Gesamtheit als Strafe für die ruchlosen Verbrechen usw. usw. eine Kontribution von 1 Milliarde auferlegt bekommen. Das wird hinhauen. Die Schweine werden*

einen zweiten Mord so schnell nicht machen. Im übrigen muß ich noch einmal feststellen: Ich möchte kein Jude in Deutschland sein.
v. Krosigk: *Deswegen möchte ich erst einmal das stark unterstreichen, was Herr Heydrich zu Anfang gesagt hat: wir müssen alles versuchen im Wege eines zusätzlichen Exportes, die Juden herauszubringen ins Ausland. Das muß doch immer das Entscheidende sein, daß wir nicht das ganze Gesellschaftsproletariat hierbehalten. Es wird immer eine Last sein, sie zu behandeln, die fürchterlich ist ...*
Göring: *Das zweite ist folgendes. Wenn das Deutsche Reich in irgendeiner absehbaren Zeit in außenpolitischen Konflikt kommt, so ist es selbstverständlich, daß auch wir in Deutschland in allererster Linie daran denken werden, eine große Abrechnung an den Juden zu vollziehen ...«*

■ *Verordnung über die Sühneleistung der Juden deutscher Staatsangehörigkeit (vom 12. November 1938)*[193]

»Die feindliche Haltung des Judentums gegenüber dem deutschen Volk und Reich, die auch vor feigen Mordtaten nicht zurückschreckt, erfordert entschiedene Abwehr und harte Sühne.
Ich bestimme daher auf Grund der Verordnung zur Durchführung des Vierjahresplans vom 18. Oktober 1936 (Reichsgesetzbl. I S. 887) das Folgende:
§ 1 Den Juden deutscher Staatsangehörigkeit in ihrer Gesamtheit wird die Zahlung einer Kontribution von 1 000 000 000 Reichsmark an das Deutsche Reich auferlegt.
§ 2 Die Durchführungsbestimmungen erläßt der Reichsminister der Finanzen im Benehmen mit den beteiligten Reichsministern.
Berlin, den 12. November 1938
Der Beauftragte für den Vierjahresplan
Göring, Generalfeldmarschall«

▪ *Verordnung zur Wiederherstellung des Straßenbildes bei jüdischen Gewerbebetrieben (vom 12. November 1938)*[194]

»§ 1. Alle Schäden, welche durch die Empörung des Volkes über die Hetze des internationalen Judentums gegen das nationalsozialistische Deutschland am 8., 9. und 10. November 1938 an jüdischen Gewerbebetrieben und Wohnungen entstanden sind, sind vom jüdischen Inhaber oder jüdischen Gewerbetreibenden sofort zu beseitigen.
§ 2. (1) Die Kosten der Wiederherstellung trägt der Inhaber der betroffenen jüdischen Gewerbebetriebe und Wohnungen.
(2) Versicherungsansprüche von Juden deutscher Staatsangehörigkeit werden zugunsten des Reichs beschlagnahmt ...«

▪ *Verordnung zur Ausschaltung der Juden aus dem deutschen Wirtschaftsleben (vom 12. November 1938)* [195]

»§ 1
(1) Juden ... ist vom 1. Januar 1939 ab der Betrieb von Einzelhandelsverkaufsstellen, Versandgeschäften oder Bestellkontoren sowie der selbständige Betrieb eines Handwerks untersagt.
(2) Ferner ist ihnen mit Wirkung vom gleichen Tage verboten, auf Märkten aller Art, Messen oder Ausstellungen Waren oder gewerbliche Leistungen anzubieten, dafür zu werben oder Bestellungen darauf anzunehmen.
(3) Jüdische Gewerbebetriebe ..., die entgegen diesem Verbot geführt werden, sind polizeilich zu schließen.

§ 2
(1) Ein Jude kann vom 1. Januar 1939 ab nicht mehr als Betriebsführer im Sinne des Gesetzes zur Ordnung der nationalen Arbeit vom 20. Januar 1934 tätig sein.
(2) Ist ein Jude als leitender Angestellter in einem Wirtschaftsunternehmen tätig, so kann ihm mit einer Frist von

sechs Wochen gekündigt werden. Mit Ablauf der Kündigungsfrist erlöschen alle Ansprüche des Dienstverpflichteten aus dem gekündigten Vertrage, insbesondere auch Ansprüche auf Versorgungsbezüge und Abfindungen.

§ 3
(1) Ein Jude kann nicht Mitglied einer Genossenschaft sein.
(2) Jüdische Mitglieder von Genossenschaften scheiden zum 31. Dezember 1938 aus. Eine besondere Kündigung ist nicht erforderlich.

§ 4
Der Reichswirtschaftsminister wird ermächtigt, im Einvernehmen mit den beteiligten Reichsministern die zu dieser Verordnung erforderlichen Durchführungsbestimmungen zu erlassen. Er kann Ausnahmen zulassen, soweit diese infolge der Überführung eines jüdischen Gewerbebetriebes in nichtjüdischen Besitz, zur Liquidation jüdischer Gewerbebetriebe oder in besonderen Fällen zur Sicherstellung des Bedarfs erforderlich sind.«

■ *Mutiges Wort einer Wiener Belegschaft*

Gegen die Enteignung des in jüdischem Besitz gewesenen Betriebes und gegen die »Arisierung«, d. h. die Übernahme dieses enteigneten Betriebes in den Alleinbesitz eines nationalsozialistischen Standartenführers hat die Belegschaft der Vereinigten Chemischen Fabriken Kreidl, Heller & Co. (Wien) mutig protestiert und gleichzeitig auch die egoistisch-kapitalistischen Aktionen hoher Nazifunktionäre schonungslos entlarvt.[196]

»Die Gefolgschaft obiger Firma bittet um Hilfe in einer sehr bedrängten Lage. Wie Sie wissen werden, ist Dr. Ignaz Kreidl bereits seit 5 Monaten fast ununterbrochen in Haft, und die Firma ist nach einer kurzen kommissarischen Leitung durch

Standartenführer Fridolin Glass in dessen Alleinbesitz übergegangen. Wie diese Besitznahme vor sich gegangen, ist uns nicht gesagt worden. Wir hörten nur gleichzeitig mit der Firmenänderung, daß wir schon längere Zeit einen anderen kommissarischen Leiter, Pg Schenk hatten, der die Überleitung der Firma vorgenommen haben soll. Wie ein kommissarischer Leiter einen Betrieb verkaufen kann, den er nie von innen gesehen, und dessen Werte und Vermögenslage er doch unmöglich kennen kann, ist uns nie klar geworden. Denn einem siebzigjährigen Mann wie Dr. Kreidl nach vielwöchentlicher Haft im Kerker die Unterschrift abzuzwingen, wie es gesechehen sein soll, ist keine Heldetat. Da wir aber hören mußten, diese Form sei auf ausdrücklichen Wunsch des Herrn Beauftragten für die Privatindustrie gewählt worden, mußten wir uns zufrieden geben. Geglaubt haben wir es nicht, und unserer Meinung nach gehört die ganze Arisierung mitsamt der Gebarung der Gestapo vor den Staatsanwalt.

Zur Arisierung selbst ist es uns unverständlich, wie ein ertragreiches und gut geführtes Unternehmen um einen Bruchteil des darin vorhandenen Barvermögens verkauft werden konnte, und sämtliche Anlagen, Maschinen, Waren und der ganze, Millionenwerte umfassende Patenbesitz (? Patentenbesitz ?) umsonst an einen Politiker gegeben werden kann, der nicht fähig ist, ihn zu verwerten und zu betreuen ... mit seinen 26 Jahren weder Eignung noch Lust, in der Großindustrie tätig zu sein ...

... Die viele Jahrzehnte verläßlich arbeitenden Beamten werden nach und nach von ihren Posten entfernt, und auf andere gesetzt, denen sie nicht gewachsen sind, um so auf kaltem Wege die gesamte, alte Belegschaft zu entfernen. Die Abfertigungen sollen angeblich jetzt verboten sein. So sind bereits das Sekretariat, die Kassa – der Kassier beging Selbstmord für aus der zwangsweise offengelassenen Kassa fehlenden Geldbeträge –, das Telefon und viele andere Posten umbesetzt ... Die alten und verläßlichen Mitarbeiter werden der

Betriebsspionage verdächtigt ... Wenn sich die Mitarbeiter auch unschuldig wissen, ist es doch fürchterlich, jede Stunde unter falschem Verdacht eingesperrt werden zu können.
Jede Tätigkeit der Vertrauensmänner, insbesondere des Betriebs-Obmannes Ing. Ernst Haiser, ist dadurch unmöglich gemacht, daß man ihm in der Person des Obersturmführers Hans Bauer einen Personalchef vorgesetzt hat, der jeden Kontakt und jede Verbindung mit der Gefolgschaft verhindert ...
... Es ist uns gesagt worden, daß vor der Person des Standartenführers Fridolin Glass jeder Rechtsweg zu Ende ist, und daß er auch einen Angestellten niederschießen kann, ohne zur Verantwortung gezogen zu werden.
... Wir bitten aber vielmals, doch den Betrieb, der im Jahre 1922 vom Staate übernommen wurde, entweder wieder dem Staate zurückzugeben, oder doch dafür zu sorgen, daß der Staat die Oberaufsicht über ein so gut geleitetes und wertvolles Unternehmen trägt, das für die Staatseinnahmen so wichtig ist ...
Wir wiederholen unsere Bitte um baldige Hilfe aus der Schreckensherrschaft, vielleicht ist doch eine Änderung möglich, bevor weitere schwere Folgen eintreten.
Die Unterschriften der für diesen Brief Verantwortlichen erliegen bei einem Partei-Anwalt treuhändig verwahrt und werden bekanntgegeben werden, sobald für Leben und Existenz der Schreiber keine Gefahr mehr besteht.

Heil Hitler!
Die Angestellten und die Arbeiter!«

■ *Verordnung des Präsidenten der Reichsmusikkammer über die Teilnahme von Juden an öffentlichen Veranstaltungen (vom 12. November 1938)* [197]

»... Nachdem der nationalsozialistische Staat es den Juden bereits seit über 5 Jahren ermöglicht hat, innerhalb besonderer jüdischer Organisationen ein eigenes Kulturleben zu schaf-

fen und zu pflegen, ist es nicht mehr angängig, sie an Darbietungen der deutschen Kultur teilnehmen zu lassen. Den Juden ist daher der Zutritt zu solchen Veranstaltungen, insbesondere zu Theatern, Lichtspielunternehmungen, Konzerten, Vorträgen, artistischen Unternehmen (Varietés, Kabaretts, Zirkusveranstaltungen usw.), Tanzvorführungen und Ausstellungen kultureller Art, mit sofortiger Wirkung nicht mehr zu gestatten.«

■ *Aus einer Verordnung des Reichserziehungsministers (vom 14. November 1938)*[198]

»Nach der ruchlosen Mordtat von Paris kann es keinem deutschen Lehrer und keiner deutschen Lehrerin mehr zugemutet werden, an jüdische Kinder Unterricht zu erteilen. Auch versteht es sich von selbst, daß es für deutsche Schüler und Schülerinnen unmöglich ist, mit Juden in einem Klassenraum zu sitzen ...«

■ *Verordnung über den Einsatz des jüdischen Vermögens (vom 3. Dezember 1938)*[199]

»Arikel I
Gewerbliche Betriebe

§ 1
Dem Inhaber eines jüdischen Gewerbebetriebes ... kann aufgegeben werden, den Betrieb binnen einer bestimmten Frist zu veräußern oder abzuwickeln. Mit der Anordnung können Auflagen verbunden werden.

§ 2
(1) In jüdische Gewerbebetriebe, deren Inhabern nach § 1 die Veräußerung oder die Abwicklung aufgegeben worden ist, kann zur einstweiligen Fortführung des Betriebs und zur

Herbeiführung der Veräußerung oder Abwicklung ein Treuhänder eingesetzt werden, insbesondere wenn der Betriebsinhaber der Anordnung innerhalb der ihm gesetzten Frist nicht nachgekommen und ein Antrag auf Verlängerung der Frist abgelehnt worden ist.

(2) Der Treuhänder ist zu allen gerichtlichen und außergerichtlichen Geschäften und Rechtshandlungen ermächtigt, die der Betrieb des betreffenden Unternehmens, seine Abwicklung oder Veräußerung erforderlich machen. Seine Ermächtigung ersetzt in diesem Rahmen jede gesetzlich erforderliche Vollmacht.

(4) Die Kosten der treuhänderischen Verwaltung trägt der Betriebsinhaber.

...

§ 4

Mit der Zustellung der Verfügung, durch die ein Treuhänder gemäß § 2 eingesetzt wird, verliert der Inhaber des Gewerbebetriebs das Recht, über die Vermögenswerte zu verfügen, zu deren Verwaltung der Treuhänder eingesetzt ist. Er erlangt dieses Recht erst wieder, wenn die Bestellung des Treuhänders aufgehoben wird.

§ 5

Die Genehmigung der Veräußerung nach § 1 der Anordnung auf Grund der Verordnung über die Anmeldung des Vermögens von Juden vom 26. April 1938 ... ist auch in den Fällen notwendig, in denen die Veräußerung angeordnet ist; das gilt auch für die Veräußerung durch einen Treuhänder.

Artikel II

Land und forstwirtschaftliche Betriebe, Grundeigentum und sonstiges Vermögen

§ 6

Einem Juden ... kann aufgegeben werden, seinen land- und forstwirtschaftlichen Betrieb, sein anderes land- oder forst-

wirtschaftliches Vermögen, sein sonstiges Grundeigentum oder andere Vermögensteile ganz oder teilweise binnen einer bestimmten Frist zu veräußern. Mit der Anordnung können Auflagen verbunden werden. Die Vorschriften der §§ 2 bis 4 gelten entsprechend.

§ 7
(1) Juden können Grundstücke, grundstücksgleiche Rechte und Rechte an Grundstücken nicht durch Rechtsgeschäft erwerben.
...

§ 8
(1) Die Verfügung über Grundstücke und grundstücksgleiche Rechte durch Juden bedarf zu ihrer Wirksamkeit der Genehmigung. Die Verfügung über sonstige Vermögensteile bedarf zu ihrer Wirksamkeit der Genehmigung, wenn die Veräußerung nach § 6 dieser Verordnung angeordnet ist. Das gilt auch für die Verfügung durch einen Treuhänder.
...

Artikel III
Depotzwang für Wertpapiere

§ 11
(1) Juden haben binnen einer Woche nach Inkrafttreten dieser Verordnung ihre gesamten Aktien, Kuxe, festverzinslichen Werte und ähnlichen Wertpapiere in ein Depot bei einer Devisenbank einzulegen. Neu erworbene Wertpapiere sind binnen einer Woche nach dem Erwerb in ein solches Depot einzuliefern. Der Besitzer derartiger einem Juden gehöriger Wertpapiere darf die Wertpapiere nur an eine Devisenbank für Rechnung des Juden aushändigen.
(2) Soweit zugunsten von Juden Wertpapiere bereits im Depot bei einer Devisenbank liegen oder Schuldbuchforderun-

gen eingetragen sind oder bei einer Verwaltungsstelle Auslosungsscheine hinterlegt sind, auf Grund deren Vorzugsrenten gewährt werden, haben die Juden unverzüglich der Bank, der Schuldenverwaltung oder der Verwaltungsstelle durch eine schriftliche Erklärung ihre Eigenschaft als Juden anzuzeigen. Im Falle des Abs. 1 Satz 3 muß diese Erklärung gegenüber dem Besitzer abgegeben werden.
(3) Die Depots und die Schuldbuchkonten sind als jüdisch zu kennzeichnen.

§ 12
Verfügungen über die in ein jüdisches Depot eingelegten Wertpapiere sowie Auslieferungen von Wertpapieren aus solchen Depots bedürfen der Genehmigung des Reichswirtschaftsministers oder der von ihm beauftragten Stelle.
...

Artikel IV
Juwelen, Schmuck- und Kunstgegenstände

§ 14
(1) Juden ist es verboten, Gegenstände aus Gold, Platin oder Silber sowie Edelsteine und Perlen zu erwerben, zu verpfänden oder freihändig zu veräußern. Solche Gegenstände dürfen, abgesehen von der Verwertung eines bei Inkrafttreten dieser Verordnung zugunsten eines nichtjüdischen Pfandgläubigers bereits bestehenden Pfandrechts aus jüdischem Besitz, nur von den vom Reich eingerichteten öffentlichen Ankaufsstellen erworben werden. Das gleiche gilt für sonstige Schmuck- und Kunstgegenstände, soweit der Preis für den einzelnen Gegenstand 1000 Reichsmark übersteigt.
...«

■ *Aus einer Verordnung des Reichsführers SS und Chefs der Polizei Himmler (vom 3. Dezember 1938)*[200]

»Die feige Mordtat des Juden Grünspan, die sich gegen das gesamte deutsche Volk richtet, läßt Juden als unzuverlässig und ungeeignet zum Halten und Führen von Kraftfahrzeugen erscheinen. Vorbehaltlich einer endgültigen Regelung wird folgendes angeordnet:
1. Aus allgemeinen sicherheitspolizeilichen Gründen und zum Schutze der Allgemeinheit untersage ich mit sofortiger Wirkung sämtlichen in Deutschland wohnenden Juden deutscher Staatsangehörigkeit das Führen von Kraftahrzeugen und entziehe ihnen hiermit die Fahrerlaubnis ...«

■ *Denunzierung jüdischer Mitbürger*

Im Rassenpolitischen Amt (Gau Wien) ist am 20. Februar 1941 folgender ungezeichneter, undatierter und in Blockschrift geschriebener Brief[201] eingelaufen:

»Ist es bei der dortigen Behörde bekannt, daß die Frau Grete F. (folgt Adresse) und mit Herrn Fritz F. verheiratet eine Jüdin *ist?! Ihre Eltern stammten aus Rumänien, sie selbst trat vor ihrer Ehe bei den Ursulinerinnen in der Gentzgasse zum katholischen Glauben über. Ihre Brüder und Schwestern, mit denen sie schon seit ihrer Verheiratung nicht mehr verkehrte, sind orthodoxe Juden.*
Daß die sich bis heute halten konnte, ja sogar ein Dienstmädchen hat und genau wie früher lebt, ist uns allen ein Rätsel. Da muß nur irgendein Schwindel dahinter stecken. Anders ist doch das nicht möglich. Bitte gehen Sie der Sache nach! Als Privates kann man ja nichts ausrichten, warum soll es Ausnahmen geben? Es ist ja sicher hart für die einzelne und als Menschen angesehen, aber wer fragt unsere Soldaten und die Mütter oder Frauen, ob es für sie hart ist! Und ob sie gern sterben? Krieg ist Krieg. –
Bitte prüfen Sie der F. ihre Dokumente genau! Wenn es stimmt, brauchens ja von dem Brief nichts zu sagen, ich will

niemandem Unrecht tun. Aber ich kanns halt nicht glauben, daß die eine Arierin ist. Und warum soll sie als Jüdin sich darein schwindeln!!«

■ *Auftrag Görings an Heydrich zur Vorbereitung der sogenannten Endlösung der Judenfrage (vom 31. Juli 1941)*[202]

Berlin, den 31.7.1941

»Der Reichsmarschall des Großdeutschen Reiches
Beauftragter für den Vierjahresplan
Vorsitzender des Ministerrats für die Reichsverteidigung
An den
Chef der Sicherheitspolizei und des SD
SS-Gruppenführer H e y d r i c h
B e r l i n
In Ergänzung der Ihnen bereits mit Erlaß vom 24. Januar 1939 übertragenen Aufgabe, die Judenfrage in Form der Auswanderung oder Evakuierung einer den Zeitverhältnissen entsprechend möglichst günstigen Lösung zuzuführen, beauftrage ich Sie hiermit, alle erforderlichen Vorbereitungen in organisatorischer, sachlicher und materieller Hinsicht zu treffen für eine Gesamtlösung der Judenfrage im deutschen Einflußgebiet in Europa.
Sofern hierbei die Zuständigkeiten anderer Zentralinstanzen berührt werden, sind diese zu beteiligen.
Ich beauftrage Sie weiter, mir in Bälde einen Gesamtentwurf über die organisatorischen, sachlichen und materiellen Vorausmaßnahmen zur Durchführung der angestrebten Endlösung der Judenfrage vorzulegen. Göring«

■ *Polizeiverordnung zur Einführung des Judensterns (vom 1. September 1941)*[203]

»§ 1. (1) Juden (§ 5 der Ersten Verordnung zum Reichsbürgergesetz vom 14. November 1935 – RGBl. I S. 1333),

die das sechste Lebensjahr vollendet haben, ist es verboten, sich in der Öffentlichkeit ohne einen Judenstern zu zeigen.
(2) Der Judenstern besteht aus einem handtellergroßen, schwarz ausgezogenen Sechsstern aus gelbem Stoff mit der schwarzen Aufschrift ›Jude‹. Er ist sichtbar auf der linken Brustseite des Kleidungsstücks fest aufgenäht zu tragen.
§ 2. Juden ist verboten,
a) den Bereich ihrer Wohngemeinde zu verlassen, ohne eine schriftliche Erlaubnis der Ortspolizeibehörde bei sich zu führen,
b) Orden, Ehrenzeichen und sonstige Abzeichen zu tragen.
§ 3. Die Paragraphen 1 und 2 finden keine Anwendung
a) auf den in einer Mischehe lebenden jüdischen Ehegatten, sofern Abkömmlinge aus der Ehe vorhanden sind und diese nicht als Juden gelten, und zwar auch dann, wenn die Ehe nicht mehr besteht oder der einzige Sohn im gegenwärtigen Kriege gefallen ist;
b) auf die jüdische Ehefrau bei kinderloser Mischehe während der Dauer der Ehe.
§ 4. (1) Wer dem Verbot der Paragraphen 1 und 2 vorsätzlich oder fahrlässig zuwiderhandelt, wird mit Geldstrafe bis zu 150 RM oder mit Haft bis zu 6 Wochen bestraft.
(2) Weitergehende polizeiliche Sicherungsmaßnahmen sowie Strafvorschriften, nach denen eine höhere Strafe verwirkt ist, bleiben unberührt.
§ 5. Die Polizeiverordnung gilt auch im Protektorat Böhmen und Mähren mit der Maßgabe, daß der Reichsprotektor in Böhmen und Mähren die Vorschrift des § 2 Buchst. a den örtlichen Verhältnissen im Protektorat Böhmen und Mähren anpassen kann.
§ 6. Die Polizeiverordnung tritt 14 Tage nach ihrer Verkündung in Kraft.«

■ *Abschiebung der Juden und Einziehung ihres Vermögens (vom 4. November 1941)*[204]

Berlin W 8, den 4. November 1941
Wilhelmsplatz 1/2

»Der Reichsminister der Finanzen
O5205 – 740 VI g

Schnellbrief

Betr.: Abschiebung von Juden

1. Allgemeines:

Juden, die nicht in volkswirtschaftlich wichtigen Betrieben beschäftigt sind, werden in den nächsten Monaten in eine Stadt in den Ostgebieten abgeschoben. Das Vermögen der abzuschiebenden Juden wird zugunsten des Deutschen Reiches eingezogen. Es verbleiben den Juden 100 RM und 50 kg Gepäck pro Person . . .

2. Durchführung der Abschiebung:

Die Abschiebung der Juden wird von der Geheimen Staatspolizei (Gestapo) durchgeführt. Die Gestapo sorgt auch für die Sicherstellung des Vermögens.

Die Juden, deren Abschiebung bevorsteht, haben der Gestapo Vermögensverzeichnisse nach bestimmtem Vordruck einzureichen. Die Gestapostellen versiegeln die Wohnungen und hinterlegen die Wohnungsschlüssel bei den Hausverwaltern.

3. Einziehung des Vermögens:

Gesetzliche Grundlage für die Einziehung des Vermögens sind die folgenden Bestimmungen: . . .

Für Forderungen gegen Juden, deren Vermögen zugunsten des Reichs eingezogen ist, haftet im Altreich das Reich mit den ihm durch die Einziehung zugefallenen Sachen und Rechten (Par. 39 des Gesetzes über die Gewährung von Entschädigungen bei der Einziehung oder dem Übergang von Vermögen vom 9. Dezember 1937 [RGBl. I, S. 1333]).

Die Einziehungsverfügungen werden von den Regierungspräsidenten – in Berlin von dem Geheimen Staatspolizeiamt, in Hamburg und Bremen von den Reichsstatthaltern – erlassen. Sie werden den Juden vor ihrem Abtransport durch Gerichtsvollzieher zugestellt . . . *Im Auftrag Schlüter«*

■ *Generalgouverneur Hans Frank über die jüdische Endlösung (Auszug aus einer Ansprache anläßlich einer Umsiedlungskonferenz in Krakau am 16. Dezember 1941)*[205]

»Mit den Juden – das will ich Ihnen auch ganz offen sagen – muß so oder so Schluß gemacht werden. Der Führer sprach einmal das Wort aus (folgt die bekannte Prophezeiung)... einigen Sie sich mit mir zunächst ... auf die Formel: Mitleid wollen wir grundsätzlich nur mit dem deutschen Volk haben, sonst mit niemandem auf der Welt ... wenn die Judensippschaft in Europa den Krieg überleben würde, wir aber unser bestes Blut für die Erhaltung Europas geopfert hätten, dann würde dieser Krieg doch nur einen Teilerfolg darstellen. Ich werde daher den Juden gegenüber grundsätzlich nur von der Erwartung ausgehen, daß sie verschwinden ...
Aber was soll mit den Juden geschehen? Glauben Sie, man wird sie im Ostland in Siedlungsdörfern unterbringen? Man hat uns in Berlin gesagt: weshalb macht man diese Scherereien; wir können im Ostland oder im Reichskommissariat auch nichts mit ihnen anfangen, liquidiert sie selber! Meine Herren, ich muß sie bitten, sich gegen alle Mitleidserwägungen zu wappnen. Wir müssen die Juden vernichten, wo immer wir sie treffen und wo es irgend möglich ist ...
Die Juden sind auch für uns außergewöhnlich schädliche Fresser. Wir haben im Generalgouvernement schätzungsweise 2,5, vielleicht mit den jüdisch Versippten und dem, was alles daran hängt, jetzt 3,5 Millionen Juden. Diese 3,5 Millionen Juden können wir nicht erschießen, wir können sie nicht vergiften, werden aber doch Eingriffe vornehmen können, die irgendwie zu einem Vernichtungserfolg führen, und zwar im Zusammenhang mit den vom Reich her zu besprechenden großen Maßnahmen. Das Generalgouvernement muß genau so judenfrei werden, wie es das Reich ist.«

■ *Übersichtskarte der Konzentrationslager (Hauptlager)*

Übersichtskarte der KZ-Lager (Zeichnung aus Läpple A., Report der Kirchengeschichte. Don Bosco Verlag, München 1968, Seite 332).

Eine Gesamtübersicht der Hauptlager, Außenlager, selbständigen Kommandos und Gestapo-Gefängnisse findet sich in »Propyläen – Weltgeschichte« (Band 9, Seite 400 f.) Berlin-Frankfurt-Wien 1960.

Neben der Zuteilung einer bestimmten Lagernummer war jeder Häftling noch durch einen Tuchwinkel gekennzeichnet, der zusammen mit der Lagernummer an Joppe und Hose deutlich sichtbar zu tragen war:

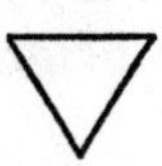

Ein Balken über dem Tuchwinkel bedeutete, daß der Häftling schon zum zweitenmal ins Lager gekommen war:

Um die Häftlinge noch genauer zu unterscheiden, erhielten sie – je nach Ursache der Einlieferung – verschiedenfarbige Tuchwinkel:

roter Tuchwinkel	=	politischer Häftling
grüner Tuchwinkel	=	Berufsverbrecher
schwarzer Tuchwinkel	=	Arbeitsscheuer oder Asozialer
violetter Tuchwinkel	=	Bibelforscher
rosa Tuchwinkel	=	Homosexueller
blauer Tuchwinkel	=	Emigrant

Zur Kennzeichnung der Nationalität wurden in den Tuchwinkel noch Buchstaben eingezeichnet:

= Franzose

= Pole

Jüdische Häftlinge mußten außerdem noch den gelben Judenstern tragen.

■ *Aus dem »Wannsee-Protokoll« (vom 20. Januar 1942)*[206]

»Besprechungsprotokoll

I. An der am 20. Janur 1942 in Berlin, Am Großen Wannsee Nr. 56–58, stattgefundenen Besprechung über die Endlösung der Judenfrage nahmen teil:

Gauleiter Dr. Meyer und Reichsamtsleiter Dr. Leibbrandt	*Reichsministerium für die besetzten Ostgebiete*
Staatssekretär Dr. Stuckart	*Reichsministerium des Innern*
Staatssekretär Neumann	*Beauftragter für den Vierjahresplan*
Staatssekretär Dr. Freisler	*Reichsjustizministerium*
Staatssekretär Dr. Bühler	*Amt des Generalgouverneurs*
Unterstaatssekretär Luther	*Auswärtiges Amt*
SS-Oberführer Klopfer	*Partei-Kanzlei*
Ministerialdirektor Kritzinger	*Reichskanzlei*
	(handschriftliche Notiz): D. III. 29 g Rs.
SS-Gruppenführer Hofmann	*Rasse- und Siedlungshauptamt*
SS-Gruppenführer Müller	*Reichssicherheitshauptamt*
SS-Obersturmbannführer Eichmann	
SS-Oberführer Dr. Schoengarth, Befehlshaber der Sicherheitspolizei und des SD im Generalgouvernement	*Sicherheitspolizei und SD*
SS-Sturmbannführer Dr. Lange, Kommandeur der Sicherheitspolizei und des SD für den Generalbezirk Lettland, als Vertreter des Befehlshabers der Sicherheitspolizei und des SD für das Reichskommissariat Ostland	*Sicherheitspolizei und SD*

II. Der Chef der Sicherheitspolizei und des SD, SS-Obergruppenführer Heydrich, teilte eingangs seine Bestallung zum Beauftragten für die Vorbereitung der Endlösung der euro-

päischen Judenfrage durch den Reichsmarschall mit und wies darauf hin, daß zu dieser Besprechung geladen wurde, um Klarheit in grundsätzlichen Fragen zu schaffen. Der Wunsch des Reichsmarschalls, ihm einen Entwurf über die organisatorischen, sachlichen und materiellen Belange im Hinblick auf die Endlösung der europäischen Judenfrage zu übersenden, erfordert die vorherige gemeinsame Behandlung aller an diesen Fragen unmittelbar beteiligten Zentralinstanzen im Hinblick auf die Parallelisierung der Linienführung.

Die Federführung bei der Bearbeitung der Endlösung der Judenfrage liege ohne Rücksicht auf geographische Grenzen zentral beim Reichsführer-SS und Chef der Deutschen Polizei (Chef der Sicherheitspolizei und des D) . . .

III. An Stelle der Auswanderung ist nunmehr als weitere Lösungsmöglichkeit nach entsprechender vorheriger Genehmigung durch den Führer die Evakuierung der Juden nach dem Osten getreten.

Diese Aktionen sind jedoch lediglich als Ausweichmöglichkeiten anzusprechen, doch werden hier bereits jene praktischen Erfahrungen gesammelt, die im Hinblick auf die kommende Endlösung der Judenfrage von wichtiger Bedeutung sind . . .

Unter entsprechender Leitung sollen im Zuge der Endlösung die Juden in geeigneter Weise im Osten zum Arbeitseinsatz kommen. In großen Arbeitskolonnen, unter Trennung der Geschlechter, werden die arbeitsfähigen Juden straßenbauend in diese Gebiete geführt, wobei zweifellos ein Großteil durch natürliche Verminderung ausfallen wird.

Der allfällig endlich verbleibende Restbestand wird, da es sich bei diesen zweifellos um den widerstandsfähigsten Teil handelt, entsprechend behandelt werden müssen, da dieser, eine natürliche Auslese darstellend, bei Freilassung als Keimzelle eines neuen jüdischen Aufbaues anzusprechen ist. (Siehe die Erfahrung der Geschichte.)

Im Zuge der praktischen Durchführung der Endlösung wird Europa von Westen nach Osten durchgekämmt . . .«

■ *Erklärung des Bischofs von Ermland, Maximilian Kaller, in das Vernichtungslager Theresienstadt zu gehen (aus dem Jahr 1942)*

In einem Schreiben an den Nuntius Cesare Orsenigo (von 1930–1946 Päpstlicher Nuntius in Berlin) des Jahres 1942 erklärte sich Maximilian Kaller, Bischof von Ermland († 1947) bereit, in das Vernichtungslager Theresienstadt zu gehen, um dort den Bedrängten beizustehen.[207]

»Ich möchte der Priester sein, der die Seelsorge an den nichtarischen Christen übernimmt. Wie zufällig stieß ich nach meiner Rückkehr aus Berlin auf die Betrachtung ›De dispositione ad martyrium‹, über die Vorbereitung zum Martyrertod. Sie knüpft an das Wort eines Martyrers an: ›Brüder, niemals dürfen wir von den Hochgedanken der Gotteskinder abfallen. Zu diesen Hochgedanken gehört es, all das zu überwinden, was uns zur Treulosigkeit locken könnte: menschliche Rücksichtnahme. Vor mir liegt nur das Mich-Selbst-Verlassen und das Heil der Seelen‹.«

■ *Prämienordnung für Häftlinge (vom 15. Mai 1943)*

Am 15. Mai 1943 erließ der Chef des Wirtschaftsverwaltungshauptamtes (= WVHA), SS-Obergruppenführer Pohl, in einer Dienstvorschrift eine besondere »Prämien-Ordnung« für Häftlinge. »Wie aus der Prämienordnung ersichtlich ist, wurden auch Lagerbordelle eingerichtet, wozu Prostituierte aus Frauenlagern Verwendung fanden, die vorher wegen ihres Dirnengewerbes in Haft genommen worden waren.«[208]

»Häftlinge, die sich durch Fleiß, Umsicht, gute Führung und besondere Arbeitsleistung auszeichnen, erhalten künftig Vergünstigungen. Diese bestehen in Gewährung: 1. Hafterleichterung, 2. Verpflegungszulagen, 3. Geldprämien, 4. Tabakwarenbezug, 5. Bordellbesuch.«[209]

■ *Augenzeugenbericht über Massenvergasungen in Belsec*

Kurt Gerstein[210] hat am 4. Mai 1945 einen Augenzeugenbericht über Massenvergasungen im Vernichtungslager Belsec niedergeschrieben, der erschütternd den Holocaust beschreibt und zur Pflichtlektüre nicht erst dann verschrieben werden müßte, wenn Menschenrechte gefährdet und verletzt werden.

»... Am anderen Morgen um kurz vor sieben Uhr kündigt man mir an: In zehn Minuten kommt der erste Transport! – Tatsächlich kam nach einigen Minuten der erste Zug von Lemberg aus an. 45 Waggons mit 6700 Menschen, von denen 1450 schon tot waren bei ihrer Ankunft. Hinter den vergitterten Luken schauten, entsetzlich bleich und ängstlich, Kinder durch, die Augen voll Todesangst, ferner Männer und Frauen. Der Zug fährt ein: 200 Ukrainer reißen die Türen auf und peitschen die Leute mit ihren Lederpeitschen aus den Waggons heraus. Ein großer Lautsprecher gibt die weiteren Anweisungen: Sich ganz ausziehen, auch Prothesen, Brillen usw. Die Wertsachen am Schalter abgeben, ohne Bons oder Quittung. Die Schuhe sorgfältig zusammenbinden (wegen der Spinnstoffsammlung), denn in dem Haufen von reichlich 25 Meter Höhe hätte sonst niemand die zugehörigen Schuhe wieder zusammenfinden können. Dann die Frauen und Mädchen zum Friseur, der mit zwei, drei Scherenschlägen die ganzen Haare abschneidet und sie in Kartoffelsäcken verschwinden läßt. ›Das ist für irgendwelche Spezialzwecke für die U-Boote bestimmt, für Dichtungen oder dergleichen!‹ sagt mir der SS-Unterscharführer, der dort Dienst tut. –

Dann setzt sich der Zug in Bewegung. Voran ein bildhübsches junges Mädchen, so gehen sie die Allee entlang, alle nackt, Männer, Frauen, Kinder, ohne Prothesen. Ich selbst stehe mit dem Hauptmann Wirth oben auf der Rampe zwischen den Kammern. Mütter mit ihren Säuglingen an der Brust, sie kommen herauf, zögern, treten ein in die Todeskammern!

– An der Ecke steht ein starker SS-Mann, der mit pastoraler Stimme zu den Armen sagt: Es passiert Euch nicht das Geringste! Ihr müßt nur in den Kammern tief Atem holen, das weitet die Lungen, diese Inhalation ist notwendig, wegen der Krankheiten und Seuchen. Auf die Frage, was mit ihnen geschehen würde, antwortet er: Ja natürlich, die Männer müssen arbeiten, Häuser und Chausseen bauen, aber die Frauen brauchen nicht zu arbeiten. Nur wenn sie wollen, können sie im Haushalt oder in der Küche mithelfen. – Für einige von diesen Armen ein kleiner Hoffnungsschimmer, der ausreicht, daß sie ohne Widerstand die paar Schritte zu den Kammern gehen – die Mehrzahl weiß Bescheid, der Geruch kündet ihnen ihr Los! – So steigen sie die kleine Treppe herauf und dann sehen sie alles. Mütter mit Kindern an der Brust, kleine nackte Kinder, Erwachsene, Männer und Frauen, alle nackt – sie zögern, aber sie treten in die Todeskammern, von den anderen hinter ihnen vorgetrieben oder von den Lederpeitschen der SS getrieben. Die Mehrzahl, ohne ein Wort zu sagen. Eine Jüdin von etwa 40 Jahren mit flammenden Augen ruft das Blut, das hier vergossen wird, über die Mörder. Sie erhält fünf oder sechs Schläge mit der Reitpeitsche ins Gesicht, vom Hauptmann Wirth persönlich, dann verschwindet auch sie in der Kammer. – Viele Menschen beten. Ich bete mit ihnen, ich drücke mich in eine Ecke und schreie laut zu meinem und ihrem Gott. Wie gern wäre ich mit ihnen in die Kammern gegangen, wie gern wäre ich ihren Tod mitgestorben. Sie hätten dann einen uniformierten SS-Offizier in ihren Kammern gefunden – die Sache wäre als Unglücksfall aufgefaßt und behandelt worden und sang- und klanglos verschollen. Noch also darf ich nicht, ich muß noch zuvor künden, was ich hier erlebe! – Die Kammern füllen sich. Gut vollpacken – so hat es der Hauptmann Wirth befohlen. Die Menschen stehen einander auf den Füßen. 700–800 auf 25 Quadratmetern, in 45 Kubikmetern! Die SS zwängst sie physisch zusammen, soweit es überhaupt geht. – Die Türen schließen sich. Währenddessen

warten die anderen draußen im Freien, nackt. Man sagt mir: Auch im Winter genau so! Ja, aber sie können sich ja den Tod holen! sagte ich. – Ja, grad for das sinn se ja doh! – sagt mit ein SS-Mann darauf in seinem Platt. – Jetzt endlich verstehe ich auch, warum die ganze Einrichtung Heckenholt-Stiftung heißt. Heckenholt ist der Chauffeur des Dieselmotors, ein kleiner Techniker, gleichzeitig der Erbauer der Anlage. Mit den Dieselauspuffgasen sollen die Menschen zu Tode gebracht werden. Aber der Diesel funktioniert nicht! Der Hauptmann Wirth kommt. Man sieht, es ist ihm peinlich, daß das gerade heute passieren muß, wo ich hier bin. Jawohl ich sehe alles! Und ich warte. Meine Stoppuhr hat alles brav registriert. 50 Minuten, 70 Minuten – der Diesel springt nicht an! Die Menschen warten in ihren Gaskammern. Vergeblich. Man hört sie weinen, schluchzen ... Der Hauptmann Wirth schlägt mit seiner Reitpeitsche dem Ukrainer, der dem Unterscharführer Heckenholt beim Diesel helfen soll, 12-, 13mal ins Gesicht. Nach 2 Stunden 49 Minuten – die Stoppuhr hat alles wohl registriert – springt der Diesel an. Bis zu diesem Augenblick leben die Menschen in diesen vier Kammern, viermal 750 Menschen in viermal 45 Kubikmetern! – Von neuem verstreichen 25 Minuten. Richtig, viele sind jetzt tot. Man sieht das durch das kleine Fensterchen, in dem das elektrische Licht die Kammer einen Augenblick beleuchtet. Nach 28 Minuten leben nur noch wenige. Endlich, nach 32 Minuten ist alles tot! –

Von der anderen Seite öffnen Männer vom Arbeitskommando die Holztüren. Man hat ihnen – selbst Juden – die Freiheit versprochen und einen gewissen Promillesatz von allen gefundenen Werten für ihren schrecklichen Dienst. Wie Basaltsäulen stehen die Toten aufrecht aneinander gepreßt in den Kammern . Es wäre auch kein Platz hinzufallen oder auch nur sich vornüber zu neigen. Selbst im Tode noch kennt man die Familien. Sie drücken sich, im Tode verkrampft, noch die Hände, so daß man Mühe hat, sie auseinander zu reißen, um

die Kammern für die nächste Charge freizumachen. Man wirft die Leichen ... heraus. Kinderleichen fliegen durch die Luft. Man hat keine Zeit, die Reitpeitschen der Ukrainer sausen auf die Arbeitskommandos. Zwei Dutzend Zahnärzte (im französischen Text heißt es ›Arbeiter‹) öffnen mit Haken den Mund und sehen nach Gold. Gold links, ohne Gold rechts. Andere Zahnärzte brechen mit Zangen und Hämmern die Goldzähne und Kronen aus den Kiefern. –
Unter allen springt der Hauptmann Wirth herum. Er ist in seinem Element ... Wirth ruft mich heran: Heben Sie mal diese Konservenbüchse mit Goldzähnen, das ist nur von gestern und vorgestern! In einer unglaublich gewöhnlichen und falschen Sprechweise sagt er zu mir: Sie glauben gar nicht, was wir jeden Tag finden an Gold und Brillanten ... Die nackten Leichen wurden auf Holztragen nur wenige Meter weit in Gruben von 100×20×12 Meter geschleppt. Nach einigen Tagen gärten die Leichen hoch und fielen alsdann kurze Zeit später stark zusammen, so daß man eine neue Schicht auf dieselben draufwerfen konnte. Dann wurde 10 Zentimeter Sand darüber gestreut, so daß nur noch vereinzelte Köpfe und Arme herausragten. – Ich sah an einer Stelle Juden in den Gräbern auf den Leichen herumklettern und arbeiten. Man sagte mir, daß versehentlich die tot Angekommenen eines Transportes nicht entkleidet worden seien. Dies müsse natürlich wegen der Spinnstoffe und Wertsachen, die sie sonst mit ins Grab nähmen, nachgeholt werden. – Weder in Belsec noch in Tréblinka hat man sich irgendeine Mühe gegeben, die Getöteten zu registrieren oder zu zählen. Die Zahlen waren nur Schätzungen nach dem Waggoninhalt ...«

■ *Aus dem politischen Testament Adolf Hitlers (vom 29. April 1945)*

Wenige Stunden vor seinem Selbstmord (am 30. April 1945) hat Adolf Hitler im Bunker der zerstörten Reichskanzlei in

Berlin sein politisches Testament diktiert, in dem sein abgrundtiefer Judenhaß letztmals sich äußerte.

Auszug aus dem politischen Testament Hitlers:[211]

»... Es ist unwahr, daß ich oder irgend jemand anderer in Deutschland den Krieg im Jahr 1939 gewollt haben. Er wurde gewollt und angestiftet ausschließlich von jenen internationalen Staatsmännern, die entweder jüdischer Herkunft waren oder für jüdische Interessen arbeiteten. Ich habe zu viele Angebote zur Rüstungsbeschränkung und Rüstungsbegrenzung gemacht, die die Nachwelt nicht auf alle Ewigkeit wegzuleugnen vermag, als daß die Verantwortung dieses Krieges auf mir lasten könnte. Ich habe weiter nie gewollt, daß nach dem ersten unseligen Weltkrieg ein zweiter gegen England oder gar gegen Amerika entsteht. Es werden Jahrhunderte vergehen, aber aus den Ruinen unserer Städte und Kunstdenkmäler wird sich der Haß gegen das letzten Endes verantwortliche Volk immer wieder erneuern, dem wir das alles zu verdanken haben: dem internationalen Judentum und seinen Helfern. Ich habe noch drei Tage vor Ausbruch des deutsch-polnischen Krieges dem britischen Botschafter in Berlin eine Lösung der deutsch-polnischen Probleme vorgeschlagen – ähnlich der im Falle des Saargebietes unter internationaler Kontrolle. Auch dieses Angebot kann nicht weggeleugnet werden. Es wurde nur verworfen, weil die maßgebenden Kreise der englischen Politik den Krieg wünschten. Teils der erhofften Geschäfte wegen, teils getrieben durch eine vom internationalen Judentum veranstaltete Propaganda. Ich habe aber auch keinen Zweifel darüber gelassen, daß, wenn die Völker Europas wieder nur als Aktienpakete dieser internationalen Geld- und Finanzverschwörer angesehen werden, dann auch jenes Volk mit zur Verantwortung gezogen werden wird, das der eigentliche Schuldige an diesem mörderischen Ringen ist: das Judentum! ...

Nach einem sechsjährigen Kampf, der einst in die Geschichte trotz aller Rückschläge als ruhmvollste und tapferste Bekundung des Lebenswillens eines Volkes eingehen wird, kann ich mich nicht von der Stadt trennen, die die Hauptstadt dieses Reiches ist. Da die Kräfte zu gering sind, um dem feindlichen Ansturm gerade an dieser Stelle noch standzuhalten, der eigene Widerstand aber durch ebenso verblendete wie charakterlose Subjekte allmählich entwertet wird, möchte ich mein Schicksal mit jenem teilen, das Millionen andere auch auf sich genommen haben, indem ich in dieser Stadt bleibe. Außerdem will ich nicht Feinden in die Hände fallen, die zur Belustigung ihrer verhetzten Massen ein neues, von Juden inszeniertes Schauspiel benötigen. Ich hatte mich daher entschlossen, in Berlin zu bleiben und dort aus freien Stücken in dem Augenblick den Tod zu wählen, in dem ich glaube, daß der Sitz des Führers und Kanzlers selbst nicht mehr gehalten werden kann. Ich sterbe mit freudigem Herzen angesichts der mir bewußten unermeßlichen Taten und Leistungen unserer Soldaten an der Front, unserer Frauen zu Hause, den Leistungen unserer Bauern und Arbeiter und dem in der Geschichte einmaligen Einsatz unserer Jugend, die meinen Namen trägt.

Daß ich ihnen allen meinen aus tiefstem Herzen kommenden Dank ausspreche, ist ebenso selbstverständlich, wie mein Wunsch, daß sie deshalb den Kampf unter keinen Umständen aufgeben mögen, sondern, ganz gleich wo immer, ihn gegen die Feinde des Vaterlandes weiterführen, getreu den Bekenntnissen eines großen Clausewitz. Aus dem Opfer unserer Soldaten und aus meiner eigenen Verbundenheit mit ihnen bis in den Tod wird in der deutschen Geschichte so oder so einmal wieder der Same aufgehen zur strahlenden Wiedergeburt der nationalsozialistischen Bewegung und damit Verwirklichung einer wahren Volksgemeinschaft . . .

. . . Von allen Deutschen, allen Nationalsozialisten, Männern und Frauen und allen Soldaten der Wehrmacht verlange ich, daß sie der neuen Regierung und ihrem Präsidenten treu und

gehorsam sein werden bis in den Tod. Vor allem verpflichte ich die Führung der Nation und die Gefolgschaft zur peinlichen Einhaltung der Rassegesetze und zum unbarmherzigen Widerstand gegen den Weltvergifter aller Völker, das internationale Judentum.

Gegeben zu Berlin, den 29. April 1945, 4 Uhr *Adolf Hitler*
Als Zeugen:
Dr. Joseph Goebbels *Wilhelm Burgdorf*
Martin Bormann *Hans Krebs«*

Nationalsozialistisch-zionistische Kooperation

Kaum bekannt und für viele geradezu unglaubhaft ist das durch Dokumente eindeutig abgesicherte Faktum, daß es in der ersten Etappe des Dritten Reiches, als man die Judenfrage in Deutschland durch Auswanderung nach Palästina zu lösen glaubte, Kontakte zwischen nationalsozialistischen Führungsstellen und Vertretern des jüdischen Zionismus gegeben hat. In einem Punkt waren sich die beiden, so gegensätzlichen Gesprächspartner einig: nur durch Auswanderung nach Palästina könne die Judenfrage gelöst werden. Selbst in der SS-Zeitung »Das Schwarze Korps«, die alles andere als judenfreundlich war, konnte man in der Ausgabe vom 15. Mai 1933 lesen:
»Die Zeit dürfte nicht mehr allzu fern sein, in der Palästina seine über ein Jahrtausend verlorenen Söhne wieder aufnehmen kann ... Unsere Wünsche, verbunden mit staatlichem Wohlwollen, begleiten sie.«
Der Sicherheitsdienst (SD) verstärkte seinen Druck auf auswanderungswillige Juden. Es wurden sogar die von zionistischen Organisationen unterhaltenen Umschulungslager finanziell unterstützt, in denen junge Juden auf die landwirtschaftliche Arbeit in Kibbuzim Palästinas vorbereitet wurden. Un-

ter den national eingestellten deutschen Juden wurde jedoch merklicher Widerstand gegen die zionistisch-nationalsozialistische Auswanderungspropaganda erhoben. Anläßlich der Einweihung des jüdischen Gefallenendenkmals in Köln am 8. Juli 1934 sagte der Vorstand des »Reichsbundes jüdischer Frontsoldaten«: »Unsere Umwelt will genau wissen, wo wir deutsche Juden stehen. Wenn wir nach einer ehrenvollen Befriedung unserer Situation in Deutschland streben, so müssen wir auch einwandfrei erklären können, daß wir keine anderen Interessen kennen als solche, die innerhalb der deutschen Grenzen liegen.«[212] Auf ein zukünftiges, doppeltes Urerlebnis glaubte jedoch die »Reichsvertretung für die jüdischen Landesverbände« hinweisen zu müssen, wenn sie im Januar 1934 das pädagogische Ziel aufstellte:

»Die Kinder sollen für Deutschland erzogen, zugleich aber auch auf die Möglichkeit späteren Auswanderns vorbereitet werden.«[213]

Der Plan, deutsche Juden in Palästina anzusiedeln, mußte notwendig auf zwei Gegner stoßen: einerseits auf die britische Mandatsmacht (und ihre Interpretation der Balfour-Deklaration vom 2. November 1917) und anderseits auf die Araber, die von der britischen Mandatsmacht wiederholt die vollständige Sperre der jüdischen Einwanderung forderten. Der nationalsozialistische Versuch, die jüdische Auswanderung nach Palästina – im Sinne der zionistischen Bewegung – zu fördern, war daher von Anfang an ein innen- und außenpolitisches Balancespiel mit höchstem Einsatz, denn von den Nationalsozialisten wurde die jüdische Auswanderung gefördert und gleichzeitig wurden die arabischen Extremisten in ihrem Kampf gegen die britische Mandatsmacht »von den faschistischen Mächten mit Geld und Waffen unterstützt«.[214]

Die nationalsozialistischen Machthaber glaubten, durch die Auswanderung Deutschland »judenfrei« zu machen. Tatsächlich ist eine enorme Bereitschaft zur Auswanderung (wobei sicherlich die schrecklichen »Erfahrungen« mit dem Dritten

Reich das Hauptmotiv bildeten!) vor allem im Jahr 1938 (wie die folgende Graphik zeigt) festzustellen. Die starke Herabsetzung der jüdischen Einwanderungsquote durch die britische Regierung (»Macdonald White Paper« vom 17. Mai 1939) und vorher schon die verhängnisvollen Ergebnisse der Konferenz von Evian (Juli 1938) haben weithin der jüdischen Auswanderung die Türen verschlossen und die Juden den Schrecken der kommenden Jahre, bis hin zum Holocaust, ausgeliefert.

»Die Konferenz von Evian im Juli 1938 hatte gezeigt, daß die freie Welt nicht bereit oder nicht fähig war, den vom nationalsozialistischen Deutschland bedrohten Juden Zuflucht zu gewähren. Damals hatte allein die Dominikanische Republik moralische und politische Courage bewiesen und sich bereit erklärt, in großem Umfang jüdische Flüchtlinge aufzunehmen, während die übrigen dreißig auf der Konferenz vertretenen Staaten – einschließlich Großbritanniens und der Vereinigten Staaten von Amerika – es abgelehnt hatten, den bedrängten europäischen Juden ihre Grenzen zu öffnen. Seither blieb den Bedrängten und Verfolgten, deren verzweifelte Lage spätestens in der ›Kristallnacht‹ offensichtlich geworden war und deren Zahl sich nach dem deutschen Einmarsch in die Tschechoslowakei noch erhöht hatte, nur die Hoffnung auf Palästina. Als Großbritannien in dieser Situation den Flüchtlingen auch die Tore Palästinas bis auf einen schmalen Spalt verschloß und damit eine unbekannte Zahl europäischer Juden, denen die Flucht damals noch möglich gewesen wäre, dem Verhängnis preisgab, konnte es nicht überraschen, daß viele Juden mit erbitterter Feindschaft reagierten und der britischen Regierung auch im Rückblick auf ihre bisherige Palästinapolitik den ehrlichen Willen zu einer für die Zionisten annehmbaren Lösung absprachen.«[215]

Vom Jahr 1940 an wurde von Adolf Eichmann, der sich bereits als Generalgouverneur eines Judenstaates sah, der Plan favorisiert, die Juden nicht in Palästina, sondern auf der ostafrikanischen Insel Madagaskar[216] anzusiedeln, die nach dem nationalsozialistischen »Endsieg« von Frankreich an Deutschland abzutreten sei. Selbst Adolf Hitler hat bei einer Begegnung mit Benito Mussolini am 18. Januar 1940 erklärt: »Man könnte einen israelitischen Staat auf Madagaskar errichten.«[217]

Alle Auswanderungspläne fanden ihr Ende am 1. Oktober 1941. Anfang November 1941 ordnete der Reichsführer SS Himmler an, mit sofortiger Wirkung sei jede Auswanderung von Juden zu verhindern. Die folgende Graphik[218] zeigt überaus instruktiv die zwei Etappen der nationalsozialistischen Judenpolitik: zunächst Möglichkeit der Auswanderung, dann Deportation und Vernichtung.

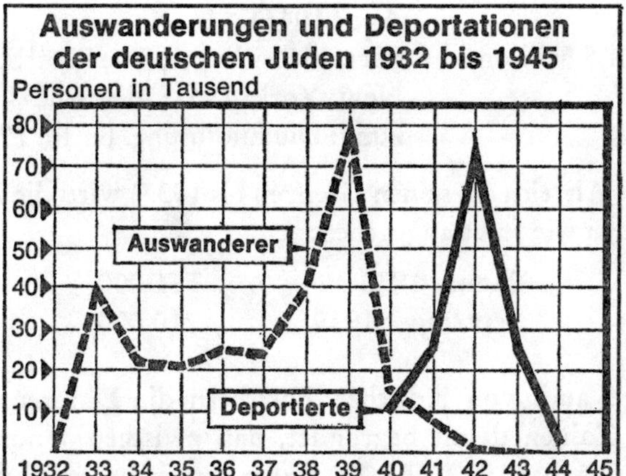

Auswanderungen und Deportationen der deutschen Juden 1932 bis 1945. Aus: Höhne Heinz, Der Orden unter dem Totenkopf. Die Geschichte der SS. Bertelsmann, Gütersloh o. J., 306.

Über die Zahl der Juden, die während der NS-Zeit ihr Leben meist unter unmenschlichen Folterungen lassen mußten, liegt ein recht unterschiedliches Zahlenmaterial vor. Es soll dabei nicht auf neonazistische Geschichtsklitterungen eingegangen werden, die das Zahlenmaterial bewußt »herabspielen«, um die These belegen zu können, »daß es gar nicht so schlimm gewesen sei«. Aber selbst unter seriösen Forschern schwanken die Zahlen der getöteten Juden erheblich:

7 Millionen	(M. Perlzweiz, Leiter des Politischen Departements des Jüdischen Weltkongresses, Frühsommer 1946)
5 721 500	(Anglo-American Committee, April 1946)
4,2 bis 4,8 Millionen	(Gerald Reitlinger, The Final Solotion. New York 1961; deutsche Übersetzung: Die Endlösung. Berlin 1961)

Für das Altreich (in seinen Grenzen bis 1937) wird die Zahl der Juden wie folgt angegeben:

Januar 1933	561 000
September 1939	210 000

Es wird auch von jüdischen Forschern die Differenz dieser beiden Zahlen damit begründet, daß zwischen Januar 1933 und September 1939 351 000 Juden ausgewandert sind.
Die Verluste der Juden in den Schrecken der Konzentrations- und Vernichtungslager werden mit knapp 180 000 Juden angegeben. Wenngleich ein exaktes und verläßliches Zahlenmaterial nicht vorliegt, so kann doch mit einem hohen Maß an Wahrscheinlichkeit folgendes Zahlenmaterial vorgelegt werden, aus dem sich die erschütternde Gesamtzahl von 5 bis 6 Millionen jüdischer Opfer ergibt.

Schätzungen über den Umfang des jüdischen Holocaust:[219]

	Mindest-zahl	Höchst-zahl	Schätzungen des Anglo-Amerikan. Komitees, April 1946
Deutschland (Grenzen von 1937)	160 000	180 000	195 000
Österreich	58 000	60 000	53 000
Tschechoslowakei (Grenzen von 1937)	233 000	243 000	255 000
Dänemark	(weniger als 100)		1 500 (meist Flüchtlinge in Schweden)
Frankreich	60 000	65 000	140 000
Belgien	25 000	28 000	57 000
Holland	104 000	104 000	120 000
Luxemburg	3 000	3 000	3 000
Norwegen	700	700	1 000
Italien	8 500	9 500	20 000
Jugoslawien	55 000	58 000	64 000
Griechenland	57 000	60 000	64 000
Bulgarien (Vorkriegsgrenzen)	—	—	5 000
Rumänien (Vorkriegsgrenzen)	200 000	220 000	530 000
Ungarn (Grenzen vor Erstem Wiener Schiedsspruch)	180 000	200 000	200 000
Polen (Vorkriegsgrenzen)	2 350 000	2 600 000	3 271 000
Sowjetunion (Vorkriegsgrenzen plus baltische Staaten)	700 000	750 000	1 050 000
			6 029 500
		Abzüglich DPs	308 000
	4 194 200	4 851 200	5 721 500

Ein ganz neues Detail über das Vernichtungslager Auschwitz ist erst anfangs 1979 durch den amerikanischen Historiker David S. Wyman unter der Schlagzeile: »Alliierte wußten von Auschwitz« der Weltöffentlichkeit bekannt gemacht worden. Die US Air Force hat in der Zeit zwischen dem 4. April 1944 und dem 14. Januar 1945 viermal mit über 1700 Großflugzeugen Auschwitz überflogen und Luftaufnahmen gemacht. »Die Luftaufnahmen von Auschwitz waren ein zufälliges Nebenergebnis von Lufterkundungen der IG Farben-Fabrik, die nur acht Kilometer von Auschwitz entfernt synthetisches Benzin produzierte. Die Fabrik war im letzten Kriegsjahr mehrfach von amerikanischen und britischen Flugzeugen bombardiert worden. Die Bilder zeigen nicht nur Gaskammern und Krematorien, sondern auch Häftlinge, die zur Desinfektion anstehen. Auf einem Foto sind 1500 Menschen zu sehen, wie sie von den Eisenbahnwaggons zum Lager gebracht werden ... Die Zerstörung der Eisenbahnverbindungen nach Auschwitz hätte möglicherweise den Transport von einer Million Juden aus Ungarn in das Vernichtungslager verhindern können, die genau um diese Zeit nach Auschwitz gebracht wurden.«[220]

Was die Erinnerung an die Judenpogrome für das deutsche Volk bedeutet und auch künftig bedeuten wird, hat der erste Bundespräsident der Bundesrepublik Deutschland Theodor Heuss anläßlich einer Feierstunde der Gesellschaft für christlich-jüdische Zusammenarbeit in Wiesbaden (am 7. Dezember 1949) vor der ganzen Weltöffentlichkeit bekannt:

»... Es hat keinen Sinn, um die Dinge herumzureden. Das scheußliche Unrecht, das sich am jüdischen Volke vollzogen hat, muß zur Sprache gebracht werden in dem Sinne: Sind wir, bin ich, bist du schuld, weil wir in Deutschland lebten, sind wir mitschuldig an diesem teuflischen Verbrechen? Das hat vor vier Jahren die Menschen im In- und Ausland bewegt. Man hat von einer ›Kollektivschuld‹ des deutschen Volkes gesprochen. Das Wort Kollektivschuld und was dahintersteht,

*ist aber eine simple Vereinfachung, es ist eine Umdrehung, nämlich der Art, wie die Nazis es gewohnt waren, die Juden anzusehen: daß die Tatsache, Jude zu sein, bereits das Schuld*phänomen in sich eingeschlossen habe.

Aber etwas wie eine Kollektivscham ist aus dieser Zeit gewachsen und geblieben. Das Schlimmste, was Hitler uns angetan hat – und er hat uns viel angetan –, ist doch dies gewesen, daß er uns in die Scham gezwungen hat, mit ihm und seinen Gesellen gemeinsam den Namen Deutschland zu tragen . . .

Für uns in Deutschland sind diese Fragen besonders gestellt. Aber sie gehen die ganze Welt an. Wir zuerst müssen sie in aller Ernsthaftigkeit aufnehmen, weil sie bei uns in dieser sinnlosen, teuflischen Art behandelt wurden. Aber auch die andere Welt hat die Aufgabe, diese Dinge zu behandeln, nicht nur wir selbst . . . Es geht alle *Völker an,* alle *Kirchen. Seine letzte Antwort findet es in der Seele des* einzelnen Menschen.

. . . Der Haß folgt der Tragödie des Herzens; er ist billig und bequem. Die Liebe ist immer ein Wagnis. Aber nur im Wagen wird gewonnen.«

Was geschehen ist, kann weder durch Milliarden Mark »wiedergutgemacht« noch durch Gegenrechnungen »neutralisiert« werden. Man erweist den jüdischen Opfern keinen Dienst, indem man die Zahlen fahrlässig »herunterspielt«, noch in den Geruch der Übertreibung und damit der Unglaubwürdigkeit bringt.

»Schließlich geht es darum, daß die tatsächlichen Opfer der braunen Gewaltherrschaft ihr verpflichtendes Gedenken und ihre Glaubwürdigkeit nicht auf die Dauer durch fiktive Zahlen verlieren. Man würde ihnen sonst neben dem hingegebenen Leben auch noch die Erinnerung auslöschen und sich dadurch doppelt an ihnen schuldig machen. Das gilt in gleicher Weise auch für die Leiden und Opfer der deutschen Heimatvertriebenen, unter deren 2,2 Millionen Toten *sich auch un-*

gezählte ›fernsehreife‹ Familiendramen fänden. Ihren Opfergang zu ›Transfer‹ und ›Bevölkerungsverschiebung‹ herunterzuspielen, wie dies die einschlägigen deutsch-polnischen Schulbuchempfehlungen in wenig pietätvoller Weise unternehmen, bedeutete, daß es letztlich gedenkwürdige und weniger erinnerungswürdige Tote gäbe; eine Vorstellung, die dem Moral- und Sittlichkeitsempfinden einer Kulturnation zur Schande gereichen würde.
Nicht Gegen- oder Aufrechnung, sondern gemeinsame Betroffenheit über die Leiden der Vergangenheit scheint am Platze, um über den Gräbern der Millionen Opfer – jüdischer, polnischer, russischer wie deutscher – zu Gestaltung einer besseren und glücklicheren Zukunft zu gelangen. Erst wenn dies geschieht, werden die Nachkommen aus der Geschichte ihrer Väter und Vorfahren die richtigen Lehren gezogen haben und einer Wiederholung des Holocaust in Ost und West, in Nord und Süd jede Aussicht nehmen; der vielleicht größte und letzte Sinn dieser bislang unerhörten Opfer unserer jüngsten deutschen Vergangenheit.«[221]

Judenverfolgung und christliche Solidarität

Am 10. November 1938, dem Tag nach der »Reichskristallnacht«, da die angezündeten und geschändeten Synagogen noch rauchten und die Glasscherben der eingeschlagenen Fensterscheiben jüdischer Geschäfte noch auf den Straßen lagen, sagte der Dompropst von Berlin, Prälat Bernhard Lichtenberg, in einer Predigt: »Was gestern war, wissen wir, was morgen ist, wissen wir nicht, aber was heute geschehen ist, das haben wir erlebt: Draußen brennt der Tempel – das ist auch ein Gotteshaus!«
Damit war in einer schweren Notzeit eine klare christlich-jüdische Solidarität ausgesprochen. Wie standen aber wirklich die führenden Männer und das einfache Volk der christlichen

Kirchen zu den verfolgten Juden? Rolf Hochhuth hat in seinem Tendenzstück »Der Stellvertreter« (uraufgeführt in Berlin am 17. Februar 1963) geglaubt, dem Papst Pius XII. (1939–1958) und der katholischen Kirche den massiven Vorwurf machen zu müssen, sie hätten geschwiegen und nicht mutig und energisch genug gegen die Judenverfolgungen Stellung genommen. Wie war die geschichtliche Wirklichkeit?

Zunächst verdient festgehalten zu werden, daß die Juden selbst – wie auch schon in früheren Verfolgungszeiten – religiöse Ermutigung und Tröstung aus ihrer biblisch-alttestamentlichen Tradition empfangen haben. Darüber hinaus hatten die Juden gut organisierte Vereinigungen (z. B. Reichsvereinigung der Juden in Deutschland, Reichsbund jüdischer Frontsoldaten, Reichvertretung der deutschen Juden, Centralverein deutscher Staatsbürger jüdischen Glaubens, Zentralausschuß für Hilfe und Aufbau, Jüdische Sozial- und Auswanderungsfürsorge), die über erhebliche Finanzmittel verfügten. Gegenüber den wohlhabenden Glaubensjuden hatten jedoch unbemittelte, jüdische Bürger größte Schwierigkeiten bei einem Antrag auf Auswanderung und bei der Bezahlung der Auwanderungsgebühr bzw. »Reichsfluchtsteuer«, besonders dann, wenn es sich um getaufte Juden handelte. Für diese setzten sich im katholischen Bereich neben dem deutschen Caritas-Verband ein der »St.-Raphaels-Verein«, außerdem der 1935 gegründete »Hilfsausschuß für katholische Nichtarier«, das 1934 errichtete »Caritas-Notwerk«, ab 1938 das »Hilfswerk beim Bischöflichen Ordinariat Berlin«, 1939 die »Caritas-Reichsstelle für nichtarische Katholiken«, in Österreich die »Auswanderungshilfsorganisation für nichtmosaische Juden in der Ostmark« und die 1940 von Kardinal Innitzer errichtete »Erzbischöfliche Hilfsstelle für nichtarische Katholiken« in vielfältiger Weise ein.

Im evangelischen Bereich setzten sich für auswanderungswillige und verfolgte Juden besonders ein die »Evangelische Hilfsstelle für die Opfer der Nürnberger Gesetze« (vom rhei-

nischen Pfarrer Hinrich Grüber 1937 in Berlin aufgebaut), der »Bruderrat der Bekennenden Kirche in Köln« (Pastor Encke) und der »Paulsbund«. Neben menschlicher und gläubiger Tröstung wie auch neben finanzieller Unterstützung handelte es sich bei den Hilfen durch die christlichen Kirchen vor allem um Mithilfe bei der Erlangung der erforderlichen Visa und Einreisegenehmigungen (z. B. nach Holland, Frankreich, Brasilien) und bei der Ausstellung von Personalausweisen, Pässen, Taufscheinen und anderen Dokumenten.
Aus einer Vielzahl von Dokumenten sollen nur einige ausgewählt werden als Zeugen der christlich-jüdischen Solidarität.

■ *Auszug aus dem Hirtenbrief der deutschen Bischöfe vom 8. Juni 1933*

»... Freilich vergessen wir über unserer Liebe zum Volk und Vaterland die natürliche und christliche Verbundenheit mit den anderen Völkern und Völkerfamilien nicht, sondern denken an das große, weltweite Gottesreich auf Erden, das der Heiland dazu berief, alle Menschen ohne Unterschied der Sprache und der Zeit, der Nation und Rasse erlösend zu umfassen ... Nur glauben wir, daß eine Volkseinheit sich nicht durch die Blutsgleichheit, sondern auch durch die Gesinnungsgleichheit verwirklichen läßt, und daß bei der Zugehörigkeit zu einem Staatswesen die ausschließliche Betonung der Rasse und des Blutes zu Ungerechtigkeiten führt, die das christliche Gewissen belasten, vor allem, wenn sie Mitmenschen treffen, die in Christus durch das heilige Sakrament der Taufe wiedergeboren sind und ein ›neues Geschöpf‹ in ihm wurden. Was bisher für jede Volksgemeinschaft galt, daß die Gerechtigkeit die Grundlage aller Volkswohlfahrt sei, muß erst recht bei der Neuordnung des deutschen Volkswesens gelten. Diese Gerechtigkeit darf auch dem bisherigen Feinde gegenüber nicht versagen, sondern muß, zumal bei seiner Ver-

urteilung und Bestrafung, weniger an die rücksichtslose Ausmerzung als an ihre Besserung und Wiedergewinnung für die Volksfamilie denken ... Wir vertrauen, daß die Gerechtigkeit sich nunmehr auch jenen gegenüber großmütig bewähre, die bisher unter den Zusammenbrüchen, Umschaltungen und Ausschaltungen Unsägliches erlitten und unser innigstes Mitleid verdienen ...«

■ *Gutachten*[222] *der Theologischen Fakultät der Universität Marburg über den Arierparagraph (vom 19. September 1933)*

»... Die Fakultät hält die beiden grundsätzlichen Bestimmungen der §§ 1 und 3 bzw. 11 (des Gesetzes über die Rechtsverhältnisse der Geistlichen und Kirchenbeamten) für unvereinbar mit dem Wesen der christlichen Kirche, wie es durch die allein maßgebende Autorität der Heiligen Schrift und das Evangelium von Jesus Christus bestimmt und durch die Bekenntnisse der Reformation bezeugt ist. Sie weist zugleich darauf hin, daß das vom Deutschen Reich mit dem Päpstlichen Stuhl abgeschlossene Konkordat (Vertrag zwischen Staat und Kirche) über die Rechtsverhältnisse der katholischen Kirche in Deutschland nichts enthält, was diesen Bestimmungen entspricht.
Die erste der Bestimmungen (§ 1 Abs. 1, § 3 Abs. 1) bedroht die an Gottes Wort und das glaubende Gewissen gebundene Unabhängigkeit der Geistlichen in ihrer Verkündigung und Seelsorge und die Beamten der Kirche in ihrer Amtsführung und bringt sie in Gefahr, ihre persönliche Verantwortung der Beugung unter subjektive und zeitliche, politische oder kirchenpolitische Einstellungen vorgesetzter Dienststellen, kirchlicher Gruppen oder auch außerkirchlicher Instanzen unterzuordnen. Die Gefahr ist um so größer als der Gesetzesbefehl unbestimmt dehnbar gefaßt ist und als für seine Anwendung ausdrücklich ein rechtlich geordnetes Beweisverfahren ausgeschlossen wird ...

Die zweite der grundsätzlichen Bestimmungen (§ 1 Abs. 2, § 3 Abs. 2) macht die Kirchenglieder nichtarischer Herkunft zu Kirchengliedern minderen Rechtes und minderer Würde, sofern ihnen und auch den mit ihnen verehelichten Kirchengliedern arischer Abstammung die Amtsfähigkeit in der christlichen Gemeinde grundsätzlich abgesprochen wird. – Daß die Botschaft von Jesus Christus als dem Heiland der Welt an alle Völker und somit auch an alle Rassen gerichtet ist, und daß demgemäß alle, die ihr glauben und auf sie getauft werden, zur Kirche Christi gehören, ist unbestritten. Die Glieder der Kirche sind untereinander Brüder. Der Begriff des Bruders schließt jede Rechtsungleichheit ebenso wie überhaupt jede in irdischen Verhältnissen unvermeidbare Geschiedenheit aus ... Der Jude, der im Gesetz und den Propheten seines Volkes die Weissagung auf Christus erkennt, sich bekehrt und taufen läßt, ist für die Kirche nicht mehr Jude ... Die Kirche kann ihre Einheit des Leibes Christi, zu dem alle Gläubigen durch den einen Geist getauft sind, nicht preisgeben. Sie kennt keinen anderen Scheidungsgrund als Unglauben und Irrlehre, wenn und solange sie diese nicht mit dem Beweis des Geistes und der Kraft zu überwinden vermag. – Man darf nicht sagen, daß diese Einheit nur von der unsichtbaren Kirche gelte, während in der sichtbaren die auch sonst Menschen scheidenden Schranken geachtet und gewahrt werden müßten. Die sichtbare Kirche hat sich im Maß des irdisch Möglichen nach dem Bilde der unsichtbaren zu gestalten, wenn ihr der Glaube an diese Wahrheit ist. – Man darf weiter nicht einwenden, daß Rasse und Volkstum als Schöpfungsordnungen von der Kirche nicht zu ignorieren, sondern zu respektieren seien. Gewiß wäre die Tatsache, daß die Kirche sich an diesem Punkt in ihrer ganzen bisherigen Geschichte verfehlt hätte, kein Grund, besserer Erkenntnis nicht jetzt um so entschiedener zu folgen. Indessen ist die Berufung auf die Schöpfungsordnung in diesem Zusammenhang irrig. Mag die Kirche der ernsten Frage und Aufgabe, die ihr Rasse und Volkstum in der Tat stellen, in ihrer Predigt und Seelsorge nicht immer gerecht geworden sein ... daß sie ihnen in der Kirchenverfassung keine Sonderrechte zugestanden hat, entspricht gerade der im Glauben zutreffend erkannten wahren Ordnung der Schöpfung, die nichts anderes ist als Gottes einige Herrschaft über alle, die er geschaffen hat, und sein erlösendes Gericht über die Sünde, unter die alle beschlossen sind ... Wer die volle Einheit zwischen jüdischen und nichtjüdischen Christen in der Kirche, wie sie im Neuen Testament am eindrücklichsten der Epheserbrief entwickelt, nicht mit den Aposteln und Reformatoren erkennen und in der Verfassung der Kirche nicht grundsätzlich verwirklichen will, täuscht sich selbst, wenn er bekennt, daß ihm die Heilige Schrift Gottes Wort und Jesus Gottes Sohn und aller Menschen Herr sei ... Die Versuche, in Jesus einen arischen Menschen zu erkennen, sind ohne jede geschichtliche Grundlage und bleiben zudem wirkungslos, da seine Botschaft Gesetz und Propheten der Juden als Gottes Offenbarung voraussetzt und seine Apostel jedenfalls Juden waren. Seiner Geburt aus Davids Stamm mit dem Hinweis auf seine Gottessohnschaft die heilsgeschichtliche Bedeutung absprechen, heißt den Glaubenssinn der Gottessohnschaft völlig mißverstehen. Aus der Kreuzigung Jesu durch das jüdische Volk einen Grund für die Entrechtung von Christen jüdischer Abstammung zu machen, ist pharisäische Verirrung. Mit alledem wird die Heilsgeschichte, die Gott geschehen ließ, von Menschen gerichtet, die sich ihrer schämen, und der Dienst der Weltgeister neben dem Christi aufgerichtet ...

Der erste Artikel der Verfassung der deutschen Evangelischen Kirche vom 11. Juli 1933 (vgl. Nr. 67) lautet: ›Die unantastbare Grundlage der Deutschen Evangelischen Kirche ist das Evangelium von Jesus Christus, wie es uns in der Heiligen Schrift bezeugt und in den Bekenntnissen der Reformation neu ans Licht getreten ist. Hierdurch werden die Vollmachten, deren die Kirche für ihre Sendung bedarf, bestimmt und begrenzt.‹ – Wenn mit diesen Sätzen theologisch Ernst gemacht werden soll, so ist eine politische oder kirchenpolitische Fesselung kirchlicher Verkündigung ebenso wie eine Beschränkung der Rechte nichtarischer Christen in der Kirche damit unvereinbar.

Die Theologische Fakultät der Universität Marburg
Der Dekan: D. von Soden«

■ *Auszug aus der Enzyklika »Mit brennender Sorge« des Papstes Pius XI. (vom 14. März 1937)*

»Wer die Rasse oder das Volk oder den Staat oder die Staatsform, die Träger der Staatsgewalt oder andere Grundwerte menschlicher Gemeinschaftsgestaltung – die innerhalb der irdischen Ordnung einen wesentlichen und ehrengebietenden Platz behaupten – aus dieser ihrer irdischen Wertskala herauslöst, sie zur höchsten Norm aller, auch der religiösen Werte macht und sie mit Götzenkultur vergöttert, der verkehrt und fälscht die gottgeschaffene und gottbefohlene Ordnung der Dinge ... Gott hat in souveräner Fassung seine Gebote gegeben. Sie gelten unabhängig von Zeit und Raum, von Land und Rasse. So wie Gottes Sonne über allem leuchtet, was Menschenantlitz trägt, so kennen auch seine Gesetze keine Vorrechte und Ausnahmen ... Nur oberflächliche Geister können der Irrlehre verfallen, von einem nationalen Gott, von einer nationalen Religion zu sprechen, können den Wahnversuch unternehmen, Gott ... in die Grenzen eines einzelnen Volkes, in die blutmäßige Enge einer einzelnen Rasse einkerkern zu wollen ...«

■ *Erklärung des Papstes Pius XII. (1940)*

In einer Audienz erklärte (wie Monsignore Giovanni B. Montini, der spätere Papst Paul VI., am 13. Mai 1940 notierte) Papst Pius XII. gegenüber dem italienischen Botschafter:

»Wir müßten Worte des Feuers gegen die furchtbaren Dinge (die in Polen vor sich gehen) aussprechen und nur das Wissen, daß wir das Schicksal dieser Unglücklichen verschlimmerten, wenn wir noch härter sprächen, hält uns davon ab, es zu tun.«[223]

- *Auszug aus dem Memorandum des SS- und Polizeiführers Dr. Harster (vom 30. Juli 1942)*

Dem mutigen Protest der holländischen Bischöfe vom 26. Juli 1942 gegen die Deportationen getaufter Juden folgten als nationalsozialistische Antwort und Racheaktion unzählige Haftbefehle für katholische Juden.

»Da die katholischen Bischöfe sich – ohne beteiligt zu sein – in die Angelegenheiten gemischt haben, werden nunmehr die sämtlichen katholischen Juden noch in dieser Woche abgeschoben. Interventionen sollten nicht berücksichtigt werden.«[224]

Die Deportationen katholisch getaufter Juden aus Holland sind in einem Münchner Schwurgerichtsprozeß[225] gegen Dr. Harster nochmals zur Sprache gekommen, wobei auch die Gründe aufgedeckt wurden, warum damals zur plötzlichen Deportation nur die katholisch getauften Juden, nicht aber die protestantisch getauften Juden gekommen sind.

»Bei dem Münchener Prozeß gegen den Judenmörder in Holland, den ehemaligen SD-Chef Dr. Harster, *ist auch eine Frage beleuchtet worden, die im Gefolge der Hochhuth-Diskussionen besonders interessierte: ob der im Jahre 1942 von allen Kanzeln verlesene feierliche Protest der katholischen Bischöfe Hollands gegen die Judenverfolgungen eine Wirkung hatte. Der Vertreter der Nebenkläger beim Münchener Prozeß, Dr. Kempner, der auch die Angehörigen Edith Steins vertrat, stellte in den Verhandlungen unter anderem die*

Frage an Harster, warum es zur plötzlichen Deportation auch der katholisch getauften Juden Hollands (worunter Edith Stein war) gekommen sei. Harster sagte dazu, die Kirchen hätten sich, als über die bevorstehenden Deportationen die ersten Nachrichten bekannt wurden, an den Reichskommissar in Holland gewandt. ›Daraufhin versprach man ihnen, daß die christlichen Juden verschont würden. Allerdings erwarte man dafür auch, daß die Kirchen sich ruhig verhalten.‹ Die protestantischen Kirchen hätten sich danach gerichtet, und so sei den protestantisch getauften Juden Hollands nichts geschehen. Die katholischen Bischöfe wollten diesen Preis nicht zahlen, um stillezuhalten. Nach der Verlesung ihres Protesthirtenbriefes diktierte Harster damals eine Aktennotiz, die dem Gericht im Original vorlag: ›Da die katholischen Bischöfe sich ohne Grund in die Sache eingemischt haben, sollen alle katholischen Juden abtransportiert werden.‹«

- *Schreiben des Kardinals Karl Theodor Innitzer/Wien an Papst Pius XII. (vom 3. April 1943)*

»Wien, 3. April 1943

Eure Heiligkeit!
Schon mehrere Male hatte ich mir erlaubt, mich wegen der bedrängten Lage der nichtarischen Katholiken meiner Diözese an Eure Heiligkeit zu wenden, und ich habe stets das vollste Verständnis, die väterliche Güte und Hilfe Eurer Heiligkeit erfahren. Das gibt mir den Mut, mich nochmals ganz ergebenst an Eure Heiligkeit zu wenden.
Die bisherigen Aktionen gegen die Nichtarier in Wien sind zu einem gewissen Abschluß gekommen. Es sind in den Jahren 1941 und 1942 insgesamt ca. 5000 Juden von Wien nach dem Osten evakuiert worden, darunter etwa 1000 Katholiken. Zur Zeit sind in Wien noch etwa 7000 Nichtarier, davon sind rund 2800 Katholiken. Der größte Teil der hier verbliebenen Nichtarier lebt in rassischer Mischehe.

Zu allen bisherigen harten Maßnahmen gegen die Juden scheint nunmehr auch als letzte die zwangsweise Scheidung aller bestehenden Mischehen unmittelbar bevorzustehen. Davon würden in Wien ca. 5000 Mischehen betroffen, von denen gut die Hälfte katholisch sind. Die Durchführung der Ehescheidung, die auf Grund eines neuen Gesetzes erfolgen soll, bedeutet für den nichtarischen Teil Evakuierung in den Osten, ein Zerreißen der bestehenden, zumeist kirchlich geschlossenen Ehe, ein unsicheres Schicksal der vielen Mischlingskinder aus diesen Ehen, natürlich auch in vielen Fällen für den zurückbleibenden arischen Teil schwere wirtschaftliche und seelische Not. Um so härter trifft alle Beteiligten dieses Los, weil sie sich durch die Mischehe einmal bisher irgendwie für gesichert gehalten haben, wenn sie auch oft in den letzten Jahren viel seelische Not durchmachen mußten. Dazu wurden sie in der letzten Zeit noch durch die Heranziehung des nichtarischen Teiles zum Arbeitseinsatz in ihrer ganzen Lebensführung aufs schwerste betroffen.

Ich gestatte mir, die vorher gemachte Mitteilung Eurer Heiligkeit zur persönlichen Information zu unterbreiten. Das mir stets nahegehende herzzerreißende Leid so vieler meiner Diözesanen und ihr namenloses Elend läßt mich Eure Heiligkeit innigst und inständigst bitten und anflehen, alles was etwa in der Macht Eurer Heiligkeit steht, zu veranlassen und versuchen, daß die geplanten Maßnahmen wenn möglich unterbleiben oder durch Ausführungsbestimmungen wenigstens die kirchlich geschlossenen Ehen vor dem drohenden Unheil bewahrt bleiben.

Indem ich in tiefster Verehrung die Hand Eurer Heiligkeit küsse verharre ich demütigst als

Eurer Heiligkeit . . .«[226]

■ *Auszug aus dem Hirtenbrief der deutschen Bischöfe (vom 19. August 1943)*

»Sonst aber gilt für sie (d.h. die Obrigkeit) wie für jede Privatperson: Du darfst nicht töten, du darfst Leib und Leben eines unschuldigen Menschen nicht direkt verletzen und vernichten ... Tötung ist in sich schlecht, auch wenn sie angeblich im Interesse des Gemeinwohls verübt wurde: an schuld- und wehrlosen Geistesschwachen und -kranken, an unheilbar Siechen und tödlich Verletzten, an erblich Belasteten und lebensuntüchtigen Neugeborenen, an unschuldigen Geiseln und entwaffneten Kriegs- oder Strafgefangenen, an Menschen fremder Rassen und Abstammung. Auch die Obrigkeit kann und darf nur wirklich todeswürdige Verbrecher mit dem Tode bestrafen.«

■ *Ausstellung von »Taufscheinen« für Juden (1944)*

Während seiner Tätigkeit als Apostolischer Legat für die Türkei und Griechenland hat der Erzbischof Giovanni Roncalli, am 28. Oktober 1958 zum Papst Johannes XXIII. gewählt († 1963), durch Ausstellung von »Taufscheinen« viele Juden vor dem sicheren Tod gerettet. Adolf Eichmann hatte 1944 den sogenannten »Blut-Ware-Plan« entwickelt, wonach eine Million Juden im Austausch gegen 10 000 Lastwagen an die Alliierten ausgeliefert werden sollten.[227]

»Um jene Zeit empfing Erzbischof Roncalli, der Apostolische Legat für die Türkei und Griechenland, Mister Ira Hirschmann, den Sonderbevollmächtigten des Kriegsflüchtlingsamts der USA ..., der mit Yoel Brand über Eichmanns ›Blut-für-Waren‹-Plan verhandeln sollte. Mr. Hirschmann berichtete Roncalli von der Notlage mehrerer Tausend Juden, einschließlich einer Anzahl von Kindern, die zur Deportation nach Auschwitz und damit zur Tötung vorgesehen waren. Der Erzbischof stellte unverzüglich Tausende von ›Taufscheinen‹ für die zum Untergang verurteilten Juden zur Verfügung, ohne irgendwelche Bedingungen daran zu knüpfen und Tausende wurden vor den Öfen der Nationalsozialisten gerettet. Diese

massenhafte Verteilung von Taufscheinen erhielt später den irreführenden Namen ›Unternehmen Taufe‹. Dabei wurde nicht ein einziger Jude getauft; doch dieses Unternehmen überzeugte Millionen davon, daß am Christentum mehr dran war als frömmelndes Salbadern.«

- *Dank von Moshe Sharett (des späteren, zweiten Ministerpräsidenten des Staates Israel) an Papst Pius XII. (am 22. April 1945)*

»Ich sagte ihm, meine erste Pflicht sei es, ihm und durch ihn der katholischen Kirche im Namen der jüdischen Öffentlichkeit für all das zu danken, was die Kirche in den verschiedenen Ländern getan habe, um Juden zu helfen und Kinder und Juden im allgemeinen zu retten ... Wir sind der katholischen Kirche tief dankbar für das, was sie in jenen Ländern getan hat, um zu helfen, daß unsere Brüder gerettet werden konnten.«[228]

Nach Abschluß des Zweiten Weltkriegs (1945) hat es viele Stimmen aus dem christlichen Lager gegeben, die einerseits anklagend bekannten, zu wenig für die verfolgten Juden getan zu haben, die aber anderseits – provoziert ebenso durch das Tendenzstück »Der Stellvertreter« von Rolf Hochhuth (1963) wie vor allem durch den in Deutschland und Österreich gezeigten, vierteiligen Fernsehfilm »Holocaust« (1978/79) – Denkanstöße zu einer gerechten Beurteilung und zu einer schmerzlichen Gewissenserforschung vermittelten.

- *Ein Wort zur Judenfrage vom Reichsbruderrat der Evangelischen Kirche in Deutschland (vom 8. April 1948)*[229]

»Darmstadt, 8. April 1948

I.

Im Gehorsam gegen unseren Herrn Jesus Christus hat der

Reichsbruderrat in ernster gemeinsamer Arbeit unter dem Wort der Heiligen Schrift die brennende Frage über Judentum und christliche Gemeinde durchdacht, und wir meinen, nicht mehr länger in dieser Frage, die uns als Last auf dem Herzen liegt, schweigen zu dürfen. Man kann uns mit Recht sagen, daß wir nach dem, was geschehen ist und was wir schweigend geschehen ließen, keine Vollmacht hätten, jetzt zu reden. Wir sind betrübt über das, was in der Vergangenheit geschah, und darüber, daß wir kein gemeinsames Wort dazu gesagt haben. Wir vergessen nicht, daß eine Reihe von Pfarrern und Gemeinden dieses Wort fanden, sprachen und dafür litten, und danken dafür Gott und den Brüdern. Wir danken allen denen, die im In- und Ausland uns mit alten und neuen Erkenntnissen unter dem Wort Gottes geholfen und mit der Tat mahnende Zeichen aufgerichtet haben.
Jetzt, wo uns vergolten wird, was wir an den Juden verschuldet haben, wächst die Gefahr, daß wir uns vor dem Gericht Gottes in einen neuen Antisemitismus flüchten und so noch einmal das alte Unheil heraufbeschwören. In dieser Gefahr und in dieser Anfechtung trifft uns Gottes Wort und hilft uns, dem Juden recht zu begegnen. Gedrängt von diesem Wort reden wir, weil die Sorge um die Zukunft und die Last der Vergangenheit schwer auf uns liegt und weil der Dank gegen alle die, welche als einzelne geredet, gehandelt und gelitten haben, uns verpflichtet.«

▪ *Stellungnahme des Kardinals Giovanni B. Montini zu den Vorwürfen gegen Papst Pius XII. (1963)*

In einem Brief an den Direktor der englischen Zeitschrift »The Tablet« (veröffentlicht in der Nummer vom 29. Juni 1963, Seite 714–715) antwortete Kardinal Montini (engster Mitarbeiter des Papstes Pius XII. im vatikanischen Staatssekretariat und am 21. Juni 1963 zum Nachfolger dieses Papstes gewählt) auf die Vorwürfe vor allem von Rolf Hochhuth und verwies im wesentlichen auf zwei Gründe: Sprechen war gefährlich für die Opfer – und, in jedem Fall, völlig nutzlos.

»Warum es schließlich Pius XII. nicht auf einen offenen Konflikt mit Hitler ankommen ließ, um so Millionen Juden vor dem nazistischen Blutbad zu retten – das ist für denjenigen nicht schwer verständlich, der nicht den Fehler Hochhuths begeht und die Möglichkeiten einer wirksamen und verantwortungsvollen Aktion in jener schrecklichen Zeit des Krieges und der nazistischen Gewaltherrschaft mit dem Maßstab beurteilt, was man unter normalen Umständen hätte tun können, das heißt, in der willkürlichen und hypothetischen Situation, die der Phantasie eines jungen Komödiographen entsprungen ist. Eine Verurteilung und ein Protest vor aller Welt, den nicht ausgesprochen zu haben man dem Papst vorwirft, wäre nicht nur unnütz, sondern sogar schädlich gewesen. Das ist alles. Die These des Stellvertreters offenbart ein ungenügendes Einfühlungsvermögen in die psychologische, politische und geschichtliche Wirklichkeit und sucht die Wirklichkeit mit künstlichem Flitterwerk zu umgeben. Gesetzt den Fall, Pius XII. hätte das getan, was ihm Hochhuth vorwirft, nicht getan zu haben, dann hätte das zu derartigen Repressalien geführt, daß der gleiche Hochhuth mit größerer geschichtlicher, politischer und moralischer Einschätzung nach Kriegsende ein anderes Drama hätte schreiben können, viel realistischer und viel interessanter als jenes, das er so mutig, aber so unglücklich in Szene gesetzt hat, nämlich das Drama des ›Stellvertreters‹, dem wegen politischen Exhibitionismus oder psychologischer Unachtsamkeit die Schuld zufallen würde, in der schon sehr gequälten Welt eine noch viel weitere Zerstörung ausgelöst zu haben, weniger zum eigenen Schaden als zum Schaden unglücklicher Opfer. Dramaturgen, die nicht genügend geschichtliches Urteilsvermögen haben und – was Gott verhüten möge – denen es an menschlichem Ehrgefühl fehlt, sollten nicht mit diesen Argumenten und mit geschichtlichen Persönlichkeiten

spielen, die wir kennen, andernfalls wird im vorliegenden Fall das wahre Drama ein anderes sein: das Drama dessen nämlich, der versucht, die gräßlichen Verbrechen des deutschen Nazismus auf einen Papst abzuwälzen, der sich wie nur wenige seiner eigenen Pflichten und der historischen Wirklichkeit bewußt war und zudem ein unparteiischer, aber doch sehr treuer Freund der Deutschen.«[230]

- *Judenerklärung des 2. Vatikanischen Konzils in der »Erklärung der Kirche zu den nichtchristlichen Religionen« (vom 28. Oktober 1965, Art. 4)*[231]

»Bei ihrer Besinnung auf das Geheimnis der Kirche gedenkt die Heilige Synode des Bandes, wodurch das Volk des Neuen Bundes mit dem Stamme Abrahams geistlich verbunden ist.
So anerkennt die Kirche Christi, daß nach dem Heilsgeheimnis Gottes die Anfänge ihres Glaubens und ihrer Erwählung sich schon bei den Patriarchen, bei Moses und den Propheten finden. Sie bekennt, daß alle Christgläubigen als Söhne Abrahams dem Glauben nach in der Berufung dieses Patriarchen eingeschlossen sind und daß in dem Auszug des erwählten Volkes aus dem Lande der Knechtschaft das Heil der Kirche geheimnisvoll vorgebildet ist. Deshalb kann die Kirche auch nicht vergessen, daß sie durch jenes Volk, mit dem Gott aus unsagbarem Erbarmen den Alten Bund geschlossen hat, die Offenbarung des Alten Testamentes empfing und genährt wird von der Wurzel des guten Ölbaums, in den die Heiden als wilde Schößlinge eingepfropft sind. Denn die Kirche glaubt, daß Christus, unser Friede, Juden und Heiden durch das Kreuz versöhnt und beide in sich vereinigt hat.
Die Kirche hat auch stets die Worte des Apostels Paulus vor Augen, der von seinen Stammverwandten sagt, daß ›ihnen die Annahme an Sohnes Statt und die Herrlichkeit, der Bund und das Gesetz, der Gottesdienst und die Verheißungen gehören wie auch die Väter und daß aus ihnen Christus dem

Fleische nach stammt‹ (Röm 9,4–5), der Sohn der Jungfrau Maria. Auch hält sie sich gegenwärtig, daß aus dem jüdischen Volk die Apostel stammen, die Grundfesten und Säulen der Kirche, sowie die meisten jener ersten Jünger, die das Evangelium Christi der Welt verkündet haben.

Wie die Schrift bezeugt, hat Jerusalem die Zeit seiner Heimsuchung nicht erkannt, und ein großer Teil der Juden hat das Evangelium nicht angenommen, ja nicht wenige haben sich seiner Ausbreitung widersetzt. Nichtsdestoweniger sind die Juden nach dem Zeugnis der Apostel immer noch von Gott geliebt um der Väter willen; sind doch seine Gnadengaben und seine Berufung unwiderrruflich. Mit den Propheten und mit demselben Apostel erwartet die Kirche den Tag, der nur Gott bekannt ist, an dem alle Völker mit einer Stimme den Herrn anrufen und ihm ›einträchtig dienen‹ (Soph 3,9).

Da also das Christen und Juden gemeinsame geistliche Erbe so reich ist, will die Heilige Synode die gegenseitige Kenntnis und Achtung fördern, die vor allem die Frucht biblischer und theologischer Studien sowie des brüderlichen Gespräches ist.

Obgleich die jüdischen Obrigkeiten mit ihren Anhängern auf den Tod Christi gedrungen haben, kann man dennoch die Ereignisse seines Leidens weder allen damals lebenden Juden ohne Unterschied noch den heutigen Juden zur Last legen. Gewiß ist die Kirche das neue Volk Gottes, trotzdem darf man die Juden nicht als von Gott verworfen oder verflucht darstellen, als wäre dies aus der Heiligen Schrift zu folgern. Darum sollen alle dafür Sorge tragen, daß niemand in der Katechese oder bei der Predigt des Gotteswortes etwas lehre, das mit der evangelischen Wahrheit und dem Geiste Christi nicht im Einklang steht.

Im Bewußtsein des Erbes, das sie mit den Juden gemeinsam hat, beklagt die Kirche, die alle Verfolgungen gegen irgendwelche Menschen verwirft, nicht aus politischen Gründen, sondern auf Antrieb der religiösen Liebe des Evangeliums alle Haßausbrüche, Verfolgungen und Manifestationen des Anti-

semitismus, die sich zu irgendeiner Zeit und von irgend jemandem gegen die Juden gerichtet haben.
Auch hat ja Christus, wie die Kirche immer gelehrt hat und lehrt, in Freiheit, um der Sünden aller Menschen willen, sein Leiden und seinen Tod aus unendlicher Liebe auf sich genommen, damit alle das Heil erlangen. So ist es die Aufgabe der Predigt der Kirche, das Kreuz Christi als Zeichen der universalen Liebe Gottes und als Quelle aller Gnaden zu verkünden.«

■ *Papst Pius XII. im Urteil des jüdischen Schriftstellers Pinchas E. Lapide (1967)*

In seinem Buch »Rom und die Juden« (Freiburg – Basel – Wien 1967) diskutierte Pinchas E. Lapide[232] unvoreingenommen das Pro und Contra der Entscheidungen des Papstes Pius XII. und der katholischen Kirche gerade in der Judenfrage und faßte das Ergebnis seiner Forschungen mit folgenden Worten zusammen:

»Die katholische Kirche ermöglichte unter dem Pontifikat von Pius XII. die Rettung von mindestens 700 000, wahrscheinlich sogar von 860 000 Juden vor dem gewissen Tod von den Händen des Nationalsozialismus. Es war, als ob dieser Kreuzzug der Hilfe den Sinn hatte, teilweise Buße für die gehässigen Lehren der Vergangenheit zu leisten. Diese Zahlen, so klein sie auch im Vergleich zu unseren sechs Millionen Märtyrern sind, deren Schicksal jenseits jeden Trostes liegt, übersteigt bei weitem die der von allen anderen Kirchen, religiösen Einrichtungen und Hilfsorganisationen zusammengenommen. Überdies steht sie in auffallendem Kontrast zu dem unverzeihlichen Zögern und heuchlerischen Lippendienst von Organisationen außerhalb von Hitlers Einfluß, die zweifellos über weit größere Möglichkeiten verfügten, Juden zu retten, solange noch dazu Zeit war: das Internationale Rote Kreuz und die westlichen Demokratien.

Wenn Fairneß und historische Gerechtigkeit Grundpfeiler jüdischer Moral sind, dann ist Schweigen angesichts verleumderischer Angriffe auf einen Wohltäter ein Unrecht ...
Hat sich Pius in seinen vielen Rundfunkappellen, Hirtenbriefen, Botschaften und Briefen an seine Bischöfe nicht klar gegen das Nazitum, nicht für gleiche Barmherzigkeit gegenüber allen Opfern der Verfolgung, zweifellos auch gegenüber den Juden ausgesprochen? Hätten diese Neuheiden, die das göttliche Gesetz und die grundlegenden Gebote Jesu schamlos mißachteten, etwa auf einen Appell aus Rom gehört? Und hätte Pius, bar jeder Macht, Hitler trotzen – und gleichzeitig weiter heimlich Juden retten können? ... Wer der Meinung ist, die Lage hätte gar nicht mehr schlimmer werden können, möge sich daran erinnern, daß immerhin weit über zwei Millionen Juden – mehr als ein Viertel der europäischen Juden – Hitlers Gemetzel eben doch überlebt haben, wenn auch nur mit knapper Not – dank der Hilfe der Kirche, Bischöfe, Priester, Laien ...
Der Talmud lehrt uns, ›Wer immer ein Leben rettet, dem wird es angerechnet, als habe er eine ganze Welt gerettet‹. Wenn dies wahr ist – und es ist so wahr wie der typischste aller jüdischen Lehrsätze: der von der Heiligkeit menschlichen Lebens –, dann muß ein Jude auch einen großen Retter jüdischen Lebens laut verteidigen.«

■ *Holocaust fragt nach dem Gewissen (1979)*

In einem zeitgeschichtlich bedeutsamen Interview der Münchener katholischen Kirchenzeitung (veröffentlicht in Nr. 6 vom 11. 2. 1979, Seite 24, wie auch in der »Ordinariats-Korrespondenz«, herausgegeben von der Pressestelle des Erzb. Ordinariats München, in Nr. 8 vom 22. 2. 1979, Seite 3–5) hat Prälat Dr. Michael Höck, selbst jahrelang Häftling, zusammen mit Domkapitular (und späteren Weihbischof Johannes Neuhäusler und Pastor Martin Niemöller, im Konzentrationslager Dachau, zum Fernsehfilm »Holocaust« und dessen Bedeutung für unsere Zeit Stellung genommen (Münchener katholische Kirchenzeitung = MKKZ).

»MKKZ: *Herr Prälat, Sie beobachteten den Film ›Holocaust‹ mit besonderem Interesse, da Sie selbst im Konzentrationslager Dachau gesessen sind. Wie kam es zu Ihrer Verhaftung?*
Prälat Höck: *Meine ersten erschütternden Erfahrungen mit dem Dritten Reich machte ich 1934 als Präfekt am erzbischöflichen Studienseminiar Freising. Ich erlebte als Zeuge den Prozeß, der meinem damaligen Direktor wegen seiner angeblichen Äußerungen zum Reichstagsbrandprozeß gemacht wurde, und ich wurde dabei in meiner Meinung bestärkt, daß wir einer Zeit der Absage an die Grundwerte Wahrheit und Freiheit entgegengingen. Dies erlebte ich dann auch ab September 1934 als Redakteur der Münchner Katholischen Kirchenzeitung. Ich wurde wiederholt vor die Gestapo zitiert, mußte Rechenschaft ablegen, wurde nicht aufgenommen in die Schriftleiterkammer, bekam einen hausinternen Zensor, 1940 wurde die MKKZ vorübergehend, dann endgültig verboten. Es gab diese Zusammenstöße z. B. wegen anspielungsreicher Berichte über historische Christenverfolgungen, z. B. wegen kritischer Artikel gegen die Entfernung der Kreuze aus den Schulen, auch, weil wir nie Positives über Regierung und Partei schrieben.*
Während dieser Zeit stand ich in regem Kontakt zu Kardinal Faulhaber, zu Pater Rupert Mayer, der mir persönlicher Berater in vielen Fragen war, und vor allem zu Domkapitular Johannes Neuhäusler, dem späteren Weihbischof. Als dieser im Februar 1941 verhaftet wurde – er hatte früher einer jüdischen Mitbürgerin zur Ausreise nach Holland verholfen –, beschlagnahmte man auch eine für mich und die MKKZ bestimmte Mappe mit Informationsmaterial. Daraufhin wurde ich am 23. Mai 1941 verhaftet, in München und Berlin

verhört, war bis Ende Juli in Sachsenhausen und kam dann zusammen mit Neuhäusler und Pastor Martin Niemöller nach Dachau, wo wir drei als Sonderhäftlinge im Kommandanturarrest (in der Lagersprache Bunker genannt) bis April 1945 eingesperrt waren.
Die Gründe, warum ich ins KZ kam, waren neben der Mappe meine Predigttätigkeit, meine Kontakte zur ökumenischen Una-sancta-Bewegung, die als antinazistisch galt, und der Vorwurf, ich sei ein Werkzeug von Kardinal Faulhaber. Aus Andeutungen weiß ich, daß Neuhäusler und ich Niemöller beigegeben wurden, aus dem Wunschdenken der Machthaber, ihn katholisch zu beeinflussen und ihn dadurch von der »Bekennenden Kirche« zu trennen, nach dem Motto: Schlagt den Hirten, und die Herde zerstreut sich.
Im KZ trugen wir drei die roten Zettel, die uns als Unterwühler und Defätisten abstempelten. Wir waren von den anderen Häftlingen isoliert. Aber durch Lagerchargen und auch eigene Beobachtungen erfuhren wir immer wieder von den Vorgängen im Lager. So wußten wir, daß immer wieder sogenannte Invaliden unter den Häftlingen ›auf Transport‹ geschickt wurden, was ihren Tod bedeutete. Wir sahen durchs Schlüsselloch, wie Scharführer Trupps von nackten Menschen abführten, wir wußten, daß man sie in Zellen zusammengepfercht verenden ließ, wir hörten ihr Klagen und Wimmern. Nachts wurden die Leichen mit Lastwagen abgeholt.
MKKZ: *Wie ist vor diesem Erfahrungshintergrund Ihre persönliche Meinung zum Film ›Holocaust‹?«*
Prälat Höck: *Es sind drei Dinge, die mir an dem Film nicht behagten.*

- *Zunächst einmal diese Form der theatralischen Spielhandlung, des grausigen Schauspiels. Eine Dokumentation anhand realistischer Quellen wäre mir sympathischer gewesen. Ich zweifle nicht die dargestellten Schaubilder der Realitäten an, das, was an Realismus hinter dem Schaustellerischen zum*

Vorschein kam, hätte exemplarisch sein können. Ich bin überzeugt, daß nicht übertrieben, eher untertrieben wurde. Z. B.: Die Leiber der Gefangenen waren in Wirklichkeit viel ausgemergelter, erbärmlicher, erschütternder als in der Erschießungsszene vor Heydrich. Aber mir ist eine innere Aversion gegen die schaustellerische Machart gekommen, mit der ich mich nicht identifizieren kann, die ich nicht verkrafte wegen meiner zu vielen Erinnerungen an die wirkliche Wirklichkeit. Ich will nicht so weit gehen und sagen, es war zum Teil eine Schnulze, aber die Form der Spielhandlung machte mich befangen.

- *Ein zweiter Grund für meine Skepsis gegen den Film ist folgender: Ununterbrochen wurde hier das Böse, das Schlechte aneinandergereiht. Aber selbst wenn die Wirklichkeit noch schlimmer war: es haben im historischen Verlauf der Greueltaten immer wieder Lichter aufgeleuchtet. Nicht nur, daß Häftlinge einander geholfen haben, auch bei der SS waren einige dabei, die ihren inneren Abscheu vor den Greueln zum Ausdruck brachten; denen man abnehmen konnte, daß sie darunter litten, daß sie hier mißbraucht wurden. Man ist im KZ nicht nur Bestien begegnet, sondern Menschen, die oft in die Maschinerie hineingezwungen waren, wie gerade die Volksdeutschen aus dem Donauraum, die gegen Ende der KZ-Zeit unsere Bewachung zu übernehmen hatten. Ich bin der Überzeugung, daß nicht in allen der Rest des Gewissens erstorben war. Es gab auch Beispiele für ein kleines Leuchten letzter Menschlichkeit. Aber ich kann natürlich auch bezeugen, daß es Schergen gab, wo überhaupt kein Gewissen mehr funktionierte.*
- *Ein drittes kritisches Wort betrifft den Schluß des Films. Man beschränkte sich nur auf das Innerweltliche, der entkommene Jude beginnt ein neues Leben, der SS-Mann bringt sich um. Daran allein wird nicht deutlich, daß auch Gott ein Wort mizureden hat. Für mich aber war die Art, wie die Hauptverantwortlichen Hitler, Goebbels usw. starben, wie ein Got-*

tesgericht im Sinne der Offenbarungsworte: Der Böse wird am Ende nicht siegen.
MKKZ: *Abgesehen von diesen Ihren kritischen Anmerkungen – was kann der Film für uns bewirken?*
Prälat Höck: *Die wichtigste Frage, die ›Holocaust‹ stellte, ist die Frage nach dem Gewissen. Wir müssen uns fragen, wie es dazu kam, daß religiöse Bindungen und humane Werte verlorengingen, und was zu tun ist, daß wir in Zukunft vor solchen Entwicklungen bewahrt bleiben. Dies wäre aber eine platonische Frage, wenn sie nicht konkret formuliert wird: Kann überhaupt ein sittliches Gewissen entwickelt werden, wenn es nicht zurückgebunden ist an Gott, an Werte, die über das Menschenleben hinausgehen, an eine Verantwortung, die hinüber in die andere Welt geht. Es hat sich in der Geschichte des Dritten Reiches gezeigt, daß das kollektive Gewissen versagt hat, daß die religiösen Werte nicht so weit fundiert waren, daß sie nicht über den Haufen hätten gerannt werden können. Der Film stößt uns also erneut zu einer Rückbesinnung an: Was können wir tun, um dem sittlichen Verfall Einhalt zu gebieten? Er stößt an zu einer wichtigen Nachbesprechung, die erst noch geleistet werden muß, so daß er trotz mancher Einwände eine positive Rolle spielt: Er fragt nach dem Gewissen. Und hier liegt unsere Aufgabe.«*

Überschaut man die Unmenschlichkeiten und Grausamkeiten des geschichtlichen Holocaust und berücksichtigt man selbst die vielfältigen Hilfen, die durch die christlichen Kirchen den verfolgten Juden zuteil wurden, so bleibt doch ein quälender Stachel zurück – da und dort zu wenig getan und zuviel geschwiegen zu haben. Nach Beendigung des Zweiten Weltkriegs hat Reinhold Schneider († 1958) einen Satz niedergeschrieben, der richtungweisend für die Zukunft sein müßte: »An dem Tag, an dem die erste Synagoge brannte, hätte sich die Kirche neben die Synagoge stellen müssen als eine barmherzige Schwester.«

7.

Der religiöse Widerstand

In der Dienstagausgabe vom 31. Januar 1933, einen Tag, nachdem am Montag, 30. Januar 1933, um 11.15 Uhr Adolf Hitler aus der Hand des Reichspräsidenten Paul von Hindenburg die Urkunde seiner Ernennung zum Reichskanzler erhalten hatte, schrieb die Frankfurter Zeitung: »Es wird nötig sein, die Rechte des werktätigen Volkes, die Grundelemente der Demokatie, den Sinn für Geistesfreiheit und Gerechtigkeit, die wirtschaftliche und soziale Vernunft und manches andere mit allen erdenklichen Mitteln gegen diese Regierung zu verteidigen und zur Geltung zu bringen.«[233]

Trotz heftigster Attacken, wie sie auf dem Feld der politischen Auseinandersetzungen und der Pressekampagnen – erwähnt seien nur die scharfen Anriffe des »Geraden Weges« – und auch in den Grundsatzerklärungen der katholischen Bischöfe Deutschlands vor 1933 veröffentlicht wurden, hat die »nationale Revolution« erstaunlich glatt und schnell Fuß fassen können. Wer die Anfangsmonate der Regierung Hitlers selbst erlebte, wird durchaus dem Urteil des Historikers Gerhard Ritter, der als Mitglied des Goerdelerkreises vom November 1944 bis zum April 1945 in Haft war, zustimmen: »Man kann wohl sagen, daß sie (die Deutschen) ihre Freiheit verloren haben, ohne überhaupt recht zu merken, was eigentlich vor sich ging.«[234]

Gewiß gab es Verbitterung und schlimmste Befürchtungen, aber auch Verwunderung und das Abwarten, ob es Adolf Hitler wirklich gelingen wird, das Problem der millionenfachen Arbeitslosigkeit lösen zu können. Sicherlich haben sehr viele insgeheim mit dem Gedanken gespielt, daß auch und erst recht Hitler, wie die meisten seiner Vorgänger, als Reichskanzler über kurz oder lang scheitern werde und daß dann sein

Glanz endgültig verblaßt sei. Es gab aber gerade im einfachen Volk – ich erinnere mich an meine eigene Mutter, die immer und grundsätzlich mit Nein gegen Hitler gestimmt hatte – erstaunlich klar sehende, aus dem christlichen Glauben lebende Menschen, die von Anfang an sagten: Hitler bedeutet Krieg! Hitler will die Kirche und den christlichen Glauben vernichten!

Mag sein, daß das deutsche Volk allzu lange von einer Gehorsam-Ideologie wie früher gegenüber Thron und Altar, so jetzt gegenüber der rechtmäßigen Obrigkeit geleitet war. Was weithin verblüffte, war der innen- und außenpolitische Erfolg, den Adolf Hitler hatte und wodurch manche Stimme der Kritik mehr und mehr verstummte. In einem Rechenschaftsbericht, niedergeschrieben an der Jahreswende 1942/43, hat Dietrich Bonhoeffer auf die verwirrenden Faszinationen der damaligen Jahre in aller Offenheit hingewiesen. Er schrieb: »Die große Maskerade des Bösen hat alle ethischen Begriffe durcheinander gewirbelt. Daß das Böse in der Gestalt des Lichts, der Wohltat, des geschichtlich Notwendigen, des sozial Gerechten erscheint, ist für den aus unserer tradierten ethischen Begriffswelt Kommenden schlechthin verwirrend; für den Christen, der aus der Bibel lebt, ist es gerade die Bestätigung der abgründigen Bosheit des Bösen . . . Wir sind stumme Zeugen böser Taten gewesen, wir sind mit vielen Wassern gewaschen, wir haben die Künste der Verstellung und der mehrdeutigen Rede gelernt, wir sind durch Erfahrung mißtrauisch gegen die Menschen geworden und mußten ihnen die Wahrheit und das freie Wort oft schuldig bleiben, wir sind durch unerträgliche Konflikte mürbe oder vielleicht sogar zynisch geworden – sind wir noch brauchbar?«[235]

Wie jene vielen Millionen reagierten, die unter dem Elend der Arbeitslosigkeit standen, hat Sebastian Haffner[236] durchaus realistisch und geschichtsgetreu wiedergegeben. »Im Januar 1933, als Hitler Reichskanzler wurde, gab es in Deutschland sechs Millionen Arbeitslose. Drei kurze Jahre später, 1936, herrschte Vollbeschäftigung. Aus schreiender Not und Massenelend war allgemein ein bescheiden-behaglicher Wohlstand geworden. Fast ebenso wichtig: An die Stelle von Ratlosigkeit und Hoffnungslosigkeit waren Zuversicht und Selbstvertrauen getreten. Und noch wunderbarer: Der Übergang von Depression zu Wirtschaftsblüte war ohne Inflation erreicht worden, bei völlig stabilen Löhnen und Preisen ... Man kann sich die dankbare Verblüffung, mit der die Deutschen auf dieses Wunder reagierten und die insbesondere die deutsche Arbeiterschaft nach 1933 in hellen Haufen von der SPD und KPD zu Hitler umschwenken ließ, gar nicht groß genug vorstellen. Sie beherrschte in den Jahren 1933–1938 die deutsche Massenstimmung absolut und verwies jeden, der Hitler immer noch ablehnte, in die Rolle eines querulantischen Nörglers. ›Der Mann mag seine Fehler haben, aber er hat uns wieder Arbeit und Brot gegeben‹ – das war in diesen Jahren die millionenfache Stimme der ehemaligen SPD- und KPD-Wähler, die noch 1933 die große Masse der Hitlergegner gebildet hatten.«

Europäische Regierungen zwischen Anpassung und Widerstand

Möglichkeiten und Erfolge der deutschen Widerstandsbewegung müssen im Koordinatennetz der Aktionen und Reaktionen jener Regierungen gesehen und gewertet werden, die in Europa vor und während des Zweiten Weltkrieges sich mit Hitler auseinanderzusetzen hatten. Es gab eine breite Skala der Möglichkeiten – von der bedingungslosen Kollaboration bis zum totalen Widerstand.[237] Man muß jedoch hinzufügen, daß in dem von Hitler besetzten Europa Kollaboration und Widerstand oft dicht nebeneinander lagen, ja bisweilen wurden sie in gefährlicher Personalunion gleichzeitig praktiziert. Die scheinbare Kollaboration bot einerseits einen äußeren

Schutz vor Verdächtigungen, andererseits kam man nur dadurch in den Besitz jener Informationen und Waffen, um für die Bekämpfung Hitlers gerüstet zu sein.
Dieses recht verwirrende Kapitel umfaßt – um nur wenige Beispiele zu nennen – den Vertrag über das Schutzverhältnis zwischen dem Deutschen Reich und dem Slowakischen Staat (vom 18./23. März 1939), den Deutsch-Sowjetischen Nichtangriffspakt (vom 23. August 1939) mit dem wichtigen »Geheimen Zusatzprotokoll« und die Bildung der sogenannten Vichy-Regierung unter dem französischen Marschall Henri Philippe Pétain (am 17. Juni 1940).[238] Es ist außerdem bemerkenswert, wie Hitler und seine Gefolgsleute bald mit dem Zuckerbrot, bald mit der Peitsche recht unterschiedliche Modelle der Besatzungspolitik verwirklichten. Wurde aber die deutsche Widerstandsbewegung von den Alliierten ernstgenommen und unterstützt? Die tatsächliche Machtlosigkeit des deutschen Widerstandes ist in ihrer ganzen Tragik erst nach Akteneinsicht der Nachkriegszeit erkennbar geworden, aus der die Einschätzung des deutschen Widerstandes durch alliierte Staatsmänner bekannt ist. So hat sich der amerikanische Präsident Franklin Delano Roosevelt (1933–1945) bereits im Winter 1939/40 und nicht erst seit der offiziellen Forderung der bedingungslosen Kapitulation für eine Ablehnung der Kontakte mit Vertretern des deutschen Widerstandes ausgesprochen und auch die deutsche Generalität in seine moralische Verfemung des Hitlerregimes einbezogen.[239]

Motivationen und Formen des Widerstandes

So vielfältig sich ein Sonnenstrahl in einem Glasprisma bricht, ebenso vielfältig haben sich angesichts der Wirklichkeit des Dritten Reiches die Provokationen und Motivationen, die Aktionen und Reaktionen des Widerstandes gebrochen. Es gibt einen respektablen, *politischen Widerstand*, dessen erster und mutiger Repräsentant Otto Wels, der SPD-Vorsitzende, war. Gegenüber Adolf Hitler und der Vorlage des sogenannten Ermächtigungsgesetzes im Deutschen Reichstag hat er am 23. März 1933 mit demokratischem Bekennermut gesagt: »Die Verfassung von Weimar ist keine sozialistische Verfassung. Aber wir stehen zu den Grundsätzen des Rechtsstaates, der Gleichberechtigung, des sozialen Rechtes, die in ihr festgelegt sind. Wir deutschen Sozialdemokraten bekennen uns in dieser geschichtlichen Stunde feierlich zu den Grundsätzen der Menschlichkeit und der Gerechtigkeit, der Freiheit und des Sozialismus. Kein Ermächtigungsgesetz gibt Ihnen die Macht, Ideen, die ewig und unzerstörbar sind, zu vernichten. Sie selbst haben sich ja zum Sozialismus bekannt. Das Sozialistengesetz hat die Sozialdemokratie nicht vernichtet. Auch aus neuen Verfolgungen kann die deutsche Sozialdemokratie neue Kraft schöpfen. Wir grüßen die Verfolgten und Bedrängten. Wir grüßen unsere Freunde im Reich. Ihre Standhaftigkeit und Treue verdienen Bewunderung. Ihr Bekennermut, ihre ungebrochene Zuversicht verbürgen eine hellere Zukunft.«[240]

Mit Respekt sind zu erwähnen die Kommunisten, die in der KPD im Jahre 1933 etwa 300 000 Mitglieder zählten. Die meisten von ihnen wurden bereits im ersten Jahr der Machtergreifung verhaftet und ermordet. »Während die Führung, die in Moskau Zuflucht gefunden hatte, in wirklichkeitsfremden Doktrinen befangen blieb, begannen in Deutschland, auf sich allein gestellt, viele Kommunisten eigene ideologische und politische Wege zu gehen und auch mit bisher bekämpften Sozialdemokraten, Christen und Bürgerlichen zusammenzuarbeiten. Sehr viele Kommunisten im Untergrund gewannen innere Unabhängigkeit und kämpften nicht mehr für einen anderen, kaum weniger unmenschlichen Totalitarismus, den Stalinismus, sondern schließlich für die Grundwerte der Menschlichkeit.«[241]

Erinnert sei auch an die »Zeugen Jehovas«[242], die aus ihrer religiösen Überzeugung von Anfang an mit der nationalsozialistischen Weltanschauung in Konflikt gekommen sind. Bereits im Frühjahr 1933 wurde die Wachturm-Gesellschaft verboten. Von den 6034 damals in Deutschland lebenden Zeugen Jehovas wurden während des Dritten Reiches 5911 in Konzentrationslagern gefoltert; über 2000 von ihnen kamen ums Leben.

Nicht erst seit Beginn des Zweiten Weltkrieges gab es den *militärischen Widerstand.* Bereits am 16. Juli 1938 stellte General Ludwig Beck fest, daß gegenüber dem »höheren Befehl« einer irdischen Instanz eine höchste und letzte Instanz des Gewissens steht: »Ihr soldatischer Gehorsam hat dort eine Grenze, wo Ihr Wissen, Ihr Gewissen und Ihre Verantwortung die Ausführung eines Befehles verbietet. Es ist ein Mangel an Größe und an Erkenntnis der Aufgabe, wenn ein Soldat in höchster Stellung in solchen Zeiten seine Pflichten und Aufgaben nur in dem begrenzten Rahmen seiner militärischen Aufgaben sieht, ohne sich der höchsten Verantwortung vor dem gesamten Volke bewußt zu werden. Außergewöhnliche Zeiten verlangen außergewöhnliche Handlungen!«[243]

Es hat ferner einen beachtlichen *literarischen und künstlerischen Widerstand* gegeben, der trotz der »Neuordnung« der Preußischen Dichterakademie, trotz »feierlicher« Bücherverbrennungen und trotz des »Reichskulturkammergesetzes« (vom 22. September 1933) mit Mut und Geschick der Ideologie des Nationalsozialismus opponierte und sich nicht mißbrauchen ließ. Mit sogenannten »Feuersprüchen« wurden in den Aktionen der Bücherverbrennung am 10. Mai 1933 die Werke jener, meist jüdischen Schriftsteller vernichtet, die in die politische Landschaft des »neuen« Deutschland nicht paßten. Folgender Auszug aus der Rundfunkübertragung[244] der Bücherverbrennung in Berlin am 10. Mai 1933 gibt Einblick in das damalige Geschehen.

»Hier ist der Deutschlandsender, hier sind alle deutschen Sender mit Ausnahme der Süddeutschen Sendergruppe. Wir be-

finden uns auf dem Opernplatz Unter den Linden Berlins. Die deutsche Studentenschaft verbrennt zur Stunde auf einem riesigen Scheiterhaufen anläßlich der Aktion des Kampfausschusses wider den undeutschen Geist Schriften und Bücher der Unmoral und Zersetzung. Sie hören Feuersprüche der Studenten Berlins.

›Deutsche Studenten, wir haben unser Handeln gegen den undeutschen Geist gerichtet. Übergebt alles Undeutsche dem Feuer!‹

›Gegen Klassenkampf und Materialismus, für Volksgemeinschaft und idealistische Lebensauffassung. – Ich übergebe dem Feuer die Schriften von Karl Marx und Trotzki.‹

›Gegen Dekadenz und moralischen Verfall, für Zucht und Sitte in Familie und Staat. – Ich übergebe dem Feuer die Schriften von Heinrich Mann, Ernst Gläser, Erich Kästner.‹

›Gegen Gesinnungslumperei und politischen Verrat, für Hingabe an Volk und Staat. – Ich übergebe dem Feuer die Schriften des Friedrich Wilhelm Förster.‹

›Gegen seelenzersetzende Überschätzung des Trieblebens, für den Adel der menschlichen Seele. – Ich übergebe dem Feuer die Schriften der Schule Sigmund Freud.‹

›Gegen Verfälschung unserer Geschichte und Herabwürdigung ihrer großen Gestalten, für Ehrfurcht vor unserer Vergangenheit. – Ich übergebe dem Feuer die Schriften des Emil-Ludwig Kohn.‹ (Beifall)

›Gegen volksfremden Journalismus demokratisch-jüdischer Prägung, für verantwortungsbewußte Mitarbeit am Werk des nationalen Aufbaus. – Ich übergebe dem Feuer die Schriften des Theodor Wolf und des Georg Bernhard.‹

›Gegen literarischen Verrat am Soldaten des Weltkrieges, für Erziehung des Volkes im Geiste der Wahrhaftigkeit. – Ich übergebe dem Feuer die Schriften des Erich Maria Remarque.‹ (Beifall)

›Gegen dünkelhafte Verhunzung der deutschen Sprache, für Pflege des kostbarsten Gutes unseres Volkes. – Ich übergebe

dem Feuer die Schriften von Alfred Kerr.‹ (Bravo-Rufe) ›Gegen Frechheit und Anmaßung, für Achtung und Ehrfurcht vor dem unsterblichen deutschen Volksgeist. – Verschlinge, Flamme, auch die Schriften der Tucholsky und Ossietzky.‹ (Bravo-Rufe)«

Zwischen emigrierten Schriftstellern[245] und ihren Kollegen, die in Deutschland verblieben waren und das Wagnis der »Inneren Emigration« auf sich nahmen, hat es nach dem Ende des Dritten Reiches heftige Auseinandersetzungen gegeben. Thomas Mann hat damals das harte Generalurteil über alle in Deutschland verbliebenen Schriftsteller und ihre zwischen 1933 und 1945 veröffentlichten Werke gefällt: »Es mag ein Aberglaube sein, aber in meinen Augen sind Bücher, die von 1933 bis 1945 in Deutschland überhaupt gedruckt werden konnten, weniger als wertlos und nicht gut in die Hand zu nehmen. Ein Geruch von Blut und Schande haftet ihnen an. Sie sollten alle eingestampft werden.«[246] Thomas Mann hat später diese harte und auch ungerechtfertigte Aussage gemildert.
Gewiß hat es Lobredner des Nationalsozialismus gegeben. Aber es hat bei nicht wenigen Schriftstellern, die in Deutschland verblieben sind – aus der Vielzahl seien nur herausgegriffen Werner Bergengruen (1892–1964), Theodor Haekker (1879–1945), Ernst Wiechert (1887–1950), Reinhold Schneider (1903–1958) –, ein Leben am ständigen Abgrund gegeben, das verunsichert war durch Schreib- und Druckverbote, durch Entzug der Papierzuteilung, durch Hausdurchsuchungen, Überwachungen, Verdächtigungen und Verhöre. Was sie – meist geschickt verschlüsselt – veröffentlicht haben, wurde von den Lesern durchaus als Pfeilspitze gegen die nationalsozialistischen Machthaber verstanden und dankbar als Trost und Ermutigung empfunden. Wiederum seien aus der Literatur der Inneren Emigration nur genannt »Auf den Marmorklippen« (1939) von Ernst Jünger, »Der Groß-

tyrann und das Gericht« (1935) von Werner Bergengruen[247] und vor allem die unzähligen »Sonette« von Reinhold Schneider, die bis in die Schützengräben der West- und Ostfront Verbreitung fanden, immer wieder abgeschrieben wurden und auch in den Lagern deutscher Kriegsgefangener zum »Eisernen Proviant« der moralischen Aufrüstung zählten.

Der Widerstand gegen das Hitler-Regime hatte nicht nur unterschiedliche Ursachen und Auslösemomente. Er hat sich auch in recht unterschiedlichen Formen geäußert, wobei man keineswegs behaupten dürfe, jeder, der nicht in einer harten und nachweisbaren Konfrontation mit dem Nationalsozialismus stand oder nicht in einem Konzentrationslager war, sei ein Feigling, ein Sympathisant oder gar ein Propagandist des Dritten Reiches gewesen. Es hat Tausende von Menschen gegeben, die von Anfang an gegen Hitler eingestellt waren und die in ihrer klaren Ablehnung Hitlers von Jahr zu Jahr nur bestärkt wurden und sich auch durch sogenannte innen- und außenpolitische »Erfolge« von ihrer Antihaltung nicht abbringen ließen.

Selbst Formulierungen, die heute kaum noch beachtet werden, konnten im Dritten Reich als verschlüsselte Distanzierung gelesen werden. Es war wahrhaftig ein Unterschied, der damals durchaus verstanden wurde, ob man einen Brief mit »Heil Hitler!« oder nur »Mit deutschem Gruß!« abschloß. Nicht alle konnten jedoch so elegant und hintergründig zugleich am politischen Höllenrand sich bewegen und ein Stück »Narrenfreiheit« beanspruchen, wie der Münchener Humorist Weiß Ferdl, der seine Zuhörer im Münchner »Platzl« mit den Worten begrüßte: *»Heil Hitler – und Grüß Gott für die Andersgläubigen!«*

Es gab sicherlich Situationen, in denen man »Farbe« bekennen und offen und mutig reden mußte. Aber nicht bei jeder Gelegenheit und nicht vor jedem Personenkreis war man verpflichtet, seine Ablehnung der nationalsozialistischen Weltanschauung deutlich erkennbar auszusprechen und sich selbst der Verhaftung auszusetzen. Es gab Situationen, wo es angemessen war, zu schweigen und sich des Jesus-Wortes zu erinnern: »Seid klug wie die Schlangen und arglos wie die Tauben!« (Mt 10,16) Es konnte durchaus sein, daß gelegentlich durch Unklugheit und Dummheit für sich und auch für andere Situationen heraufbeschworen wurden, die zu einem schrecklichen Ende führten!

Man sollte aber auch die Möglichkeit des politischen Irrtums und der nationalen Faszination einräumen, die da und dort im Jahre 1933 durchaus gegeben war. Claus Graf Schenk von Stauffenberg, der am 20. Juli 1944 das Attentat auf Hitler verübte und dafür mit seinem Leben bezahlte, hat als 26jähriger Offizier am 30. Januar 1933 in ehrlicher Begeisterung an einem Fackelzug für Hitler teilgenommen.[248] Stauffenberg kam aus der Gedanken- und Geisteswelt des Dichters Stefan George (1868–1933), der bereits 1921 *»den einen«* dichterisch prophezeite, der dem deutschen Volk Heil und Rettung bringen werde.[249]

»Der sprengt die ketten fegt auf trümmerstätten
Die ordnung, geisselt die verlaufnen heim
Ins ewige recht wo grosses wiederum gross ist
Herr wiederum herr, zucht wiederum zucht, er heftet
Das wahre sinnbild auf das völkische banner
Er führt durch sturm und grausige signale
Des frührots seiner treuen schar zum werk
des wachen tags und pflanzt das Neue Reich.«

Es hat gerade bei denen, die – ohne je der NS-Partei oder einer ihrer Gliederungen angehört zu haben! – aufgrund ihrer philosophisch und literarisch orientierten Geistigkeit oder ihrer religiös geprägten Reichsidee[250] von einem nationalen Idealismus beseelt waren, einen sehr schnellen Lern- und Umdenkprozeß gegeben. Aus der anfänglichen Begeisterung wurde allzu bald Unruhe, Scham, Enttäuschung und Gewissensaufruf zur Tat, zum Attentat. Stauffenberg ist einer von vielen Menschen, die ihren Irrtum eingesehen, eingestanden und korrigiert haben und die zum letzten Einsatz bereit waren.

Selbst jener Bischof von Münster, Clemens August von Galen, der später mit seinen Predigten gegen das Hitlerregime heftigst protestierte und zum religiösen Widerstand aufrief, hat weder vorher noch nachher Einwände angemeldet, daß an seiner Bischofsweihe im Dom zu Münster am 28. Oktober 1933 SA-Formationen mit Hakenkreuzfahnen teilgenommen haben. Gegen ihn, der als konservativ-nationaler Bischofskandidat galt, hatte auch die preußische Regierung unter dem nationalsozialistischen Ministerpräsidenten Hermann Göring keinerlei Einwände erhoben, denn gerade er galt, wie dies auch bei der Gratulation nach der Bischofsweihe von den örtlichen Spitzen der Regierung und der NSDAP unterstrichen wurde, als der Garant für ein harmonisches Zusammenwirken zwischen der katholischen Kirche und dem »neuen Staat«.[251]

Wie Bischof Galen, der im Jahre 1936 in einem Telegramm an den Oberbefehlshaber des Heeres, General von Fritsch, den Einmarsch deutscher Truppen in das durch den Vertrag von Versailles entmilitarisierte, linksrheinische Gebiet aus patriotischer Einstellung begrüßte und der im Jahre 1939 zum 50. Geburtstag des »Führers und Reichskanzlers« (am 20. April) feierliches Glockengeläut und kirchlichen Flaggenschmuck in seiner Diözese anordnete[252], so schwankten nicht wenige seiner bischöflichen Amtsbrüder in der Beurteilung des Nationalsozialismus, vor allem in der euphorischen Phase unmittelbar nach Abschluß des Reichskonkordats (am 20. Juli 1933). »Das hängt damit zusammen, daß das Vorgehen des Nationalsozialismus in den verschiedenen Gauen des Reiches uneinheitlich war. Mehr aber wohl noch damit, daß die Bischöfe in ihm einer Bewegung gegenüberstanden, für die es nichts Vergleichbares in der deutschen Geschichte gab. So merkten die Bischöfe wohl auch nicht rechtzeitig – für viele war es wohl auch unvorstellbar –, wie das deutsche Staatswesen von innen her ausgehöhlt wurde, daß Recht und Gesetz nur mehr den Deckmantel für den totalitären Anspruch des ›Führers‹ bildeten.«[253] Zu spät spürten die meisten katholischen Bischöfe das Unheil.

Die Tatsache, daß es auch in der Evangelischen Kirche Deutschlands beachtliche Sympathien für den Nationalsozialismus gegeben hat, wurde bereits in dem Kapitel 4 »Der deutsche Protestantismus im Jahr der Machtergreifung Hitlers« aufgezeigt. Was schon im Jahre 1941 Dietrich Bonhoeffer aussprach: »Ich bete für die Niederlage meines Vaterlandes. Nur durch Niederlage können wir Sühne leisten für die furchtbaren Verbrechen, die wir gegen Europa und die Welt begangen haben«[254], war manches Jahr später im Kreis seiner evangelischen Mitbrüder noch keine Selbstverständlichkeit.

Kann es daher verwundern, wenn es auch bei sogenannten Normalchristen in beiden Kirchen erhebliche Unsicherheit in der Beurteilung des Nationalsozialismus gegeben hat und wenn erst aus einer Vielzahl unguter und bitterer Erfahrungen, meist im Bekannten- und Verwandtenkreis, ein Widerwille und ein Widerstand gegen den Nationalsozialismus entstanden ist? Während des Zweiten Weltkrieges wuchs und verbreitete sich ohne Zweifel dieser Widerstand. Es gab aber so etwas wie eine gewisse solidarische Rücksichtnahme auf die Soldaten an der Front, denen man nicht in den Rücken fallen wollte. Außerdem gab es eine sehr tief sitzende nationale Sorge um die Zukunft Deutschlands, die man auch nach einer Beseitigung Hitlers keineswegs in einem günstigen Licht sah. Wird Deutschland dem Kommunismus anheimfallen? Werden viele deutsche Soldaten an der Ostfront für Jahre oder gar Jahrzehnte in russische Kriegsgefangenenlager kommen oder überhaupt nie mehr in die Heimat zurückkehren?

Auch an jene Überlegungen nicht weniger Theologiestudenten, die zum Kriegsdienst einberufen wurden, muß an dieser Stelle erinnert werden, die eine geradezu dialektische Problematik aufdecken. Viele der einberufenen Theologiestudenten, zu denen auch der Verfasser zählte, waren sich darüber im klaren, daß ein Sieg Hitlers die Fortsetzung des Theologiestudiums, den Empfang der Priesterweihe und eine künftige, seelsorgliche Wirksamkeit unmöglich machen wird. Sollte man aber eine Niederlage Hitlers und einen mit schrecklichen Folgen verbundenen Zusammenbruch des deutschen Volkes wünschen und sogar erbeten, um sein Berufsziel, Priester zu werden, erreichen zu können? Erschien ein solcher Wunsch nicht wie eine Vermessenheit, die das eigene Berufsziel über das zukünftige Wohl des deutschen Volkes stellt und für das deutsche Volk unabsehbares Elend eintauscht?

Tyrannenmord – letzte Möglichkeit des Widerstandsrechts?

Eine zentrale und quälende Frage, die gerade die Christen unter den deutschen Widerstandskämpfern jahrelang beschäftigte, lautete: Gilt das 5. Gebot Gottes: »Du sollst nicht töten!« auch gegenüber einem Mann wie Hitler, der die Gottes- und Menschenrechte mit Füßen tritt? Adolf Hitler hat, rückblickend auf die revolutionären Ereignisse am Ende des Ersten Weltkrieges, ein Wort geschrieben, das sich Jahrzehnte später als die eigene Aburteilung erweisen sollte. In seinem Buch »Mein Kampf« schrieb er (wobei gerade diese Ausführungen von Hitler selbst in Sperrdruck gesetzt wurden):

»In einer Stunde, da ein Volkskörper sichtlich zusammenbricht und allem Anscheine nach der schwersten Bedrückung ausgeliefert wird, dank des Handelns einiger Lumpen, bedeuten Gehorsam und Pflichterfüllung diesen gegenüber doktrinären Formalismus, ja reinen Wahnwitz, wenn andererseits durch Verweigerung des Gehorsams und ›Pflichterfüllung‹ die Errettung eines Volkes vor seinem Untergang möglich würde.«[255]

In den vielen Anläufen, die die Beseitigung Hitlers und seines nationalsozialistischen Regimes zum Ziele hatten, konzentrierte sich immer mehr die Frage nach der Erlaubtheit einer Tötung Hitlers. Kann aus der Notwehr eines ganzen Volkes ein Recht auf die Ermordung Hitlers entstehen, wenn keine andere Form seiner Beseitigung von der politischen und militärischen Führung möglich und erfolgversprechend ist? Das Thema »Tyrannenmord« stand im Mittelpunkt einer Verhandlung beim Volksgerichtshof in Berlin, als Kaplan Hermann Joseph Wehrle (geboren am 26. Juli 1899 in Nürnberg, hingerichtet durch den Strang am 14. September 1944 in Berlin-Plötzensee) über ein Gespräch mit Major Baron Ludwig von Leonrod, einem Mitverschwörer des 20. Juli 1944, befragt wurde. Um die »Vorgeschichte« und Hintergründe dieses Prozesses voll würdigen zu können, ist folgendes zu beachten: Man hatte Kaplan Wehrle, der am 7. April 1942 seine Priesterweihe von Kardinal und Erzbischof Michael von Faulhaber erhalten hatte und anschließend in der Heilig-Blut-Pfarrei München-Bogenhausen als Kaplan wirkte, in einer Voruntersuchung suggeriert, die vertrauliche Aussprache mit Baron Leonrod, die im Mittelpunkt des Prozesses stand, falle nicht unter das Privilegium des Beichtgeheimnisses, und es könne sich daher Kaplan Wehrle nicht auf § 53 der Strafprozeßordnung berufen und das Zeugnisverweigerungsrecht beanspruchen.

Aus den Prozeßakten[256] (Frage = Roland Freisler, Präsident des Volksgerichtshofes; Antwort = Kaplan Hermann Joseph Wehrle):

Frage: *Seit wann kennen Sie Baron von Leonrod?*

Antwort: *Leonrod ist seit ca. Frühjahr 1943 allmonatlich in die Heilig-Blut-Kirche in München zu mir zur Beichte gekommen. Besondere Beziehungen bestanden zwischen uns nicht.*

Frage: *Baron von Leonrod hat Sie um die Weihnachtszeit 1943 aufgesucht, um Ihnen in einer besonderen Angelegenheit zu beichten bzw. Ihren beichtväterlichen Rat einzuholen.*

Antwort: *Leonrod kam, vermutlich in der Woche zwischen dem 12. und 19. Dezember, zu mir in das Pfarrhaus. Wir gingen in das Bibliothekszimmer des Pfarrers, bei dem ich Kaplan bin. Es mag zwischen 20 und 21 Uhr gewesen sein. Leonrod erklärte wir, daß er beichten möchte bzw. mich um einen Rat unter dem Siegel des Beichtgeheimnisses bitte. Er kam dann mit seinem eigentlichen Anliegen heraus und fragte, ob es eine Sünde sei, wenn er erfahren habe, daß gegen eine führende Persönlichkeit eines Staates, die allein verantwortlich die Geschicke des Staates lenke und das Land ins Elend führe, ein Attentat geplant sei. Ob er gleich zu Anfang das Wort Attentat gebraucht hat, weiß ich nicht mehr. Gefallen ist es auf jeden Fall. Es kann auch am Schluß der Unterredung gewesen sein.*
Frage: *Was haben Sie sich gedacht, als Leonrod Ihnen diese Frage stellte?*
Antwort: *Leonrod hat mir keine Person namentlich genannt, gegen die etwas geplant sei. Ich mußte aber aus seiner Frage entnehmen, daß die Person, gegen die etwas beabsichtigt war, nur der Führer sein konnte. Dieser Gedanke ist mir damals auch durch den Kopf geschossen.*
Frage: *Was haben Sie Leonrod geantwortet?*
Antwort: *Ich antwortete Leonrod, daß seine Frage sich decke mit der Erlaubtheit des Tyrannenmordes. Daraufhin habe ich das Lexikon ›Das Lexikon für Theologie und Kirche‹, Band 10, herausgegeben von dem derzeitigen Bischof von Regensburg, Dr. Michael Buchberger, geholt und den einschlägigen Artikel über den Tyrannenmord aufgeschlagen.*
Frage: *Wie kamen Sie dazu, sofort an das Problem des Tyrannenmordes zu denken? Was verstehen Sie unter einem Tyrannen?*
Antwort: *Aus der Geschichte der Antike einen Alleinherrscher, der seine Macht nicht zum Guten, sondern allein zum Schaden des Volkes ausnutzt.*
Frage: *Sie haben bei der Frage Leonrods sofort an den Füh-*

rer gedacht. Sie sahen also in dem Führer einen Mann, der seine Macht zum Schaden des Volkes ausnutzt.

Antwort: *Jawohl ... In dieser Hinsicht muß ich allerdings sagen, daß der Begriff des Tyrannen, wie ihn die Antike versteht und wie auch ich ihn verstehe, auf den Führer zutrifft. Deshalb mußte mir auch bei der Frage Leonrods der Gedanke an den Führer, gegen den etwas geplant sei, in diesem Zusammenhang der Gedanke an das Problem des Tyrannenmordes kommen.*

Auf Vorhalt: *Ich habe dann in dem angegebenen Lexikon Leonrod die wesentlichen Punkte im Wortlaut vorgelesen. In diesem Artikel werden zunächst die Auffassungen verschiedener Theologen und Kirchenväter wiedergegeben ... Zum Schluß des Artikels wird dann auch auf den Jesuiten Mariana eingegangen, dessen Theorie im Hinblick auf den Tyrannenmord abgelehnt wird. Diese Sätze habe ich auch Leonrod vorgelesen, habe ihm aber in diesem Zusammenhang erklärt, daß ein Tyrannenmord nicht gleichbedeutend sei mit der Mitwisserschaft von einem derartigen Plan. Ich habe Leonrod weiter gesagt, daß die Mitwisserschaft an einem geplanten Attentat keine Sünde sei, da sie nicht Faktum des Mordes sei, und habe ihm weiter ausgeführt, daß bei ihm kein Grund zur eigentlichen Beichte vorliege ...*

Auf Vorhalt: *Leonrod hat mir weder an diesem Abend noch später über Personen, die einen politischen Mord planen, noch über Art und Weise seiner Durchführung, noch über die näheren Umstände, noch über seine eigene Rolle dabei etwas gesagt ...*

Vor seiner Verabschiedung wies mich Leonrod noch einmal darauf hin, daß seine Frage an mich unter dem Siegel des Beichtgeheimnisses gestellt worden sei. Ich antwortete ihm, daß er gar nicht gebeichtet habe und daß auch ein Grund zur Beichte gar nicht vorgelegen hätte ...

Leonrod hatte mir aber seine Frage unter dem Siegel der Verschwiegenheit gestellt, so daß ich deshalb, obwohl mir bewußt ist, daß ich in solchen Fällen zu einer Anzeige verpflichtet bin, von einer solchen abgesehen habe, zumal ich ihn ernstlich darauf hingewiesen haben, daß er persönlich unter allen Umständen seine Finger davon lassen solle. Ich fühlte mich moralisch Leonrod gegenüber zur Verschwiegenheit verpflichtet . . .

Es ist sicherlich mehr als ein historisches Interesse, den Artikel »Tyrannenmord« (verfaßt von K. Hilgenreiner) aus dem Lexikon für Theologie und Kirche[257] zu kennen, der in dem Gespräch des Kaplans Wehrle mit Baron Leonrod eine so entscheidende Rolle gespielt hatte.

Tyrannenmord, *die private Tötung eines Tyrannen. Als Tyrann* (τύραννος) *wurde ursprüngl.* jeder, *der die Alleinherrschaft (tyrannis) in einem Staate beanspruchte od. aufrichtete, seit dem 4. Jahrh. v. Chr. ein* grausamer *Herrscher bezeichnet; seine Tötung galt als Heldentat (Harmodios u. Aristogiton). Staatsrechtlich kann mit Tyrann ein Doppeltes bezeichnet werden: ein* Usurpator *(tyrannus usurpationis), der gegen den rechtmäß. Herrscher die Staatsgewalt zu erkämpfen strebt; in diesem Kriegszustand wird der T., d. h. Tötung des Usurpators, selbst durch einen Privatmann, wo andere Hilfe fehlt, allg. als erlaubt angenommen (Thomas, Sent. II Dist. 44 q. 2 a. 2 ad 5). Versteht man dagegen unter Tyrann einen rechtmäßigen, aber grausamen,* ungerechten Herrscher *(tyrannus regiminis), so ist klar, daß es auch ihm gegenüber, wie gegen jedermann, ein Recht der persönl. → Notwehr bei* aktuellen, *nicht anders abzuwehrenden schweren Angriffen gibt, das nötigenfalls bis zur Tötung gehen kann (Thomas, S. th. II/II q. 69 a. 4 c). Die Schwierigkeit fängt erst bei der Frage an, ob es erlaubt sei, einem rechtmäßigen, aber tyrannisch, also offenbar gegen das Gemeinwohl regierenden Fürsten eben wegen dieses Regimes mit Gewalt zu widerstehen, ja zu töten, ferner, wem dies erlaubt sei, ob nur dem Volk als solchen od. auch einem Privatmann. Von Anbeginn des Chri-*

stentums stand fest, daß man im allg. auch schlechten u. ungläub. Herrschern gehorsamen (1 Petr 2, 18), bei moralisch schlechten Befehlen aber Gott mehr als den Menschen gehorchen müsse. Daß man tyrannischen Herrschern auch aktiven Widerstand leisten könne, scheint zuerst um 1150 → Johann v. Salisbury ausgesprochen zu haben: »Der Fürst ist zu lieben, ein Tyrann aber oftmals sogar zu töten«. Thomas v. Aquin kennt nur gesetzl. Mittel gegen Tyrannen (Absetzung des Wahlkönigs, päpstl. Entbindung vom Eid der Treue), sonst: recurrendum est ad regem omnium Deum (De regim. princip. I 6). Als → Johann Parvus den ohne öffentl. Vollmacht unternommenen T. verteidigte (1408), wurde nach seiner Verurteilung auf der Synode zu Paris 1414 (C. Kamm in Röm Qschr 1912, 3 ff), die eine röm. Kard.-Kommission aufhob, das → Konstanzer Konzil 1415 veranlaßt, eine darauf bezügl. These zu verwerfen (vgl. B. Beß in ZschrKG 1915, 1/61; H. Finke, Acta Conc. Constant. IV [1928] 237/432); seine wortreiche Erklärung ließ aber viele Ausflüchte zu. Im Reformationszeitalter wurde die Frage bes. aktuell. Wie Wiclif den in Todsünde gefallenen Fürsten der Herrschaft verlustig erklärte u. der Bestrafung durch das Volk anheimgab, so vertraten Calvin, Zwingli, Buchanan, Melanchthon u. a. die Erlaubtheit der Absetzung, ja Tötung häretischer Herrscher durch das Volk. Aus der Lehre, daß der Herrscher, weil er zwar im letzten Grunde seine Gewalt von Gottes Gnaden, unmittelbar aber vom Volk überkommen habe, zogen auch kath. Neuscholastiker, wie Bellarmin u. Suárez, die Folgerung, daß dem Volk eine öffentliche Notwehr in Form der Absetzung u. Bestrafung des tyrann. Herrschers zustehe: eine bei Katholiken u. Protestanten des 16. und 17. Jahrh. allgemeine Lehre. Sie fand im Art. 35 der Erklärung der → »Menschenrechte« vom 26. 8. 1789 Aufnahme u. wurde von neueren Staatslehrern, u. a. K. L. v. Haller, Dahlmann, Ahrend, Bluntschli, R. v. Mohl (gegen Stahl, Trendelenburg, Fr. Walter) vertreten. Katholischerseits galt dabei als sichere

Lehre, daß niemand privata auctoritate einen Tyrannen töten dürfe (Suárez, Defensio fid. cath. VI c. 4 n. e.). Selbst der Jesuit→ Mariana, der in seinem mit staatl. u. Ordenserlaubnis erschienenen Fürstenspiegel De rege et regis institutione (Toledo 1599) den T. durch Private für erlaubt erklärte, wenn Absetzung u. Tötung durch das Volk nicht möglich sei, setzt voraus, daß der Private ihn votis publicis favens od. si vox populi adsit vollbringe. Der Irrtum Marianas hat in kath. Kreisen keine Verteidiger gefunden, wurde vielmehr von seinem Ordensgenossen Fr. → Suárez widerlegt u. vom Jesuitengeneral verurteilt. Im Syllabus v. 1864 sind die Sätze (63 u. 64) verworfen: »Man darf rechtmäßigen Fürsten den Gehorsam verweigern, ja gegen sie sich erheben. Die Verletzung des heiligsten Eides wie jegliches Verbrechen gegen das ewige Gesetz sind nicht verwerflich, im Gegenteil völlig erlaubt u. lobenswert, wenn es aus Vaterlandsliebe geschieht.« Damit ist auch der politische Mord der Neuzeit verworfen.

M. Lossen, Die Lehre vom T. in der christl. Kirche (1894). G. Schmidt (1901). J. Böhme, Der T. in der kath. Kirche (1905), J. Hergenröther, Kirche u. Staat (1872) 398/409. A. Nobel, Mord in der Politik (1931). Über die Stellung der Jesuiten zum T. s. Pilatus, Jesuitismus (1905) 191/208. L. Koch, Jesuitenlexikon (1934) 1776 f. DietFoiCath IV 1883/90. K. Hilgenreiner.

In einer, heute leider fast unbekannten Gedenkrede[258] zur 10. Wiederkehr des 20. Juli 1944, gehalten am 19. Juni 1954 im Auditorium Maximum der Freien Universität Berlin, hat Theodor Heuss, der erste Bundespräsident der Bundesrepublik Deutschland, sich sehr energisch dafür ausgesprochen, daß Widerstandsrecht zur Widerstandspflicht werden kann. Er zitierte dabei die Worte Stauffachers aus Friedrich Schillers »Tell«. Schillers Schauspiel wurde übrigens während der Nazizeit aus dem Leseplan der Schulen gezogen und verschwand auch von den deutschen Bühnen.

»Nein, eine Grenze hat Tyrannenmacht;
Wenn der Gedrückte nirgends Recht kann finden,
Wenn unerträglich wird die Last – greift er
Hinauf getrosten Mutes in den Himmel
Und holt herunter seine ew'gen Rechte,
Die droben hangen unveräußerlich
Und unzerbrechlich wie die Sterne selbst.«

Wie aber unmittelbar nach dem mißglückten Attentat vom 20. Juli 1944 katholische und evangelische Kirchenmänner, die wegen ihrer kritischen Haltung gegenüber dem Hitlerregime durchaus bekannt waren, über den Tyrannenmord und die Respektierung der rechtmäßigen Obrigkeit dachten, ist u. a. einem Vernehmungsprotokoll vom 21. August 1944 zu entnehmen, in dem Kardinal Michael von Faulhaber sich gegen *»das himmelschreiende Verbrechen des 20. Juli«*[259] aussprach. Er sagte ferner in diesem Protokoll, das ein Monat nach dem Attentat auf Hitler niedergeschrieben wurde:

»... Ich bin erschüttert, weil ich als Bischof das Verbrechen eines Mordplanes und vollends eines Planes gegen das Staatsoberhaupt vor aller Welt verdammen und brandmarken muß. Weil ich vor dem 20. Juli einen solchen Wahnsinn, der unser Volk in das furchtbare Chaos gestürzt und den Bolschewismus in der radikalsten Form zum Siege geführt hätte, nicht für möglich gehalten hätte ... Hätte ich auch nur den leisesten Eindruck gehabt, es sei hier ein staatsfeindliches Komplott im Werden oder ein hochverräterisches Unternehmen in Vorbereitung, hätte ich das pflichtgemäß der Staatspolizei zur Anzeige gebracht.«

Glaubte man wirklich, mit der Parole: Lieber braun als rot! besser leben zu können, vor allem angesichts der inquisitorischen Verhöre, die unmittelbar nach dem Attentat des 20. Juli 1944 landauf landab abgehalten wurden? Viele Kirchenmän-

ner haben sicherlich in Predigten und mit Denkschriften gegen Hitler protestiert. Aber sie scheuten sich, dem deutschen Volk revolutionäre Impulse zu geben, wie dies etwa in der »Theologie der Befreiung« erst viele Jahre nach dem Zweiten Weltkrieg geschehen ist.
Aufgrund von Ereignissen bereits im 19. Jahrhundert, vor allem aber bestärkt durch den italienischen Faschismus und durch den Sieg Francos in Spanien sah sich die katholische Kirche mit nationalistischen Kräften in einer antibolschewistischen Front. Überall dort, wo nationalistische Kräfte antikatholische Aktionen durchführten, brandmarkte sicherlich die Kirche diese Übergriffe und hat diese – meist unausgesprochen – bedauernd als eine Schwächung der antibolschewistischen Front betrachtet. Seit Papst Leo XIII. (1878 bis 1903), nicht zuletzt durch den Sieg des Kommunismus in Rußland wie durch die Kirchenverfolgungen in kommunistischen Ländern (Mexiko, Spanien) wurden häufig folgende Argumente angeführt:

»Angenommen, es müßte eine Entscheidung getroffen werden zwischen dem internationalen und atheistischen Kommunismus auf der einen Seite und dem nationalistischen und heidnischen Sozialismus auf der anderen Seite, zwischen Bolschewismus und Faschismus, wie es heißt, so kann der Entschluß jedes vernünftigen Menschen nur ein einziger sein. Denn das kleinere Übel, selbst wenn es nicht positiv gebilligt werden kann, ist letzten Endes stets dem schlimmeren Übel vorzuziehen, ist es doch in dieser Hinsicht bzw. im Rahmen dieser besonderen Betrachtung etwas Gutes, ›aliquid boni‹, wie der heilige Thomas sagt.«[260]

Der religiöse Widerstand, der zum letzten und damit zum Attentat auf Hitler bereit war, konnte sich nicht auf die Sympathien oder Entscheidungen der offiziellen Vertreter der christlichen Kirchen stützen. Er wuchs als Scham, als Bedrängnis, als Auftrag und Verpflichtung aus einem einsamen Gewissen, das sich von Gott allein beauftragt und von Gott allein beurteilt wußte.

Kirchlicher Widerstand in Predigten und Denkschriften

Die Auseinandersetzungen zwischen den christlichen Kirchen Deutschlands und dem Nationalsozialismus haben vom Zeitpunkt der Machtergreifung Hitlers am 30. Januar 1933 bis zum Ende des Zweiten Weltkrieges folgende Etappen durchlaufen:

1933–1934	Abwartende Haltung über einen Modus vivendi und Klärung der Fronten
1934–1939	Beginnender, offener Kirchenkampf
1939–1945	Verschärfung des Kirchenkampfes wie auch des kirchlichen Protestes (ausgelöst vor allem durch das nationalsozialistische Euthanasieprogramm).

Aus der Fülle der offiziellen, kirchlichen Proteste werden jene nicht mehr angeführt, die bereits in früheren Abschnitten dieses Buches ausführlich zitiert und kommentiert wurden. Aber auch aus dem noch nicht genannten Dokumentenmaterial kann wiederum nur eine kleine Auswahl typischer, in Deutschland wie im Ausland besonders beachteter Texte vorgelegt werden.

■ Protesterklärung des Bischofs Franz Rudolf Bornewasser[261] von Trier am 9. Dezember 1933: Gegen die Unterdrückung der freien, katholischen Presse!

»In verschiedenen Zeitungen erscheinen Aufrufe, die mich im Gewissen verpflichten, meinen Diözesanen ein Wort zu sagen im Anschluß an einen zur Zeit erschienenen Erlaß be-

treffend die katholische Presse. *Einer dieser vorliegenden Aufrufe mit der Überschrift ›Warnung vor Volksverrätern‹ sagt: ›Wer aufruft: Katholiken, lest katholische Zeitungen! oder Protestanten, lest protestantische Zeitungen!, also Gegensätze oder eine Spaltung wie diese konfessionelle in das deutsche Volk tragen will, ist ein Volksverderber und ein Verräter an der schwer erkämpften deutschen Einheit.‹ – Ich rufe hiermit, in vollem Bewußtsein meiner heiligen Bischofspflicht und in tiefster Sorge um die Vertiefung des katholischen Glaubens durch die wahrhaft katholisch eingestellte Tagespresse: ›Katholiken, lest katholische Zeitungen‹. Ob ich nun ein ›Volksverräter‹, ein ›Volksverderber‹, ein ›Verräter an der deutschen Einheit‹ bin, – darüber mögen meine gerecht gesinnten Diözesanen urteilen, die mein Leben und Wirken seit bald zwölf Jahren kennen. Es gibt eine katholische Presse – auch wenn sie den Titel ›Katholische Zeitung‹ nicht mehr tragen darf. Nicht der Titel macht die Zeitung katholisch, sondern der Geist, der sie beseelt . . .«*

■ Ansprache von Kardinal und Erzbischof Michael von Faulhaber[262] am 31. Dezember 1933 über das Thema: »Christentum und Germanentum« in der Michaelskirche in München.

»Vom kirchlichen Standpunkt aus ist gegen die ehrliche Rassenforschung und Rassenpflege nichts einzuwenden. Auch nichts einzuwenden gegen das Bestreben, die Eigenart eines Volkes möglichst rein zu erhalten und durch den Hinweis auf die Blutsgemeinschaft den Sinn für die Volksgemeinschaft zu vertiefen. Nur müssen wir vom kirchlichen Standpunkt aus drei Bedingungen machen: Erstens darf die Liebe zur eigenen Rasse in der Kehrseite niemals Haß gegen andere Völker werden. Zweitens darf sich der einzelne nicht der sittlichen Pflicht enthoben glauben, mit den Gnadenmitteln seiner Kirche in zäher Selbsterziehung seine Seele zu pflegen. Drittens darf die Rassenpflege keine Frontstellung gegen das Chri-

stentum einnehmen. Was soll man zu dem ungeheuerlichen Vorwurf sagen, die germanische Rasse sei durch das Christentum verdorben worden, das Christentum sei nicht artgemäß, besonders wegen seiner alttestamentlichen Belastung, und deshalb ein Hindernis für den Rassenstolz in Volk und Schule?
Wie sich das Christentum zur germanischen Rasse stellt? Rasse und Christentum sind an sich keine Gegensätze, wohl aber verschiedene Ordnungen. Rasse ist Naturordnung, Christentum ist Offenbarung, also übernatürliche Ordnung. Rasse ist Verbundenheit mit dem Volk, Christentum ist zunächst Verbundenheit mit Gott. Rasse ist völkische Geschlossenheit und Abgeschlossenheit, Christentum ist weltweite Heilsbotschaft an alle Völker ...
Dazu hat uns Gottes Gnade nicht vor dem russischen Heidentum bewahrt, um uns jetzt in einem germanischen Heidentum versinken zu lassen ...«

■ Denkschrift der Bekennenden Kirche (VKL)[263] an Reichskanzler Adolf Hitler im Frühjahr 1936: Protest gegen den antichristlichen Geist!

»Von den evangelischen Angehörigen der NS-Organisationen wird gefordert, sich uneingeschränkt auf die nationalsozialistische Weltanschauung zu verpflichten. Diese Weltanschauung wird vielfach als ein positiver Ersatz des zu überwindenden Christentums dargestellt und ausgegeben.
Wenn hier Blut, Rasse, Volkstum und Ehre den Rang von Ewigkeitswerten erhalten, so wird der evangelische Christ durch das erste Gebot gezwungen, diese Bewertung abzulehnen. Wenn der arische Mensch verherrlicht wird, so bezeugt Gottes Wort die Sündhaftigkeit aller Menschen.
Wenn den Christen im Rahmen der nationalsozialistischen Weltanschauung ein Antisemitismus aufgedrängt wird, der zum Judenhaß verpflichtet, so steht für ihn dagegen das christliche Gebot der Nächstenliebe. Einen besonders schwe-

ren Gewissenskonflikt bedeutet es für unsere evangelischen Gemeindeglieder, wenn sie das Eindringen dieser antichristlichen Gedankenwelt bei ihren Kindern, ihrer christlichen Elternpflicht entsprechend, bekämpfen müssen.
Wir sehen mit tiefer Besorgnis, daß eine dem Christentum wesensfremde Sittlichkeit in unser Volk eindringt und es zu zersetzen droht. Wohl ist uns bekannt, daß der Führer in seiner Rede vom 23. März 1933 die sittliche Bedeutung der christlichen Konfessionen für das Volksleben anerkannt hat. Aber die Macht des neuen sittlichen Denkens ist bisher stärker geworden als dieses Wort.
Weithin wird heute als gut angesehen, was dem Volke nützt. So konnte mit Wissen des Reichsamtsleiters Derichsweiler erklärt werden, daß der Ausdruck positives Christentum im Artikel 24 des Parteiprogramms nur so gebraucht werde, wie man einem Kranken gegenüber die volle Wahrheit zurückhalte.
Ein solches Verhalten stellt die Zweckmäßigkeitserwägungen über die in Gottes Gebot geforderte Wahrhaftigkeit. An der Art, wie offiziell der Kirchenstreit dargestellt wird, an der Behandlung der evangelischen Presse und des evangelischen Versammlungswesens, an der Verkehrung des Begriffes der Freiwilligkeit in sein Gegenteil anläßlich von Sammlungen und von Werbungen zum Eintritt in Organisationen usw. wird dem evangelischen Christen diese aus dem Geist einer völkischen Nützlichkeitsmoral stammende Mißachtung des Wahrhaftigkeitsgebotes besonders deutlich. Die Evangelische Kirche begrüßt es im Blick auf die Forderungen Christi in der Bergpredigt dankbar, daß die Zahl der Eide im Gerichtssaal unter der Herrschaft des neuen Staates auf einen Bruchteil zusammengeschmolzen ist. Um so mehr muß sie es als einen Sieg des widerchristlichen Geistes beklagen, daß der Eid als Treueschwur und Verpflichtung eine erschreckende Häufung und damit zugleich eine erschreckende Entwertung erfahren hat.

Ist jeder Eid unter Gottes Augen gegebene Erklärung oder Versicherung, auch dann, wenn der Name Gottes dabei nicht ausdrücklich genannt wird, dann muß die Tatsache, daß viele Menschen in kurzen Abständen nacheinander zum Schwören veranlaßt werden, dem Eid seine Würde rauben und dazu führen, Gottes Namen zu entheiligen und zu mißbrauchen. Evangelische Eltern empfinden es als besonders unerträglich, daß man ihren Kindern schon in jungen Jahren eidähnliche Verpflichtungen abnimmt.

Schon häufen sich in der Seelsorge die Fälle, daß Menschen erklären, sie fühlten sich durch den Eid nicht gebunden, dessen Verweigerung ihre Existenz bedroht hätte.

Die Evangelische Kirche würde eine solche, der christlichen Forderung zuwiderlaufende Denkart bei ihren Gliedern leichter bekämpfen können, wenn dem Christen die ihm selbstverständliche Auslegung des Eides gestattet wäre, daß kein Eid Handlungen decken kann, die wider Gottes Gebot gehen. Tatsächlich aber ist es geschehen, daß ernste Christen, die nach Gottes Willen im Gehorsam gegen ihre Obrigkeit stehen, voll bereit waren, aus ihren Ämtern entfernt wurden, weil sie jene Auslegung für sich in Anspruch nahmen. Damit ist vielen Beamten eine unbedingte wahrhaftige Haltung sehr erschwert.

Die Bewertung der Stimmzettel bei der letzten Reichstagswahl hat viele evangelische Christen in Gewissensnot gebracht. Sie ist darin begründet, daß der Nutzen des Volkes über die Wahrhaftigkeit gestellt worden ist. Evangelische Christen, die sich um der Wahrhaftigkeit willen zu ihrer Entscheidung bekannt haben, sind verhöhnt oder gar mißhandelt worden.

Die evangelischen Christen sind aufgrund der Heiligen Schrift davon überzeugt, daß Gott der Schützer des Rechts und der Rechtlosen ist; darum empfinden wir es als Abkehr von ihm, wenn Willkür in Rechtsdingen einzieht und Dinge geschehen, die nicht recht sind vor dem Herrn.

Hierher gehören nicht nur die vielen Vorgänge im Kirchenkampf, sondern auch die durch die Einrichtung und das Gebaren der kirchlichen Beschlußstelle im Endergebnis gegebene Rechtsverweigerung.
Das evangelische Gewissen, das sich für Volk und Regierung mitverantwortlich weiß, wird aufs härteste belastet durch die Tatsache, daß es in Deutschland, das sich selbst als Rechtsstaat bezeichnet, immer noch Konzentrationslager gibt und daß Maßnahmen der Geheimen Staatspolizei jeder richterlichen Nachprüfung entzogen werden.
Bekenntnistreue erwachsene Christen, einmal in ihrer Ehre angegriffen, finden oft nicht den Ehrenschutz, der anderen Staatsbürgern zuteil wird.
Die evangelische Christenheit erkennt auch in diesen Dingen die Gefahr, daß in unserem sittlich-rechtlichen Denken ein antichristlicher Geist zur Herrschaft kommt.«

■ Hirtenbrief des Erzbischofs Conrad Gröber[264] von Freiburg zum Erziehungssonntag am 29. April 1937: Verbriefte Rechte der katholischen Bekenntnisschule!

»... Vor allem wahret euern Kindern die christliche und konfessionelle Schule, *wie sie euch im Badischen und Reichskonkordat verbürgt ist! Hat nicht neulich erst eine im Schulkampf in vorderster Reihe stehende Zeitschrift zu verstehen gegeben, daß die jetzt neu geplante Gemeinschaftsschule mit Religionsunterricht nur der Übergang ist zu der Gemeinschaftsschule ohne Religionsunterricht? Bedarf es noch vieler Beweise, wohin der Weg geht, wo doch zu Ostern dieses Jahres mit einem Federstrich der Religionsunterricht der drei oberen Klassen der höheren Schulen auf eine Stunde in der Woche beschränkt worden ist? – Für die katholische Schule einzutreten ist eure Pflicht vor Gott. Für die katholische Schule einzutreten ist euer gutes Recht vor dem Staate. Wie sagt das Reichskonkordat? ›Die Beibehaltung und Neuerrichtung der*

katholischen Bekenntnisschulen bleibt gewährleistet.‹ Prägt euch daher folgenden Satz ein: ›Solange es deutsche Treue gibt, solange ein Kanzlerwort gilt, solange Verträge heilig sind, solange gibt es das Recht der katholischen Schule in Deutschland.‹ Diesen Satz haltet allen denen entgegen, die euch um eurer Treue zur katholischen Schule willen bedrängen! . . .«

■ Predigt des Kardinals und Erzbischofs von München und Freising, Michael von Faulhaber[265], am 4. Juli 1937 vor der Marianischen Männerkongregation in St. Michael/München: Protest gegen Gestapoterror und gegen die am 5. Juni 1937 erfolgte Verhaftung des Münchener Männerseelsorgers und Jesuitenpaters Rupert Mayer!

». . . Ich benütze diese erste feierliche Gelegenheit, um öffentlich zu erklären, mit welcher Bestürzung und Entrüstung, ja mit welcher Verbitterung die katholischen Männer von München die Verhaftung von Pater Rupert Mayer *am 5. Juni vernommen haben, und wie schwer die Fortdauer der Haft auf den Katholiken lastet . . .*
. . . Wir können der Staatspolizei *keinen größeren Gefallen tun als dadurch, daß wir durch Kundgebungen ihr einen Anlaß böten, mit Gummiknütteln und Verhaftungen, mit Ausstellung und Entlassungen vorzugehen gegen die verhaßten Katholiken, die heute mehr gehaßt und verfolgt werden als die Bolschewiken . . .*
. . . Diese Verhaftung ist ein Zeichen, daß der Kulturkampf *zur Vernichtung der katholischen Kirche in Deutschland in einen neuen Abschnitt eingetreten ist. Es naht die Entscheidung. Der Menschensohn hat die Wurfschaufel in die Hand genommen, um Weizen und Spreu zu sondern. Es rauchen Flammenzeichen, und eines dieser Flammenzeichen ist die Verhaftung unseres Münchner Männerapostels.*
In der großen Rede von Fürstenfeldbruck (von Minister

Wagner) wurde die Verhaftung von Pater Ruper Mayer mit der gesamten kirchenpolitischen Lage von heute in Verbindung gebracht. Dort wurde gesagt: ›Ich muß mit Bedauern feststellen, daß es heute noch eine Kraft und Macht gibt, die sich störend in unserem völkischen Leben bemerkbar macht! Diese Kraft sind die Kirchen.‹ Hören wir recht? Diese Kraft sind nicht die Freimaurer, nicht die Kommunisten, nicht die Bolschewisten? Diese letzte staatsfeindliche Macht, die jetzt noch niedergeschlagen werden muß, sind die Kirchen. Die sind ›die einzigen‹, die sich nicht in die Volksgemeinschaft einfügen. Dieses Wort hat uns wie mit einem Flammenzeichen verkündet, wo wir stehen. Es ist noch nicht lange her, da nannte man den Bolschewismus als Staatsfeind Nummer ›1‹. Heute wird von diesem Staatsfeind gar nicht mehr gesprochen? Nun ist wenigstens Klarheit geschaffen . . .

Meine lieben katholischen Männer! Die Flammenzeichen rauchen. Woche für Woche dürfen in deutschen Zeitungen und Zeitschriften in Wort und Bild gegen katholische Bischöfe, gegen Dogmen und Einrichtungen der Kirche, die gemeinsten Schmähungen und Verleumdungen gebracht werden, ohne daß wir die Möglichkeit haben, am Sender, durch ein Korrespondenzbüro, oder auch nur durch die Kirchenzeitung die Unwahrheit als Unwahrheit zu bezeichnen. Wir sind im Gewissen verpflichtet, die staatliche Autorität zu achten und müssen es erleben, daß die staatliche Autorität ruhig zusieht, wenn Woche für Woche die kirchliche Autorität mißachtet und in den Schmutz getreten wird . . .

In Regierungskreisen war man darüber entrüstet, daß die Verhaftung von Pater Rupert Mayer in ausländischen Zeitungen gemeldet und dabei mein Schreiben an das Kirchenministerium erwähnt wurde. Ich gebe grundsätzlich keine Meldung an ausländische Zeitungen und habe noch in diesen Tagen die Antwort auf eine fernmündliche Anfrage aus London und andere Versuche, mich auszufragen, abgelehnt. Ich kann aber doch ein großes Erstaunen nicht unterdrücken,

wenn ich höre, daß man sich über die Auslandsmeldungen über unleugbare Tatsachen mehr entrüstet als über die Tatsachen selber, in unserem Fall über die Verhaftung von Pater Rupert Mayer. Das nennt das Evangelium Mücken seihen und Kamele schlucken ...
Katholische Männer! Es ist notwendig, in dieser blutigernsten Stunde das Geheimnis des Kreuzes zu erfassen. So ist es Gesetz und Geheimnis im Reiche Gottes: Die Kirche muß zu allen Zeiten die Wundmale ihres göttlichen Meisters tragen und ist gerade an diesen Wundmalen als der geheimnisvolle Leib des Herrn, als die wahre Kirche Christi zu erkennen. Wir dürfen also an dieser Kirche nicht irre werden, wenn wir unsere Mutter, die Kirche, mit dem göttlichen Stifter den Spottmantel, die Dornenkrone und das Kreuz tragen sehen, und wenn wir auch persönlich Opfer für unseren Glauben bringen müssen.

›Wenn die Flammenzeichen rauchen,
Wird die Stunde Männer brauchen,
Nur am Kreuze wachsen sie!‹

... Die Stunde der Entscheidung ist gekommen. Wenn also der einzelne gefragt wird: Bist du gottgläubig oder was bist du, dann ist die Zeit zum Reden und zu bekennen ohne Wenn und Aber, ohne Zaudern und Kompromisse. Dann muß jeder Katholik freimütig und wenn es gefordert wird, auch schriftlich erklären: Ich bin katholisch.«

■ Hirtenbrief des Erzbischofs Conrad Gröber[266] von Freiburg zu seinem 40jährigen Priesterjubiläum am 23. Oktober 1937: Entlarvung des Kirchen- und Kulturkampfes!

»... Ich bekenne es hier offen: die vergangenen fünf Jahre waren die allerschwersten meines ganzen bisherigen Lebens. Doch ich reiße tiefe Wunden nicht unnötig in der Öffentlich-

keit auf, die ohnedies immer noch schmerzen und bluten, und ich klage in rachsüchtiger Bitterkeit jene nicht an, die sie mir schlugen. Denn der Knecht ist nicht über dem Herrn und der Jünger nicht über dem Meister. Und aus der Prüfung erwächst erfahrungsgemäß mehr göttlicher Segen als aus dem fröhlichen Wandern ohne Kreuz. Ich mache mich sogar noch auf Schwereres und Schwerstes gefaßt. Das Kampfziel unserer weltanschaulichen Gegner tritt ja immer klarer und drohender zutage. Sie machen ja selber kein Hehl mehr daraus. Da weiß ich ohne zaghaftes Überlegen, wo meine eigene Stellung im Geisteskampfe ist, der uns aufgezwungen wird. Oder *haben wir den* Kulturkampf *denn entfesselt und nicht jene, die im Christentum und namentlich in der katholischen Kirche nicht mehr das kostbare Erbe einer vergangenen großen Zeit und das heiligste Anliegen von zahllosen lebenden deutschen Menschen, sondern etwas durch die Entwicklungsgeschichte der Kultur Überwundenes, Entwertetes und Deutschfeindliches erblicken, das auszurotten ist? Stets waren und sind wir Katholiken bereit, dem Staate und dem Volke zu geben, was dem Staate und dem Volke gehört, aber auch Gott und unserer Kirche, was wir ihnen aus christlicher Gewissenspflicht schulden. Das muß gerade der Bischof als verantwortlicher Führer immer und immer wieder betonen, um für die Gerechtigkeit und damit auch die Wahrheit ein apostolisches Zeugnis abzulegen, das vor keinem Leiden zurückschreckt, wie das christliche Leiden noch sieghafter ist als das Handeln. Zuletzt ist es doch immer das Geistigste, sagen wir deutlicher, die göttliche Wahrheit, die alles Zeitgeborene und Scheinwahre überwindet . . .*

Aber wozu nach dem Gesagten sich beklagen und ärgern? Wozu unnötiges zeitraubendes Fragen und Grübeln? Kampf ist immerhin besser als ein fauler weltanschaulicher Friede. Der Kampf weckt die Schläfer und Schläfrigen auf und offenbart unsere persönliche Stärke und die unerschöpfliche Kraft unserer christlichen Überzeugung und Kirche. Der Kampf

sammelt, wirbt und entlarvt die Feiglinge und Heuchler und scheidet die bisherigen Mitläufer von den heldischen Soldaten. Nicht umsonst sprach der Heiland das messerscharfe Wort: Ich bin nicht gekommen, den Frieden zu bringen, sondern das Schwert. Kampf ist der sicherste Weg zum letzten ewigen Frieden ...
Mag kommen, was will! Ich hasche nicht nach irdischer Anerkennung und vergänglichem Danke. Sie befriedigen doch nicht! Der mich richtet ist der Herr. Ich eifere für Christus, damit wiederkomme sein Reich. Bin ich auch von manchen verkannt und von anderen gehaßt, gelästert und geschmählt; was verschlägt's! Mein göttlicher Führer und Meister war es auch und noch unvergleichlich mehr. Ich bete nicht um das, was mir bequeme Ruhe oder irdische Tröstung verschafft, sondern um das, was dem deutschen Volke in christlicher Verbundenheit frommt, auch wenn die Wolken die untergehende Sonne meines Tages verhüllen. Ich bete, daß ich selber treu bleibe und unerschütterlich treue Priester und unentwegt charaktervolle Diözesanen wie Mauern und Türme mich umgeben, wenn die Wölfe in unsere Herde und Hürde einbrechen ...«

■ Hirtenbrief des Erzbischofs Conrad Gröber[267] von Freiburg zum Kriegsausbruch vom 7. September 1939: Laß, o Herr, den Krieg kurz sein!

»... Die wachsenden Spannungen der vergangenen Monate haben nun, trotz aller Friedensbestrebungen des Hl. Vaters und anderer, den Krieg ausgelöst. Wie der Krieg in den Jahren 1914–18 war, und was er uns nahm, das wissen wir Älteren. Was uns der nunmehr entbrannte Krieg bringen wird, das weiß Gott allein. Nur das Eine ist uns Menschen gewiß, daß er für jedes darin verwickelte Volk, ja für die ganze Welt eine furchtbare Heimsuchung bedeutet. Wir sind darum auch zu ernst und zu verwachsen mit unserm Vaterland und Volk,

als daß wir ihn mit Jubel begrüßen ... Möge er nicht Ströme von Tränen den Augen der Menschen entpressen und mit Fluten von Blut die ganze Erde röten! Möge er uns an Gott denken lassen und an die prophetischen Worte Jesu Christi, unseres Herrn! Mit Gottes Kraft und Christi Trost wollen wir den Krieg ertragen und unsere Pflicht in Ehrenhaftigkeit, Geschlossenheit und Treue erfüllen, ob wir nun im Felde stehen oder in der Heimat verbleiben! Freilich, das Eine brauchen wir jetzt noch weit mehr als je zuvor: Die Freiheit für Gott und seine heilige katholische Kirche, damit aus dieser Freiheit und Gerechtigkeit auch die Freiheit und gerechte Sache unseres Volkes den Segen des Allmächtigen empfange! Zu Gott aber wollen wir auf den Knien und aus der Inbrunst unserer Seele beten: Laß den Krieg kurz sein, o Herr! Laß es kein Krieg sein, o Herr, in dem es sich um weit mehr und weit Kostbareres handelt als um verlorenes Land. Laß es ein Krieg sein, o Herr, aus dem ein dauernder Friede *entspringt ...«*

■ Schreiben (Abschlußteil) des evangelischen Landesbischofs von Württemberg, Theophil Wurm[268], an den Reichsinnenminister Frick vom 19. Juli 1940: Protest gegen den Mord an körperlich und geistig Behinderten!

»Ich kann nur mit Grauen daran denken, daß so, wie begonnen wurde, fortgefahren wird. Der etwaige Nutzen dieser Maßregeln wird je länger je mehr aufgewogen werden durch den Schaden, den sie stiften werden. Wenn die Jugend sieht, daß dem Staat das Leben nicht mehr heilig ist, welche Folgerungen wird sie daraus für das Privatleben ziehen? Kann nicht jedes Roheitsverbrechen damit begründet werden, daß für den Betreffenden die Beseitigung eines anderen von Nutzen war? Auf dieser schiefen Ebene gibt es kein Halten mehr. Gott läßt sich nicht spotten. Er kann das, was wir auf der einen Seite als Vorteil begonnen zu haben glauben, auf der anderen Seite zum Schaden und Fluch werden lassen. Ent-

weder erkennt auch der NS-Staat die Grenzen an, die ihm von Gott gesetzt sind, oder er begünstigt einen Sittenverfall, der auch den Verfall des Staates nach sich ziehen müßte.
Ich kann mir denken, Herr Minister, daß dieser Einspruch als unbequem empfunden wird. Ich wage auch kaum die Hoffnung auszusprechen, daß meine Stimme gehört werden wird. Wenn ich trotzdem diese Darlegung gemacht habe, so tat ich es in erster Linie deshalb, weil die Angehörigen der betroffenen Volksgenossen von der Leitung der Kirche einen solchen Schritt erwarten. Sodann bewegt mich allerdings auch der Gedanke, daß dieser Schritt vielleicht doch zu einer ernsten Nachprüfung und zum Verlassen dieses Weges Anlaß geben könnte.«

■ Protestbrief[269] des Erzbischofs von Freiburg, Conrad Gröber, und des Generalvikars der Diözese Rottenburg, Dr. Kottmann (Vertreter des aus seiner Diözese 1938–1945 verbannten Bischofs Johannes Baptista Sproll), an Reichsminister Hans Heinrich Lammers, den Leiter der Reichskanzlei Hitlers, vom 1. August 1940: Widerstand gegen den »Gnadentod« und Angebot der katholischen Kirche, »auf caritativem Wege für alle die Unkosten aufzukommen, die dem Staat durch die Pflege der zum Tod bestimmten Geisteskranken erwachsen«!

»Exzellenz,
Hochverehrter Herr Minister!
Wir beehren uns, Ew. Exzellenz Nachfolgendes als dringende Angelegenheit vorzutragen:
Aus den Reihen des Volkes, sowohl Württembergs als auch Badens sind wir davon unterrichtet worden, daß in den letzten Wochen schon eine sehr große Anzahl von Geisteskranken und Geistesschwachen in den staatlichen wie auch in den privaten Anstalten der Euthanasie verfallen sind. Namentlich die Angehörigen der Verstorbenen, denen nur die Aschenurne

überlassen worden ist, unter Mitteilung einer auffälligen Todesursache, der wenig Glauben geschenkt wird, sind tief erschüttert. Viele der Verstorbenen waren durchaus arbeitsfähig, so daß sie keine Belastung für den Staat gebildet haben. Wir fühlen uns im Gewissen verpflichtet, Ew. Exzellenz dringend zu bitten, doch Ihren weitgehenden Einfluß geltend zu machen, damit das durch das Naturrecht und christliche Gesetz verbotene Verfahren eingestellt werde. Wir denken dabei aus patriotischen Gründen auch an die Wirkung, die das Bekanntwerden obiger Vorgänge in der ganzen kultivierten Welt hervorrufen müßte. Wir erklären uns bereit, auf caritativem Wege für alle die Unkosten aufzukommen, die dem Staat durch die Pflege der zum Tod bestimmten Geisteskranken erwachsen.
Wir weisen endlich darauf hin, daß der Krieg mit den Opfern, die er an das Volk stellt, die ungeeignetste Zeit ist, um das Volksgemüt durch Maßnahmen der Euthanasie zu belasten. Ew. Exzellenz werden verstehen, wie sehr uns diese Angelegenheit auf dem Gewissen liegt und wie herzlich und dringend darum unsere Bitte ist, es möchte unverzüglich diesen Dingen ein Ende bereitet werden.
Mit dem Ausdrucke unserer ganz besonderen Verehrung und Wertschätzung
Conrad,
Erzbischof von Freiburg
Dr. Kottmann,
Generalvikar von Rottenburg«

■ Predigt des Bischofs von Münster, Clemens August Graf von Galen[270], am 13. Juli 1941 in der Lambertikirche zu Münster: Protest gegen ein Willkürrecht – Wir fordern Gerechtigkeit!

»Meine lieben Katholiken von St. Lamberti!
Es war mir ein Bedürfnis, heute von der Kanzel der Stadt-

und Marktkirche aus persönlich mein bischöfliches Hirtenwort zu den Ereignissen der vergangenen Woche zu verlesen und besonders euch, meinen früheren Pfarrkindern, meine innige Teilnahme auszusprechen. Gerade in einigen Bezirken der Lambertigemeinde, freilich auch an anderen Stellen der Stadt, sind ja die Verwüstungen und Verluste besonders groß. Ich hoffe, daß durch das Eingreifen der zuständigen städtischen und staatlichen Stellen, besonders aber auch durch eure Bruderliebe und die Erträgnisse der heutigen Kollekte für die Hilfsaktion des Caritasverbandes und der Pfarrcaritas ein Teil der Not behoben wird.

Ich hatte mir vorgenommen, noch ein kurzes Wort hinzuzufügen über den Sinn der göttlichen Heimsuchung: wie Gott uns darin sucht, um uns zu sich heimzuholen. Gott will Münster zu sich heimholen. Wie waren unsere Vorfahren bei Gott, in Gottes heiliger Kirche heimisch! Wie war ihr Leben so ganz getragen vom Glauben an Gott, geführt von der heiligen Furcht Gottes und von der Liebe Gottes, das öffentliche Leben wie das Familienleben und auch das Geschäftsleben! War es in unsern Tagen noch immer so? Gott will Münster zu sich heimholen.

Darüber wollte ich noch einige Gedanken euch aussprechen. Aber ich muß für heute darauf verzichten. Denn ich sehe mich genötigt, etwas anderes heute hier öffentlich zur Sprache zu bringen: ein erschütterndes Ereignis, das gestern, zum Abschluß dieser Schreckenswoche, über uns gekommen ist.

Noch steht ganz Münster unter dem Eindruck der furchtbaren Verwüstungen, die der äußere Feind und Kriegsgegner in dieser Woche uns zugefügt hat; da hat gestern zum Schluß dieser Woche, gestern, am 12. Juli, die Geheime Staatspolizei die beiden Niederlassungen der Gesellschaft Jesu, des Jesuitenordens, in unserer Stadt, Haus Sentmaring an der Weseler Straße und das Ignatiushaus an der Königstraße, beschlagnahmt, die Bewohner aus ihrem Eigentum vertrieben, die Patres und Brüder genötigt, unverzüglich, noch am gestrigen

Tage, nicht nur ihre Häuser, nicht nur unsere Stadt, sondern auch die Provinz Westfalen und die Rheinprovinz zu verlassen. Und das gleiche harte Los hat man ebenfalls gestern den Missionsschwestern von der Unbefleckten Empfängnis in Wilkinghege, an der Steinfurter Straße, bereitet. Auch ihr Haus wurde beschlagnahmt, die Schwestern sind aus Westfalen ausgewiesen und müssen Münster bis heute abend 6 Uhr verlassen. Die Ordenshäuser und Besitzungen sind samt Inventar zu Gunsten der Gauleitung Westfalen-Nord enteignet.
So ist also der Klostersturm, der schon längst in der Ostmark, in Süddeutschland, in den neuerworbenen Gebieten Warthegau, Luxemburg, Lothringen und anderen Reichsgebieten wütete, auch hier in Westfalen ausgebrochen. Wir müssen uns darauf gefaßt machen, daß in den nächsten Tagen solche Schreckensnachrichten sich häufen, daß auch hier ein Kloster nach dem anderen von der Gestapo beschlagnahmt wird und seine Bewohner, unsere Brüder und Schwestern, Kinder unserer Familien, treue deutsche Volksgenossen, wie rechtlose Heloten auf die Straße geworfen, wie Schädlinge aus dem Lande gehetzt werden.
Und das in diesem Augenblick, wo alles zittert und bebt vor neuen Nachtangriffen, die uns alle töten, einen jeden von uns zu einem heimatlosen Flüchtling machen können! Da jagt man schuldlose, ja hochverdiente, von Unzähligen hochgeachtete Männer und Frauen aus ihrem bescheidenen Besitz, macht man deutsche Volksgenossen, unsere münsterschen Mitbürger zu heimatlosen Flüchtlingen.
Weshalb? Man sagte mir: ›Aus staatspolitischen Gründen‹. Weitere Gründe wurden nicht angegeben. Kein Bewohner dieser Klöster ist eines Vergehens oder Verbrechens beschuldigt, vor Gericht angeklagt oder gar verurteilt. Und wäre einer schuldig, so mag man ihn vor ein Gericht stellen! Aber darf man dann auch die Schuldlosen strafen?
Ich frage euch, vor deren Augen die Patres Jesuiten, die Immakulataschwestern seit Jahren ihr stilles, nur der Ehre

Gottes und dem Heil der Mitmenschen geweihtes Leben geführt haben, ich frage euch: Wer hält diese Männer und Frauen eines strafwürdigen Vergehens schuldig? Wer wagt es, gegen sie eine Anklage zu erheben? Wer es wagt, der mag seine Anklage beweisen. Nicht einmal die Gestapo hat solche Anklage erhoben, geschweige denn ein Gericht oder die Staatsanwaltschaft. Ich bezeuge es hier öffentlich als Bischof, dem die Überwachung der Orden amtlich zusteht, daß ich die größte Hochachtung habe vor den stillen, bescheidenen Missionsschwestern von Wilkinghege, die heute vertrieben werden ...

Ich bezeuge als deutscher Mann und als Bischof, daß ich vor dem Jesuitenorden, den ich seit meiner frühen Jugend, seit fünfzig Jahren, aus nächster Beobachtung kenne, die größte Hochachtung und Verehrung empfinde, daß ich der Gesellschaft Jesu, meinen Lehrern, Erziehern und Freunden, bis zum letzten Atemzuge in Liebe und Dankbarkeit verbunden bleiben werde. Und daß ich heute um so größere Verehrung für sie hege, heute, in dem Augenblick, wo an ihnen die Vorhersage Christi an seine Jünger wieder in Erfüllung geht: ›Wie sie mich verfolgt haben, werden sie auch euch verfolgen. Wenn ihr von der Welt wäret, so würde die Welt das Ihrige lieben. Weil ihr nicht von der Welt seid, sondern ich euch aus der Welt erwählt habe, darum haßt euch die Welt.‹ So begrüße ich heute von dieser Stelle aus, auch im Namen der treuen Katholiken der Stadt Münster und des Bistums Münster, diese von Christus Erwählten, von der Welt Gehaßten in inniger Liebe bei ihrem Auszug in die unverdiente Verbannung. Möge Gott sie belohnen für all das Gute, das sie uns getan haben. Möge Gott nicht uns und unsere Stadt dafür strafen, daß solch ungerechte Behandlung und Verbannung hier seinen treuen Jüngern und Jüngerinnen zugefügt wird. Möge Gottes Allmacht alsbald die teuren Verbannten, unsere Brüder und Schwestern, wieder hierher zurückführen.

Meine lieben Diözesanen! Um der schweren Heimsuchung willen, die durch die feindlichen Angriffe über uns gekommen ist, wollte ich zunächst in der Öffentlichkeit schweigen über andere kürzlich erfolgte Maßnahmen der Gestapo, die meinen öffentlichen Protest geradezu herausfordern. Aber wenn die Gestapo keine Rücksicht nimmt auf jene Ereignisse, durch die Hunderte unserer Mitbürger obdachlos geworden sind, wenn sie gerade in diesem Augenblick fortfährt, schuldlose Mitbürger auf die Straße zu werfen, des Landes zu verweisen, dann darf ich auch nicht mehr zögern, meinen berechtigten Protest und meine ernste Warnung öffentlich auszusprechen.

Schon mehrfach und noch vor kurzer Frist haben wir es erlebt, daß die Gestapo unbescholtene, hochangesehene deutsche Menschen ohne Gerichtsurteil und Verteidigung gefangen setzte, ihrer Freiheit beraubte, aus der Heimat auswies und irgendwo internierte. In den letzten Wochen wurden sogar zwei Mitglieder meines engsten Beirates, des Domkapitels unserer Kathedralkirche, von der Gestapo plötzlich aus ihrer Wohnung geholt, aus Münster abtransportiert, in weit entlegene Orte verbannt, die ihnen als Zwangsaufenthalt angewiesen wurden. Auf meine Proteste beim Reichskirchenminister habe ich in den seitdem vergangenen Wochen eine Antwort überhaupt nicht erhalten. Aber so viel konnte durch telephonische Nachfrage bei der Gestapo festgestellt werden: bei keinem der beiden Herren Domkapitulare liegt der Verdacht oder die Anklage einer strafbaren Handlung vor. Sie sind völlig ohne jede eigene Schuld, ohne Anklage und ohne die Möglichkeit der Verteidigung durch Verbannung gestraft.

Meine Christen, hört genau zu! Es ist uns amtlich bestätigt, daß den Herren Domkapitularen Vorwerk und Echelmeyer kein Vorwurf einer strafbaren Handlung gemacht wird. Sie haben nichts Strafwürdiges getan. Dennoch sind sie mit Verbannung gestraft. Und warum? Weil ich etwas getan habe, das der Staatsregierung nicht genehm war. Bei den vier Besetzungen von Domherrenstellen in den letzten zwei Jahren hat die Regierung mir in drei Fällen mitgeteilt, daß ihr die Ernennung nicht genehm sei. Weil nach den Bestimmungen des Prreußischen Konkordats von 1929 ausdrücklich ein Einspruchsrecht der Regierung ausgeschlossen ist, habe ich in zwei von jenen vier Fällen die Ernennung dennoch vollzogen. Ich habe damit kein Unrecht getan, ich habe nur mein verbrieftes Recht ausgeübt. Ich kann das jederzeit beweisen. Man möge mich vor Gericht stellen, wenn man glaubt, daß ich gesetzwidrig gehandelt habe. Ich bin sicher, kein unabhängiges deutsches Gericht wird mich wegen meines Vorgehens bei Besetzung der Domherrenstellen verurteilen können.

Ist es deswegen, daß man nicht ein Gericht, sondern die Gestapo eingesetzt hat, deren Maßnahmen im Deutschen Reich einer gerichtlichen Nachprüfung leider nicht unterliegen? Der physischen Übermacht der Gestapo steht jeder deutsche Staatsbürger völlig schutzlos und wehrlos gegenüber. Völlig wehrlos und schutzlos! Das haben viele deutsche Volksgenossen im Laufe der letzten Jahre an sich erfahren, so unser lieber Religionslehrer Friedrichs, der ohne Verhandlung und Gerichtsurteil gefangengehalten wird, so die beiden Herren Domkapitulare, die in der Verbannung weilen; so erfahren es jetzt unsere Ordensleute, die gestern und heute plötzlich aus ihrem Eigentum, aus Stadt und Land vertrieben werden. Keiner von uns ist sicher, und mag er sich bewußt sein, der treueste, gewissenhafteste Staatsbürger zu sein, daß er nicht eines Tages aus seiner Wohnung geholt, seiner Freiheit beraubt, in den Kellern und Konzentrationslagern der Gestapo eingesperrt wird.

Ich bin mir darüber klar: das kann auch heute, das kann auch eines Tages mir geschehen. Weil ich dann nicht mehr öffentlich sprechen kann, darum will ich heute öffentlich sprechen, will ich öffentlich warnen vor einem Weiterschreiten auf einem Wege, der nach meiner Überzeugung Gottes Strafgericht auf die Menschen herabruft und zu Unglück und Verderben für unser Volk und Vaterland führen muß ...

Meine Christen! Die Gefangensetzung vieler unbescholtener Personen ohne Verteidigungsmöglichkeit und Gerichtsurteil, die Freiheitsberaubung der beiden Herren Domkapitulare, die Aufhebung der Klöster und die Ausweisung schuldloser Ordensleute, unserer Brüder und Schwestern, nötigen mich, heute öffentlich an die alte, niemals zu erschütternde Wahrheit zu erinnern: ›Iustitia est fundamentum regnorum‹. Die Gerechtigkeit ist das einzig tragfeste Fundament aller Staatswesen. Das Recht auf Leben, auf Unverletzlichkeit, auf Freiheit ist ein unentbehrlicher Teil jeder sittlichen Gemeinschaftsordnung. Wohl steht es dem Staate zu, strafweise seinen Bürgern diese Rechte zu beschränken; aber diese Befugnisse hat der Staat nur gegenüber Rechtsbrechern, deren Schuld in einem unparteilichen Gerichtsverfahren nachzuweisen ist. Der Staat, der diese von Gott gewollte Grenze überschreitet und die Bestrafung Unschuldiger zuläßt oder veranlaßt, untergräbt seine eigene Autorität und die Achtung vor seiner Hoheit in den Gewissen der Staatsbürger.

Wir haben es in den letzten Jahren leider immer wieder beobachten müssen, daß mehr oder weniger schwere Strafen, meistens Freiheitsstrafen verhängt und vollzogen wurden, ohne daß den Bestraften in einem ordnungsgemäßen Gerichtsverfahren eine Schuld nachgewiesen wäre, und ohne daß ihnen Gelegenheit gegeben würde, ihr Recht zu verteidigen, ihre Schuldlosigkeit nachzuweisen. Wie viele deutsche Menschen schmachten in Polizeihaft, in Konzentrationslagern, sind aus ihrer Heimat ausgewiesen, die niemals von einem ordentlichen Gericht verurteilt sind, oder die nach Freispruch vor Gericht oder nach Verbüßung der vom Gericht verhängten Strafe erneut von der Gestapo gefangengenommen und in Haft gehalten werden! Wie viele sind aus ihrer Heimat und aus dem Ort ihrer Berufsarbeit ausgewiesen! Ich erinnere erneut an den ehrwürdigen Bischof von Rottenburg, Johann Baptist Sproll, einen Greis von 70 Jahren, der vor kurzem sein 25jähriges Bischofsjubiläum fern von seiner Diözese in der Verbannung feiern mußte, weil ihn die Gestapo vor drei Jahren aus seinem Bistum ausgewiesen hat. Ich nenne nochmals unsere beiden Domkapitulare, die hochwürdigen Herren Vorwerk und Echelmeyer. Ich gedenke unseres verehrungswürdigen Herrn Religionslehrers Friedrichs, der im Konzentrationslager schmachtet. Weitere Namen zu nennen, will ich mir heute versagen. Der Name eines evangelischen Mannes, der im Weltkrieg als deutscher Offizier und Unterseebootskommandant sein Leben für Deutschland eingesetzt hat und nachher als evangelischer Pfarrer auch in Münster gewirkt hat, und der jetzt schon seit Jahren seiner Freiheit beraubt ist, ist auch allen bekannt, und wir alle haben die größte Hochachtung vor der Tapferkeit und dem Bekennermut dieses edlen deutschen Mannes. An diesem Beispiel seht ihr, meine Christen, daß es nicht ein konfessionell-katholisches Anliegen ist, das ich heute öffentlich vor euch bespreche, wohl aber ein christliches, ja ein allgemein menschliches und nationales, religiöses Anliegen.

›Die Gerechtigkeit ist das Fundament der Staaten.‹ Wir beklagen es, wir beobachten es mit größter Sorge, wie dieses Fundament heute erschüttert wird, wie die Gerechtigkeit, die natürliche und christliche Tugend, unentbehrlich für den geordneten Bestand jeder menschlichen Gemeinschaft, nicht für alle unzweideutig erkennbar gewahrt und hochgehalten wird. Nicht nur um der Rechte der Kirche willen, sondern auch aus Liebe zu unserem Volk und in ernster Sorge um unser Vaterland erbitten wir, verlangen wir, fordern wir: Gerechtigkeit! Wer muß nicht fürchten für den Bestand eines Hauses, wenn er sieht, daß die Fundamente untergraben werden!

›Die Gerechtigkeit ist das Fundament der Staaten‹. Die Staatsgewalt kann nur dann der rechtswidrigen Gewaltanwendung von zufällig Stärkeren, der Unterdrückung der Schwachen

und ihrer Erniedrigung zu unwürdigem Sklavendienst mit Ehrlichkeit und der Aussicht auf dauernden Erfolg entgegentreten, wenn auch die Inhaber staatlicher Machtmittel sich in Ehrfurcht beugen vor der königlichen Majestät der Gerechtigkeit und das strafende Schwert nur im Dienste der Gerechtigkeit gebrauchen. Nur jener Gewalthaber wird auf ehrliche Gefolgschaft und den freien Dienst ehrenhafter Männer rechnen können, dessen Maßnahmen und Strafverfügungen im Lichte unparteiischer Beurteilung als jeder Willkür entrückt und mit der unbestechlichen Waage der Gerechtigkeit abgewogen sich erweisen. Darum erzeugt die Praxis der Verurteilung und Bestrafung ohne die Möglichkeit der Verteidigung, ohne Gerichtsurteil, die verteidigungslose Verdammung von vornherein Verurteilter, wie Reichsminister Dr. Frank es nannte, ein Gefühl der Rechtlosigkeit und eine Gesinnung ängstlicher Furchtsamkeit und knechtischer Feigheit, die auf die Dauer den Volkscharakter verderben und die Volksgemeinschaft zerreißen müssen. Das ist die Überzeugung und die Besorgnis aller rechtlich denkenden deutschen Menschen. Das hat ein hoher Justizbeamter (Herbert Schelcher, Präsident des Sächs. Oberverwaltungsgerichtes in Dresden) im Jahre 1937 im Reichsverwaltungsblatt offen und mutig ausgesprochen. Er schrieb: ›Je größer die Machtvollkommenheit einer Behörde ist, um so notwendiger ist eine Gewähr für einwandfreie Handhabung; denn um so schwerer werden Mißgriffe empfunden, um so größer ist auch die Gefahr der Willkür und des Mißbrauches. Wird die Verwaltungsgerichtsbarkeit ausgeschlossen, so muß in jedem Fall ein geordneter Weg für eine möglichst unparteiische Kontrolle gegeben werden, so daß kein Gefühl der Rechtlosigkeit aufkommen kann, das jedenfalls auf die Dauer die Volksgemeinschaft schwer gefährden müßte‹ (Reichsverwaltungsblatt 1937, S. 572).
Bei den Anordnungen und Strafverfügungen der Gestapo ist die Verwaltungsgerichtsbarkeit ausgeschlossen. Da wir alle keinen Weg kennen, der für eine unparteiische Kontrolle der

Maßnahmen der Gestapo, ihrer Freiheitsbeschränkungen, ihrer Aufenthaltsverbote, ihrer Verhaftungen, ihres Gefangenhaltens deutscher Volksgenossen in Konzentrationslagern gegeben wäre, so hat bereits in weitesten Kreisen des deutschen Volkes ein Gefühl der Rechtlosigkeit, ja feiger Ängstlichkeit Platz gegriffen, das die deutsche Volksgemeinschaft schwer schädigt. Die Pflicht meines bischöflichen Amtes, für die sittliche Ordnung einzutreten, die Pflicht meine Eides, in dem ich vor Gott und vor dem Vertreter der Reichsregierung gelobt habe, nach Kräften ›jeden Schaden zu verhüten, der das deutsche Volk bedrohen könnte‹, drängen mich, angesichts der Taten der Gestapo diese Tatsache öffentlich warnend auszusprechen.

Meine Christen! Man wird mir vielleicht den Vorwurf machen, mit dieser offenen Sprache schwäche ich jetzt im Kriege die innere Front des deutschen Volkes. Demgegenüber stelle ich fest: Nicht ich bin die Ursache einer etwaigen Schwächung der inneren Front, sondern jene, die ungeachtet der Kriegszeit, ungeachtet der Schreckenswoche schauriger Feindesangriffe schuldlose Volksgenossen ohne Gerichtsurteil und Verteidigungsmöglichkeit in harte Strafe nehmen, unsere Ordensleute, unsere Brüder und Schwestern, ihres Eigentums berauben, auf die Straße setzen, aus dem Lande jagen. Sie zerstören die Rechtssicherheit, sie untergraben das Rechtsbewußtsein, sie vernichten das Vertrauen auf unsere Staatsführung. Und darum erhebe ich im Namen des rechtschaffenen deutschen Volkes, im Namen der Majestät der Gerechtigkeit und im Interesse des Friedens und der Geschlossenheit der inneren Front meine Stimme, darum rufe ich laut, als deutscher Mann, als ehrenhafter Staatsbürger, als Vertreter der christlichen Religion, als katholischer Bischof: Wir fordern Gerechtigkeit. Bleibt dieser Ruf ungehört und unerhört, wird die Herrschaft der Königin Gerechtigkeit nicht wiederhergestellt, so wird unser deutsches Volk und Vaterland trotz des Heldentums unserer Soldaten und ihrer ruhmreichen Siege an innerer Fäulnis und Verrottung zu Grunde gehen.«

■ Predigt des Bischofs von Münster, Clemens August Graf von Galen[271], in der Lambertikirche zu Münster am 3. August 1941: Protest gegen die Ermordung »unproduktiver« Menschen!

Wie sehr die Predigten des »Löwen von Münster«, wie Graf von Galen genannt wurde, der nationalsozialistischen Führung ein Dorn im Auge waren, geht aus einer »Geheimen Vorlage des Leiters des Reichsringes Tießler[272] für Reichsleiter Bormann vom 13. August 1941« hervor, in der es heißt: »Dr. Goebbels sprach nach der Ministerkonferenz mit mir wegen der Predigt des Bischofs von Münster. Er wisse nicht, was man im Augenblick Wirksames tun könne.

Ich erklärte ihm, daß es im Augenblick meines Erachtens nur ein wirksames Mittel gäbe, nämlich den Bischof aufzuhängen. Ich hätte auch Reichsleiter Bormann bereits entsprechend unterrichtet. Dr. Goebbels sagte daraufhin, daß dies eine Maßnahme sei, die nur der Führer selbst entscheiden könne. Er befürchte allerdings, daß, wenn etwas gegen den Bischof unternommen würde, die Bevölkerung Münsters während des Krieges abzuschreiben sei. Dazu könne man ruhig noch ganz Westfalen nehmen.

Ich machte ihn darauf aufmerksam, daß es nur notwendig sei, die hundsgemeine Lüge propagandistisch richtig herauszustellen. So müßte es doch möglich sein, der dortigen Bevölkerung nicht nur die Maßnahme klar zu machen, sondern sie in Empörung gegen den Bischof zu setzen.

Dr. Goebbels antwortete hierauf nochmals, daß der Führer ja sicher diese Frage selbst entscheiden würde.

Er ging danach darauf ein, daß es seines Erachtens richtiger gewesen wäre, während des Krieges die Kirchen nicht herauszufordern, sondern zu versuchen, sie in unserem Sinne so weit wie möglich zu steuern.«

Die Passagen aus der Predigt des Bischofs von Galen mit den schärfsten Angriffen gegen die nationalsozialistische Gesetzgebung lauten:

»... Seit einigen Monaten hören wir Berichte, daß aus Heil- und Pflegeanstalten für Geisteskranke auf Anordnungen von Berlin Pfleglinge, die schon länger krank sind und vielleicht unheilbar erscheinen, zwangsweise abgeführt werden. Regelmäßig erhalten dann die Angehörigen nach kurzer Zeit die Mitteilung, der Kranke sei verstorben, die Leiche sei verbrannt, die Asche könne abgeliefert werden. Allgemein herrscht der an Sicherheit grenzende Verdacht, daß diese zahlreichen unerwarteten Todesfälle von Geisteskranken nicht von selbst eintreten, sondern absichtlich herbeigeführt werden. Daß man dabei jener Lehre folgt, die behauptet, man dürfe sogenanntes lebensunwertes Leben vernichten, alle unschuldigen Menschen töten, wenn man meint, ihr Leben sei für Volk und Staats nichts mehr wert. Eine Lehre, die furchtbar ist, die die Ermordung Unschuldiger rechtfertigen will – die die gewaltsame Tötung der nicht mehr arbeitsfähigen Invaliden, Krüppel, unheilbarer Kranken, Altersschwachen grundsätzlich freigibt.

Wie ich zufällig erfahren habe, werden jetzt auch in den Heil- und Pflegeanstalten der Provinz Westfalen Listen aufgestellt von solchen Pfleglingen, die als sogenannte ›unproduktive Volksgenossen‹ abtransportiert und in kurzer Zeit ums Leben gebracht werden sollen. Aus der Anstalt Marienthal bei Münster ist im Laufe dieser Woche der erste Transport abgegangen! ... Da die Leiche sofort verbrannt wird, können die Angehörigen und auch die Kriminalpolizei es hinterher nicht mehr feststellen, ob die Krankheit wirklich vorgelegen hat und welche Todesursache vorlag ...

Als ich von dem Vorhaben erfuhr, Kranke aus Marienthal abzutransportieren, um sie zu töten, habe ich am 28. Juli bei der Staatsanwaltschaft beim Landgericht in Münster und beim

Herrn Polizeipräsidenten in Münster Anzeige erstattet durch eingeschriebenen Brief mit folgendem Inhalt: ›Nach mir zugegangener Nachricht soll im Laufe dieser Woche (man spricht vom 31. Juli) eine große Anzahl Pfleglinge der Provinzialheilanstalt Marienthal bei Münster als sogenannte ›unproduktive Volksgenossen‹ nach der Heilanstalt Eichenberg überführt werden, um dann alsbald, wie es nach solchen Transporten aus anderen Heilanstalten nach allgemeiner Überzeugung geschehen ist, vorsätzlich getötet zu werden. Da ein derartiges Vorgehen nicht nur dem göttlichen und natürlichen Sittengesetz widerstreitet, sondern auch als Mord nach § 211 STGB mit dem Tode zu bestrafen ist, erstattete ich gemäß § 139 STGB pflichtgemäß Anzeige und bitte, die bedrohten Volksgenossen unverzüglich durch Vorgehen gegen die den Abtransport und die Ermordung beabsichtigten Stellen zu schützen und mir von dem Veranlaßten Nachricht zu geben‹.

Nachricht über ein Einschreiten der Staatsanwaltschaft oder der Polizei ist mir nicht zugegangen. Ich hatte bereits am 26. Juli bei der Provinzialverwaltung der Provinz Westfalen, der die Anstalten unterstehen, der die Kranken zur Pflege und Heilung anvertraut sind, schriftlich ernstesten Einspruch erhoben. Es hat nichts genützt. Der erste Transport der schuldlos zum Tode Verurteilten ist von Marienthal abgegangen. Und aus der Heilanstalt Warstein seien, wie ich höre, bereits 800 Kranke abtransportiert.

So müssen wir damit rechnen, daß die armen wehrlosen Kranken über kurz oder lang umgebracht werden. Warum? Nicht weil sie ein todeswürdiges Verbrechen begangen haben ..., sondern darum, weil sie nach dem Urteil irgendeines Arztes nach dem Gutachten irgendeiner Kommission ›lebensunwert‹ geworden sind, weil sie nach diesen Gutachten zu den ›unproduktiven Volksgenossen‹ gehören. Man urteilt: sie können nicht mehr Güter produzieren, sie sind wie ein altes Pferd, das unheilbar lahm geworden ist, sie sind wie eine Kuh, die

nicht mehr Milch gibt. Was tut man mit solchem alten Pferd, mit solch einem unproduktiven Stück Vieh? . . .
Nein, ich will den Vergleich nicht bis zu Ende führen, so furchtbar seine Berechtigung ist . . . Haben wir solange das Recht zu leben, solange wir produzieren, solange wir von anderen als produktiv anerkannt werden? . . . Wenn man den Grundsatz aufstellt und anwendet, daß man den ›unproduktiven‹ Mitmenschen töten darf, dann wehe uns allen, wenn wir altersschwach werden! Wenn man die unproduktiven Mitmenschen töten darf, dann wehe den Invaliden, die im Produktionsprozeß ihre Kraft, ihre gesunden Knochen eingesetzt, geopfert und eingebüßt haben! Wenn man die unproduktiven Menschen gewaltsam beseitigen darf, dann wehe unseren braven Soldaten, die als Schwerkriegsverletzte, als Krüppel, als Invalide in die Heimat zurückkehren! . . .«

■ Auszug aus der Silvesterpredigt des Kardinals und Erzbischofs von München und Freising, Michael von Faulhaber[273] im Münchener Liebfrauendom am 31. Dezember 1941: Protest gegen die nationalsozialistische Kirchenaustritts-Propaganda!

». . . Sonst aber herrscht in der Heimat der wildeste Unfriede, der unnötigste und traurigste aller Kriege, der Kulturkampf *gegen die Kirche. Während die katholischen Soldaten an der Front Schulter an Schulter mit den andern deutschen Männern stehen, mit gleichen Lasten und gleichen Leistungen, mit heldenmütigen Blutopfern; während die Katholiken in der Heimat die gleichen Opfer bringen, an den gleichen Sammlungen sich beteiligen, wird die Kirche in der Heimat mit ständigem Mißtrauen behandelt . . . mit Ausnahmebestimmungen bedrückt . . . Schon im vergangenen Jahr gipfelte der Kulturkampf in der Forderung: ›Aus der Kirche auszutreten!‹ Deutliche Anzeichen sprechen dafür, daß diese Forderung im neuen Jahre mit vermehrtem Druck erhoben werde*

und noch lauter die Frage wiederkehre: ›Werden Sie aus der Kirche austreten oder auf Ihre Stellung verzichten?‹ Auf diese Frage soll die Silvesterpredigt die Antwort geben: ›Nein und dreimal Nein, ich werde nicht aus der Kirche austreten!‹ Ich werde nicht aus der Kirche austreten, ich lasse mich nicht durch Gewaltmaßnahmen zwingen. – Die höchste Stelle wünschte im Juli 1940 ausdrücklich keine Maßnahmen, die das Verhältnis des Staates zur Kirche verschlechtern könnten. Trotzdem ging der Versuch weiter, das Christentum durch Gewaltmaßnahmen auszurotten. Solche Gewaltmaßnahmen richteten sich gegen den Religionsunterricht *in den Schulen ... und gegen das christliche Schrifttum. Zuerst wurden Kirchenzeitungen und Sonntagsblätter, Missionsschriften und religiöse Literatur fast ganz unterdrückt und jetzt sollen für den Religionsunterricht auch der Katechismus und die anderen Religionsbücher nicht mehr erscheinen dürfen ... Solche Gewaltmaßnahmen können nur den Zweck haben, die* Jugend *planmäßig der Kirche zu entfremden und so den Austritt aus der Kirche vorzubereiten ...«*

■ Hirtenwort der deutschen Bischöfe vom 22. März 1942 über die Lage der katholischen Kirche in Deutschland[274], von Kardinal Faulhaber persönlich in der Münchner Frauenkirche verlesen, um keinen seiner Priester zu gefährden.

»Liebe Diözesanen! Seit Jahren tobt in unserem Vaterland ein Kampf gegen Christentum und Kirche. Sogar im Krieg, wo doch der Burgfriede immer selbstverständlich war, geht der Kampf weiter, ja, er nimmt an Schärfe und Bitterkeit immer noch zu und liegt wie ein schwerer Alpdruck auf dem deutschen Volk, von dem sich 95 Prozent, in Bayern sogar 98 Prozent bei der letzten Volkszählung als Christen bekannt haben. In Fortsetzung meiner Silvesterpredigt bringe ich folgende Punkte zur Sprache:

I.

Der katholischen Kirche gab die Reichsregierung im Konkordat 1933 die Zusicherung staatlichen Schutzes zur freien Entfaltung ihres Lebens. Tatsächlich aber wurden diese Zusicherungen nicht gehalten.

1. Versprochen und verbürgt war ›die Freiheit des Bekenntnisses und der öffentlichen Ausübung der katholischen Religion‹. Tatsächlich aber wird auf solche, die von staatlichen oder Parteistellen abhängig sind, vielfach ein Druck ausgeübt, der sie zur Verheimlichung oder Verleugnung ihres katholischen Bekenntnisses oder sogar zum Austritt aus der Kirche nötigen soll. Die öffentliche Ausübung der katholischen Religion ist durch zahlreiche Verordnungen und Verbote eingeschränkt. Es ist, als wenn das Zeichen Christi, das im Jahre 312 aus den Katakomben glorreich in die Öffentlichkeit treten durfte, in die Katakomben wieder zurückgedrängt werden solle.

Sogar die Übung der Religion im Innern der Gotteshäuser ist vielfach beschränkt und unterdrückt. Nicht wenige Gotteshäuser, besonders in der Ostmark, in den neuerworbenen Gebieten, aber auch im Altreich, sind zwangsweise geschlossen und sogar für profane Zwecke verwendet. Der Erwerb von Grundstücken zur Errichtung neuer Kirchen wird unmöglich gemacht. Stellenweise hat man die Abhaltung von Seelsorgsstunden für Kinder und Jugendliche, sogar in kircheneigenen Häusern, verboten und durch Bestrafung geahndet.

2. Die katholischen Eltern und die katholische Kirche haben das natürliche und göttliche Recht, ihre Kinder nach den Grundsätzen des christlichen Glaubens- und Sittengesetzes und nach den Forderungen ihres eigenen Gewissens religiös zu erziehen. Den christlichen Eltern ist durch Konkordat ihr Einfluß auf Schule und Erziehung ausdrücklich zugesichert.

Tatsächlich aber werden die Rechte der Eltern und der Kirche immer mehr eingeschränkt und unwirksam gemacht. Die Ju-

gend wird in staatlichen Jugendorganisationen, in Landjahrheimen und Arbeitsdienstlagern, vielfach sogar in den Schulen und Heimen der erweiterten Kinderlandverschickung in widerchristlichem Sinne beeinflußt und von der Teilnahme am Gottesdienst und religiösen Veranstaltungen ferngehalten. In den neuen staatlichen Heimschulen (z. B. Lehrerbildungsanstalten, nationalpolitischen Erziehungsanstalten u. a.) ist jede christlich-religiöse Beeinflussung grundsätzlich ausgeschlossen.

3. Die katholische Kirche und ihre Priester haben das Recht und die Pflicht, die Glaubenswahrheiten und Sittenlehren der christlichen Religion frei und unbehindert in Wort und Schrift zu verkünden und zu verteidigen. Den Geistlichen ist für die Ausübung ihrer Amtspflichten staatlicher Schutz vertraglich zugesichert worden.

Tatsächlich aber werden die katholischen Priester in Ausübung ihres Lehr- und Seelsorgsamtes beständig mißtrauisch überwacht, wurden Priester ohne Nachweisung einer Verfehlung aus ihrem Amtsbereich und ihrer Heimat verbannt, ja sogar ihrer Freiheit beraubt und bestraft, weil sie treu und gewissenhaft ihre Priesterpflichten erfüllt haben.

Es ist untragbar, daß Seelsorgsgeistliche mit Landesverweisung oder Internierung im Konzentrationslager bestraft werden ohne vorausgehendes entsprechendes gerichtliches Verfahren und ohne jede Fühlungnahme mit der kirchlichen Obrigkeit, während doch die Verständigung mit der bischöflichen Behörde zur Aufklärung von Mißverständnissen oder Abstellung von Mißgriffen hätte führen können.

Die Abhaltung von Exerzitien und Einkehrtagen ist fast unmöglich gemacht. Die kirchliche Presse ist fast restlos vernichtet. Der Neudruck christlich-religiöser Schriften, sogar der Katechismen, Schulbibeln und Diözesangebetbücher wird nicht genehmigt, während christentumsfeindliche Schriften in Massenauflagen gedruckt und verbreitet werden dürfen.

4. Es ist vertraglich festgelegt und verbürgt: ›Orden und reli-

giöse Genossenschaften unterliegen in bezug auf ihre Tätigkeit in der Seelsorge, im Unterricht, in der Kankenpflege und caritativen Arbeit, in der Ordnung ihrer Angelegenheiten und der Verwaltung ihres Vermögens staatlicherseits keiner besonderen Beschränkung‹.

Tatsächlich hat man die katholischen Orden aus dem Unterricht fast völlig, aus ihren sonstigen Tätigkeiten in immer steigendem Maße verdrängt, ihr Eigentum und ihre Anstalten zum großen Teil ihnen genommen, viele durch das Verbot des Eintritts arbeitsfähiger Menschen zum Aussterben verurteilt.

II.

Ein Bischof hat aber nicht nur für die religiösen kirchlichen Rechte in der Volksgemeinschaft einzutreten, sondern auch für die gottverliehenen Menschenrechte. Ohne Achtung für diese Menschenrechte muß die ganze Kultur zusammenbrechen.

1. Jeder Mensch hat das Recht auf persönliche Freiheit innerhalb der Grenzen, die der Dienst Gottes, die Rücksicht auf die Mitmenschen und das Gemeinwohl und die Pflicht des Gehorsams gegen die gerechten Gebote der rechtmäßigen Obrigkeit ihm ziehen. Euer Erzbischof erhebt Einspruch gegen jede Mißachtung der persönlichen Freiheit. Wir verlangen gerichtliche Nachprüfung aller Strafmaßnahmen und Freilassung aller Volksgenossen, die ohne Nachweis einer Straftat ihrer Freiheit beraubt sind.

2. Jeder Mensch hat zweitens das natürliche Recht auf das Leben und die zum Leben notwendigen Güter. Der lebendige Gott, der Schöpfer alles Lebens, ist allein Herr über Leben und Tod. Mit tiefem Erschrecken hat das christlich-deutsche Volk es vernommen, daß auf Anordnung staatlicher Stellen zahlreiche geisteskranke Menschen, die den Heil- und Pflegeanstalten anvertraut waren, als sogenannte ›unproduktive

Volksgenossen‹ ums Leben gebracht wurden. Zur Zeit wird durch einen behördlich empfohlenen Film, der die Bedenken der Gewissen durch Erweckung von Mitleid beschwichtigen will, für die Freigabe der Tötung unheilbarer Kranker in weitesten Kreisen Propaganda gemacht. Euer Erzbischof wird nicht nachlassen, gegen die Tötung Unschuldiger Verwahrung einzulegen. Niemand ist seines Lebens sicher, wenn das 5. Gebot nicht anerkannt wird: ›Du sollst nicht töten!‹

3. Jeder Mensch hat drittens das natürliche Recht auf den Besitz und den Gebrauch rechtmäßig erworbenen Eigentums und auf den staatlichen Schutz des Privateigentums gegen willkürliche Eingriffe. Dennoch wurden in den letzten Jahren kirchliche Besitzungen genommen und anderen Zwecken zugeführt, nicht kriegswichtigen Zwecken. Es wurden sogar Gotteshäuser enteignet und profaniert.

Euer Erzbischof legt namens des katholischen Volkes, dem unsere Ordensleute entstammen, gegen diese Verletzung des natürlichen Eigentumsrechtes Verwahrung ein und verlangt die Rückgabe des widerrechtlich beschlagnahmten und vielfach eingezogenen Gutes. Wir erheben Einspruch dagegen auch um des Gemeinwohls willen und als Verteidiger der Grundlagen der von Gott gewollten Sozialordnung. Was heute dem kirchlichen Besitz widerfährt, kann morgen jedem rechtmäßigen Eigentum widerfahren.

4. Jeder Mensch hat viertens das natürliche Recht auf Schutz seiner Ehre gegen Lüge und Verleumdung. An der Front wie in der Heimat stehen die glaubenstreuen Christen in der Erfüllung ihrer vaterländischen Pflichten hinter keinem Volksgenossen zurück. Dennoch werden katholische Priester und Laien argwöhnisch überwacht, heimlich verdächtigt, sogar öffentlich als Volksverräter und Landesfeinde bezeichnet, nur weil sie für die Freiheit der Kirche und für die Wahrheit ihres katholischen Glaubens eintreten. Die katholischen Ordensleute haben in Feld und Heimat, auch im Kriege heldenmütig ihre Pflicht getan, wie vielfach durch die Verleihung von

Kriegsauszeichnungen anerkannt ist. Dennoch hat man vielen von ihnen die klösterliche Heimat genommen. Wir Katholiken fordern wirksamen Ehrenschutz für jeden Volksgenossen, auch für die glaubenstreuen Katholiken und katholischen Ordensleute.

Seit Monaten geht, ungeachtet der Kriegsnot, eine widerchristliche Propagandawelle, getragen von Parteiversammlungen und Parteidruckschriften, durch das Land mit dem klar erkennbaren, auch euch klaren Ziel, die Lebenskraft der katholischen Kirche in deutschen Landen zu ersticken, womöglich das Christentum in Deutschland zu vernichten, und zwar noch während des Krieges, noch bevor die Soldaten in die Heimat zurückkehren. Die große Mehrheit des deutschen Volkes fühlt sich durch solche Angriffe auf das Christentum in ihren heiligsten Empfindungen verletzt und erwartet mit Recht, daß dieser Kampf gegen Christentum und Kirche eingestellt werde.

Meine lieben Diözesanen! Heute am Passionssonntag wollte ich euch teilnehmen lassen an meinen schweren Sorgen. Unterstützt alle Bemühungen um den religiösen Frieden und die religiöse Freiheit durch euer Gebet und durch eure unerschütterliche Treue und weiset alle Versuche, euch im Glauben wankend und abtrünnig zu machen, entschieden und kraftvoll zurück. Gott segne unser Vaterland und unsere heilige Kirche! Gott gebe der Kirche und dem Vaterland einen ehrenvollen, glücklichen, dauernden Frieden!

München, am Passionssontag 1942.

Michael Kardinal Faulhaber,
Erzbischof von München.«

■ Protest des Erzbischofs von Köln, Kardinal Joseph Frings[275] (1944)

»... Wir benutzen die Gelegenheit, um im Sinne des Heiligen Vaters zu fordern, daß,

1. die Freiheit keinem Staatsbürger entzogen werde, ohne daß er die Möglichkeit der Verteidigung habe und einem ordentlichen oder außerordentlichen Gericht zugeführt werde,
2. niemand seiner Güter oder gar seines Lebens beraubt werde, der unschuldig ist, etwa deshalb, weil er einer fremden Rasse angehört. Das kann nur als ein himmelschreiendes Unrecht bezeichnet werden,
3. die Rechte der christlichen Familie gewahrt bleiben. Die Ehen zwischen Volksangehörigen und Fremdstämmigen, wenn sie mit kirchlicher Gutheißung geschlossen sind und zumal wenn beide Teile getaufte katholische Christen sind, sind unauflöslich, und es ist ein Verbrechen gegen Gottes Recht über die Ehe, durch irgendwelche Machenschaften solche Ehen auseinanderzutreiben ...«

■ Entscheid der Theologischen Fakultät der Universität Marburg[276] vom 29. April 1945: Keine Gehorsamspflicht gegenüber Befehlen und Eiden des Dritten Reiches! Bereits im ersten Jahr der Machtergreifung Hitlers hat die gleiche Fakultät über den Arierparagraphen in der deutschen Evangelischen Kirche in ihrem Gutachten vom 19. September 1933 die mutige und klare Aussage gemacht, daß »eine politische oder kirchenpolitische Fesselung kirchlicher Verkündigung ebenso wie eine Beschränkung der Rechte nichtarischer Christen in der Kirche« mit Botschaft und Kirche Jesu Christi unvereinbar sind.
Kam aber die Äußerung der Theologischen Fakultät der Universität Marburg vom 29. April 1945 viel zu spät, da am nächsten Tag – ohne daß die Theologieprofessoren von Marburg dies ahnen konnten! – Hitler in Berlin durch Selbstmord aus dem Leben und aus der politischen Verantwortung schied? Angesichts der Verwirrung in den letzten Tagen des Zweiten Weltkrieges war es außerdem unmöglich, diese Erklärung breiteren Schichten des deutschen Volkes zu übermitteln.

»Es ist kurz gesagt die Frage, ob und inwieweit der evangelische Christ noch der nationalsozialistischen Obrigkeit zum Gehorsam verpflichtet sei.
Es handelt sich um die sittliche und zutiefst religiöse Frage, ob und wieweit zur Stunde noch ein deutscher evangelischer Christ, sei es im besetzten Gebiet oder sei es im noch unbesetzten Gebiet, gewissensmäßig an die bisherige deutsche Regierung als Obrigkeit im echten Sinn gebunden ist. Nur auf diese Gewissenslinie kommt es hier an. Für sie ist besonders bezeichnend der Gewissenskonflikt dort, wo eine ausdrückliche eidliche Bindung vorliegt, was beispielsweise vom Eid des Wehrmachtsangehörigen und vom Beamteneid gilt. In diesem Falle verschärft sich noch die allgemeine Gewissensnot. Indem wir die Gewissensfrage ins Auge fassen und uns in die intime Situation des Seelsorgers zu versetzen suchen, glauben wir folgendes aussprechen zu sollen:
Es kann keinem in Not geratenen Gewissen mehr zugemutet werden, die Gewissensbindung an die nationalsozialistische Regierung anzuerkennen. Es wäre Mißbrauch von Römer 13 und ein Fehlverständnis Luthers, eine derartige Zumutung vom Evangelium und von der Reformation her zu erheben. Auch die Berufung auf den Eid hat keine Überzeugungskraft mehr. Denn selbstverständlich bindet der Eid nur solange und soweit, als die Obrigkeit, an die die Bindung ausgesprochen wurde, nicht die elementare Sittlichkeit mißachtet, und besonders nur solange sie dem durch den Eid an sie Gebundenen nicht offenkundig schändliche Handlungen zumutet. Mit anderen Worten: nur solange die Obrigkeit, an die der Eid binden soll, sich ihrem Wesen und Willen nach als Obrigkeit erweist ...
Zusammenfassend und abschließend berufen wir uns auf ein Wort unseres Reformators. Es bezieht sich auf den Krieg und es gibt beispielhaft Antwort auf die Frage, wieweit der Christ der Obrigkeit Gehorsam schuldig sei. Nach unserer Überzeugung ist jetzt genau derjenige Sonderfall eingetreten, den

Martin Luther in seinen Erwägungen über den Krieg als eine seltene Ausnahme betrachtet hat: nämlich zu wissen, ob die Obrigkeit – oder ›der Herr‹, wie Luther sagt – einen gerechten oder einen ungerechten Krieg führe. Wir haben es vor Augen und sind davon überzeugt, daß das Weiterführen des Krieges im jetzigen Stadium ein Unrecht ist. Da aber gelten für den evangelischen Christen die Worte Luthers in seiner Schrift ›Ob Kriegsleute auch in seligem Stande sein können‹ (1526):

Eine andere Frage: Wie, wenn mein Herr mit seinen Kriegen Unrecht hätte! Antwort: Wenn du gewiß weißt, daß er Unrecht hat, so sollst du Gott mehr fürchten und gehorchen als Menschen (Apgsch. 4, 19 und 5, 29), und sollst nicht kriegen noch dienen; denn du kannst da vor Gott kein gutes Gewissen haben. Ja, sagst du, mein Herr zwingt mich, nimmt mir mein Leben, gibt mir mein Geld, Lohn und Sold nicht; ferner würde ich vor der Welt verachtet und geschändet als ein Verzagter, ja als ein Treuloser, der seinen Herrn in Nöten verläßt und so weiter. Antwort: Das mußt du wagen und um Gottes willen fahren lassen, was da fährt. Er kann dir's wohl hundertfältig wiedergeben, wie er im Evangelium verheißt: ›Wer um meinetwillen verläßt Haus, Hof, Weib, Gut, der soll hundertfältig wiederkriegen.‹ Man muß doch solcher Gefahr in allen anderen Werken, wo die Obrigkeit zwingt, unrecht zu tun, auch gewärtig sein. Aber weil Gott auch Vater und Mutter um seinetwillen verlassen haben will, so muß man freilich um seinetwillen auch den Herrn verlassen.

In der Überzeugung, daß der von Luther erwogene Fall jetzt vorliegt, sehen wir uns zu der Erklärung genötigt, daß ein weiterer Anspruch der nationalsozialistischen Regierung auf Gehorsam den evangelischen Christen nicht mehr in seinem Gewissen binden kann.«

Der aktive Widerstand gegen Hitler hatte gerade dort fast unüberwindliche Barrieren zu meistern, wo Menschen ihr Leben und ihre Entscheidungen unter das Wort Gottes gestellt hatten. Selbst dort, wo man aus politischen oder militärischen Überlegungen zur Beseitigung Hitlers durchaus bereit war, gab es gerade für Christen erhebliche Einwände, ein Attentat auf Hitler auch auszuführen. Der überzeugte Christ stand vor einem Berg von Einwänden, denn er wußte um das 5. Gebot Gottes: »Du sollst nicht töten!« Er stand damit in Konfrontation zur Weisung Gottes und zu nicht wenigen Äußerungen einer zweitausendjährigen Tradition und Lebenspraxis seiner Kirche.
Wiederholt ist in diesem Buch auf die Untertanen- und Gehorsamspflicht der Christen gegenüber der rechtmäßigen, staatlichen Obrigkeit hingewiesen worden, auf die auch die Bischöfe Deutschlands – trotz härtester Proteste gegen das Hitlerregime – die gläubigen Christen immer wieder aufmerksam gemacht haben. Das Dritte Reich stand noch in der Atmosphäre des »Konstantinischen Zeitalters«. Es lebte von der selbstverständlichen und kaum kritisch hinterfragten Treue gegenüber der Obrigkeit – und mißbrauchte diese in skrupelloser Weise. Revolutionär, Terrorist, Attentäter zu sein, war ein garstig Ding, das sich eines Christenmenschen nicht geziemt. Für den überzeugten Christen bedeutete schon der leiseste Denkansatz, gegen Hitler ein Attentat durchzuführen, eine fast totale Konfrontation mit allem Gehörten und Überlieferten, mit fast allen theologischen Autoritäten und kirchlichen Entscheidungsinstanzen. Wer als Christ ein Attentat gegen Hitler plante, trat aus einem großen und bergenden Lebens- und Deutungshorizont einer konkreten Kirche heraus. Er wurde zum einsamen Partisan, der mutig wie demütig und opferbereit darauf vertraute, Werkzeug zur Rettung seines Volkes zu sein, – sein zu müssen. Diese auf Gott

allein bauende Gratwanderung des christlichen Gewissens kann letztlich nicht mehr seziert werden. Man kann sie nur respektieren.

Es ist auffallend – was noch belegt wird! –, wie sehr gerade die Christen unter den Widerstandskämpfern in ihren letzten, schriftlichen Äußerungen vor ihrem Tod ihre Tat mit einem ruhigen und getrosten Gewissen dem Urteil Gottes überantworteten. »Widerstand gegen die Tyrannei, wenn es ganz ernsthaft wird, kann nur da erfolgen, wo ein echter Glaube dazu zwingt: ein Glaube, der keine Rücksicht auf privates Wohlergehen, ja auf das Leben und äußere Ehre mehr kennt.«[277] Im Widerstand gegen die Hitler-Tyrannei ging es um die Freiheit des religiösen Glaubens, um die Zukunft des eigenen Volkes, aber immer auch um die ewige Seligkeit oder Verdammnis. Kein Christ schreitet leichtfertig zu einem Attentat. Er mußte sich dazu in einer außergewöhnlichen Situation von seinem Gewissen gedrängt, ja genötigt fühlen. Er wäre feige und handelte gegen sein Gewissen, dessen bedrängende und nötigende Impulse um irdischer Vorteile willen zu mißachten.

Warum wurde der Widerstand nicht zu einer Massenbewegung? Der Versuch einer Antwort auf diese Frage kann wohl nur lauten, weil das deutsche Volk weithin nach einer überlieferten, »christlich« motivierten Obrigkeitsideologie handelte, weil aber neben der Angst eine verzweifelnde, aber stumme Resignation breiteste Kreise des deutschen Volkes erfaßt hatte, die keinen Ausweg mehr sah und die (auch aufgrund der nationalsozialistischen Propaganda) von der Furcht gepeinigt war, dem Bolschewismus für immer in die Hände zu fallen.

Letztlich enthüllt aber diese Epoche die tiefste Schwäche des deutschen Volkes – »ihre Glaubensarmut, die Unsicherheit der Überzeugungen, der Relativismus sitticher Werte, die Skepsis gegenüber allem, was als unbedingte Forderung vor den Menschen tritt«.[278] Der Hitlerismus war deshalb möglich und konnte sich deshalb auch so lange halten, weil hinter den scheinbar intakten Fassaden des Kirchenvolkes trostlose Hinterhöfe und Ruinen der religiösen Gleichgültigkeit, des Unglaubens standen. Pater Alfred Delp SJ hat zur Diagnose seiner Zeit, geschrieben zwischen seiner Verhaftung und Hinrichtung 1944–1945, folgende Anmerkung gemacht: »... der gegenwärtige Mensch ist weithin nicht nur gott-los, rein tatsächlich oder auch entscheidungsmäßig, es geht die Gottlosigkeit viel tiefer. Der gegenwärtige Mensch ist in eine Verfassung des Lebens geraten, in der er Gottes unfähig ist. Alle Bemühungen um den gegenwärtigen und kommenden Menschen müssen dahin gehen, ihn wieder gottesfähig und somit religionsfähig zu machen.«[279]

Fabian von Schlabrendorff, der gleich vielen anderen in der Zeit der nationalsozialistischen Herrschaft sein Leben wagte und einer gnädigen Fügung sein Leben verdankt, hat die religiöse Motivation und Mission gerade der Widerstandsbewegung mit den Worten umrissen: »Es ist kein Zweifel, daß die Widerstandsbewegung innerhalb Deutschlands eine Mission hatte, durch die der Kampf gegen Hitler zu einem Kreuzzug wurde. Es ging darum, die Gebote der Menschlichkeit wieder herzustellen. Es ging auch darum, den wahren Begriff des Vaterlandes, der auf der Achtung vor dem Leben anderer Nationen beruht, von dem Irrtum des Rassenwahns zu befreien. Es galt, die Ehrfurcht vor Gott wieder zur Grundlage des Lebens zu machen. Der Totalitäranspruch des Nationalsozialismus, zu Ende gedacht, bedeutete nichts anderes als den Versuch Hitlers, sich selbst zum Herrn über Gott, das Vaterland und die Menschlichkeit zu machen. Auf dem Banner der deutschen Widerstandsbewegung dagegen stand die Devise: Deo – Patriae – Humanitati.«[280]

Ein Freundeskreis »Weiße Rose« hatte sich im Sommer 1942 aus Mitgliedern einer Studentenkompanie gebildet, die an der Universität München – halb Soldat, halb Student – Medizin studierten. Das Stichwort »Weiße Rose« wurde einer Legende vom Altenberger Dom, der Zentrale der katholischen Jugendbewegung unter Ludwig Wolker († 1955), entnommen: Wer zu den Altenberger Zisterziensern gehörte, fand drei Tage vor seinem Hinübergang an seinem Platz im Chor eine weiße Rose, die nur für den sichtbar war, den Gott als Nächsten zu sich rief, so daß er noch die rechte Frist hatte zur letzten Durchläuterung und Bereitschaft. Der Kreis der »Weißen Rose« traf sich in Konzerten wie auch zu Diskussionen über Literatur, Kunst und Musik und fand in Professor Dr. Kurt Huber, der sich als Volksliedforscher einen Namen gemacht hatte und Vorlesungen und Seminare an der Philosophischen Fakultät der Universität München hielt, sein geistiges Haupt und seinen engagierten Mitstreiter. An den literarischen Abenden der »Weißen Rose« haben u. a. mitgewirkt Carl Muth († 25. November 1944), der Herausgeber der katholischen Kulturzeitschrift »Hochland«, wie auch der Religionsphilosoph Theodor Haecker († 9. April 1945), der noch wenige Wochen vor der letzten Flugblattaktion (am 18. Februar 1943) aus seinen Schriften vorgelesen hatte.

Im Urteil des Volksgerichtshofes, der am 22. Februar 1943 in München unter Vorsitz seines Präsidenten Dr. Roland Freisler tagte, wurden u. a. folgende »Verbrechen« genannt:

»1. (Hans) Schmorell fuhr nach Salzburg, Linz, Wien und warf dort 200, 200, 1200 adressierte Flugblätter für diese Städte und in Wien außerdem 400 für Frankfurt am Main in Briefkästen.

2. Sophie Scholl warf in Augsburg 200 und ein andermal in Stuttgart 600 in Postbriefkästen.

3. Nachts streute Hans Scholl zusammen mit Schmorell Tausende in Münchner Straßen aus.
4. Am 18. Februar legten die Geschwister Scholl 1500 bis 1800 in der Münchner Universität in Päckchen ab, und Sophie Scholl warf einen Haufen vom 2. Stock in den Lichthof . . .«[281]

Bereits im Sommersemester 1942 schrieben Hans Scholl und Alexander Schmorell die ersten vier Flugblätter. Diese wurden auf einer Schreibmaschine getippt und in einer kleinen Gartenhauswohnung auf einem Vervielfältigungsapparat abgezogen. Franz Joseph Schöningh, der nach dem Zweiten Weltkrieg als Nachfolger von Carl Muth die Zeitschrift »Hochland« herausgab, schrieb 1946 über Tonart und Inhalt dieser Flugblätter, in denen u. a. von der »Diktatur des Bösen«, von »Ausgeburten der Hölle«, »Boten der rächenden Nemesis« und »unersättlichen Dämonen« die Rede ist: »Wer heute einige Flugblätter der ›Weißen Rose‹ mit dem Blick des politisch Erfahrenen liest, ist geradezu erschüttert von deren religiöser und ethischer Glut und zugleich niedergeschlagen von der politischen Kindlichkeit, die sich hier offenbart.«[282]
In einem dieser Flugblätter, die in Briefkästen geworfen wurden, heißt es:

». . . Der Sinn und das Ziel des passiven Widerstandes ist, den Nationalsozialismus zu Fall zu bringen, und in diesem Kampf ist vor keinem Weg, vor keiner Tür zurückzuschrekken, mögen sie auf Gebieten liegen, auf welchen sie auch wollen. An allen *Stellen muß der Nationalsozialismus angegriffen werden, an denen er nur angreifbar ist. Ein Ende muß diesem Unstaat bald bereitet werden – ein Sieg des faschistischen Deutschland in diesem Krieg hätte unabsehbare, fürchterliche Folgen. Nicht der militärische Sieg über den Bolschewismus darf die erste Sorge für jeden Deutschen sein, sondern die Niederlage der Nationalsozialisten. Dies muß* unbedingt *an erster Stelle stehen.*

Wir weisen ausdrücklich darauf hin, daß die Weiße Rose nicht im Solde einer ausländischen Macht steht. Obgleich wir wissen, daß die nationalsozialistische Macht militärisch gebrochen werden muß, suchen wir eine Erneuerung des schwerverwundeten deutschen Geistes von innen her zu erreichen. Dieser Wiedergeburt muß aber die klare Erkenntnis aller Schuld, die das deutsche Volk auf sich geladen hat, und ein rücksichtsloser Kampf gegen Hitler und seine allzu vielen Helfershelfer, Parteimitglieder, Quislinge usw. vorausgehen. Mit aller Brutalität muß die Kluft zwischen dem besseren Teil des Volkes und allem, was mit dem Nationalsozialismus zusammenhängt, aufgerissen werden. Für Hitler und seine Anhänger gibt es auf dieser Erde keine Strafe, die ihren Taten gerecht wäre. Aber aus Liebe zu kommenden Generationen muß nach Beendigung des Krieges ein Exempel statuiert werden, daß niemand auch nur die geringste Lust je verspüren sollte, Ähnliches aufs neue zu versuchen. Vergeßt auch nicht die kleinen Schurken dieses Systems, merkt euch die Namen, auf daß keiner entkomme! Es soll ihnen nicht gelingen, in letzter Minute noch nach diesen Scheußlichkeiten die Fahne zu wechseln und so zu tun, als ob nichts gewesen wäre!
Zu Ihrer Beruhigung möchten wir noch hinzufügen, daß die Adressen der Leser der Weißen Rose nirgendwo schriftlich niedergelegt sind. Die Adressen sind willkürlich Adreßbüchern entnommen.
Wir schweigen nicht, wir sind Euer böses Gewissen; die Weiße Rose läßt Euch keine Ruhe!«[283]

Das fünfte Flugblatt »An alle Deutschen«, an dessen Abfassung Professor Dr. Kurt Huber beteiligt war, entstand im Januar 1943. Der alleinige Verfasser des sechsten und letzten Flugblattes, das im Februar 1943 erst entstand, in der Universität München am 18. Februar 1943 ausgelegt und in größerer Anzahl von Sophie Scholl am gleichen Tag vom 2. Stock in den Lichthof der Universität geworfen wurde, war Professor

Huber. Dieses letzte Flugblatt, das vielen Mitgliedern der »Weißen Rose« zum tödlichen Verhängnis wurde, hat folgenden Wortlaut (Auszug):[284]

»Kommilitonen! Kommilitoninnen!

Erschüttert steht unser Volk vor dem Untergang der Männer von Stalingrad. 330 000 deutsche Männer hat die geniale Strategie des Weltkriegsgefreiten sinn- und verantwortungslos in Tod und Verderben gehetzt. Führer, wir danken Dir!

Es gärt im deutschen Volk: Wollen wir weiter einem Dilletanten das Schicksal unserer Armeen anvertrauen? Wollen wir den niederen Machtinstinkten einer Parteiclique den Rest der deutschen Jugend opfern? Nimmermehr! Der Tag der Abrechnung ist gekommen, der Abrechnung der deutschen Jugend mit der verabscheuungswürdigsten Tyrannis, die unser Volk je erduldet hat. Im Namen der deutschen Jugend fordern wir vom Staat Adolf Hitlers die persönliche Freiheit, das kostbarste Gut des Deutschen zurück, um das er uns in der erbärmlichsten Weise betrogen.

In einem Staat rücksichtsloser Knebelung jeder freien Meinungsäußerung sind wir aufgewachsen. HJ, SA, SS haben uns in den fruchtbarsten Bildungsjahren unseres Lebens zu uniformieren, zu revolutionieren, zu narkotisieren versucht. ›Weltanschauliche Schulung‹ hieß die verächtliche Methode, das aufkeimende Selbstdenken in einem Nebel leerer Phrasen zu ersticken. Eine Führerauslese, wie sie teuflischer und bornierter zugleich nicht gedacht werden kann, zieht ihre künftigen Parteibonzen auf Ordensburgen zu gottlosen, schamlosen und gewissenlosen Ausbeutern und Mordbuben heran, zur blinden, stupiden Führergefolgschaft. Wir ›Arbeiter des Geistes‹ wären gerade recht, dieser neuen Herrenschicht den Knüppel zu machen! Es gibt für uns nur eine Parole: Kampf gegen die Partei!

Freiheit und Ehre! Zehn lange Jahre haben Hitler und seine Genossen die beiden herrlichen deutschen Worte bis zum Ekel ausgequetscht, abgedrochsen, verdreht, wie es nur Dilettanten vermögen, die die höchsten Werte einer Nation vor die Säue werfen. Was ihnen Freiheit und Ehre gilt, haben sie in zehn Jahren der Zerstörung aller materiellen und geistigen Freiheit, aller sittlichen Substanzen im deutschen Volk genugsam gezeigt. Auch dem dümmsten Deutschen hat das furchtbare Blutbad die Augen geöffnet, das sie im Namen von Freiheit und Ehre der deutschen Nation in ganz Europa angerichtet haben und täglich neu anrichten.«

Bei der Flugblatt-Aktion am 18. Februar 1943 wurden die Geschwister Scholl vom Pedell der Universität München, Herrn Jakob Schmied[285], gestellt. Dieser wußte nicht, was auf den verstreuten Blättern stand; er sah in der Flugblatt-Aktion im Lichthof der Universität zunächst eine Ordnungswidrigkeit, meldete diese der Hausverwaltung, die wiederum die Gestapo verständigte und dadurch die Verhaftung auslöste. Folgende Mitglieder der »Weißen Rose« wurden durch das Fallbeil (Scharfrichter Johann Reichardt) hingerichtet:[286]

Hans Scholl – am 22. Februar 1943
Sophie Scholl – am 22. Februar 1943
Christoph Probst – am 22. Februar 1943
Dr. Kurt Huber – am 13. Juli 1943
Alex Schmorell – am 13. Juli 1943
Willi Graf – am 12. Oktober 1943

Ihnen folgten noch in den Monaten des letzten Kriegsjahres 1945: Karl Leipelt und Harald Dohrn. Mit den sechs, im Jahr 1943 am Schafott hingerichteten Mitgliedern der »Weißen Rose« war eine große Anzahl von Freunden, Mithelfern, Bekannten und Verwandten verhaftet worden. Weil aber diese sechs trotz aller Verhöre durch die Gestapo keinen Namen ihrer Freunde und Helfer preisgaben und alle Schuld auf sich nahmen, kamen die mit ihnen Verhafteten mit Gefängnis- und Zuchthausstrafen davon.

Gewiß war die Katastrophe von Stalingrad (Dezember 1942 – Februar 1943) ein entscheidendes Auslösemoment für die Aktionen der »Weißen Rose«. Es ist vieles und auch gegensätzliches über die Beweggründe dieser idealistischen und letztlich machtlosen, studentischen Widerstandskämpfer geschrieben worden. Eines ist bei aller Unterschiedlichkeit der Deutungen sichtbar geworden: Der Widerstand der »Weißen Rose« kam aus einer geistig-religiösen Welt, in der sich diese jungen Menschen bewegten und deren Zerstörung sie mit den geringen, ihnen zur Verfügung stehenden Mitteln zu verhindern suchten. Sie glaubten an Ideale. Sie glaubten außerdem, daß die Zeit überreif zum Widerstand sei, und sie glaubten, daß das deutsche Volk den Mut habe, in einer großen Aktion »die Maskerade des Bösen« (Dietrich Bonhoeffer) zu entlarven und zu beenden.

»Es ist unnütz und töricht, den Kreis der ›Weißen Rose‹ nach Konfessionen zu zerlegen und zu Märtyrern der einen oder anderen Richtung zu machen. Die Tatsache, daß die Geschwister Scholl bisher gerade von den Kommunisten besonders fleißig als ihr Aushängeschild verwendet wurden, darf uns nicht dazu verleiten, diese absolut sinnwidrige Verdrehung der wahren Motive aller Freunde in der ›Weißen Rose‹ als Abwertung der Geschwister Scholl selbst zu sehen. Sie alle wären unter einem kommunistischen Regime sicher ebenso für die Freiheit des Geistes und für ihre Überzeugung in den Tod gegangen. Die Geschwister Scholl waren evangelisch, es ist aber durch Zeugenaussagen und Protokolle belegt, daß sie eine Konversion zum katholischen Bekenntnis anstrebten, wozu sie durch die Verhaftung nicht mehr kamen. Das ist jedoch für die Tat nicht ausschlaggebend, auch nicht, daß der konfessionslos aufgewachsene Freund der beiden Scholls, Christoph Probst, sich noch in der Gefängniszelle katholisch taufen ließ und die hl. Kommunion empfing. Doch sehen wir aus diesen Tatsachen heraus, wie sehr diese jungen Menschen in ihrem ganzen geistigen Ringen nicht nur politische, sondern auch starke religiöse Impulse hatten. Ihre Beschäftigung mit religiösen Fragen ist nicht zu trennen von ihrem Entschluß zum politischen Widerstand. Denn ohne starken Glauben an ihr Weiterleben in einer anderen Welt, wäre die Sinnlosigkeit ihres Opfers diesen hochintelligenten Menschen leicht bewußt geworden.

Freilich hofften sie bis zuletzt, das geistige Umdenken im Volke und in der Studentenschaft vor allem, wäre bereits soweit gediehen wie ihre eigene Einsicht und ein Anstoß würde genügen, die verhaltenen und verängstigten Kräfte des stummen Widerstandes laut werden zu lassen. Aber sie waren dennoch nicht so naiv, daß sie das Risiko für ihr eigenes Leben nicht erkannt hätten, und sie waren nicht fanatisch genug, daß sie blind in den sicheren Tod gerannt wären. Die Quelle ihres Mutes lag zweifellos in ihrer ernsten, suchenden Religiosität.«[287]

Wie stark religiöse Fragen die studentischen Widerstandskämpfer der »Weißen Rose« beschäftigten, bezeugte der Bibliothekar des Benediktinerklosters St. Bonifaz/München, P. Romuald Bauerreiß († 22. Juni 1971), zu dem durch Vermittlung von Carl Muth Hans Scholl gekommen war. Er schreibt:

»Wir begaben uns in unsere reiche Bibliothek, die ich zu verwalten hatte. In dem großen lichtvollen Arbeitssaal unserer Stiftsbibliothek mit dem feinen Duft der alten Lederbände und der klösterlichen Stille ging dem geistig so aufgeschlossenen Hans bald das Herz auf. Schon am ersten Tag haben wir uns gut verstanden, und bald waren Hans und sein Freund Alexander Schmorell gewohnte liebe Gäste. ›Wie begeistert‹, schrieb mir im Januar 1946 seine Schwester, Inge Scholl, ›hat Hans uns von jener herrlichen Bibliothek erzählt, in die er ab und

zu gehen durfte, um in einer Welt zu Hause zu sein und zu atmen, die ihm tiefst entsprach.‹ . . .

. . . Die Geschichte hat sicher viele Freiheitskämpfer gesehen, die mit Überzeugung, Leidenschaft und Opferbereitschaft ihrer Sendung gedient haben, aber wohl wenige hat es gegeben, die sich mit solch geradezu wissenschaftlicher Sorgfalt und höchstem sittlichen Ernst darauf vorbereitet haben, wie Hans Scholl. Seine Beschäftigung mit Thomas von Aquin und anderen christlichen Autoren war getragen nicht zuletzt von der brennenden Frage nach dem aus dem christlichen Gewissen gebotenen Widerstand gegen Mißbrauch der Staatsgewalt.«[288]

Mit geschichtlicher Begründung ist am Ehrenmal an der Hinrichtungsstätte der Geschwister Scholl in Stadelheim/München neben einem Kreuz die Inschrift angebracht worden: »Zum Gedenken derer, die unter diesem Kreuze starben.«

Von Christoph Probst berichtet seine Mutter:

»Wie ein roter Faden zog sich durch sein Leben die Ahnung seines frühen Todes und eine tiefe Frömmigkeit. Er war noch nicht getauft, denn wir Elternn, selber überstreng katholisch erzogen, hielten es damals für richtig, den Kindern die Freiheit der Wahl zu lassen. Christoph begann sich mehr und mehr mit der katholischen Religion zu beschäftigen und sich auf die Taufe vorzubereiten.«[289]

Die Schwester von Christoph Probst schreibt über den Freundeskreis der Münchner Studenten:

». . . Vor allem verband sie die gleiche eindeutige Ablehnung der Tyrannis und, obwohl die Verschiedenheit der Konfession bestand, tiefgegründete christliche Überzeugung.«[290]
Die Abschiedsbriefe von Christoph Probst durften nicht an die Angehörigen herausgegeben werden, damit man die Verurteilten nicht zu Märtyrern mache. Aber die ebenfalls ver-

haftete Schwester Probsts durfte sie im Beisein eines Gestapobeamten einmal lesen:

»Ich habe nicht gewußt, daß Sterben so leicht ist ... Vergiß nie, daß das Leben nichts ist als ein Wachsen in der Liebe und ein Vorbereiten auf die Ewigkeit ... Ich sterbe ganz ohne Haßgefühle.«[291]

Die ethisch-religiösen Beweggründe des Claus Graf Schenk von Stauffenberg

In seinem Schlußwort vor dem Volksgerichtshof, der ihn zum Tod verurteilte (vollstreckt durch das Fallbeil am 13. Juli 1943), zitierte der katholische Philosophieprofessor und Widerstandskämpfer Dr. Kurt Huber das Wort des deutschen Philosophen Johann Gottlieb Fichte (1762–1814):

»Und handeln sollst du so, als hinge
Von dir und deinem Tun allein
Das Schicksal ab der deutschen Dinge,
Und die Verantwortung wär' dein.«[292]

Der Gewissensimpuls, von dem Fichte sprach, bestimmte auch die Entscheidungen des 37jährigen Oberst Claus Graf Schenk von Stauffenberg und den sogenannten Goerdeler-Kreis, die das Attentat des 20. Juli 1944 planten und durchführten. Carl Goerdeler stand jedoch in der Nacht vom 18./19. Juli 1944 vor schwersten Gewissensnöten, Bedenken und Einwänden: »Noch nie in der Geschichte haben Attentate Gutes gestiftet. Sie verstoßen gegen das 5. Gebot. Gelungen greifen sie der Entscheidung Gottes unwiderruflich vor; mißglückt erreichen sie das Gegenteil des Gewollten.«[293]
Claus Graf Schenk von Stauffenberg entstammte einem schwäbischen, tiefkatholischen Adelsgeschlecht. Stauffenberg, der mütterlicherseits ein Nachkomme Gneisenaus (1760 bis

1831) war, hat beim Militär eine ausgesprochen schnelle Karriere gemacht. Während seines Einsatzes im Afrikakorps hat er sein linkes Auge, die rechte Hand und außerdem zwei Finger der linken Hand verloren. Diese schwere Verletzung führte zu seiner Rückversetzung als Oberst in den Generalstab. Nachdem Stauffenberg wenige Tage vor dem Attentat am 1. Juli 1944 zum »Chef des Stabes des Befehlshabers des Ersatzheeres« ernannt worden war, hatte er die Möglichkeit, bei einer Vielzahl von Lagebesprechungen – im Berghof auf dem Obersalzberg bei Berchtesgaden oder im Führerhauptquartier »Wolfsschanze« bei Rastenburg in Ostpreußen – wiederholt in der unmittelbaren Nähe Hitlers zu sein. Nachdem geplante Attentate am 11. Juli 1944 (auf dem Obersalzberg) und am 15. Juli 1944 (in der »Wolfsschanze«) nicht durchgeführt werden konnten, drängte die Entscheidung anläßlich der vorgesehenen Lagebesprechung am 20. Juli 1944 in der »Wolfsschanze« (die wegen eines Besuches von Benito Mussolini von 13 Uhr auf 12.30 Uhr vorverlegt wurde). Um 12.42 Uhr explodierte die von Oberst Stauffenberg gelegte Bombe.

Schauplatz des Attentats am 20. Juli 1944[294]

LAGEBESPRECHUNG IN DER GÄSTEBARACKE IM FÜHRERHAUPTQUARTIER IN RASTENBURG, OSTPREUSSEN, UM 12.30 UHR, AM 20. JULI 1944

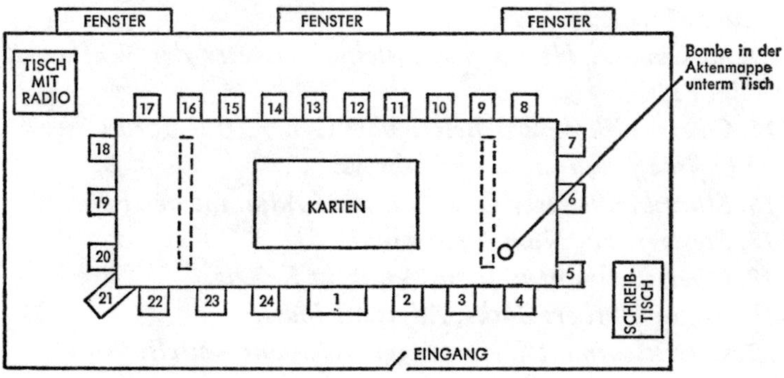

1. *Adolf Hitler.*
2. *Generalleutnant Adolf Heusinger, Chef der Operationsabteilung des Generalstabes des Heeres und Stellvertreter des Chefs des Generalstabes des Heeres.*
3. *General der Luftwaffe Günther Korten, Chef des Luftwaffenführungsstabes; seinen Verletzungen erlegen.*
4. *Oberst Heinz Brandt, Erster Generalstabsoffizier, Heusingers Stellverteter; seinen Verletzungen erlegen.*
5. *General der Luftwaffe Karl Bodenschatz, Verbindungsoffizier des Oberbefehlshabers der Luftwaffe im FHQ; an den Beinen schwer verletzt.*
6. *Generalleutnant Rudolf Schmundt, Chefadjutant der Wehrmacht beim Führer und Chef des Heerespersonalamtes; seinen Verletzungen erlegen.*
7. *Oberst i. G. Borgmann, Adjutant des Führers; schwer verletzt.*
8. *Vizeadmiral Jesco von Puttkamer, Marine-Adjutant des Führers; leicht verletzt.*
9. *Stenograph Berger; auf der Stelle getötet.*
10. *Kapitän zur See Heinz Aßmann, der Admiralstabsoffizier im Wehrmachtführungsstab.*
11. *Generalmajor Walther Scherff, Chef der Historischen Abteilung des OKW; leicht verwundet.*
12. *Generalleutnant Walter Buhle, OKW; leicht verletzt.*
13. *Vizeadmiral Hans Voss, Vertreter des Oberbefehlshabers der Marine im FHQ.*
14. *SS-General Hermann Fegelein, Vertreter der Waffen-SS im FHQ.*
15. *Oberst Nikolaus v. Below vom Generalstab der Luftwaffe, Luftwaffenadjutant des Führers.*
16. *Sturmbannführer Otto Günsche, Adjutant des Führers.*
17. *Stenograph (Name unbekannt).*
18. *Oberstleutnant v. John, Adjutant Keitels.*
19. *Major Herbert Büchs, Adjutant Jodls.*
20. *Oberstleutnant Weizenegger, Adjutant Keitels.*

21. *Ministerialrat v. Sonnleithner, Vertreter des Auswärtigen Amtes im FHQ.*
22. *General Walther Warlimont, Stellvertretender Chef des Wehrmachtführungsstabes.*
23. *Generaloberst Alfred Jodl, Chef des Wehrmachtführungsstabes; leicht verletzt.*
24. *Generalfeldmarschall Wilhelm Keitel, Chef des Oberkommandos der Wehrmacht.*

Das letzte Attentat auf Hitler (die Historiker sprechen von etwa 20 Attentaten) am 20. Juli 1944 ist aus vielerlei Gründen – Irrtümer, Zweifel, Mißverständnisse, Fehler, Unterlassungen, Unentschiedenheiten usw. – mißlungen. Man sollte aber heute in Erinnerung rufen und bekannt machen, wie das Ausland damals reagierte. Das deutsche Volk hatte damals wegen der totalen Nachrichtensperre keinen Einblick in diese Reaktionen.[295]

Am 24. Juli 1944 schrieb die Londoner »Times«:

»Es braucht kaum gesagt zu werden, daß auch die Männer des Attentats keine Freunde der Verbündeten sind ... Der deutsche Militarismus ist dem Nationalsozialismus gegenüber nur eine andere Ausdrucksform des gleichen Übels.«

Der »Manchester Guardian« kommentierte noch deutlicher:

»Um der Zukunft willen mag es gut sein, daß die Verschwörung stattfand – aber besser vielleicht noch, daß sie fehlschlug.«

Die »New York Herald Tribune« schrieb am 9. August 1944:

»Das amerikanische Volk wird nicht traurig darüber sein, daß die Bombe Hitler aufsparte für die Liquidierung der Generale.«

Am gleichen Tag war in der »New York Times« zu lesen:

»Die Verschwörung gegen Hitler erinnert an die Atmosphäre der schmutzigsten Unterwelt von Gangstern... Da haben sich einige hohe Offiziere verschworen, das Oberhaupt des deutschen Staates und Oberbefehlshaber der Armee zu kidnappen oder zu ermorden, wobei der Plan ausgeführt werden sollte ›mittels einer Bombe‹, der typischen Waffe der Unterwelt.«

Prinz Löwenstein, damals Emigrant in den USA, schreibt in seinen Memoiren:

»Ein Sturz der Hitler-Regierung hätte Frieden bedeutet – und das paßte nicht in die Pläne der Haßpolitiker. Auch hatte Roosevelt nur dann Aussicht, im November 1944 zum viertenmal gewählt zu werden, wenn noch Krieg war.«

Trotz des mißlungenen Attentats und trotz der erst in der Nachkriegszeit bekannt gewordenen, negativen Beurteilungen durch das Ausland bleibt zu fragen, welche Motive gerade Stauffenberg das Attentat ausführen ließen. Daß gerade er besonders prädestiniert für die Ausführung des Attentats war, drängte sich durch seine häufige Anwesenheit auf, die er in unmittelbarer Nähe Hitlers bei den Lagebesprechungen hatte. Diese rein äußerliche Möglichkeit mußte aber von Stauffenberg auch innerlich bejaht, ja als schicksalhafte Chance empfunden werden. Wieviele andere standen ebenfalls in unmittelbarer Nähe Hitlers! Wieviele andere in der gleichen Position dachten angesichts der Verbrechen und der geradezu greifbaren Kriegskatastrophe ebenfalls an eine Beseitigung Hitlers! Warum wurde aber diese Chance und diese Erkenntnis gerade bei Stauffenberg, der durch seine schweren Kriegsverletzungen in höchstem Maße ein Kriegsinvalide war, zu einer Gewissensbedrängnis, der er nicht mehr aus dem Wege gehen konnte? Woher kam der Stachel seiner existentiellen Betroffenheit? Ehrgeizige oder egoistische Absichten scheiden grundsätzlich aus. Stauffenberg war von Jugend auf in einem konservativ-katholischen Milieu aufgewachsen und verwurzelt. Er war (wie dies seine schwäbisch-barocke Grundhaltung begünstigte) ein literarisch und musisch veranlagter und sensibler Mensch, den der Militärberuf zwar ansprach, aber keineswegs voll ausfüllte und beglückte.[296] Schon sehr früh war Stauffenberg in den engsten Schülerkreis des deutschen Dichterfürsten Stefan George (1868–1933) gekommen, der gerade ihn besonders förderte. Die nationale Grundhaltung, die Stauffenberg von seinem Elternhaus mitbekommen hatte, wurde durch Stefan George entscheidend verstärkt und erhielt – gerade in der Zeit nach dem verlorenen Ersten Weltkrieg – die Akzentuierung der adventlichen Erwartung eines politischen Befreiers und Einigers. George war es, der seinen Jüngern und Lesern mitreißend die Heraufkunft eines Neuen Reiches der Ehre und der Freiheit verkündigte. Stefan George hat aus dem jungen Stauffenberg jenen Enthusiasten gemacht, der mit 26 Jahren am 30. Juli 1933 an einem Fackelzug für Hitler teilnahm.[297] Je mehr aber Hitler sein wahres Gesicht zeigte und zum großen Enttäuschungserlebnis des George-Kreises und vieler Deutscher wurde, desto härter wurde der innere Widerstand des gleichen Stauffenberg. Bemerkenswert ist, daß sich Stauffenberg nicht von seinem dichterischen Meistern Stefan George als von einem falschen Propheten abwandte. Er hielt ihm vielmehr gegen Hitler die ungebrochene Treue und suchte Rat und Weisung in Georges Werk († 4. Dezember 1933 in Minusio bei Locarno) für seine geistig-politische Neuorientierung.

»Die Gedanken- und Geisteswelt Stefan Georges beherrschte ihn. Er konnte viele Gedichte von Stefan George auswendig. Eine seiner größten Freuden war es, das berühmte Gedicht Stefan Georges über den Antichrist zu deklamieren.«[298] Gerade dieses Gedicht[299] bildete einen Konzentrationspunkt seiner dichterischen Neigung, seiner religiösen Veranlagung und nicht zuletzt seines politischen Engagements.

Der Widerchrist

»Dort kommt er vom berge, dort steht er im hain!
Wir sahen es selber, er wandelt in wein
Das wasser und spricht mit den toten.«

O könntet ihr hören mein lachen bei nacht:
Nun schlug meine stunde, nun füllt sich das garn,
Nun strömen die fische zum hamen.

Die weisen die toren – toll wälzt sich das volk,
Entwurzelt die bäume, zerklittert das korn,
Macht bahn für den zug des Erstandnen.

Kein werk ist des himmels das ich euch nicht tu.
Ein haarbreit nur fehlt und ihr merkt nicht den trug
Mit euren geschlagenen sinnen.

Ich schaff euch für alles was selten und schwer
Das Leichte, ein ding das wie gold ist aus lehm,
Wie duft ist und saft ist und würze –

Und was sich der große profet nicht getraut:
Die kunst ohne roden und säen und baun
Zu saugen gespeicherte kräfte.

Der Fürst des Geziefers verbreitet sein reich,
Kein schatz der ihm mangelt, kein glück das ihm weicht ...
Zu grund mit dem rest der empörer!

Ihr jauchzen, entzückt von dem teuflischen schein,
Verprasset was blieb von dem früheren seim
Und fühlt erst die not vor dem ende.

Dann hängt ihr die zunge am trocknenden trog,
Irrt ratlos wie vieh durch den brennenden hof ...
Und schrecklich erschallt die posaune.

Was Stefan George als Dichter vom »Fürst des Geziefers«, von der »not vor dem ende«, vom »teuflischen schein« geschrieben und mit dem Satz »Und schrecklich erschallt die posaune« abgeschlossen hatte, fand Stauffenberg in der Heiligen Schrift bestätigt, und zwar als apokalyptische Auseinandersetzung zwischen dem »Tier« und dem »Lamm«, zwischen dem Satansreich und dem Gottesreich in der Geheimen Offenbarung des Johannes.

»Und ich sah: Ein Tier stieg aus dem Meer, mit zehn Hörnern und sieben Köpfen. Auf seinen Hörnern trug es zehn Diademe und auf seinen Köpfen Namen, die eine Gotteslästerung waren ... Die Menschen ... beteten das Tier an und sagten: Wer ist dem Tier gleich, und wer kann den Kampf mit ihm aufnehmen?
Und es wurde ermächtigt, mit seinem Maul anmaßende Worte und Lästerungen auszusprechen; es wurde ihm Macht gegeben, dies zweiundvierzig Monate zu tun.
Das Tier öffnete sein Maul, um Gott und seinen Namen zu lästern, seine Wohnung und alle, die im Himmel wohnen. Und es wurde ihm erlaubt, mit den Heiligen zu kämpfen und sie zu besiegen. Es wurde ihm Macht gegeben über alle Stämme, Völker, Sprachen und Nationen. Alle Bewohner der Erde fallen nieder vor ihm: alle, deren Name nicht seit der Erschaffung der Welt eingetragen ist ins Lebensbuch des Lammes, das geschlachtet wurde.
Wenn einer Ohren hat, so höre er ... Hier muß sich die Standhaftigkeit und die Glaubenstreue der Heiligen bewähren« (Offb 13,1.4–10).

Wer wie Stauffenberg Hitler in apokalyptischer Wertung sah, stand unter einer Gewissensnötigung, der er nur im Gehorsam auf den Befehl des Allerhöchsten entsprechen konnte. Gegenüber Jakob Kaiser (dem späteren Bundesminister für gesamtdeutsche Fragen 1949–1952) sagte damals Stauffenberg in einer unvergeßlichen Unterredung: *»Wir haben uns vor Gott und unserem Gewissen geprüft. Es muß geschehen, denn dieser Mann (Hitler) ist das Böse an sich.«*[300] Kein Außenstehender konnte damals und kann heute ermessen, was wohl in vielen Wochen und in schwersten Gewissensnöten in Stauffenberg vor sich gegangen ist. »Stauffenbergs Kampf gegen Hitler wurzelte in der Anerkennung der Wahrheit des Christentums. Aus sittlicher Überzeugung war er zum Kämpfer gegen Hitler geworden.«[301] Stauffenberg stand letztlich vor jenem unbegreiflichen Gott, der ebenso das fünfte Gebot: Du sollst nicht töten! wie auch diesen Tötungsauftrag gegeben hat. Konnte beides wirklich von dem einen und einzigen Gott kommen? Man fühlt sich erinnert an eine Konfliktsituation, von der das Alte Testament[302] berichtet und die immer wieder wie vor einem Abgrund zurückschauern läßt, da Abraham den Befehl zur Tötung seines Sohnes Isaak von Gott selbst erhält (Gen 22,1–19), aber Gott im letzten Augenblick von der Opferung absah.

Noch am Tag des mißglückten Attentats wurden gegen 21 Uhr im Hof des Bendlerblocks/Berlin mit Oberst von Stauffenberg erschossen General Friedrich Olbricht, Oberst Albrecht Ritter Mertz von Quirnheim und Oberleutnant Werner von Haeften. Nach dem 20. Juli 1944 kam es zu Massenverhaftungen, Folterungen und Hinrichtungen, wie sie in dieser dämonischen Weise wohl noch nie in der Menschheitsgeschichte stattgefunden haben. Hitler selbst hat detaillierte Regieanweisungen an den Gerichtspräsidenten Dr. Roland Freisler wie an die verantwortlichen Scharfrichter gegeben: *»Ich will, daß sie erhängt werden, aufgehängt wie Schlachtvieh.«*[303] Roland Freisler war »ein ehemaliger Kommunist und guter Kenner sowjetischer Rechtsprechung und sowjetischen Strafvollzugs, von Hitler selber als ›unser Wyschinski‹ bezeichnet«.[304]

Wie bereits beim ersten Prozeß am 7. und 8. August 1944 die am Attentat Beteiligten behandelt wurden, schilderte ein

Stenograph der damaligen Verhandlung: »Noch nie in der deutschen Rechtsgeschichte sind Angeklagte mit einer derartigen Brutalität behandelt worden wie in diesem Prozeß. Wie gemeine Mörder wurden sie, jeder von zwei Beamten der Gestapo an den Ärmeln geleitet (ohne Kragenbinde und Hosenträger), in den Gerichtssaal geführt. Bei einem von ihnen waren noch die Spuren der Mißhandlung sichtbar. Bezeichnend für die unmenschliche Verhandlungsführung war es, daß es keinem der Angeklagten gestattet war, sich über die Motive der Tat zu äußern. Alle mußten sich von Freisler gefallen lassen, als Lumpen, Verräter und feige Mörder bezeichnet zu werden.«[305] Der nationalsozialistische Propagandaminister Goebbels hatte ausdrücklich angeordnet, das makabre Schauspiel dieser Prozesse mit Filmkameras, die im Gerichtssaal hinter Hakenkreuzverzierungen versteckt waren, aufzunehmen. Das gesamte Prozeßmaterial, die Protokolle und sogar die Todesurteile wurden ebenso wie die Bilddokumente und Tonbänder zur »Geheimen Reichssache« erklärt. Goebbels ließ jedoch kurz vor Kriegsende sämtliche Unterlagen vernichten. Eine einzige Kopie jedoch, die Hitler dem japanischen Kaiser Hirohito zugedacht hatte, blieb erhalten. Sie wurde 1978 in einem japanischen Filmarchiv entdeckt. In einer Weltpremiere anläßlich der 29. Internationalen Berliner Filmfestspiele 1979 wurde von der Berliner Gesellschaft »Chronosfilm« ein zweistündiger Dokumentarfilm vorgestellt, dessen Grundlage das in Japan entdeckte Filmmaterial war.[306]

Stätten der Verfolgung und des Widerstandes in Berlin 1933–1945

Von den Exekutionen in Berlin-Plötzensee wünschte Hitler Filmaufnahmen, um einerseits sich immer neu zu bestätigen, daß seine Attentäter nicht mehr am Leben sind und um ander-

Stätten der Verfolgung und des Widerstandes in Berlin 1933–1945

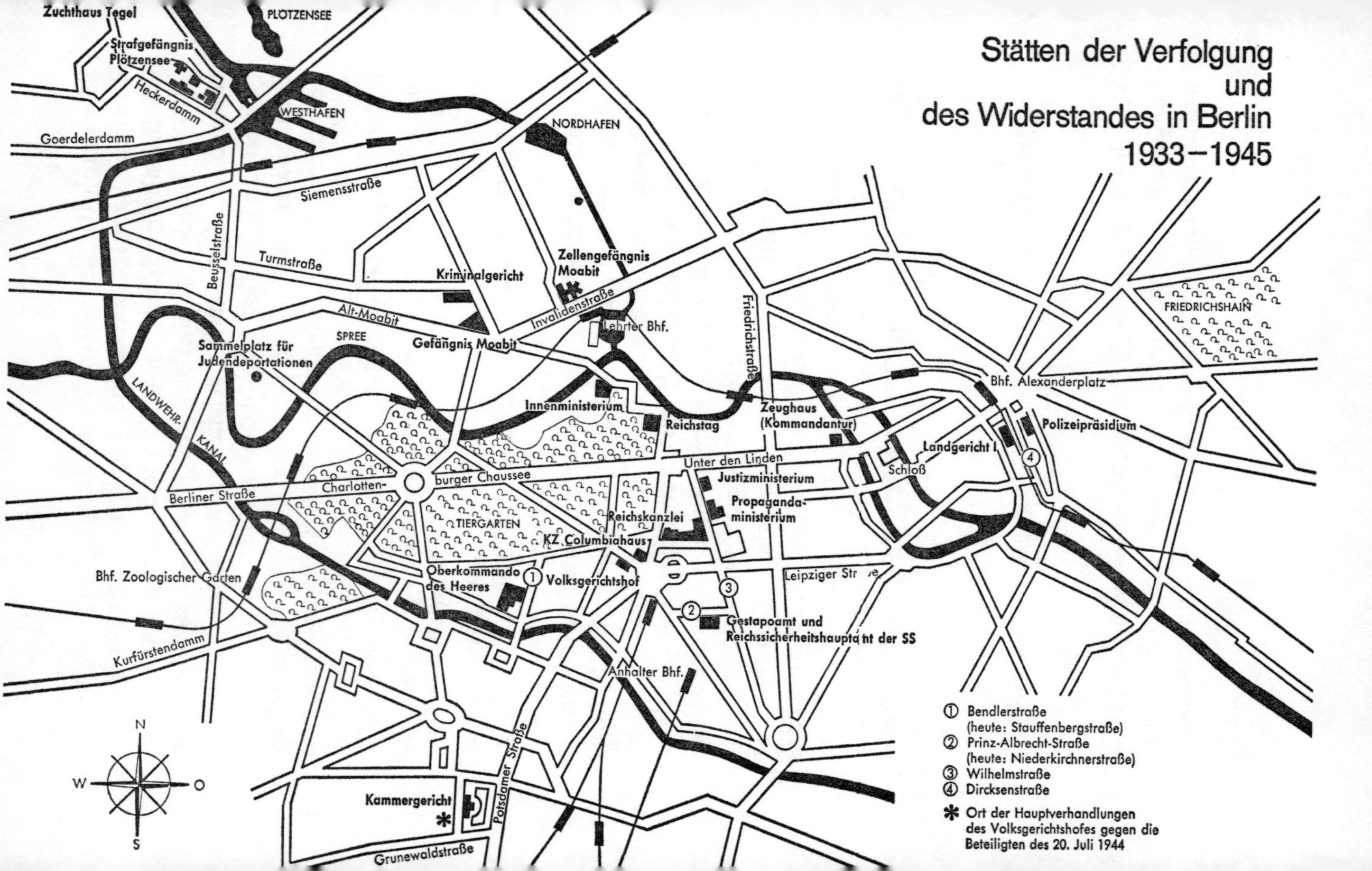

① Bendlerstraße (heute: Stauffenbergstraße)
② Prinz-Albrecht-Straße (heute: Niederkirchnerstraße)
③ Wilhelmstraße
④ Dircksenstraße
✱ Ort der Hauptverhandlungen des Volksgerichtshofes gegen die Beteiligten des 20. Juli 1944

seits in seinem Haß sich triumphierend zu berauschen. Nach den ersten Hinrichtungen weigerten sich aber die Kameraleute geschlossen, dieses grausame Schauspiel weiterhin aufzunehmen. Der Kameramann Sasse schilderte seine damaligen, grauenhaften Erlebnisse:[307]

»Das Gebäude, das durch frühere Luftangriffe stark beschädigt sein mußte, war wieder notdürftig hergerichtet. Der Raum war etwa vier Meter breit und acht Meter lang. Ein schwarzer Vorhang teilte diesen Raum in zwei Hälften. Der Raum bekam nur durch zwei kleine Fenster etwas Tageslicht. Unmittelbar vor diesen beiden Fenstern befanden sich an der Decke acht Haken, woran die Verurteilten aufgehängt werden sollten. Weiterhin befand sich im Raum noch eine Vorrichtung zur Enthauptung. Als erster Delinquent wurde der ehemalige General ... von zwei Henkern durch den schwarzen Vorhang in den Raum hineingeführt. Zuvor hatte in dem Vorraum der Staatsanwalt dem Verurteilen nochmals das Todesurteil mit folgenden Worten vorgelesen: ›Angeklagter, Sie sind von dem Volksgerichtshof zum Tode durch den Strang verurteilt worden. Scharfrichter, walten Sie Ihres Amtes.‹
Der Angeklagte ging mit erhobenem Haupte, zwar von den Henkern eines schnelleren Schrittes genötigt, zum Ende des Raumes. Dort angekommen, mußte er eine Kehrtwendung machen, und dann legte man ihm die Hanfschlinge um den Hals, worauf der Angeklagte von den Henkern hochgehoben und die obere Schlinge des Hanfstricks in den Haken an der Decke eingehangen und der Delinquent nun mit großer Wucht fallengelassen wurde, so daß ihm die Schlinge sofort sehr stark den Hals zuschnürte. Meines Erachtens trat der Tod sehr bald ein.
Nachdem das erste Urteil vollstreckt war, wurde ein schmaler, schwarzer Vorhang vor den Erhängten gezogen, so daß der nächstfolgende Todeskandidat den ersteren nicht gewahr

wurde. In kürzester Folge kam dann der zweite Delinquent, der General ..., der ebenfalls selbstbewußt seinen letzten Gang antrat. Nach jeweiliger Vollstreckung wurde jedesmal so ein schmaler, schwarzer Vorhang vor den Erhängten gezogen, so daß es auch dem letzten der Verurteilten nicht möglich war, die Vorangegangenen zu sehen. Die Urteilsvollstreckung ging in sehr rascher Folge vor sich, und die Verurteilten gingen alle ohne ein Wort der Klage aufrecht und männlich ihren letzten Gang.«

Selbst die Formulare, auf denen die Vollstreckung von Todesurteilen protokolliert wurden[308], lassen noch jene unmenschliche Brutalität und eisige Teilnahmslosigkeit verspüren, mit der damals »auf höheren Befehl« hin gehandelt, getötet und enthauptet wurde (siehe Seite 379).

Wie sehr ethisch-religiöse Motive den Widerstand gegen Hitler prägten, kann letzten Äußerungen jener Männer und Frauen entnommen werden, die gegen das Hitler-Regime aufstanden und ihr Leben lassen mußten.
Generalmajor Henning von Treskow[309] (durch Selbstmord am 21. Juli 1944 aus dem Leben geschieden, um als Mitwissender keinen Namen der Beteiligten des 20. Juli 1944 preiszugeben):

»Wenn ich in wenigen Stunden vor den Richterstuhl Gottes treten werde, um Rechenschaft abzulegen über mein Tun und Unterlassen, so glaube ich mit gutem Gewissen das vertreten zu können, was ich im Kampf gegen Hitler getan habe. Wenn einst Gott Abraham verheißen hat, er werde Sodom nicht verderben, wenn auch nur zehn Gerechte darin seien, so hoffe ich, daß Gott auch Deutschland um unseretwillen nicht vernichten wird. Niemand von uns kann über seinen Tod Klage führen. Wer in unseren Kreis getreten ist, hat damit das Nessushemd angezogen. Der sittliche Wert eines Menschen

Der Oberreichsanwalt
beim Volksgerichtshof

Berlin-Plötzensee, den –9. JUN. 1944
(Richtstätte des Strafgefängnisses)

1 J 56 /43

Vollstreckung des Todesurteils
gegen:
Emmi Z h e d e n
....

Gegenwärtig:
als Vollstreckungsleiter:
LGR. Dr. K l ü v e r ....
als Beamter der Geschäftsstelle:
Justizangestellter K a r p e ......

Um 13°° Uhr wurde die Verurteilte, die Hände auf dem Rücken gefesselt, durch zwei Gefängnisbeamte vorgeführt. Der Scharfrichter R ö t t g e r aus B e r l i n stand mit seinen drei Gehilfen bereit.

Anwesend war ferner:
der Gefängnisbeamte O. Insp. [illegible]

Nach Feststellung der Personengleichheit des Vorgeführten mit der Verurteilten beauftragte der Vollstreckungsleiter den Scharfrichter mit der Vollstreckung. Der Verurteilte, der ruhig und gefaßt war, ließ sich ohne Widerstreben auf das Fallbeilgerät legen, worauf der Scharfrichter die Enthauptung mit dem Fallbeil ausführte und sodann meldete, daß das Urteil vollstreckt sei.

Die Vollstreckung dauerte von der Vorführung bis zur Vollzugsmeldung 7 Sekunden.

beginnt erst dort, wo er bereit ist, für seine Überzeugungen das Leben hinzugeben.«

Graf Heinrich von Lehndorff-Steinort[310] (schrieb mit gefesselten Händen am 3. September 1944, dem Vorabend seiner Verurteilung und Hinrichtung, an seine Frau):

».. . Du wirst immer davon überzeugt sein, daß ich nicht leichtfertig Eure Zukunft zerstört, sondern einer Idee diente, von der ich geglaubt habe, daß sie eine Rücksicht auf Familie und Privates nicht rechtfertige ... ich habe keine Furcht, ich bin innerlich mit mir fertig, ich werde stolz und aufrecht allem entgegensehen, Gott bitten, daß Er mir Seine Kraft nicht entzieht und mein letzter Gedanke wirst Du und meine Kinder sein . . .«

Helmuth James Graf von Moltke (am 23. Januar 1945 in Plötzensee hingerichtet, schrieb über den Prozeß an seine Frau):

».. . Und dadurch steht er (dein Mann) vor Freisler nicht als Protestant, nicht als Großgrundbesitzer, nicht als Adeliger, nicht als Preuße, nicht als Deutscher . . ., sondern als Christ und als gar nichts anderes ... Wir werden gehenkt, weil wir zusammen gedacht haben.«[311]

Alfred Delp SJ (am 2. Februar 1945 in Plötzensee hingerichtet):

»Brot ist wichtig, Freiheit ist wichtiger, am wichtigsten ist die ungebrochene Treue und die unverratene Anbetung ... Bleibt dem stillen Befehl treu, der uns immer wieder rief. Behaltet dieses Volk lieb, das in seiner Seele so verlassen und so verraten und so hilflos geworden ist.«[312]

Gottesfinsternis über Carl Goerdeler

Carl Goerdeler, ehemaliger Oberbürgermeister von Leipzig, war neben Graf von Stauffenberg der führende Kopf und wirtschaftspolitische Fachmann der deutschen Widerstandsbewegung mit weitreichenden, ausländischen Beziehungen. Er war in einer neuen Regierung als Reichskanzler vorgesehen und wurde nach dem mißglückten Attentat auf Hitler verhaftet. In einer erschütternden und glaubenskritischen Besinnung versuchte Goerdeler das Scheitern des Mordversuches in den großen Horizont der göttlichen Vorsehung[313] einzuordnen und kam dabei zu dem Ergebnis:

»Wenn wir das Vaterland über alles stellen, was doch unser Glaube ist, so haben wir den 20. Juli als ein endgültiges Gottesurteil zu achten. Der Führer ist vor fast sicherem Tode bewahrt. Gott hat nicht gewollt, daß Deutschlands Bestand, um dessen willen ich mich beteiligen wollte und beteiligt habe, mit einer Bluttat erkauft wird; er hat auch dem Führer diese Aufgabe neu anvertraut. Das ist alte deutsche Auffassung. Jeder Deutsche in der Reihe der Umsturzbewegung ist nunmehr verpflichtet, hinter den von Gott geretteten Führer zu treten, auch die Mittel, die einer neuen Regierung zur Verfügung gestellt werden sollten, rückhaltlos ihm zu geben; ob er sie nützen will, für brauchbar hält, entscheidet er.«

Die monatelange Einzelhaft hat Goerdeler, der an Händen und Füßen gefesselt war, in Anfechtungen und Finsternisse stürzen lassen, die ihn zu einem Ijob des 20. Jahrhunderts werden ließen. In tiefer Beklommenheit und gebeugt unter der Last der Verantwortung für so viele Hingerichtete kann er Gott selbst nicht mehr verstehen. Er schreit förmlich de profundis und mit blutenden Händen hinauf zu jenem verborgenen und unbegreiflichen Gott, und doch kommt er von Gott nicht los, weil dieser Gott die Leidenschaft seines Wesens und sein letzter, wenn auch dunkler Gesprächspartner war. Wenige Wochen vor seiner Hinrichtung am 2. Februar 1945 hat er in einer »Januardenkschrift«[314] sein Ringen mit dem unbekannten und unverstandenen Gott in folgenden Sätzen herausgeschrien:

»... ich weiß nicht, ob ich nicht am nächsten Tage tot sein werde. In schlaflosen Nächten habe ich mich gefragt, ob ein Gott existiere, der am persönlichen Schicksal der Menschen Anteil nehme. Es wird mir schwer, daran zu glauben, denn dieser Gott ließe nun jahrelang Ströme von Blut und Leid, Berge von Grauen und Verzweiflung über die Menschheit durch einige Hunderttausende erzeugen, die vertiert, geisteskrank oder verblendet sind, jedenfalls keine normalen Menschlichkeitsempfindungen haben. Er ließe Millionen anständiger Menschen sterben und leiden, ohne einen Finger zu rühren. Soll dies ein Gericht sein? Wie unvollkommen wäre es, wie grauenhaft ungerecht – eine bloße Kollektivstrafe! Er kennt die Verbrecher und Abtrünnigen und straft die Aufrechten, seine Getreuen. Was wäre das für ein Stümpergott! Nein, das ist undenkbar! Warum aber dann dieses furchbare Geschehen? Haben wir vielleicht darin gesündigt, daß wir Nationalisten waren, d. h. daß wir Gott für unsere ›Nation‹ in Anspruch nahmen, für unser Volk, an das uns doch kein biblisches Gebot bindet? Liegt darin die eigene Verfehlung, daß ich meine Nächsten, meine Familie gröblich vernachlässigte, um in ewiger Unruhe politischen Zielen nachzujagen? Daß ich dem Götzen Politik opferte, statt meinen nächsten menschlichen Pflichten gerecht zu werden?

Auch das ist keine Lösung des Rätsels. Denn habe ich nicht mein ganzes Leben an eine gute Sache gesetzt? Sollte das wirklich strafwürdig sein? Habe ich nicht im Gegenteil gerade darin gefehlt, daß ich im rechten Augenblick die Berufung zu einem Posten ausschlug, in dem ich vielleicht das große Unglück hätte verhindern können? (Er denkt an die Berufung in die Reichsregierung von 1932.) Wo steckt denn nun in Wahrheit meine Schuld? Womit in aller Welt habe ich denn mein grausames Schicksal verdient? Es ist qualvoll, darüber nachzusinnen. Darüber ringe ich mit meinem Gewissen. Dieser Kampf schmückt die kahlen Wände meiner kleinen Zelle, erfüllt den öden Raum mit Gebilden der Phantasie und einer überwältigend großen Erinnerung. Es ist schwer, dem Glück der Familie und über alles geliebten Menschen entrissen zu sein, einmal im Mittelpunkt des Vertrauens des Volkes gestanden zu haben, in der Welt be- und geachtet gewesen zu sein, und nun seine Tage in mancher körperlichen Entbehrung, vor allem aber in Qualen der Selbstvorwürfe beschließen zu müssen. Ja, es sind Höllenqualen. Wie der Psalmist hadere ich mit Gott, weil ich ihn nicht verstehen kann. ›Wen Gott liebt, den nimmt er frühe zu sich!‹ Nein, das ist kein Trost, das ist vollends unerträglich: wozu ist das Leben geschaffen, wenn es früh beendet werden soll? Und gerade in Zeiten der Krise bedarf die Welt doch so dringend der Guten! Wo ist also des Rätsels Lösung? . . .

Nein, die Vernunft kann keinen Ausweg finden. Sie muß heute Gott mit dem Psalmisten zurufen: Halte ein! Siehst Du denn nicht, daß diese Qualen den Unschuldigen nicht mehr verständlich sein können, *daß sie stumpfe Ergebung, aufbäumende Empörung oder höhnende Verhärtung zur Folge haben müssen? Daß die zu harte Strafe die Menschen zurückwirft in ihrem Streben zu Dir? Du hast das Töten verboten und benutzest es zur Erziehung? Du hast es verboten und das Attentat mißlingen lassen; aber dadurch hast Du Millionen unschuldiger Menschen zum Tode verurteilt!*

Die Vernunft hilft nur zur Erkenntnis, in sich selbst des Schicksals Sterne zu suchen, das Gute als Mittel und Ziel anzuerkennen, weil sonst das Leben untragbar wird, und bei Erfolg und Scheitern festzustellen, wo die Ursachen liegen, dabei den Erfolg in den Leistungen anderer suchend, das Scheitern dem eigenen Versagen zuschreibend. Sehr hart, sehr bitter, aber wenigstens aufrichtig und für die Lebenden erzieherisch – soweit bin ich heute. Und doch suche ich noch durch Christus den barmherzigen Gott. Gefunden habe ich ihn nicht. – O Christus, wo ist die Wahrheit, wo ist der Trost? Was vermögen wir Menschen, um wenigstens den Saum des Seelenfriedens zu erfassen?«

Der Historiker Gerhard Ritter, der als Mitglied des Goerdeler-Kreises vom November 1944 bis April 1945 in Haft war und im Januar 1945 Goerdeler gegenübergestellt wurde, nannte diese Texte die »allerpersönlichsten Dokumente ... das erschütternde Bild der seelischen Verlassenheit eines Todgeweihten ... Was aus diesen erschütternden Dokumenten seiner Seelenqual so laut und so echt herausschreit, ist die religiöse Kernfrage unserer Zeit: die Frage nach der Wirklichkeit Gottes.«[315] Er fügt dann hinzu: »Ich selbst werde niemals ohne tiefen Schmerz des Augenblicks gedenken, in dem ich ihn bewußt zum letztenmal sah und doch verhindert war, dem edlen Mann noch einmal die Hand zu drücken und ihm, wie es mich drängte, ein ›Auf Wiedersehen in der Ewigkeit!‹ zuzurufen.«[316]

Martyrerakten des 20. Jahrhunderts

Die Geschichte des christlichen Glaubens kennt aus vielen Jahrhunderten Martyrerakten. Diesen Zeugnissen des Glaubens, die sehr häufig durch das Zeugnis des Blutes besiegelt worden sind, hat das 20. Jahrhundert neue Dokumente hinzugefügt, die sich würdig in die Reihe der früheren Akten einfügen lassen. Aus der Fülle exemplarischer Texte[317] seien nur einige ausgewählt, die vom christlichen Widerstand und vom ungebrochenen Glaubensmut im Dritten Reich sprechen.

■ Aus dem stenographierten Bericht über den Prozeß gegen den Münchner Männerapostel P. Rupert Mayer SJ (1937)

Weil ich die Kirche in Gefahr sehe, darum stehe ich vor Gericht ... Ich bin der alte geblieben. Seit ich im Felde war, habe ich nur eine Richtung gehabt: Vaterland und Religion. Überlegen Sie doch einmal selber, meine Herren Richter, wie wäre das, wenn ich jetzt zu erkennen gäbe, daß ich von Rom ab-

rücke und wenn ich zu erkennen gäbe, daß ich mit einer deutschen Kirche liebäugeln würde: dann wäre ich der Held des Tages. Wenn aber dann jemand vor mir ausspucken würde, dann hätte er recht, denn ich wäre ein eid- und wortbrüchiger Mann, aber eine glänzende Zukunft stünde mir bevor ...
Wir Katholiken wären die ersten, die sich an Opferfreudigkeit von niemand übertreffen ließen, aber diese unglaubliche Hetze gegen die Kirche ... Das ist ein Saustall! ... Was mich auf die Bahn gerufen hat, ist die Religion und der Kampf gegen die Religion ... Da heißt es, wir machen keine Martyrer, und jetzt sitze ich da ... diese Reden, die Bühnenstücke, die Literatur; sobald da von der Kirche die Rede ist, bekommt die Kirche einen Rippenstoß. Schauen Sie nur einmal den Pfaffenspiegel an! Im Völkischen Beobachter wird dieses Buch empfohlen. Als ich 1912 zu den Kommunisten kam, da war das ihre Bibel. Da hört sich doch alles auf ... Damals konnte man die Zeitungen belangen, aber heute nicht mehr.[318]

■ Abschiedsbrief des 49jährigen niederländischen Möbelhändlers Petrus Frederikus Antonius Hoefsloot[319] an seine Familie, Verwandten und Bekannten (erschossen am 9. Juli 1942 in der Festung Rhijnauwen/Utrecht)

Utrecht, den 9. Juli 1942

Liebste Riek und meine lieben Kinder, liebe Eltern, liebe Geschwister, Schwäger, Schwägerinnen und Neffen, liebe Freunde!
Bin gestern nachmittag hier angekommen. Blieb heute nacht mit den andern zum Tode Verurteilten wach und hörte, daß das Urteil bestätigt wurde und diesen Morgen um 6 vollstreckt werden wird.
Da stehe ich nun (es ist 4 Uhr 30) vor meinem letzten Auftrag. Ein letztes Lebenszeichen und ein letzter Gruß für Euch alle! Ich sitze jetzt im Sprechzimmer mit meinem Pfarrer und

bin vollständig vorbereitet für die letzte Reise. Ich habe gebeichtet und habe allen geistigen Beistand erhalten, auch den päpstlichen Segen und die volle Absolution, so daß ich in vollem Frieden sagen kann, daß ich innerlich bereit bin, die große Reise anzutreten. Alle Sachen, die mir gehören, sind schon an Dich, mein Frauchen, abgesandt worden. Nur mein Trauring ist in Amersfoort in einem gelben Umschlag geblieben. Sicher wird der dortige Oberwärter, W. Engbrocks, sich die Mühe machen und auf Anfrage hin den gelben Umschlag bestätigen, in dem der Ring wahrscheinlich geblieben ist.
Du, meine liebe Riek, wirst daran denken, all unseren Kindern ein Andenken von mir zu geben. Meine Geschwister und die Freunde können sich auch etwas aussuchen. Du wirst es schon richtig machen. Ich sterbe in der festen Überzeugung, nicht umsonst gelebt zu haben. Meine menschliche Schwäche hat mich viel fehlen lassen; aber ich weiß, daß der Menschensohn auch meine Schwächen auf sich genommen und sie mit seinem Lebensopfer am Kreuz gesühnt hat. Ich unterwerfe mich ganz dem heiligen göttlichen Willen und fühle mich ungemein glücklich. Im Jenseits werde ich immer bei Dir sein, mein Frauchen, mit unseren Kindern und mit all unseren Freunden. Ich habe versucht, in meinem Leben viel Freundschaft zu geben. Wünsche Euch allen die unvergängliche Freundschaft Gottes und werde immer an erster Stelle für Dich und für unsere Kinder, für die Eltern und Geschwister und alle Freunde beten, vor allem für diejenigen, die einmal die Liebe Christi gekannt haben und jetzt fern von Ihm sind. Bleibt einig, mein Frauchen und meine Kinder, denkt an mein Beispiel. Piet und Miep, tragt als die ältesten mit der Mutter alle Lasten und behütet die köstliche Vertrautheit unserer Familie wie einen Schatz. Eine schöne Zukunft ist unserer Familie, unserem Volk und unserem Vaterland vorbehalten. Ich bin Euch dankbar für alles, was Ihr alle mir gewesen seid. Leb wohl, mein Frauchen, lebt wohl, Piet, Miep, Connie, Maria, Hannie, Anneke, Fransje, Thea, Jantje, Pauwke und

Juleke, Vater, Mutter, Stance, Brüder, Schwestern, Jan und Grada, Schwäger und Schwägerinnen, Piet B., Firts L., Constant Gr., Toon ten H. und alle Freunde und Freundinnen. Der Segen Gottes und die Liebe Christi unter dem Schutz der Heiligen Jungfrau möge immer Euer Reichtum sein. Einen Kuß und eine Umarmung. Auf Wiedersehen in einer glücklichen Zukunft.
Euer Vater, Sohn und Gatte

P. F. A. Hoefsloot

■ Letzter Brief des 36 Jahre alten, niederländischen Innenarchitekten Gerard Vinkesten[320] an seine Mutter (erschossen wahrscheinlich am 29. Juli 1943 auf Leusderhei bei Amersfoort/Utrecht)

Kriegswehrmachtsgefängnis, Utrecht, den 29. Juli 1943

Meine liebe, tapfere Mutter!
Da bin ich wieder. Ich bin selig. So selig, wie ich in 36 Jahren nie war. Nur menschliche Gefühle verdunkeln ein wenig meine Glückseligkeit, und das kommt von dem tiefen Mitleid, das ich mit Euch allen habe, mit den Opfern meines Glücks.
Mütterlein, heute mittag um halb drei wird auch dieser Schatten geschwunden sein, denn es hat dem gütigen Gott gefallen, sich mit diesen 36 Jahren zu begnügen, die so karg an wahren Verdiensten sind. Welch ewiges Beispiel gibt Er, sich mit so wenigem zu begnügen und schon jetzt zu sagen: »Komm, mein Kind.« Ach, Mütterlein, wie schäme ich mich, wenn ich an Dich denke, die ein so schweres und langes Leben gehabt hat und noch nicht das höchste Glück, die feinste Krone erworben hat.
Mütterlein, ich weiß nicht, was ich schulde, und ich fordere nichts mehr; ich bin nur glücklich und ruhig. Mutter, ich bin selig. Und jetzt sage ich Dir von ganzem Herzen: »Pax

tecum.« Wenn ich bald dort bin, wo ich wahrnehme – stell Dir vor, Mütterlein – was kein Auge gesehen, kein Ohr vernommen und keine Zunge gesagt hat, das, was der liebe Gott für uns bereit hält, werde ich Ihn sofort bitten, zu Dir gehen zu dürfen, um Dir den Frieden zu bringen, einen Frieden, der ebenso groß wie der meine ist. Es ist ein schweres Opfer für Dich, meine geliebte Mutter, aber ich weiß, daß Du es schon gebracht hast, und zwar mit Freuden. Unter meinen Sachen ist ein Buch von de Greeve. Lies es gut, es wird Dir helfen. Mütterlein, ich habe noch tausend Worte für Dich, und ich weiß, wie begierig Du sie trinkst, aber sie genügen nicht. Von halb drei Uhr ab bin ich Dir so nahe wie noch nie, und obwohl Deine Sinne nach einer fühlbaren Befriedigung verlangen werden, mußt Du Dir in Deinen dunkelsten Augenblicken sagen, daß ich Tag und Nacht mit Cis, Vater, Jan und Piet, mit Pius und dem Herrn Kaplan von Dir sprechen werde, und daß ich Dir helfe. Im gleichen Augenblick werde ich bei Dir sein, denn dort gibt es weder Zeit noch Maß, die fesseln und einschränken.

Oh, Mutter, dies ist das größte Gefühl, das herrlichste Erlebnis meines Lebens, und die Worte genügen nicht, auch nur einen Millimeter meiner Dankbarkeit und Zufriedenheit auszudrücken.

Es ist wieder ein Tag mit strahlender Sonne, alles trägt dazu bei, unser Glück zu vermehren. Vor kurzem kam der Marinekaplan und gab uns die letzte Hilfe. Auch Lex ist in den Schoß der Mutter Kirche zurückgekehrt. Ich bat ihn gestern nacht darum, und heute bin ich schon erhört. Es war ein sehr eindrucksvoller Augenblick – draußen Fliegeralarm, drinnen der Friede rings um ein kleines Holzkreuz – ein Bekenntnis, während die andern ihre letzten Worte schrieben.

Dann kam ein weißes Tuch auf den Holztisch, und wir fünf empfingen in Form des Brotes Ihn, den wir bald in Wirklichkeit sehen werden. Wie es lohnen? Aber warum? Nur weil Er so unendlich gut ist. Geben also auch wir großzügig.

Der päpstliche Segen mit der vollen Absolution, die daraus hervorgeht ... Es ist 12 Uhr, und ich warte mit glühendem Verlangen, daß es halb drei werde. Und jetzt, Mütterlein, nehme ich als Mensch von Dir Abschied. Sag Marcel, daß ich sein Gebet demütig, aber mit großer Inbrunst vor Gott bringen werde. Mit ebensolcher Inbrunst lege ich ihn Dir ans Herz und mit noch größerer Dich ihm. Ich bitte Dich, meinen irdischen Besitz anzunehmen. Gib bitte, wenn Du kannst, verschiedene Sachen den Verwandten und Freunden, wie ich es in meinem Testament bestimmt habe, aber handle, wie Du es für richtig hältst. Meine Werkzeuge und Geräte soll Er ... bekommen. Das Geld geht zu $^1/_3$ *an Dich, zu* $^1/_3$ *an August Gerard und zu* $^1/_3$ *an Petertje. Aber wohl gemerkt, alles gehört Dir, und wie Du es bestimmst, ist es recht. Ich lege ein Haarbüschel bei.*

Und jetzt, Mütterlein, blicke ich Dir tief in die schönen Augen. Vergib mir, ich bitte Dich, vergib mir alles Ungemach, das ich Dir zugefügt habe. Nach 36 Jahren hast Du gesiegt. Du bist letztlich die liebste Frau. Du hast meine große Liebe. Und ich weiß, daß Dir das helfen wird. Jetzt weinst Du, Liebes, und Du verstehst es. Ich habe keine Tränen mehr, meine Glückseligkeit ist zu groß, weil ich bald wissen und sehen werde, daß Dein Opfer von Gott angenommen worden ist, das reine und edle Geschenk, das nur Du geben konntest, und es wird wie ein duftender Blumenstrauß bei Maria sein, die mich mit strahlenden Augen empfangen und sagen wird: »Kind, welch eine Mutter hast du!«

Liebes, laß mich glauben, daß sich Dein Schmerz in Frieden mit allem und allen läutert, erhaben über alle Politik, mit allem und allen.

Geliebte Mutter, einen langen, innigen Kuß von Deinem Gerard, der so stolz auf Dich ist.

Bald.

Pax tecum.

■ Letztes Schreiben des 31jährigen, katholischen Kaplans Hermann Lange[321] aus der Herz-Jesu-Pfarrei in Lübeck, der zusammen mit den Kaplänen Eduard Müller und Johannes Prassek und dem evangelischen Pastor Karl Friedrich Stellbrink am 10. November 1943 in Hamburg enthauptet wurde

Wenn Ihr diesen Brief in Händen habt, weile ich nicht mehr unter den Lebenden! Das was nun seit vielen Monaten unsere Gedanken immer wieder beschäftigte und nicht mehr loslassen wollte, wird nun eintreffen. Es tut mir äußerst leid, daß ich P., den ich heute ganz bestimmt erwartete, nun doch nicht mehr gesehen habe. Andererseits ist es ja wirklich schön, daß er gerade in diesen Tagen zu Hause ist, so könnt Ihr euch gegenseitig trösten. Wenn Ihr mich fragt, wie mir zumute ist, kann ich Euch nur antworten: Ich bin erstens froh bewegt, zweitens voll großer Spannung! Für mich ist mit dem heutigen Tage alles Leid, aller Erdenjammer vorbei – und »Gott wird abwischen jede Träne von ihren Augen«. Welcher Trost, welche wunderbare Kraft geht doch aus vom Glauben an Christus, der uns im Tod vorangegangen ist. An ihn habe ich geglaubt und gerade heute glaube ich noch fester an ihn, und ich werde nicht zuschanden werden. Wie schon so oft möchte ich Euch auch jetzt noch einmal hinweisen auf Paulus. Schlagt doch die folgenden Stellen einmal auf: 1. Kor. 15/43, Römer 14/8. – Ach schaut doch hin, wo immer Ihr wollt, überall begegnet uns der Jubel über die Gnade der Gotteskindschaft. Was kann einem Gotteskinde schon geschehen, wovor sollte ich mich denn fürchten? Im Gegenteil: Freuet Euch, nochmals sage ich Euch: Freuet Euch! . . .
Nun zu Euch! Wie Euch ums Herz ist, weiß ich. Wenn ich an Euch denke, wird mir das Herz schwer. Die Last, die in den letzten Monaten auf Euren Schultern drückte, war hart, und dieses Ende ist noch härter. Es tut nur gut, daß P. jetzt da ist . . . Ihr alle tut mir die größte Freude, wenn Ihr dieses Leid mannhaft und stark als ganze katholische Christen tragt. Tragt

doch alles hin zu dem, der für uns gelitten und das schwerste Leid durchkostet hat. In Ihm können wir alles tragen. Seht, die Bande der Liebe, die uns miteinander verbinden, werden mit dem Tode ja nicht durchschnitten. Ihr denkt an mich in Euren Gebeten, und daß ich allezeit bei Euch sein werde, für den es jetzt keine zeitliche und räumliche Beschränkung mehr gibt. Auch über dieses Euer Leid wird die schnell-lebige Zeit hinweggehen. Vater und Mutter bitte ich inständigst, grübelt nicht und reißt Euch los von allen trübsinnigen Gedanken. Vergeßt nicht, daß Ihr noch mehr Kinder habt, die auch Anspruch an Euch haben. Ich habe von Anfang an alles in Gottes Hand gelegt. Wenn Er nun dieses Ende von mir fordert – gut, es geschehe Sein Wille! Auf Wiedersehen, oben, beim Vater des Lichtes!

Euer glücklicher *Hermann*

■ Abschiedsbrief des 23jährigen, dänischen Theologiestudenten Christian Ulrik Hansen[322] an seine Eltern und drei Geschwister (erschossen am 23. Juni 1944 in Kopenhagen)

West-Gefängnis, den 23. Juni 1944

Meine Lieben alle!

Dies ist mein letzter Brief an Euch. In drei Stunden werde ich nicht mehr sein. Darum wird dies auch mein letzter Dank und mein letzter Gruß an Euch sein.

Versprecht mir vor allem, nicht traurig zu sein. Es gibt nichts zu betrauern. Ich hätte gern Abschied von Euch genommen, aber das läßt sich offenbar nicht machen. Darum will ich versuchen, hier alles zusammenzufassen.

Zuerst meinen Dank, Vater und Mutter, für alles, was Ihr mir immer bedeutet habt. Euer Opfer war sehr groß; ich habe in meinem Leben versucht, mich dieses Opfers würdig zu erweisen. Ich kenne mich, ich weiß, wofür ich gekämpft habe und wofür ich sterbe. Laßt das in Euch leben, und macht Euer

Heim stark im Sturm der Zeit. Laßt das Euch zusammenbinden, Ihr lieben Fünf.
Nun bleiben diese drei, Glaube, Hoffnung und Liebe, aber am größten von ihnen ist die Liebe. Laßt die Liebe in Euch wachsen, laßt sie mit Ihm wachsen, der allein herniederkam, um unsere Schuld zu tragen und zu sühnen. Auch meine Schuld hat er auf sich genommen. Im Glauben daran, daß er meine Schuld auf sich genommen hat, in der Hoffnung darauf, daß er mich an der Hand und in Liebe zu sich nehmen wird, sterbe ich. Darum ist mein Tod nicht sinnlos. Im Gegenteil, er hat einen tiefen und großen Sinn. Leben und Tod sind ja keine Gegensätze, sie ergänzen einander.
Darum, Ihr lieben Fünf, werde ich sterben. Wenn Ihr diesen Brief bekommt, bin ich längst tot, aber laßt mich trotzdem bei Euch leben, laßt mich weiterhin mit Euch gehen. Und schickt mir manchmal einen lieben Gedanken dorthin, wo ich bin, betet manchmal für mich.
Anneliese, Hans und Bent, seid immer gut zu Vater und Mutter. Schafft Euch ein dänisches und christliches Heim. Erzieht Eure Kinder dazu, Ihn zu lieben, der sein Leben für uns gab, und das Land und das Volk zu lieben, das Gott uns gab. Ich wollte so viel und habe so wenig erreicht. Du, kleiner Bent, Du bist erst fünf Jahre alt, Du kannst das fortsetzen, was ich begonnen habe.
Vater und Mutter, gebt ihm eine Erziehung, so daß er es fortsetzen kann.
Wie ich schon schrieb, soll meine Aktie dazu benutzt werden, für Bent Bücher zu kaufen, und er soll sie zu jedem Geburtstag bekommen, keine Schulbücher, sondern Bücher in dem Geist, in dem ich gelebt habe und sterbe.
Es ist ein bißchen traurig, zurück- und vorwärtszuschauen. Zurück auf all die schönen, hellen Erinnerungen, die ich mit Euch Lieben daheim und mit meinen Freunden gemeinsam habe. Und vorwärts auf alle die Aufgaben, die zu lösen mein Beruf sein sollte. Meine Erinnerungen werden ihr eigenes stil-

les Leben führen, und andere werden die Aufgaben lösten. Grüßt mir alle meine Schulkameraden und Freunde, alle in Farsö, Großvater und Großmutter, Onkel und Tante Karen Ramsings.
In zwei Stunden geht die Sonne auf. Dann knallen Schüsse übers Land. Das Gras weint Tau, aber seht, die Sonne geht auf und küßt den Tau und das Gras. Und daheim im Garten öffnen die Blumen ihre duftenden Blüten. Die Rose glüht. Seht die Sonne aufgehen. Ihr alle daheim, beugt die Knie beim Sonnenaufgang. Beugt die Knie und betet zu Ihm, der sein Leben gegeben hat, damit wir leben können. Seht die Sonne geht über dem Lande auf, Gottes strahlende Sonne. Weint nicht, denn Gott lebt und segnet. Bald ruft er sein Halt in diese weinende, leidende Welt, bald wird er die Strenge seiner Liebe mit ihrer Milde ersetzen.
Und das soll mein allerletzter Wunsch sein: Wenn der Friede da ist, nehmt ein elternloses Kind an meiner Stelle an. Denn so verlangt es Gott von uns, daß wir zuerst das Werkzeug für seine Strenge, dann für seine Milde sind.
Gott befohlen. *Christian*

Grüßt Harald – mir scheint, daß er nun heimkehren wird.

■ Letzter Brief des Jesuitenpaters Alfred Delp[323] (hingerichtet am 2. Februar 1945)

Liebe Mitbrüder, nun muß ich doch den andern Weg nehmen. Das Todesurteil ist beantragt, die Atmosphäre ist so voll Haß und Feindseligkeit, daß heute mit seiner Verkündigung und Vollstreckung zu rechnen ist.
Ich danke der Gesellschaft und den Mitbrüdern für alle Güte und Treue und Hilfe, auch und gerade in diesen schweren Wochen. Ich bitte um Verzeihung für vieles, was falsch und unrecht war, und ich bitte um etwas Hilfe und Sorge für meine alten, kranken Eltern.

Der eigentliche Grund der Verurteilung ist der, daß ich Jesuit bin und geblieben bin. Eine Beziehung zum 20. 7. war nicht nachzuweisen. Auch die Stauffenberg-Belastung ist nicht aufrecht erhalten worden. Andere Strafanträge, die wirkliche Kenntnis des 20. 7. betrafen, waren viel milder und sachlicher. Die Atmosphäre war so voll Haß und Feindseligkeit. Grundthese: ein Jesuit ist a priori der Feind und Widersacher des Reiches. Auch Moltke wurde sehr häßlich behandelt, weil er uns, bes. Rösch, kannte. So ist das Ganze von der einen Seite eine Komödie gewesen, auf der anderen aber doch ein Thema geworden. Das war kein Gericht, sondern eine Funktion des Vernichtungswillens.
Behüt Sie alle der Herrgott. Ich bitte um Ihr Gebet. Und ich werde mir Mühe geben, von drüben aus das nachzuholen, was ich hier schuldig geblieben bin.
Gegen Mittag werde ich noch zelebrieren und dann in Gottes Namen den Weg seiner Fügung und Führung gehen.

Ihnen Gottes Segen und Schutz
Ihr dankbarer Alfred Delp S.J.

Den Abschluß dieses Kapitels über den religiösen Widerstand soll ein ganz anderer Brief bilden. Er ist aus einer großen Glaubenssorge eines Vaters um seinen Sohn geschrieben worden, aber der Adressat ist später zum fanatischsten Propagandisten Hitlers und zu einem der großen Schuldigen des Dritten Reiches geworden. Am 19. November 1919 schrieb der Vater Fritz Goebbels an seinen damals 22jährigen Sohn Joseph Goebbels einen Brief, in dem er ihn beschwört, seinem katholischen Glauben – mag kommen, was will – die Treue zu halten.

»... Und dann wird auch einmal die Stunde kommen, wo Du an das Krankenbett Deines Vaters, Deiner Mutter gerufen wirst. Willst Du dann als Ungläubiger Abschied nehmen von Deinen Eltern? Und wenn Deine Geschwister am Sarge Dei-

ner Eltern knien, willst Du dann abseits stehen? Nein, mein Sohn, das tust Du nicht! Mag es in Deinem Inneren aussehen, wie es will – wenn es auch schlimmer ist, als ich meine: nur Mut, Du bekommst auch wieder Ruhe.
Ich erinnere mich eben einer selbsterlebten Geschichte, die ich Dir kurz mitteilen werde. Ein hiesiger Spinnereibesitzer – er starb kürzlich – war katholisch geboren und erzogen; er verlor seinen Glauben, heiratete protestantisch und ließ seine Kinder auch protestantisch erziehen. Die Kirche besuchte er nicht mehr. An einem Maiabend sah ich diesen Mann aus der Maiandacht kommen. Was hat den mit Glücksgütern reich gesegneten Mann in die Kirche getrieben? Die innere Unruhe trieb den Mann nochmals dorthin, wo er als Kind gekniet! Die Welt hatte ihm den inneren Frieden nicht geben können.
Auch Du willst Dir doch einmal einen eigenen Hausstand gründen. Willst Du dann Deinen Kindern dieses Glück vorenthalten? Ich habe beim ersten Kommuniontag meiner Kinder dieses Schauspiel mit gläubigem Herzen und tränendem Auge gesehen, beglückt von dem Glück meines Kindes. Wie wird es an einem solchen Tage in dem Herzen eines ungläubigen Vaters toben? Wie wird er sich seiner Jugend erinnern, wie wird seine Vergangenheit auf ihm lasten? Der Ungläubige, der früher Katholik war, findet seine Ruhe nicht ... Ich bete für Dich, wie ich so oft für Dich gebetet habe.«

Das 20. Jahrhundert ist wie keine andere Epoche der Kirchengeschichte überreich getränkt mit dem Blut christlicher und jüdischer Martyrer. Sangius martyrum – semen christianorum. Welch ungeahnter Segen liegt daher über den Völkern dieses Jahrhunderts! In seinen letzten Aufzeichnungen hat der Jesuitenpater Alfred Delp geschrieben: »... Es ist Zeit der Aussaat, nicht der Ernte. Gott sät; einmal wird er auch wieder ernten ... so will ich tun, was ich so oft tat mit meinen gefesselten Händen und was ich tun werde, immer lieber und mehr, solange ich noch atmen darf: segnen. Segnen Land und

Volk, segnen dieses liebe deutsche Reich in seiner Not und inneren Qual; segnen die Kirche, daß die Quellen in ihr wieder reiner und heller fließen; segnen den Orden, daß er echt und geprägt und frei sich selbst treu bleibt durch die selbstlose Treue an alles Echte und an alle Sendung.«[324]

Eines darf aber, mag es noch so unangenehm und schmerzlich sein, nicht vergessen werden: Die Henker der Christen waren Christen. Diese bittere Einsicht hat den Künstler Max Lacher veranlaßt, im Jahre 1946 auf einem Glasfenster in der Martinskirche zu Landshut (über dem Kastulusaltar) beim Martyrium des heiligen Kastulus den Folterknechten die Gesichter von Hitler, Göring und Goebbels zu geben.

8.

Gestern – heute – morgen

Es ist eine durchaus realistische, weder von Selbstverteidigung noch von Selbstbeschmutzung angekränkelte Erkenntnis: Nach 1945 ist es schwieriger geworden, ein Deutscher und als Deutscher ein Christ zu sein.[325] Der deutsche Name ist in den Augen der Weltöffentlichkeit befleckt, belastet mit dem Namen Hitler und dessen Unmenschlichkeiten und Verbrechen. Hitler hatte unzählige Mithelfer, die mitschuldig geworden sind. Wären aber andere Völker gegen Hitler immun gewesen? War die geistige, wirtschaftliche und politische Situation des deutschen Volkes nach dem Ersten Weltkrieg besonders anfällig für Faszinationen und Hoffnungen, die sich auf »den« starken Mann, auf den Retter und Heilbringer[326] konzentrierten? Wären andere Völker nicht auf Hitler hereingefallen? »Es ist wenig wahrscheinlich, daß irgendein anderes Volk in seiner Masse dem ebenso verführerischen wie trügerischen Glanz politischer und militärischer Triumphe wesentlich besser widerstanden hätte.«[327]

Es führt nicht weiter, sich von Volk zu Volk immer neu und immer wieder Schuld und Verbrechen aufzurechnen. Menschenleben können nicht mit Geld abgerechnet werden. Schuldeingeständnissen und Schuldbekenntnissen muß gewiß gerechte Strafe und angemessene Sühne folgen. Sie können aber immer wieder zu Anklageschriften erhoben werden, wenn nicht unter den Völkern und letztlich vom barmherzigen Gott her das große Verzeihen sich ereignet, wobei Verzeihen keineswegs mit bewußtem Vergessen oder mit absichtlichem Verschweigen gleichzusetzen ist. Um dieses große Verzeihen hat am 19. Oktober 1945 der Rat der Evangelischen Kirche in Deutschland gegenüber Vertretern des Ökumenischen Rates der Kirchen mit folgender Erklärung[328] gebeten:

»Der Rat der Evangelischen Kirche in Deutschland begrüßt bei seiner Sitzung am 18. und 19. Oktober 1945 in Stuttgart Vertreter des Ökumenischen Rates der Kirchen.

Wir sind für diesen Besuch um so dankbarer, als wir uns mit unserem Volk nicht nur in einer großen Gemeinschaft der Leiden wissen, sondern auch in einer Solidarität der Schuld. *Mit großem Schmerz sagen wir: Durch uns ist unendliches Leid über viele Völker und Länder gebracht worden. Was wir unseren Gemeinden oft bezeugt haben, das sprechen wir jetzt im Namen der ganzen Kirche aus:*

Wohl haben wir lange Jahre hindurch im Namen Jesu Christi gegen den Geist gekämpft, der im nationalsozialistischen Gewaltregiment *seinen furchtbaren Ausdruck gefunden hat; aber* wir klagen uns an, *daß wir nicht mutiger bekannt, nicht treuer gebetet, nicht fröhlicher geglaubt und nicht brennender geliebt haben ...*

Wir hoffen zu Gott, daß durch den gemeinsamen Dienst der Kirchen dem Geist der Macht und der Vergeltung, der heute von neuem mächtig werden will, in aller Welt gesteuert werde und der Geist des Friedens und der Liebe zur Herrschaft komme, in dem allein die gequälte Menschheit Genesung finden kann. So bitten wir in einer Stunde, in der die ganze Welt einen neuen Anfang braucht: Veni creator spiritus!

Stuttgart, den 19. Oktober 1945.

Landesbischof D. Wurm
Landesbischof D. Meiser
Bischof D. Dr. Dibelius
Superindendent Hahn
Pastor Asmussen D. D.
Pastor Niemöller D. D.
Landesoberkirchenrat D. Lilje
Superintenden Held
Pastor Lic. Niesel
Dr. Dr. D. Heinemann.«

Es ist damals und auch später gefragt worden, warum die katholischen Bischöfe Deutschlands nicht ein ähnliches Schuldbekenntnis abgelegt hätten. In einer umfassenden Weise haben als erste die katholischen Bischöfe Deutschlands in einem gemeinsamen Hirtenbrief vom 23. August 1945 (also zwei Monate *vor* der Erklärung der Evangelischen Kirche in Deutschland) in schonungsloser Offenheit vom Versagen und Schuldigwerden vieler Christen während des Dritten Reiches gesprochen.

»Furchtbares ist schon vor dem Kriege in Deutschland und während des Krieges durch Deutsche in den besetzten Ländern geschehen. Wir beklagen es zutiefst: Viele Deutsche, auch aus unseren Reihen, haben sich von den falschen Lehren des Nationalsozialismus betören lassen, sind bei den Verbrechen gegen menschliche Freiheit und menschliche Würde gleichgültig geblieben; viele leisteten durch ihre Haltung den Verbrechen Vorschub, viele sind selber Verbrecher geworden. Schwere Verantwortung trifft jene, die aufgrund ihrer Stellung wissen konnten, was bei uns vorging, die durch ihren Einfluß solche Verbrechen hätten verhindern können und es nicht getan haben, ja diese Verbrechen ermöglicht und sich dadurch mit den Verbrechern solidarisch erklärt haben.«

Ohne das Tun und das Unterlassen der evangelischen und der katholischen Kirche während des Dritten Reiches gegeneinander aufzuwiegen, muß doch – wenngleich nur in der Grundhaltung, nicht aber im mutigen Zeugnis und Martyrium einzelner evangelischer oder katholischer Christen! – gesagt werden, daß weder von gläubigen Christen noch von Kirchenfremden damals ein Schuldbekenntnis der katholischen Bischöfe erwartet und als begründet und notwendig angesehen wurde. Heute jedoch ein Schuldbekenntnis über Ereignisse von Gestern abzulegen, ist nicht zu fordern, weil die katholischen Bischöfe von Heute nicht in der Zeit von 1933 bis 1945 im Amt und in der Verantwortung standen.

Fast 30 Jahre nach der Erklärung der Evangelischen Kirche in Deutschland hat sich am 31. Januar 1979 die katholische Kirche in einer »Erklärung des Sekretariats der Deutschen Bischofskonferenz« geäußert, und zwar im Anschluß an die vierteilige »Holocaust«-Serie, die im dritten Programm des ARD ausgestrahlt worden war. In den damaligen Diskussionen über die nationalsozialistischen Judenverfolgungen wurde die Frage nach den Aktionen bzw. nach dem Schweigen der katholischen Kirche in Deutschland neu entfacht.[329] Das Sekretariat der Deutschen Bischofskonferenz gab in seiner Erklärung Orientierungskriterien, die der persönlichen Urteilsfindung und der existentiellen wie der geschichtlichen Vergangenheitsbewältigung dienen konnten.

»I. Wie Eugen Kogon zu Recht festgestellt hat, kann man totalitäre Systeme nicht bekämpfen, wenn sie sich etabliert haben, sondern nur vorher. Das aktuelle Beispiel Kambodscha hat das noch jüngst eindringlich bestätigt.
Der deutsche Episkopat hat schon um die Jahreswende 1930/31 die zentralen Aussagen der nationalsozialistischen Weltanschauung für unvereinbar mit der Lehre der Kirche erklärt. Die Ablehnung des Nationalsozialismus durch die katholische Kirche war nach dem Urteil des evangelischen Kirchenhistorikers Klaus Scholder von ›eindrucksvoller Geschlossenheit‹. Dies zeigte sich besonders daran, daß der Nationalsozialismus in katholischen Gebieten bei Wahlen keine Mehrheit erhielt.

II. Die Machtergreifung brachte die Kirche in eine schwierige Lage, da über Nacht aus einer lehramtlich verurteilten Bewegung die legale staatliche Obrigkeit geworden war, der man den staatsbürgerlichen Gehorsam schuldete. In dieser Situation schloß der Hl. Stuhl nach zähen Verhandlungen am 20. Juli 1933 mit der Reichsregierung das Reichskonkordat. Er tat es nicht, um die Regierung Hitler moralisch aufzuwerten, sondern um die durch den Sog der Gleichschaltung gefährdete unverkürzte christliche Verkündigung zu sichern. Das Reichskonkordat war ›die vertragsrechtliche Form der Nicht-Anpassung der katholischen Kirche‹ an das NS-System (K. Repgen) und daher für Episkopat und Vatikan der Ansatzpunkt, um die Verfolgung der Kirche immer wieder öffentlich als rechtswidrig zu brandmarken. Der bekannteste Appell war die Enzyklika ›Mit brennender Sorge‹ vom 14. März 1937, in der Pius XI. der deutschen Öffentlichkeit ebenso wie der internationalen Staatenwelt unwiderlegbar bewies, daß Hitler bedenkenlos Völkerrecht brach und Menschenrecht mit Füßen trat. Es gehört zu den heute schwer begreifbaren Tatsachen, daß man daraus keine Konsequenzen zog, sondern bis 1939 mit dem Hitler-System weiter verhandelt und Verträge geschlossen hat (Münchner Abkommen von Oktober 1938; Hitler-Stalin-Pakt von August 1939).

III. Der Widerspruch zum Nationalsozialismus bestritt nach Selbstverständnis wie Auftrag der Kirche nicht die Rechtmäßigkeit des Staates mit den daraus für den Staatsbürger sich ableitenden Pflichten (z. B. Wehrpflicht). Daher lag und liegt es auch nicht in der Macht der Kirche, den Ausbruch von ungerechten Angriffskriegen zu verhindern, sondern Aufgabe der Kirche war und ist es, zum Frieden aufzurufen, die Folgen des Krieges für die Betroffenen zu lindern und für die Vermittlung zwischen den kriegsführenden Parteien zur Verfügung zu stehen. Die permanente Aufforderung der Kirche zum Frieden während des Zweiten Weltkrieges grenzte für das NS-Regime an Landesverrat.
Gerade im Krieg standen die Katholiken wie alle nichtnationalsozialistischen Deutschen vor dem gleichen Dilemma zwischen Erfüllung der staatsbürgerlichen patriotischen Pflichten einerseits und der Ablehnung des Nationalsozialismus andererseits. Wenn überhaupt, so war dieses Dilemma allenfalls in der Gewissensentscheidung des Einzelnen auflösbar.

IV. Das Verhältnis von Kirche und ›Drittem Reich‹ hat der Berliner Bischof von Preysing 1937 auf die einprägsame Formel gebracht: ›Der gläubige Christ steht in Deutschland unter Ausnahmerecht‹. Dennoch hat die Kirche trotz eigener Verfolgung früh begonnen, im Rahmen ihrer Möglichkeiten auch anderen durch das Regime Verfolgten zu helfen. Ihren Hilfsmöglichkeiten waren dabei durch das totalitäre System enge Grenzen gesetzt. Die Kirche war nicht in der Lage, durch Enzykliken, Hirtenbriefe oder gar einen Putsch die Verbrechen des Nationalsozialismus als ganze zu verhindern, sie konnte nur in – freilich zahlreichen – Einzelfällen helfen:
So hat der St.-Raphaels-Verein bis 1939 weit über 10 000 (zumeist katholischen) Nichtariern, die nicht unter die Hilfsprogramme der Glaubensjuden fielen, die Auswanderung ermöglicht (L.-E. Reutter); wievielen rassisch Verfolgten im einzelnen von kirchlichen Hilfsstellen oder Privatpersonen geholfen wurde, ist zahlenmäßig kaum zu beziffern. Gerade auch der Vatikan ist nicht untätig geblieben. Verläßliche Schätzungen gehen davon aus, daß von den etwa 950 000 Juden, die das nationalsozialistische Massaker überlebten, ca. 70–90 % ihr Leben Maßnahmen von katholischer Seite verdanken (P. E. Lapide).
Hilfe in totalitären Systemen kann freilich nur geleistet werden, wenn sie nicht öffentlich bekannt wird. Andererseits kann, wie das Beispiel der holländischen Bischöfe gezeigt hat, ein öffentlicher Protest die Verfolgungsmaßnahmen verschärfen (L. de Jong). Papst Pius XII. und der deutsche Episkopat waren sich dieses Dilemmas zur Zeit der Judenvernichtung ständig bewußt. Die Kirche hat daher in ihren öffentlichen Stellungnahmen die Judenverfolgung verurteilt, indem sie prinzipiell die Menschenrechte betonte. So hieß es im Dekalog-Hirtenbrief der deutschen Bischöfe vom 19. August 1943: ›Tötung ist in sich schlecht, auch wenn sie angeblich im Interesse des Gemeinwohls verübt würde: An schuld- und wehrlosen Geistesschwachen und -kranken, an unheilbar Siechen

und tödlich Verletzten, an erblich Belasteten und lebensuntüchtigen Neugeborenen, an unschuldigen Geiseln und entwaffneten Kriegs- oder Strafgefangenen, an Menschen fremder Rassen und Abstammung. Auch die Obrigkeit kann und darf nur todeswürdige Verbrecher mit dem Tode bestrafen.‹

Gleichwohl bleibt festzuhalten, daß das Verhalten der Kirche gegenüber einzelnen Stufen der Judenverfolgung kritisch betrachtet werden muß. In breiten Bevölkerungskreisen Deutschlands gab es eine antisemitische Tradition und damit auch bei Katholiken. Aber die kirchliche Einstellung beruhte auf dem überlieferten Glaubensgegensatz, nicht auf einer rassistischen Ideologie. Darauf ist vielfach hingewiesen worden, so schon im Herbst 1933 in Kardinal Faulhabers Adventspredigten, so im Herbst 1936 in den millionenfach verbreiteten Katechismuswahrheiten. In der Enzyklika ›Mit brennender Sorge‹ hat Pius XI. dann autoritativ festgestellt: ›Wer die Rasse oder das Volk oder den Staat oder die Staatsform, die Träger der Staatsgewalt oder andere Grundwerte menschlicher Gemeinschaftsgestaltung – die innerhalb der irdischen Ordnung einen wesentlichen und ehrengebietenden Platz behaupten – aus dieser ihrer irdischen Wertskala herauslöst, sie zur höchsten Norm aller, auch der religiösen Werte macht und sie mit Götzenkult vergöttert, der verkehrt und fälscht die gottgeschaffene und gottbefohlene Ordnung der Dinge.‹

Um so schwerer ist heute zu begreifen, daß weder zum Boykott jüdischer Geschäfte am 1. April 1933 noch zum Erlaß der Nürnberger Rassengesetze im September 1935 noch zu den Ausschreitungen im Zuge der sogenannten Reichskristallnacht am 9./10. November 1938 von kirchlicher Seite eine genügend deutliche und aktuelle Stellungnahme erfolgt ist. Mit Recht hat daher der deutsche Episkopat, und zwar als erster, in seinem gemeinsamen Hirtenbrief vom 23. August 1945 festgestellt: ›Furchtbares ist schon vor dem Kriege in Deutschland und während des Krieges durch Deutsche in den besetzten Ländern geschehen. Wir beklagen es zutiefst: Viele Deutsche, auch aus unseren Reihen, haben sich von den falschen Lehren des Nationalsozialismus betören lassen, sind bei den Verbrechen gegen menschliche Freiheit und menschliche Würde gleichgültig geblieben; viele leisteten durch ihre Haltung den Verbrechen Vorschub, viele sind selber Verbrecher geworden. Schwere Verantwortung trifft jene, die auf Grund ihrer Stellung wissen konnten, was bei uns vorging, die durch ihren Einfluß solche Verbrechen hätten hindern können und es nicht getan haben, ja diese Verbrechen ermöglicht und sich dadurch mit den Verbrechern solidarisch erklärt haben.‹

Die jetzt neu aufgebrochene Diskussion sollte weit über den Versuch einer ›Bewältigung der Vergangenheit‹ hinausreichen. Sie sollte aus den Erfahrungen mit der NS-Gewaltherrschaft aufrufen, heute und morgen für die Einhaltung und Verteidigung der Menschenrechte einzutreten, wann und wo immer sie vorenthalten oder verletzt werden.

Kardinal Julius Döpfner hat bei der Gründung der Kommission für Zeitgeschichte 1965 in München erklärt: ›Die Kirche ist daran interessiert, daß die jüngste Geschichte des deutschen Katholizismus umfassend erforscht und dargestellt wird. Sie scheut weder Ergebnisse noch Dokumente.‹

Dieses Wort wurde von Kardinal Joseph Höffner, dem heutigen Vorsitzenden, im November 1978 beim Erscheinen des 50. Bandes der Kommission erneut bestätigt. Die Kommission für Zeitgeschichte wurde von ihm ermutigt, in ihrer Aktivität nicht nachzulassen. Konkret äußerte Kardinal Höffner den Wunsch nach einer gründlichen Studie über ›Kirche und Judentum im Dritten Reich‹. Unter den bis jetzt erschienenen 50 Dokumentationsbänden der Geschichte des deutschen Katholizismus im 19. und 20. Jahrhundert handeln allein 18 Bände von der Kirche in den Jahren 1933 bis 1945. Die Kirche hat diese Forschungen durch die Öffnung ihrer Archive und durch die Bereitstellung von Mitteln ermöglicht.

Sie hat damit wichtige Voraussetzungen für eine umfassende

Information gerade unserer jungen Menschen über den Nationalsozialismus geschaffen. Es bleibt eine wichtige Aufgabe für die Verkündigung, den Religionsunterricht, die Arbeit in den Jugend- und Erwachsenenverbänden und in den Medien, die Erkenntnisse der vorliegenden und noch zu erwartenden Dokumentationen einer breiten Öffentlichkeit zu vermitteln.«

Welches negative (oder vielleicht auch positive) Erbe hat Hitler dem deutschen Volk, den Christen der evangelischen wie der katholischen Kirche, ja der ganzen Menschheit hinterlassen?

■ Die politische und militärische Katastrophe des Dritten Reiches hat im *heutigen Gesicht der Völker tiefe und quälende Spuren* hinterlassen: das geteilte Deutschland – Ost-West-Spannungen. Auch wenn Hitler durch Selbstmord am 30. April 1945 aus dieser Welt geschieden ist, sein Ungeist ist noch lebendig. Es ist nicht auszudenken, was Hitler getan und erreicht hätte, wenn ihm jene Technologien zur Verfügung gestanden wären, die erst nach dem Zweiten Weltkrieg entwickelt worden sind!

■ Nach den Judenpogromen des Dritten Reiches liegt – bewußt oder unbewußt – ein Schatten über dem *deutsch-jüdischen, aber auch über dem christlich-jüdischen Gespräch.* Es gibt eine Empfindsamkeitsschwelle, die sehr schnell überschritten ist, so daß es beiderseits zu unguten Reaktionen kommen kann. Kaum vernarbte Wunden können sehr leicht aufbrechen. Ein Wort über einen Juden als Berufskollegen, das zunächst nur auf dessen Sachkompetenz, Einsatzbereitschaft, Pünktlichkeit oder Kameradschaftlichkeit bezogen ist, kann, wenn es negativ ist, allzu leicht als antisemitische Äußerung mißverstanden werden. Auf jüdischer wie auf deutscher Seite ist heute und wohl noch sehr lange ein hohes Maß an Fingerspitzengefühl erforderlich, um in kritischen

Situationen Wahrheit und Liebe, Gerechtigkeit und Barmherzigkeit zu verbinden. Auch heute noch kommt es, wie der 6. Zivilsenat in Karlsruhe (1979) geäußert hat, nicht auf das persönlich erlittene Verfolgungsschicksal an. Es gehe allein um den »geschichtlichen Vorgang, mit dem das Persönlichkeitsbild jedes in der Bundesrepublik lebenden Juden, seine personale und soziale Stellung gegenüber seinen deutschen Mitbürgern belastet sei: Das entsetzliche Geschehen präge in der Bundesrepublik das Bild ihrer Bürger jüdischer Abstammung schlechthin; sie verkörpern diese Vergangenheit, auch wenn sie selber an ihr nicht teilhaben mußten.«[330]

▪ In vielen, raffiniert getarnten Formen ist *»Hitler in uns selbst«*[331] und wiederum nicht nur in der Faschismus-Anfälligkeit mancher Jugendlichen. »Hitler in uns selbst« – das ist die Lieblosigkeit, die Unmenschlichkeit, der Haß, die Intrige und Falschheit von Mensch zu Mensch, von Volk zu Volk. Es gibt auf den verschiedenen Etagen des menschlichen Lebens »Hitler« neben uns und unter uns. Nicht jeder, der vom Frieden und von den Menschenrechten schreibt oder spricht, ist auch im beruflichen wie im gesellschaftlichen Leben ihr leidenschaftlicher Verfechter.

▪ Man darf es als eine heilsame Folge der dunklen Epoche der Nazi-Diktatur begrüßen, daß eine *neue und geschärfte Sensibilität für Menschenrechte und Grundfreiheiten* im deutschen Volk wach geworden ist. Toleranz, Solidarität und Fraternität werden als fundamentale Tugenden der pluralistischen Gesellschaft und der Demokratie gewertet und praktiziert. Oder überschattet viele bereits die Sorge, daß zwischen Erklärungen und Präambeln über Menschenrechte und Grundfreiheiten, die auf geduldigem Papier stehen, und der gelebten Praxis bereits handfeste Differenzierungen sich auftun und totalitäre Unterwanderungen und Veränderungen in Gang kommen oder schon in Gang sind?

■ Es war ein von Hitler mit allen Machtmitteln angestrebtes Ziel, eine deutsch-europäische Großmacht zu erreichen. Unter ganz anderen Vorzeichen und Zielsetzungen ist in der Nachkriegszeit aus verfeindeten Völkern, aus Siegern und Besiegten ein Europa gewachsen. Vor allem wurden die jahrhundertealten Barrieren der deutsch-französischen Feindschaft – hoffentlich für immer! – niedergelegt. *Idee und Wirklichkeit »Europa«* sind nach dem Zusammenbruch des Dritten Reiches – wenn auch in einem ganz anderen Sinne – lebendig und verheißungsvoll für eine gemeinsame Zukunft geworden.

■ Seit Hitler sind die Deutschen in den Verdacht geraten, Nationalisten und Imperialisten zu sein. Jede natürliche Regung der *Vaterlandsliebe* wird – innen- und vor allem außenpolitisch – kritisch beleuchtet und nicht selten als mögliches Erwachen eines welterobernden und säbelrasselnden Nationalismus gewertet. Während viele Schweizer ihre Nationalflagge am Fahnenmast im eigenen Garten flattern lassen und in katholischen Kirchen Frankreichs und der USA es eine Selbstverständlichkeit ist, wenn dort – meist im Altarraum – die Nationalfahne hängt, wird es einem Deutschen fast verübelt, wenn er täglich die Bundes- oder Landesfahne hißt. Es ist wahrhaftig nicht gut, »daß viele Deutsche sich seit Hitler nicht mehr trauen, Patrioten zu sein. Denn die deutsche Geschichte ist mit Hitler nicht zu Ende. Wer das Gegenteil glaubt und sich womöglich darüber freut, weiß gar nicht, wie sehr er damit Hitlers letzten Willen erfüllt.«[332]

■ Die Erfahrungen während des Hitler-Regimes haben ein ganz *neues, christliches Selbstverständnis* heraufgeführt. Einerseits ist eine Obrigkeitsideologie zusammengebrochen, die unkritisch dem »höheren Befehl« Gehorsam leistete; damit hat auch das sichere Finale des »Konstantinischen Zeitalters« geschlagen. Anderseits hat sich das Konzept einer Privatisierung der Religion und eines übersteigenen Heilsegoismus als brüchig bzw. als zu eng erwiesen. Wie sehr der christliche Glaube eine politische Dimension besitzt und eine soziale wie kosmisch-ökologische Verantwortung einschließt, haben die heißen Diskussionen über die »politische Theologie« und über die »Theologie der Befreiung« überdeutlich gemacht. Der Christ steht nicht politisch interesselos in dieser Welt. Er rettet sich, indem er seine Mitmenschen und die ganze Welt mitzuretten sich bemüht. Der gegenwärtige Christ weiß sich mit seiner »Kirche in der Welt von heute«, wie es das 2. Vatikanische Konzil in der Pastoralkonstitution vom 7. Dezember 1965 öffentlich bezeugt hat.

■ Eine Einsicht mit entscheidenden, politischen Konsequenzen hat das Dritte Reich den Christen über ihre Konfessionszugehörigkeit hinaus geschenkt: Das Erlebnis einer Glaubens- und Kampfgemeinschaft beider Kirchen, hinter der konfessionelle Gegensätze erstaunlich weit zurücktraten.[333] Evangelische und katholische Christen standen einander menschlich und gläubig nahe – im Arbeitsdienst, im Kriegseinsatz, im Konzentrationslager, in der Kriegsgefangenschaft, im Widerstand.

Noch gibt es keine Wiedervereinigung der christlichen Kirchen, wohl aber gibt es in Europa christliche Parteien, in denen *politische Ökumene selbstverständliche Verpflichtung* ist. Dr. Josef Müller († 12. September 1979), mit respektvollem Humor wegen seiner kleinbäuerlichen Herkunft »Ochsensepp« genannt, hat in seinen Lebenserinnerungen[334] von diesem ökumenischen Anliegen gesprochen und festgehalten, warum er der Partei, die er in Bayern gründete, den Namen »Christliche U n i o n« gegeben hat. Er schreibt:

»Wir wollten, als wir die Christlich-Soziale Union gründeten, nicht das Katholische und Evangelische addieren, um Mehrheiten zu schaffen. Wir strebten eine wirkliche geistige Erneuerung unseres Volkes an und haben allen angeboten,

mit uns den Weg in eine schwere politische Zukunft zu gehen, die den Dekalog und das Gebot der Nächstenliebe als Grundlage der öffentlichen Ordnung durchsetzen und im Bewußtsein des einzelnen Menschen und der Völker gründen und verbreiten wollten.
So sollte dem in unserem Zeitalter zu erwartenden Trend zur Vermassung und zum politischen Kollektiv die Dynamik dessen entgegenwirken, was man unter christlicher Kultur verstand; ausgehend davon, daß – wenn das Urchristentum sich bis in die Gegenwart fortgesetzt hätte – nationaler und kommunistischer Sozialismus nicht den für ihre Existenz notwendigen Lebensraum finden würde.«[335]

Möge sich erfüllen für das deutsche Volk und alle Völker der Erde, vor allem für jene, denen bitteres Unrecht und unermeßliches Leid zugefügt wurde, was der am 2. Februar 1945 hingerichtete Jesuitenpater Alfred Delp in seinen letzten Aufzeichnungen hinterlassen hat:

». . . so will ich zum Schluß tun, was ich so oft tat mit meinen gefesselten Händen und was ich tun werde, immer lieber und mehr, solange ich noch atmen darf: segnen. Segnen Land und Volk, segnen dieses liebe deutsche Reich in seiner Not und inneren Qual; segnen die Kirche, daß die Quellen in ihr wieder reiner und heller fließen.«[336]

Anmerkungen

Einführung

[1] Boßmann D. (Hrsg.), Was ich über Hitler gehört habe ... Folgen eines Tabus: Auszüge aus Schüler-Aufsätzen von heute. (Fischer Taschenbücher, Band 1935) Frankfurt am Main 1978. Diese Befragungsergebnisse der Nach-Hitler-Generation sollte man konfrontieren mit den Aussagen der Zeitgenossen über Hitler während der Jahre 1930 bis 1933, die vorgelegt hat Fabry Ph. W., Mutmaßungen über Hitler. Urteile von Zeitgenossen. Düsseldorf 1979.
[2] Boßmann D. (Hrsg.), a.a.O. 286 f.
[3] Boßmann D. (Hrsg.), a.a.O. 287.
[4] Boßmann D. (Hrsg.), a.a.O. 282 f.
[5] Boßmann D. (Hrsg.), a.a.O. 282.
[6] Boßmann D. (Hrsg.), a.a.O. 293.
[7] Boßmann D. (Hrsg.), a.a.O. 313.
[8] Kogon E., Das Recht auf den politischen Irrtum. In: Frankfurter Hefte 2 (1947) 649 f.
[9] Schöningh F. J., Die Gabe der Unterscheidung. In: Hochland 53 (1961) 209. Es handelt sich um einen Abschnitt aus dem gleichnamigen Aufsatz, veröffentlicht im Dezemberheft 1946.

1.
Adolf Hitler – Liturgie und Heiligsprechung

[10] Schöningh F. J., a.a.O. 209.
[11] Das Gedicht »Der Erlöser« ist enthalten in dem Gedichtband von Fritz von Rabenau, Weihnachten im 3. Reich. Berlin 1934. Zitiert nach Wulf J., Literatur und Dichtung im Dritten Reich. Gütersloh 1963, 364.
[12] Försterling A., Hitler-Gedichte. Berlin 1933, 5. Gekürzt zitiert nach Wulf J., a.a.O. 105. Über seinen Geburtsort schreibt Adolf Hitler, Mein Kampf, 6. Auflage, München 1940, 1: »Als glückliche Bestimmung gilt es mir heute, daß das Schicksal mir zum Geburtsort gerade Braunau am Inn zuwies. Liegt doch dieses Städtchen an der Grenze jener zwei deutschen Staaten, deren Wiedervereinigung mindestens uns Jüngeren als eine mit allen Mitteln durchzuführende Lebensaufgabe erscheint!«

13 Johst H., Maske und Gesicht. München 1933, 208 f. In gekürzter Fassung zitiert nach Wulf J., a.a.O. 106 f.

14 Menzel H., Im Marschschritt der SA. Berlin–Leipzig 1933, 47. In gekürzter Fassung zitiert nach Wulf J., a.a.O. 108 f.

15 Rabenau F. v., a.a.O. Die Seiten des Gedichtbandes sind nicht nummeriert. Zitiert nach Wulf J., a.a.O. 363.

16 Mayer-Bennthsow C., Hitler-Gedichte. Berlin 1933, 6. In gekürzter Fassung zitiert nach Wulf J., a.a.O. 108.

17 Der Brief ist zitiert nach Wulf J., a.a.O. 27.

18 Das Hauptwerk des Abtes Joachim von Fiore: »Divini vatis Abbatis Joachim liber concordiae novi ac veteris Testamenti« wurde erstmals 1519 in Venedig als Druck herausgegeben. Ein Facsimile-Nachdruck erschien in Frankfurt am Main 1964. Zur Einführung in Leben und Gedankenwelt können herangezogen werden Grundmann H., Studien über Joachim von Floris. Leipzig 1927; Benz E., Ecclesia Spiritualis. Kirchenidee und Geschichtstheologie der franziskanischen Reformation. Stuttgart 1934 (Neudruck Darmstadt 1964); Grundmann H., Neue Forschungen über Joachim von Fiore. Marburg 1950.

19 Dempf A., Das Dritte Reich. Schicksale einer Idee. In: Hochland 29 (1931/32) 36–48. 158–171; Dietenhard H., Das tausendjährige Reich. Eine biblisch-theologische Studie. Zürich 1955; Cohn N., Das Ringen um das Tausendjährige Reich. Revolutionärer Messianismus im Mittelalter und sein Fortleben in den modernen totalitären Bewegungen. Bern–München 1961; Nigg W., Das ewige Reich. Geschichte einer Hoffnung (Siebenstern-Bücherei 105/106). München–Hamburg 1967.

20 Einen ausgezeichneten Durchblick bietet Theurer W., Das Programm Gott (Theologische Brennpunkte, Band 18/19). Bergen-Enkheim 1970, 54–109.

21 Zitiert nach Theurer W., a.a.O. 87.

22 Heer F., Gottes erste Liebe. 2000 Jahre Judentum und Christentum. Genesis des österreichischen Katholiken Adolf Hitler. München 1967. Kritische Auseinandersetzung mit dieser Veröffentlichung bietet Iserloh E., Antisemitismus – eine Konsequenz des Christusglaubens? In: Theologisch-praktische Quartalschrift 117 (1969) 46–51.

23 Rauschning H., Gespräche mit Hitler. Zürich 1940, 50–54. Der angeführte Text ist zitiert nach Kinkel W., Kirche und Nationalsozialismus (Religiöse Quellenschriften, Heft 21/23). Düsseldorf 1960, 14 f.

24 Hitler A., a.a.O. 291.

[25] Hitler A., a.a.O. 481.

[26] Hitler A., a.a.O. 3 f. Zu Unrecht spricht Adolf Hitler vom »Chorherrenstift zu Lambach«. Aufgrund einer schriftlichen Anfrage an den jetzigen Abt von Lambach Albert Siebenhüter (vom 6. August 1979) erhielt ich von Herrn Dr. Hans Zedinek (Stiftsarchiv der Benediktinerabtei Lambach) folgende schriftliche Auskunft (am 13. August 1979, Z/50): »Das Stift Lambach ist seit seiner Gründung und Besiedlung durch Mönche aus Münster-Schwarzach im Jahre 1056 ein Benediktinerstift.« Über die Volksschulzeit Hitlers heißt es in dem gleichen Schreiben: »Aufzeichnungen über den Aufenthalt des jungen Hitler im Stift Lambach 1897/98 gibt es nicht. Was man darüber weiß, ist Tradition. Hitler wird von der Bevölkerung allgemein als ›Klosterschüler‹ bezeichnet, was nicht ganz der Wahrheit entspricht. Er war wohl Schüler der 2. und 3. Volksschulklasse. Weil aber eine Volksschulklasse wegen Raummangel in der einige Jahre vorher errichteten neuen Volksschule (an dessen Stelle steht jetzt das Postgebäude) in das Stift verlegt wurde und Hitler die ins Stift verlegte Klasse besuchte, sah man ihn als Klosterschüler an. – Die versteckten Klassenbücher, in denen der Name Hitlers aufscheint, haben 1945 die Amerikaner als Besatzungsmacht gesucht, gefunden und einfach mitgenommen. Sie sind in Lambach nicht mehr vorhanden. – Hitler ist auch in Fischlham in die Volksschule gegangen, wo, wieder nach der Tradition, der damalige Pfarrer von Fischlham den Eltern Hitlers ein Domizil verschaffte.« Auch die Informationen über das Wappen des Lambacher Abtes Theodorich Hagn wie auch über den Gesangs- und Geigenunterricht Hitlers bei P. Bernhard Grüner verdankte ich Herrn Dr. Hans Zedinek. Nicht unerwähnt bleiben soll noch eine kleine Notiz aus seinem Schreiben: »... Es heißt allgemein, daß Hitler beim Gottesdienst als Chorknabe eingesetzt wurde. Unterlagen, quellenmäßige, hierfür sind nicht vorhanden. Im Volksmund heißt es allgemein, daß P. Bernhard Grüner mehrere Fidelbogen an dem Kopf von Hitler, der als ein störrischer und grausamer Schüler galt, abgehauen haben soll.«

[27] Angerer J., Klösterreich. Die Stifte und Klöster in Bayern, Österreich und der Schweiz. Wien–München–Zürich–Innsbruck 1978.

[28] Hitler A., a.a.O. 15.

[29] Heiber H., Adolf Hitler. Eine Biographie. Berlin 1960, 10. Vgl. Daim W., Der Mann, der Hitler die Ideen gab. München 1958.

[30] Hitler A., a.a.O. 15.
[31] Hitler A., a.a.O. 225.
[32] Hitler A., a.a.O. 70.
[33] Bilder und Dokumente zur Zeitgeschichte 1933–1945. Herausgeber: Bayerische Landeszentrale für Heimatdienst. München 1961, 88 f. (4. Dokument).
[34] Bilder und Dokumente zur Zeitgeschichte 1933–1945. A.a.O., 87 (3. Dokument).
[35] Angress W. T. – Smith B. F., Diaries of Heinrich Himmler's Early Years. In: Journal of Modern History 1959, 217. Die deutsche Übersetzung ist zitiert nach Höhne H., Der Orden unter dem Totenkopf. Die Geschichte der SS. Gütersloh o. J., 38. Vgl. Smith B. F., Heinrich Himmler 1900–1926. Sein Weg in den deutschen Faschismus. München 1979.
[36] Zitiert nach einer Besprechung des Buches von Besgen A., Der stille Befehl. Medizinalrat Kesten, Himmler und das Dritte Reich. München 1960 durch Wucher A. In: Hochland 53 (1961) 286–288. Zitat 288.
[37] Zitiert nach Wucher A., a.a.O. 287.
[38] Rosenstock-Huessy E., Des Christen Zukunft. München 1955, 161.
[39] Das Dokument wurde u. a. veröffentlicht in der Münchener Katholischen Kirchenzeitung (vom 2. 7. 1972, Seite 11) im Zusammenhang mit einem Artikel von Dr. Manfred Kierein, Hitler wollte Messias sein. Der Verfasser schreibt über das Dokument: »Die gegenständliche Wiedergabe eines streng vertraulichen Hitlerdokumentes, dessen Original – nebst einigen anderen der Öffentlichkeit nicht zugänglichen Unterlagen aus dieser Zeit – sich durch glückliche Umstände im verschlossenen Besitz eines bekannten Wiener Schriftstellers befindet, gibt uns erschütternden Aufschluß über des Führers Wahnideen (bereits 1943!) und deren Vorbereitung, dem deutschen Volke und der Welt als neuer Messias vorgestellt zu werden . . . Mögen manche Gelehrte der Hitlerforschung an der Echtheit solcher Dokumente gewisse Zweifel äußern, so sprechen doch der Inhalt und vor allem die eigenhändigen Zeilen Adolf Hitlers eindeutig für die Authentizität der Urkunde. Eine im nachhinein erfolgte Fälschung ist so gut wie ausgeschlossen« (S. 11). Eine Fotokopie dieses Dokuments ist auch enthalten in dem Buch von Müllern–Schönhausen J. von, Die Lösung des Rätsels Adolf Hitler. Wien (Druck: Bergland-Druckerei, GmbH, Wien VIII, Piaristengasse 9) o. J. Seite 227. Im gleichen Buch ist Seite 228 »Das Bild des neuen

Erlösers Adolf Hitler mit Hakenkreuz und mit der Gralsburg Montsalvat und der heiligen Gralsschale im Hintergrund« zu sehen, das ebenfalls Hitler bekannt war und mit seinen handschriftlichen Worten »Akzeptiert. Adolf Hilter« abgezeichnet ist.

40 Hohlfeld J. (Hrsg.), Dokumente der Deutschen Politik und Geschichte von 1848 bis zur Gegenwart. Bd. IV. Berlin o. J. 7 ff.

41 Rauschning H., Gespräche mit Hitler. 4. Auflage. Zürich–Wien –New York o. J. 212. Aus der Vielzahl von geglückten oder auch mißglückten Hitler-Biographien und Hitler-Wertungen sei lediglich aufmerksam gemacht auf Haffner S., Anmerkungen zu Hitler. München 1978[14].

2.

Der deutsche Katholizismus im Entscheidungsjahr 1933

42 Auer A., Der deutsche Katholizismus 1933. In: Lebendiges Zeugnis (Heft 1) 1961/62, Seite 9. Es wird darin eine Antwort versucht auf den Beitrag von Böckenförde E.-W., Der deutsche Katholizismus im Jahre 1933. Eine kritische Betrachtung. In: Hochland 53 (1961) 215–239.

43 Auer A., a.a.O. 9 zitiert diesen Ausspruch Baeumkers.

44 Vgl. dazu Paffrath – Wagner – Wehnert (Hrsg.), Geschichtsunterricht konkret. Bad Heilbrunn 1979, 126; Deuerlein E. (Hrsg.), Der Aufstieg der NSDAP in Augenzeugenberichten (dtv 1040).

45 Die Übersicht ist entnommen Aretin K. O. Freiherr von – Fauth G., Die Machtergreifung. Die Entwicklung Deutschlands zur totalitären Diktatur 1918–1934. München 1959, 109.

46 Die Tabelle ist entnommen Beilner H., Die Weimarer Republik. München 1973, 137.

47 Beilner H., a.a.O. 133.

48 Müller-Schönhausen J. von, Die Lösung des Rätsels Adolf Hitler. Wien o. J. 143 f.; Pool J. und S., Wer finanzierte Hitler? München 1979.

49 Die beiden folgenden Karten sind entnommen Kuehnelt-Leddihn E. von, Freiheit oder Gleichheit? Salzburg 1953.

50 Holzapfel H., Wie konnte es kommen? Zum 45. Jahrestag der Machtergreifung Hitlers. In: Klerusblatt 58 (1978) 26. Vgl. Spael W., Das katholische Deutschland im 20. Jahrhundert. Seine Pionier- und Krisenzeiten 1890–1945. Würzburg 1964.

51 Zitiert nach Binder G., Irrtum und Widerstand. Die deutschen Katholiken in der Auseinandersetzung mit dem Nationalsozialismus. München 1968, 71 f.

52 Zitiert nach Binder G., a.a.O. 72–74.

53 Zitiert nach Müller H. (Hrsg.), Katholische Kirche und Nationalsozialismus (dtv 328) 62.

54 Zitiert nach Müller H. (Hrsg.), a.a.O. 63.

55 Zitiert nach Binder G., a.a.O. 70. Vgl. Gerlich-Naab, Prophetien wider das 3. Reich. München 1946 (Aufsätze aus der Zeit vor 1933).

56 Arnd Rühle hat in seinem Beitrag »Warum Hitler legal zur Macht kam« (Münchner Merkur vom 23. Juni 1978, Seite 10) aus dem Vortrag »Ernstfall als Selbstaufgabe des republikanischen Bezugs« von Helmut Diwald in der Siemensstiftung/München dieses Zitat angeführt.

57 Diwald H., a.a.O. 10. Vgl. Matthias E. – Morsey R. (Hrsg.), Das Ende der Parteien 1933. Darstellungen und Dokumente. Düsseldorf-Königstein 1979; Hentschel V., Weimars letzte Monate. Hitler und der Untergang der Republik. Düsseldorf 1978.

58 Diwald H., a.a.O. 10.

59 Daß auch andere Institutionen, etwa die Gewerkschaften, die Legalität Hitlers respektierten, berichtet W. Hoegner, Flucht vor Hitler. Erinnerungen an die Kapitulation der ersten deutschen Republik 1933 (Fischer-Bücherei 3420): »Als Hitler dann am 30. Januar 1933 sich durch Täuschung Hindenburgs das Amt des Reichskanzlers erschlich, lehnten die Gewerkschaften einen Generalstreik mit der Begründung ab, Hitler sei legal an die Macht gekommen.« Vgl. dazu Kritzer P., Wilhelm Hoegner. Politische Biographie eines bayerischen Sozialdemokraten. München 1979. Dort wird u. a. berichtet, daß zahlreiche sozialistische Arbeiter nach der Machtergreifung Hitlers über Nacht Anhänger des braunen Regimes wurden.

60 Binder G., a.a.O. 133 f.

61 Vgl. Missalla H., Gott mit uns. Die deutsche katholische Kriegspredigt 1914–1918. München 1968; vor allem den Abschnitt: »Der Kaiser als Repräsentant des Göttlichen« (S. 93–97).

62 Abgedruckt bei Meinertz-Sacher H. (Hrsg.), Deutschland und der Katholizismus. Gedanken zur Neugestaltung des deutschen Geistes- und Gesellschaftslebens. Freiburg 1918, Bd. 1, 432.

63 Die Faulhaber-Zitate sind entnommen dem Artikel von Volk L., Kardinal Faulhaber. Seine problematische Einstellung zu Repu-

blik und Naziregime. In: Süddeutsche Zeitung Nr. 64 vom 16. März 1966, 10.

64 Volk L., a.a.O. 10.

65 Volk L., a.a.O. 10.

66 Volk L., a.a.O. 10.

67 Stehkämper H., Konrad Adenauer als Katholikentagspräsident 1922. Form und Grenze politischer Entscheidungsfreiheit. Mainz 1977; vgl. Die Reden der 62. Generalversammlung der Katholiken Deutschlands in München. Würzburg 1923.
Eine knappe, aber instruktive Biographie des Kardinals Faulhaber hat vorgelegt Volk L., Michael Kardinal von Faulhaber (1869–1952). In: Morsey R. (Hrsg.), Zeitgeschichte in Lebensbildern. Aus dem deutschen Katholizismus des 20. Jahrhunderts. Bd. 2. Mainz 1975, 101–113.

68 Zitiert nach Binder G., a.a.O. 373.

69 Volk L., Akten Kardinal Michael von Faulhabers. Bd. II. Mainz 1978, 1028–1030. Die leicht gekürzte Fassung ist zitiert nach Gritschneder O., Kardinal Faulhaber und der 20. 7. 1944. In: Münchner Stadtanzeiger Nr. 32 vom 27. April 1979, Seite 5.

70 Ulitzka C., Lumen de coelo. Praktische Ausgabe der wichtigsten Rundschreiben Leo XIII. und Pius XI. Ratibor 1934, 152 f.

71 Läpple A., Die Apokalypse des Johannes. Ein Lebensbuch der Christenheit. München 1966, vor allem Abschnitt: »Die Geschichtstheologie der Apokalypse« (S. 209–214).

72 P. Alban Schachleiter (geboren 1860 in Mainz) war von 1908 an Abt des Benediktinerklosters Emmaus bei Prag. Aus politischen Gründen mußte er das Land verlassen und hielt sich vom 10. Dezember 1918 bis zum 29. Oktober 1919 im österreichischen Stift St. Florian auf. Später lebte er vornehmlich in Feilnbach bei Bad Aibling, wo ihn am 12. Mai 1933 Adolf Hitler besuchte und ihm zum 50. Profeßjubiläum gratulierte. Als er am 20. Juni 1937 starb, ordnete Hitler ein Staatsbegräbnis an. Vgl. dazu Domarus M., Hitler. Reden und Proklamationen 1932–1945. Bd. I/1. München 1965, 107; Conway J. S., Die nationalsozialistische Kirchenpolitik 1933–1945. München 1969; Rehberger K., Die Stifte Österreichs unter dem Hakenkreuz. In: Zinnhobler R., Das Bistum Linz im Dritten Reich. Linz 1979, 245 bietet ein Faksimile der Unterschrift von Abt Alban Schachleiter, auf dem das Kreuz vor seinem Namen in der Form eines Hakenkreuzes ausgeführt ist.

73 Binder G., a.a.O. 109 f. Abt Schachleiter verfiel am 17. März 1933 der Suspension, die ihm jeden Akt der Weihegewalt, also

auch die Feier einer heiligen Messe, untersagte. Aufgrund von Interventionen von Partei-Instanzen bei Kardinal Faulhaber wurde Abt Schachleiter Anfang September 1933 von der Suspension gelöst. Vgl. dazu Volk L., Der bayerische Episkopat und der Nationalsozialismus 1930–1934. Mainz 1965, 53–55. Auf Grund der Suspension vom 17. März 1933 konnte Abt Schachleiter die von Hitler und Goebbels vorgesehene Extramesse in der Reichskanzlei am 21. März 1933 nicht zelebrieren. In der Mittwoch-Ausgabe (vom 22. März 1933) schrieb auf der Titelseite der »Völkische Beobachter« über das von Domkapitular Dr. Bahnasch zelebrierte, levitierte Hochamt, an dem u. a. neben dem päpstlichen Nuntius Cesare Orsenigo auch Vizekanzler von Papen, General von Epp und der SS-Führer Heinrich Himmler teilnahmen: »... Der große Stuhl, der für den Führer bestimmt ist, bleibt leer, denn der Reichskanzler hat im letzten Augenblick absagen müssen.« In einem energischen Schreiben vom 2. Mai 1933 forderte Kardinal Faulhaber Abt Schachleiter auf, in das ihm zugewiesene Benediktinerkloster Neresheim sich zurückzuziehen. Volk L., Akten Kardinal Michael von Faulhabers. Bd. I: 1917–1934. Mainz 719–720.

[74] Hohlfeld J. (Hrsg.), Dokumente der Deutschen Politik und Geschichte von 1848 bis zur Gegenwart. Bd. IV. Berlin o. J. Nr. 15e, Seite 40.

[75] Zitiert nach Binder G., a.a.O. 113; dieser Text wiederum ist übernommen aus Morsey R., Das Ende der Parteien 1933. Düsseldorf 1960.

[76] Meier-Benneckenstein P. (Hrsg.), Dokumente der deutschen Politik. Berlin 1935, Bd. I, 39 f.

[77] Auf die sprachlichen (und auch inhaltlichen) Unterschiede hat hingewiesen Müller H., a.a.O. 84, Anmerkung 1 wie auch Binder G., a.a.O. 112.

[78] Müller H. (Hrsg.), a.a.O. 87. Eine ausgezeichnete Darstellung des Breslauer Kardinals Bertram, die ebenso den kirchenpolitischen Hintergrund einbezieht wie vor allem die psychologische und religiöse Grundhaltung des damaligen Vorsitzenden der Fuldauer Bischofskonferenz einfühlsam nachzeichnet, bietet Volk L., Adolf Kardinal Bertram (1859–1945). In: Morsey R. (Hrsg.), Zeitgeschichte in Lebensbildern. Bd. 1. Mainz 1973, 274–286.

[79] Leiber R., Reichskonkordat und Ende der Zentrumspartei. In: Stimmen der Zeit 167 (1960/61) 217.

[80] Müller H. (Hrsg.), a.a.O. 162.

[81] Muckermann F., Der deutsche Weg. Zürich 1946, 25.
[82] Zitiert nach Bertram O., 100 Jahre Tag und Nacht. Die Geschichte des deutschen Katholizismus zwischen 1868 und 1968. Bonn 1968, 232.
[83] Müller H. (Hrsg.), a.a.O. 162 f.
[84] Müller H. (Hrsg.), a.a.O. 179.
[85] Müller H. (Hrsg.), a.a.O. 78–82.
[86] Müller H. (Hrsg.), a.a.O. 161; vgl. dazu Volk L., Der bayerische Episkopat und der Nationalsozialismus 1930–1934 (Veröffentlichungen der Kommission für Zeitgeschichte bei der Katholischen Akademie in Bayern. Reihe B: Forschungen Bd. 1) Mainz 1965, 110–120, wo ein detaillierter Einblick in die Diskussionen der Plenarkonferenz in Fulda (30. Mai bis 1. Juni 1933) gegeben und die Stellung wie die Einwände des Eichstätter Bischofs Konrad Graf von Preysing eingehend geschildert werden. Eine Kurzbiographie bietet Volk L., Konrad Kardinal von Preysing (1880–1950). In: Morsey R. (Hrsg.), Zeitgeschichte in Lebensbildern. Bd. 2. Mainz 1975, 88–100.
[87] Volk L. (Hrsg.), Akten Kardinal Michael Faulhabers. Bd. II/1936–1945, 184–194. Der Herausgeber L. Volk vermerkt Seite 184 Anmerkung 3, daß neben der hier zugrunde gelegten Fassung als Schreibmaschinendurchschlag auch noch eine hektographierte Fassung überliefert ist (Nachlaß Faulhaber Nr. 8203), die jedoch nur geringfügig von der Vorlage abweicht. Seite 194 Anmerkung 2 weist er hin auf die genaue Aufzeichnung Faulhabers über die Verteilung des Obersalzberg-Berichts (Nachlaß Faulhaber Nr. 8203).
[88] Dr. Alois Hudal (1885 in Graz geboren, 1923 Rektor der »Anima« in Rom und Professor für die Geschichte des Alten Testaments, erhielt 1933 Bischofsrang, gestorben in Rom am 13. Mai 1963) war von Jugend an großdeutsch gesinnt und für antisemitische Gedanken durchaus aufgeschlossen, wie seine anonymen Artikel in der »Reichspost« im Jahr 1936 belegen. Er verfaßte während des Dritten Reiches zwei Schriften: »Rom, Christentum und deutsches Volk« (Innsbruck 1935) und »Die Grundlagen des Nationalsozialismus. Eine ideengeschichtliche Untersuchung von katholischer Warte« (Leipzig–Wien 1937), die Brücken zum Nationalsozialismus schlagen sollten. Bei Kriegsende hat sich Bischof Hudal durch Hilfsaktionen für Verfolgte verdient gemacht. Es scheint aber auch Hinweise zu geben, daß er nach 1945 prominenten Parteigenossen und SS-Führern zur Flucht nach Südamerika verholfen hat. Mit Reserve

ist zu lesen das rückblickende Werk von Bischof Alois Hudal: »Römische Tagebücher. Lebensbeichte eines alten Mannes« (Graz 1976).

89 Hektographiertes Manuskript (im Besitz des Verfassers, der zu den aus dem Arbeitsdienst zurückgekehrten Theologiestudenten zählte), das an die aus dem Arbeitsdienst zurückgekehrten Kandidaten ausgeteilt wurde.

90 Konstantin Prinz von Bayern berichtet in seinem Buch »Der Papst (Pius XII.). Ein Lebensbild« (Ullstein Bücher Nr. 153) auf den Seiten 85 bis 88 über die Zitierung des Augsburger Weihbischofs Dr. Franz Xaver Eberle durch Hitler in die Berliner Reichskanzlei im Jahr 1936 und die klare Absage, die der Weihbischof dem Reichskanzler gegeben hat. Das Gespräch zwischen Weihbischof Dr. Eberle und Reichskanzler Hitler fand (wie mir auf Anfrage Dr. Ludwig Volk SJ in einem Brief vom 1. Oktober 1979 mitteilte) am 6. Dezember 1937 statt. Dr. Volk, der wie kaum ein anderer Historiker die Akten der deutschen Bischöfe während des Dritten Reiches kennt, schrieb ferner im oben genannten Brief, er halte die Aussagen von Konstantin Prinz von Bayern für »ziemlich phantastisch«. Er verwies auf seine Veröffentlichung der in Frage kommenden Briefe von und an Weihbischof Dr. Eberle in der Dokumentation: Volk L., Akten des Kardinal Michael von Faulhabers. Bd. II: 1935–1945. Mainz 1978 auf folgende Dokumente: Nr. 680 (S. 422 f.), Nr. 688 (S. 457–459), Nr. 702 (S. 489 f.), Nr. 702a (S. 490–492), Nr. 721 (S. 551), Nr. 727a (S. 558), Nr. 728 (S. 559 f.), Nr. 729 S. 560 f.). Er teilte außerdem mit, daß in den Memoiren des Ex-Gauleiters Karl Wahl: »... es ist das deutsche Herz« zur Vorgeschichte der Begegnung Hitlers mit Weihbischof Dr. Eberle einige Details zu finden sind. Dr. Franz Xaver Eberle (geboren am 4. Juli 1874 in Augsburg, zum Priester geweiht am 18. Juli 1897, zum Bischof geweiht am 24. Juli 1934, gestorben am 18. November 1951 in Augsburg) ist im Dom zu Augsburg bei der Lukas-Kapelle (am südlichen Anfang des Kapellenkranzes) begraben.

91 Messerschmid F. in seiner Einführung zu Binder G., a.a.O. V.

92 Volk L., Päpstliche Kritik an der Appeasement-Politik von 1938. In: Stimmen der Zeit 104 (1979) 532–538.

93 Eine Fotokopie des Münchener Abkommens mit den Unterschriften von Chamberlain, Daladier, Hitler und Mussolini ist enthalten in Schönbrunn G., Weltkriege und Revolutionen 1914 bis 1945. München 1961, 402–403.

3.
Das Reichskonkordat

[94] Eine umfassende Dokumentation und kritische Darstellung hat vorgelegt Volk L., Das Reichskonkordat vom 20. Juli 1933. Von den Ansätzen in der Weimarer Republik bis zur Ratifizierung am 10. September 1933 (Veröffentlichungen der Kommission für Zeitgeschichte bei der Katholischen Akademie in Bayern. Reihe B: Forschungen Bd. 5) Mainz 1972 (zitiert: Das Reichskonkordat.

[95] Der Konkordatsprozeß. In Zusammenarbeit mit H. Müller, hrsg. von F. Giese und F. A. Freiherr von der Heydte (Veröffentlichungen des Instituts für Staatslehre und Politik e. V. Mainz 7). 4 Teilbände. München 1957/59.

[96] Volk L., Das Reichskonkordat ... 221–223.

[97] Volk L., Das Reichskonkordat ... 232.

[98] Vgl. dazu die (kritisch zu beurteilende) Darstellung des Abschlusses des Reichskonkordates durch Papen F. von, Der Wahrheit eine Gasse. München 1952, 313–318. Kritische Anmerkungen dazu sind zu finden bei Volk L., Das Reichskonkordat ... und auch bei Maier-Hultschin J. C., Der Wahrheit eine Gasse? Woran sich Herr von Papen nicht mehr erinnert. In: Die Furche Nr. 50 vom 13. Dezember 1952.

[99] Papen F. von, Zum Reichskonkordat. In: Der katholische Gedanke 6 (1933) 331–336.

[100] Zitiert nach Breuning K., Die Vision des Reiches. Deutscher Katholizismus zwischen Demokratie und Diktatur (1929–1934). München 1969, 209.
Ein klärende Kurzbiographie hat vorgelegt Rink H., Ildefons Herwegen (1874–1946). In: Morsey R. (Hrsg.), Zeitgeschichte in Lebensbildern. Bd. 2. Mainz 1975, 64–74.

[101] Kupper A., Staatliche Akten über die Konkordatsverhandlungen 1933. (Veröffentlichungen der Kommission für Zeitgeschichte. Reihe A: Quellen 2) Mainz 1969, Nr. 117.

[102] Volk L., Das Reichskonkordat ... 245. 247–250.

[103] Dr. Michael Schmaus (1897 geboren in Oberbaar bei Donauwörth, seit 1933 Professor für katholische Dogmatik an der Universität Münster) veröffentlichte diesen Vortrag unter dem Titel »Begegnungen zwischen katholischem Christentum und nationalsozialistischer Weltanschauung« (Münster 1933). Darin steht im Vorwort: »... daß es nicht nur eine selbstverständliche Forderung der Zeit ist, sich rückhaltlos in den neuen Staat ein-

zuordnen, sondern auch die geistigen Grundlagen der nationalsozialistischen Weltanschauung zu würdigen.«. Weiter heißt es: »Nichts ist unkatholischer als eine extrem demokratische Wertung des Seins« (S. 25). »Die Tafeln des nationalsozialistischen Sollens und die der katholischen Imperative stehen freilich auf verschiedenen Ebenen des Seins, jene in der natürlichen, diese in der übernatürlichen Ebene ... Aber sie weisen in dieselbe Wegrichtung« (S. 31). Man muß aber diese Texte werten in der Hochstimmung der Jahresmitte 1933, um nicht ungerecht zu werten und vorschnell zu verurteilen; vgl. Böckenförde E.-W., Der deutsche Katholizismus im Jahre 1933. In: Hochland 53 (1961), 226 oder auch den unqualifizierten Beitrag unter der Überschrift »Eine schwankende Gestalt« in der Abendzeitung vom 2. Juni 1949, Seite 4.

104 Leiber R., Pius XII. In: Stimmen der Zeit 163 (1958/59) 81–100. Zitiert nach einem Sonderdruck der Herder-Druckerei München, Seite 18 f.

105 Zitiert nach Volk L., Das Reichskonkordat ... 140.

106 Niemeyer J., Vertrag mit wechselvoller Geschichte. In: Deutsche Tagespost Nr. 88 vom 24. Juli 1973, Seite 7.

107 Volk L., Das Reichskonkordat ... 218.

4.

Der deutsche Protestantismus im Jahr der Machtergreifung Hitlers

108 Zitiert nach Thieme K., Die Lage der evangelischen Landeskirchen in Deutschland. In: Kirchliches Handbuch. Bd. XXIV: 1952–56. Köln 1956, 495.

109 Holzapfel H., Wie konnte es kommen? Zum 45. Jahrestag der Machtergreifung Hitlers. In: Klerusblatt 58 (1978) 26 f. Vgl. Scholder K., Die Kirche und das Dritte Reich. Bd. 1. Frankfurt/M.–Berlin–Wien 1977, 161 f.

110 Meier K., Der NS-Staat in zeitgenössischer kirchlicher Beurteilung. In: Theologische Literaturzeitung 103 (1978) Sp. 556.

111 Dokumente zur Frage der Obrigkeit. Zur Auseinandersetzung um die Obrigkeitsschrift von Bischof D. Otto Dibelius. Darmstadt 1960[2], 25.

112 Das Gedicht von Ernst Lissauer ist abgedruckt in Born M. (Hrsg.), Deutschland, Deutschland über alles. Berlin 1916, 180 f.

[113] Leutheuser J., Die deutsche Christusgemeinde. Der Weg zur deutschen Nationalkirche. Weimar o. J. (1934) 18.

[114] Leutheuser J., a.a.O. 14. Vgl. Leffler S., Christus im Dritten Reich der Deutschen. Weimar 1935.

[115] Meier K., Die Deutschen Christen. Das Bild einer Bewegung im Dritten Reich. Halle/Saale–Göttingen 1967³, 198 ff.

[116] Zahrnt H., Die Sache mit Gott. Die protestantische Theologie im 20. Jahrhundert. München 1966, 84.

[117] Tillich P., Das Dämonische in der Geschichte. Tübingen 1926.

[118] Tillich P., Der totale Staat und der Anspruch der Kirchen. In: Gesammelte Werke. Bd. X. Stuttgart 1968, 140.

[119] Tillich P., Zehn Thesen. In: Die Kirche und das Dritte Reich. Fragen und Forderungen deutscher Theologen. Gotha 1932, 126 ff.

[120] Thieme K., a.a.O. 487.

[121] Volk L., Hitlers Kirchenminister. Zum Versuch einer Gesamtdarstellung des Kirchenkampfes im NS-Staat. In: Stimmen der Zeit 190 (1972) 277–281.

[122] Hofer W. (Hrsg.), Der Nationalsozialismus. Dokumente 1933–1945 (Fischer Bücherei 172) 122.

[123] Zitiert nach Schuster H. – Ringshausen K. – Tebbe W. (Hrsg.), Quellenbuch zur Kirchengeschichte. III: Vom Beginn des 19. Jahrhunderts bis zur Gegenwart. Frankfurt/M. – Berlin – Bonn 1958³, 7 f. Als spezielles Quellenwerk ist noch heranzuziehen Hermelink H., Kirche im Kampf. Dokumente des Widerstandes und des Aufbaues in der Evangelischen Kirche Deutschlands von 1933 bis 1945. Tübingen – Stuttgart 1950.

[124] Zitiert nach Zipfel F., Kirchenkampf in Deutschland 1933–1945. Berlin 1965, 267.

[125] Conrad W., Der Kampf um die Kanzeln. Berlin 1957, 29 f.

[126] Hofer W. (Hrsg.), a.a.O. 131.

[127] Barth K., Theologische Existenz heute. München 1933, 21 und 39 f.

[128] Hofer W. (Hrsg.), a.a.O. 142–144.

[129] Hofer W. (Hrsg.), a.a.O. 139.

[130] Heer F., Offener Humanismus. Bern – München 1962, 232.

[131] Entnommen dem Werk von Weiler E., Die Geistlichen in Dachau. Mödling 1972; dort finden sich für jeden der 2794 Häftlinge exakte Angaben (S. 99–794).

[132] Nicolaisen C. (Hrsg.), Dokumente zur Kirchenpolitik des Dritten Reiches. Bd. II: 1934/35. München 1975, 154.

133 Dieses Gedicht ist entnommen aus Seraphim H.-G. (Hrsg.), Das politische Tagebuch Alfred Rosenbergs 1934/35 und 1939/40. (dtv 219) 181.

134 Zitiert nach dem kirchengeschichtlichen Quellenwerk von Schuster H. – Ringshausen K. – Tebbe W. (Hrsg.), a.a.O. 117.

135 Diese Bemerkung stammt von Nowak K. anläßlich einer Besprechung des Buches von Stasiewski B. (Hrsg.), Akten deutscher Bischöfe über die Lage der Kirche 1933–1945. Bd. I: 1933 (Mainz 1968), Bd. II: 1934–1935 (Mainz 1976) in: Theologische Literaturzeitung 104 (1979) Sp. 205. Vgl. Schempp P. (Hrsg.), Evangelische Selbstprüfung. Stuttgart 1947.
Es scheint hintergründige Rivalitäten gegeben zu haben, ob es mehr dem Protestantismus oder mehr dem Katholizismus gelingt, in der nationalsozialistischen Bewegung Akzente zu setzen. Es gab bereits vor dem Jahr 1933 – erinnert sei nur an Stark J., Nationalsozialismus und Katholische Kirche. München 1931[3] und Senn W. M., Katholizismus und Nationalsozialismus. Karlsruhe 1931[2] – einflußreiche Männer, wie etwa der deutsche Nobelpreisträger für Physik (1919) Johannes Stark, die gegen das Zentrum und die Bayerische Volkspartei eine völkisch-katholisch-nationalsozialistische Linie verfochten. Es fühlte sich auch Abt Schachleiter (vgl. dazu Anmerkung 72 und 73!) dazu berufen, »den Katholiken einen Zugang zum Nationalsozialismus offenzuhalten, damit die deutsche Freiheitsbewegung nicht ausschließlich protestantisch würde«, wie Volk L., Der bayerische Episkopat und der Nationalsozialismus 1930–1934. Mainz 1965, 54 schreibt.
Auch Scholder Klaus (Die Kirchen und das Dritte Reich. Band 1: Vorgeschichte und Zeit der Illusionen 1918–1934. Frankfurt/M. – Berlin – Wien 1977) schreibt in seinem Vorwort (S. VIII) aus der Sicht und Wertung eines evangelischen Christen, »wie katholisch Hitler in seinem Kirchenverständnis war und wie selbstverständlich er dieses Verständnis auf die evangelische Kirche übertrug«.

5.

Die katholische Kirche Österreichs im Schicksalsjahr 1938

136 Schuschnigg K., Dreimal Österreich. Wien 1937[3], 329. Vgl. Eichstädt U. von, Von Dollfuß zu Hitler. Wiesbaden 1955.

137 Schuschnigg K., Ein Requiem in Rot-Weiß-Rot. Zürich 1946, 39 ff.

[138] Aus: IMT-Prozeß. Bd. XXXI (Es handelt sich dabei um die Dokumentenbände des Internationalen Militärtribunals von Nürnberg). Zitiert nach: Bilder und Dokumente zur Zeitgeschichte 1933–1945. Herausgeber: Bayerische Landeszentrale für Heimatdienst. München 1961, 134 f. Vgl. dazu: Das Urteil von Nürnberg 1946 (dtv Bd. 8).

[139] Enthalten in: Das Urteil von Nürnberg 1946 (dtv Bd. 8, Seite 49).

[140] Laut gerichtlicher Feststellung in »Das Urteil von Nürnberg 1946« (dtv Bd. 8, Seite 49).

[141] IMT, Bd. XXXIV, S. 336 f. Zitiert nach Schönbrunn G., Weltkriege und Revolutionen 1914–1945. München 1961, 373.

[142] Zitiert nach Binder G., Irrtum und Widerstand. München 1968, 272.

[143] Volk L. (Hrsg.), Akten Kardinal Michael Faulhabers. II: 1936–1945. Mainz 1978, 546–548 (Zitat S. 548).

[144] Zitiert nach Rosenkranz H., Verfolgung und Selbstbehauptung. Die Juden in Österreich 1938–1945. Wien – München 1978, 25.

[145] Binder G., a.a.O. 271.

[146] Binder G., a.a.O. 274.

[147] Binder G., a.a.O. 274.

[148] Binder G., a.a.O. 275. Vgl. Papen F. von, Der Wahrheit eine Gasse. München 1952, 491 f., vor allem aber die Äußerung Hitlers über die damalige Begegnung mit Kardinal Innitzer, die er am 4. Juli 1942 gemacht hat; nach Picker H., Hitlers Tischgespräche im Führerhauptquartier 1941–1942. Stuttgart 1963, 438.

[149] Das Faksimilie dieses Schreibens ist veröffentlicht in Binder G., a.a.O. 277.

[150] Der Text ist entnommen der österreichischen Zeitschrift »Schönere Zukunft« 13 (1938) 721 (Nr. 28 vom 10. April 1938).

[151] Auch dieser Text ist der Zeitschrift »Schönere Zukunft« a.a.O. 721 entnommen. Vgl. auch folgende Bischofsbiographien: Kutschera R., Johannes Maria Gföllner. Bischof dreier Zeitenwenden. Linz 1972; Jablonka H., Waitz. Bischof unter Kaiser und Hitler. Wien 1971; Reimann V., Innitzer. Kardinal zwischen Hitler und Rom. Wien 1967.

Wie die neuesten Forschungen von Liebmann M., Die März-Erklärungen der österreichischen Bischöfe vom Jahr 1938 im Licht neuer Quellen. In: Theologisch-praktische Quartalschrift 128 (1980) 3–26 aufzeigen konnten, hat es eine Dramatik sich überstürzender Ereignisse gegeben, die zum Wortlaut dieser

»Feierlichen Erklärung« wie auch zum »Vorwort zur feierlichen Erklärung« geführt haben.

Am Mittwoch, 16. März 1938, wurde dem Kardinal Innitzer durch Klaus Selzner, den Adjutanten des Gauleiters Joseph Bürckel, ein drei Punkte umfassender Entwurf (Bürckel-Entwurf) überreicht, der folgenden Wortlaut hatte (Original: Diözesanarchiv Wien – Bischofskonferenz):

»In einer Aussprache mit den österreichischen Bischöfen legte Gauleiter Bürckel die Arbeit und die Erfolge der NSDAP auf dem Gebiete des völkischen und wirtschaftlichen Aufbaues sowie der Sozialpolitik vor. Die Bischöfe gaben darauf folgende Erklärung ab:

a) Wir erkennen den Segen der Arbeit der NSDAP für das Deutsche Reich und Volk und namentlich für die ärmsten Schichten dankbar an, zumal ohne diese Arbeit der Bolschewismus bestimmt gekommen wäre.

b) Wir halten es daher für die Pflicht der Kirche, dafür zu beten, wofür die Partei arbeitet.

c) Wir werden uns am Tage der Volksabstimmung als Deutsche zum Reich bekennen und erwarten auch von allen gläubigen Christen, daß sie wissen, was sie ihrem Volke schuldig sind.

Wien, den 16. März 1938

Dr. BA.-Ht.«

Auf Wunsch von Kardinal Innitzer erstellte Erzbischof Waitz (Salzburg) zusammen mit Professor J. Messner einen Gegen-Entwurf zum Bürckel-Entwurf, dessen Wortlaut Liebmann M., a.a.O. 24, veröffentlicht hat (Original: Diözesanarchiv Wien – Bischofskonferenz):

»In einer Aussprache mit den österreichischen Bischöfen legte Gauleiter Bürckel die Arbeit und die Erfolge des ns Staates auf den Gebieten des völkischen und wirtschaftlichen Aufbaues sowie der Sozialpolitik vor. Die Bischöfe gaben darauf folgende Erklärung ab:

a) Mit aufrichtiger Anerkennung für dieses Wirken der NSDAP zum Wohle des Deutschen Reiches und Volkes und namentlich der ärmsten Schichten, sind die österreichischen Bischöfe den Darlegungen des Herrn Gauleiters Bürckel gefolgt und haben namentlich auch die Verdienste der NSDAP in der Abwehr der Gefahren des Bolschewismus gewürdigt.

b) Die Bischöfe begleiten dieses Wirken mit ihren Segenswünschen (und ihrem Gebete) und ermahnen auch die Gläubigen zum Gebete, daß Gottessegen dieses Wirken begleite.

c) Die österreichischen Bischöfe legen Wert darauf festzustellen, daß für den Katholiken der Gehorsam gegen die staatliche Obrigkeit und die Treue zu seinem Volk sittliche Verpflichtung ist. Deshalb fordern sie die Katholiken zum Gehorsam gegen den Führer und Reichskanzler Adolf Hitler und die staatlichen Gesetze auf. Sie ersuchen aber auch, das Verhalten der Katholiken gegenüber der bisherigen staatlichen Obrigkeit aus den gleichen Gründen zu würdigen und ihnen dessentwegen keine Schwierigkeiten zu bereiten. Ihr Dank wird das Bekenntnis zu Führer, Volk und Reich und der volle Einsatz ihrer Kräfte für die großen Ziele des Führers und Reichskanzlers sein.

d) Da der Führer erklärt hat: Die Kirche wird ihre Treue gegenüber dem Staate nicht zu bereuen haben, sind die österreichischen Bischöfe überzeugt, daß die in Aussicht genommenen Besprechungen über die Fragen, welche Kirche und Staat zugleich berühren, namentlich über die Frage der Jugendseelsorge, ein beide Teile vollbefriedigendes Ergebnis erzielen werden.

e) Am Tage der Volksabstimmung werden wir uns selbstverständlich als Deutsche zum Reich bekennen und erwarten auch von allen gläubigen Christen, daß sie wissen, was sie ihrem Volke schuldig sind.«

Für den 18. März 1938 hat Kardinal Innitzer telegraphisch die österreichischen Bischöfe zu einer außerordentlichen Konferenz nach Wien gebeten, auf der (wie zunächst vorgesehen war) in Anwesenheit von Gauleiter Bürckel der »Bürckel-Entwurf« besprochen, eventuell redigiert und beschlossen werden sollte. Gauleiter Bürckel, der am gleichen Tag aber zu einer Sitzung des Reichstags nach Berlin geflogen war, schickte drei »Sonderbeauftragte«, neben denen auch Dr. Himmelreich als interessierter Beobachter der Bürckel-Delegation zugelassen war. Den österreichischen Bischöfen war der von Waitz/Messner erstellte Entwurf für eine feierliche Erklärung zu lang. Man griff daher auf den Bürckel-Entwurf zurück und gab ihm jene Fassung, von der Liebmann M., a.a.O. 25, sagt, sie sei »für die damaligen Verhältnisse nüchtern, verantwortungsvoll, zurückhaltend und unverfänglich«. Dieser von den Bischöfen redigierte Bürckel-Entwurf hatte (veröffentlicht durch Liebmann M., a.a.O. 23) folgenden Wortlaut:

»In einer Aussprache mit den österreichischen Bischöfen legte Gauleiter Bürckel die Arbeit und die Erfolge der nationalsozialistischen Bewegung auf dem Gebiete des völkischen und wirtschaftlichen Aufbaues sowie der Sozialpolitik dar. Die Bischöfe gaben darauf folgende Erklärung ab:

a) Wie anerkennen dieses Wirken der ns Bewegung für das deutsche Reich und Volk und namentlich für die ärmsten Schichten, zumal dadurch die Gefahr des Bolschewismus abgewehrt wurde.

b) Die Bischöfe begleiten dieses Wirken für die Zukunft mit ihren Segenswünschen und werden die Gläubigen in ähnlichem Sinn ermahnen.

c) Wir werden uns am Tage der Volksabstimmung als Deutsche zum Reich bekennen und erwarten auch von allen gläubigen Christen, daß sie wissen, was sie ihrem Volke schuldig sind.

Wien, am 18. März 1938«

Bei ihrem zweiten Besuch der Bischofskonferenz am gleichen Tag (18. März 1938) legten die Sonderbeauftragten Bürckels den österreichischen Bischöfen eine Fassung der »Feierlichen Erklärung« vor, die ein Diktat Bürckels war und unter Zeitdruck den österreichischen Bischöfen aufgezwungen wurde.

Eine Änderung dieses Bürckel-Diktats war wohl deshalb nicht mehr möglich, weil Gauleiter Bürckel in Berlin zur Reichstagssitzung am Abend des 18. März 1938 (20 Uhr) dieses »Anschluß-Präsent« Adolf Hitler vorlegte.

Diese Fassung der »Feierlichen Erklärung«, die Kardinal Innitzer und Erzbischof Waitz in einem Gespräch am Samstag, 19. März, und Sonntag, 20. März, mit Dr. Himmelreich in entscheidenden Aussagen zu ändern bzw. abzuschwächen sich mühten, wurde unverändert (am Sonntag, 27. März) von den Kanzeln verlesen und von den nationalsozialistischen Machthabern auf Plakattafeln in ganz Österreich publiziert. Dieser Entwurf ist auch in diesem Buch (Seite 183) aufgenommen.

Es handelt sich also um insgesamt vier Entwürfe einer »Feierlichen Erklärung«, von denen die von Gauleiter Bürckel redigierte, diktierte und publizierte Fassung in der Öffentlichkeit bekannt wurde. Die »Feierliche Erklärung« hat innerhalb weniger Tage wahrhaftig eine dramatische Geschichte durchlaufen, in der die österreichischen Bischöfe angesichts der Anschluß-Euphorie und vor allem angesichts der neuen Machtverhältnisse in der schlechteren Verhandlungsposition waren und nur hoffen konnten, die Tür zu Verhandlungen ihrerseits nicht zuzuschlagen, um in künftigen Gesprächen einen verantwortbaren Modus vivendi in Ehre doch noch erreichen zu können.

[152] Der volle Wortlaut dieses Schreibens findet sich im Nachlaß des Münchener Erzbischofs und Kardinals Michael von Faulhaber. Veröffentlicht in Volk L. (Hrsg.), Akten Kardinal Michael Faulhabers. II: 1936–1945. München 1975, 541–545.

[153] Österreichisches Klerusblatt Nr. 1/1979, Seite 5. Der Artikel: Der Mann hinter Innitzers »Heil Hitler« ist abgezeichnet: Rudolf Höfer/Kathpress.

[154] Zitiert nach Weinzierl-Fischer E., a.a.O. 790.

[155] Zitiert nach Weinzierl-Fischer E., a.a.O. 797.

[156] Das Faksimile dieses Schreibens ist entnommen Binder G., a.a.O. 278 f.

[157] Eine eindrucksvolle Graphik bietet: Zum Kirchenaustritt in Österreich. IKS. Wien 1969, 5.

[158] Zahn G. C., Er folgte seinem Gewissen. Das einsame Zeugnis des Franz Jägerstätter. Graz–Wien–Köln 1979, 251 ff. Mit fast gleichen Argumenten wie der Österreicher Franz Jägerstätter hat den Wehrdienst und vor angetretener Kompanie den SS-Eid aus religiösen Gründen verweigert und seine Eidverweigerung am 24. Februar 1945 mit seinem Leben (Hungertod) bezahlt der aus Bozen gebürtige Südtiroler Josef Mayr-Nusser, der erst 1958 seine endgültige Grabstätte in der Kirche in Lichtenstern am Ritten fand. Vgl. dazu Iblacker R., Kein Eid auf den Führer. Josef Mayr-Nusser, ein Zeuge der Gewissensfreiheit in der NS-Zeit. Innsbruck 1979.

[159] Klostermann F., Katholische Jugend im Untergrund. In: Zinnhobler R. (Hrsg.), Das Bistum Linz im Dritten Reich. Linz 1979, 228.

6.

Nationalsozialistische Judenpogrome und christliches Gewissen

[160] Barth K., Dogmatik im Grundriß im Anschluß an das apostolische Glaubensbekenntnis. München 1947, 82 f. und 86 f.

[161] Zitiert nach Kühner H., Der Antisemitismus der Kirche. Genese, Geschichte und Gefahr. Zürich 1976, 35.

[162] Vgl. Keller W., Und wurden zerstreut unter alle Völker. Die nachbiblische Geschichte des jüdischen Volkes. München-Zürich 1966, 211.

[163] Eine instruktive Skizze dazu bietet Keller W., a.a.O., 312 f.

164 Zitiert nach Trutwin W. – Wischmann G., Juden und Christen (Theologisches Forum 7). Düsseldorf 1971, 25. Vgl. dazu Brosseder J., Luthers Stellung zu den Juden im Spiegel seiner Interpreten. München 1972; Sucher C. B., Luthers Stellung zu den Juden. Eine Interpretation aus germanistischer Sicht. Nieuwkoop 1977.

165 Vgl. dazu Weinzierl E., Der Antisemitismus in Österreich. Seine Wurzeln und sein Weiterbestehen (Sonderdruck aus der Theologischen Realenzyklopädie Bd. III, 309–332).

166 Zitat entnommen Oomen H. G. – Schmid H. D., Vorurteile gegen Minderheiten. Die Anfänge des modernen Antisemitismus am Beispiel Deutschland (Arbeitshefte Reclam 9543/2) Stuttgart 1978, 108.

167 Zitiert nach Trutwin W. – Wischmann G., a.a.O. 28.

168 Müller H. (Hrsg.), Katholische Kirche und Nationalsozialismus (dtv 328). München 1965, 98 f.

169 Volk L., Der bayerische Episkopat und der Nationalsozialismus 1930–1945. Mainz 1965, 78.

170 Volk L. (Hrsg.), Akten Kardinal Michael von Faulhabers. I: 1917–1934. Mainz 1975, 705.

171 Zitiert nach Trutwin W. – Wischmann G., a.a.O. 43 f.

172 Erinnert sei an die »Seelisberger Thesen« (1947), veröffentlicht u. a. bei Läpple A., Von der Exegese zur Katechese. Bd. 3. München 1976, 89, und an die Erklärung der französischen Bischöfe, veröffentlicht u. a. in »Bibel und Kirche« 1974, 51–55.

173 Hitler A., Mein Kampf. 6. Auflage. München 1940, 70.

174 Zitiert nach einem Gespräch mit David Irving von Ahrens Wilfried, Hitler hat Holocaust nicht gewollt, nicht gewußt – aber er ist voll verantwortlich. In: Münchner Merkur Nr. 121 vom 28. Mai 1979, Seite 3.

175 Zitiert nach Höhne H., Der Orden vom Totenkopf. Die Geschichte der SS. Gütersloh o. J. 298.

176 Das Wort »Holocaust« entstammt der griechischen Sprache (in der lateinischen Sprache »holocaustum«) und bedeutet »alles verbrennen«, und zwar im medizinischen Gebrauch (Ausbrennen von Leiden und Wunden) und im technischen Verständnis (Schmelzen von Metallen). Im Alten Testament ist die Bezeichnung »holocaust« vor allem kultisch gebraucht worden = das Verbrennen des ganzen Opfers (z. B. Gen 22,2.7; Lev 7,37; Ps 50,18.21; 65,13.15; Jes 1,11; Hos 6,6; 1 Makk 4,56). Holocaust kann daher aus dem biblisch-alttestamentlichen Verständnis in doppeltem Sinne interpretiert werden: einerseits als Ver-

brechen der Judenvernichtung, anderseits aber auch als religiöse Ganz-Hingabe und als Ganz-Opfer des jüdischen Volkes an seinen Herrn und Schöpfer im Sinne des Martyriums. Vgl. dazu Kittel G., Theologisches Wörterbuch zum Neuen Testament. Dritter Band. Stuttgart 1938, 644 f.

177 Poliakov L. – Wulf J., Das Dritte Reich und die Juden. München–New York–London–Paris 1978.

178 Wulf J., Das Dritte Reich und seine Vollstrecker. Liquidation von 500 000 Juden im Ghetto Warschau. München – New York – London – Paris 1978.

179 Heer F., Offener Humanismus. Stuttgart – Zürich – Salzburg 1962, 233 f. Vgl. auch Goldmann N., Mein Leben als Jude und Deutscher. München 1979.

180 Die Tabelle ist entommen dem Aufsatz von Klinkenberg H. M., Zwischen Liberalismus und Nationalismus. Im Zweiten Kaiserreich (1870–1918). In: Schilling K. (Hrsg.), Monumenta Judaica. 2000 Jahre Geschichte und Kultur der Juden am Rhein. Handbuch. Köln 1963, 366.

181 Klinkenberg H. M., a.a.O. 376.

182 Klinkenberg H.M., a.a.O. 358.

183 Zitiert nach Düwell K., Das Schicksal der Juden am Rhein im nationalsozialistischen Einheitsstaat. In: Schilling K. (Hrsg.), a.a.O. 606.

184 Düwell K., a.a.O. 608.

185 Düwell K., a.a.O. 608.

186 Der englische Originaltext ist entnommen: Jüdisches Lexikon. Band I. Berlin 1927, Spalte 691–692 (dort im Faksimile). Die deutsche Übersetzung aus: Kampmann W., Israel – Gesellschaft und Staat. Stuttgart 1973, 10.

187 Beckmann J. (Hrsg.), Kirchliches Jahrbuch für die Evangelische Kirche in Deutschland 1933–44. Gütersloh 1948, 24.
Ein eindeutiges Entweder-Oder hat damals Dietrich Bonhoeffer in einem Flugblatt geäußert, in dem er die letzte, christliche Konsequenz des sog. »Arierparagraphen« zog: »Es gibt einer Kirche gegenüber, die den Arierparagraphen in dieser radikalen Form durchführt, nur noch einen Dienst der Wahrheit, nämlich den Austritt. Dies ist der letzte Akt der Solidarität mit meiner Kirche, der ich nie anders als allein mit der ganzen Wahrheit und allen ihren Konsequenzen dienen kann« (Bonhoeffer D., Gesammelte Schriften. Bd. 2. München 1959, 66).

188 Hofer W. (Hrsg.), Der Nationalsozialismus. Dokumente 1933

–1945. (Fischer Bücherei 172). Frankfurt – Hamburg 1957, 284.

189 Hofer W. (Hrsg.), a.a.O. 285.

190 Zitiert nach Rosenkranz H., Verfolgung und Selbstbehauptung. Die Juden in Österreich 1938–1945. Wien – München 1978, 75 f.

191 IMT Bd. XXXI, S. 515 ff., PS – 3051. Zitiert nach Scheffler W., Ausgewählte Dokumente zur Geschichte des Novemberpogroms 1938. In: aus politik und zeitgeschichte. B 44/78 vom 4. November 1978, S. 9 f.

192 IMT, Bd. XXVIII, S. 499 ff., PS – 1817. Zitiert nach Scheffler W., a.a.O. 23–27.

193 Reichsgesetzblatt, Teil I, Nr. 189 vom 14. November 1938, Seite 1579.

194 Reichsgesetzblatt, a.a.O. 1581.

195 Reichsgesetzblatt, a.a.O. 1580.

196 Zitiert nach Rosenkranz H., a.a.O. 133.

197 Völkischer Beobachter vom 14. November 1938, Seite 1. Zitiert nach Scheffler W., a.a.O. 28.

198 Zitiert nach: Bilder und Dokumente zur Zeitgeschichte 1933–1945. Herausgeber: Bayerische Landeszentrale für Heimatdienst. München 1961, 125 (54. Dokument).

199 Hofer W. (Hrsg.), a.a.O. 298 f.

200 Zitiert nach: Bilder und Dokumente zur Zeitgeschichte 1933–1945, a.a.O. 125 (54. Dokument).

201 Zitiert nach Rosenkranz H., a.a.O. 302.

202 Hofer W. (Hrsg.), a.a.O. 296 f.

203 Hofer W. (Hrsg.), a.a.O. 297 f.

204 Hofer W. (Hrsg.), a.a.O., 298 f.

205 Zitiert nach Rosenkranz H., a.a.O. 289 f.

206 Hofer W. (Hrsg.), a.a.O. 303–305.

207 Matern G., Einheit von Wort und Leben. In: Unser Ermland 1967, 43–47.

208 Buchheim H., Die SS – das Herrschaftsinstrument. In: Anatomie des SS-Staates. Bd. 2 (dtv 463). München 1967, 106.

209 Zitiert nach Buchheim H., a.a.O. 106.

210 Dieser erschütternde Augenzeugenbericht wurde u. a. veröffentlicht in der Zeitschrift »Vierteljahrshefte für Zeitgeschichte« 1 (1953) 177–194. Kurt Gerstein, sein Verfasser, war saarländischer Bergassessor und Mitglied der Bekennenden Kirche. Er trat am 10. März 1941 in die SS ein, um die Wahrheit über die Gerüchte der Euthanasiemorde und der Massenvergasungen per-

sönlich prüfen zu können. Er dürfte einer der außergewöhnlichsten und kühnsten Menschen des deutschen Widerstandes gewesen sein, dessen Tod (Selbstmord?) am 25. Juli 1945 im Militärgefängnis Cherche Midi in Paris nicht aufgeklärt werden konnte und auch dessen Grab nicht festzustellen ist.

211 Hohlfeld J. (Hrsg.), Dokumente der Deutschen Politik und Geschichte von 1848 bis zur Gegenwart. Berlin o. J. Bd. V, Nr. 210, Seite 526 ff.
Wie sehr man den Selbstmord Hitlers am 30. April 1945 verschwieg und mit der Gloriole des Heldentodes zu versehen suchte, geht aus einer Meldung der »Hamburger Zeitung« (Sonderausgabe vom 2. Mai 1945) hervor, auf deren Titelseite zu lesen war: »Der Führer gefallen. Führerhauptquartier, 1. Mai 1945: Der Führer Adolf Hitler ist heute nachmittag auf seinem Befehlsstand in der Reichskanzlei, bis zum letzten Atemzug gegen den Bolschewismus kämpfend, für Deutschland gefallen.« Ein Faksimile dieses Zeitungsberichtes ist abgedruckt in Jacobsen H.-A. – Dollinger H. (Hrsg.), 100 Jahre deutsche Geschichte. Vom Kaiserreich zur Bundesrepublik. München 1979, 240.

212 Zeitschrift des Reichsbundes jüdischer Frontsoldaten »Der Schild« vom 13. Juli 1934.

213 Zitiert nach Düwell K., a.a.O. 614.

214 Röhring H.-H., Die Entstehungsgeschichte des Staates Israel. In: aus politik und zeitgeschichte B 2/68 vom 10. Januar 1968, Seite 28.

215 Röhring H.-H., a.a.O. 31 f.

216 Zum Madagaskar-Projekt siehe Höhne H., a.a.O. 323 f.

217 Schmidt P., Statist auf diplomatischer Bühne 1932–1945. Erlebnisse des Chefdolmetschers im Auswärtigen Amt mit den Staatsmännern Europas. Bonn 1949, 495.

218 Die Skizze ist entnommen Höhne H., a.a.O. 306.

219 Hofer W. (Hrsg.), a.a.O. 306 f. Vgl. Frankl V. E., ... trotzdem Ja zum Leben sagen. Ein Psychologe erlebt das Konzentrationslager. München 1977; Hausner G., Die Vernichtung der Juden. Das größte Verbrechen der Geschichte. München 1979; Moczarski K., Gespräche mit dem Henker. Das Leben des SS-Gruppenführers und Generalleutnants der Polizei Jürgen Stroop, aufgezeichnet im Mokotow-Gefängnis zu Warschau. Düsseldorf 1978; Kurzman D., Der Aufstand. Die letzten Tage des Warschauer Ghettos. Frankfurt 1979. Ferner Kremers H., Judentum und Holocaust im deutschen Schulunterricht. In: aus politik und zeitgeschichte B/79 vom 27. Januar 1979, S. 37–45;

Mörthesheimer P. – Frenzel J. (Hrsg.), Holocaust. Eine Nation ist betroffen. Frankfurt 1979.

[220] Thomas O' Toole (Washington), Alliierte wußten von Auschwitz. In der Schweizer Tageszeitung »Vaterland« Nr. 46 vom 24. Februar 1979, Seite 2.

[221] Schinkel A., Umstrittenste Zahl der Zeitgeschichte. In: Deutsche Tagespost Nr. 21 vom 16./17. Februar 1979, Seite 3.

[222] Zitiert nach Daum M. – Kekow R., Staat und Kirche. Gehorsam und Widerstand (Materialien für den Religionsunterricht). Frankfurt/M. – Berlin – München 1971, 50 f.

[223] Zitiert nach Groppe L., Kirche und Judentum im Dritten Reich. In: Deutsche Tagespost Nr. 26 vom 28 .Februar 1979, Seite 7.

[224] Zitiert nach Groppe L., Kirche und Judentum im Dritten Reich. In Deutsche Tagespost Nr. 23 vom 21. Februar 1979, Seite 7.

[225] Binder G., a.a.O. 333 f.

[226] Reimann V., Innitzer. Kardinal zwischen Hitler und Rom. Wien 1967, 373 f.

[227] Pinchas E. Lapide. Rom und die Juden. Freiburg – Basel – Wien 1967, 195 f.

[228] Groppe L., Kirche und Judentum im Dritten Reich. In: Deutsche Tagespost Nr. 28 vom 6. März 1979, Seite 8.

[229] Zitiert nach Trutwin W. – Wischmann G., a.a.O. 43.

[230] Übersetzung und Textzusammenfassung von Groppe L., Kirche und Judentum im Dritten Reich. In: Deutsche Tagespost Nr. 20 vom 14. Februar 1979, Seite 9.

[231] Lexikon für Theologie und Kirche: Das Zweite Vatikanische Konzil. Teil II. Freiburg – Basel – Wien 1967, 490–495.

[232] Textzusammenfassung von Groppe L., Kirche und Judentum im Dritten Reich. In: Deutsche Tagespost Nr. 26 vom 28. Februar 1979, Seite 7 und Nr. 28 vom 6. März 1979, Seite 8.

7.
Der religiöse Widerstand

[233] Zitiert nach Riehl H., Kaum einer kannte die große Wende. In: Münchner Merkur vom 30. Januar 1963, Seite 6.

[234] Ritter G., Carl Goerdeler und die deutsche Widerstandsbewegung (dtv 216–218), 97.

[235] Bonhoeffer D., Widerstand und Ergebung. Herausgegeben von E. Bethge. München 1966, 10 f. und 31.

[236] Haffner S., Anmerkungen zu Hitler. München 1978[14], 38.

[237] Rings W., Leben mit dem Feind. Anpassung und Widerstand in Hitlers Europa 1933–1945. München 1979.

[238] Marschall Pétain wurde 1945 wegen Zusammenarbeit mit den Deutschen zum Tod verurteilt, von General Charles de Gaulle jedoch zu lebenslanger Haft auf der Insel Yeu begnadigt.

[239] Einblicke in die ablehnende Haltung europäischer und amerikanischer Staatsmänner zum deutschen Widerstand bieten die Memoiren wie auch die Veröffentlichung »Briefe und Gespräche 1934–1945« des ehemaligen Reichskanzlers Heinrich Brüning. Eine kritische Besprechung dieser Werke legte vor Mirgeler A., Heinrich Brüning. In: Internationale katholische Zeitschrift 4 (1975) 59–75, 169–180.

[240] Vgl. dazu die Originalaufnahme in der Schallplatten-Kassette: Das Dritte Reich in Dokumenten (Heinz Garber – Hans-Günter Zmarlik): I (Weg zur Diktatur 1933 bis 1938): CH 750 (50 Bilder); dazu Schallplatte: CGLX 75 700 (30 cm, 33 UpM) und das beiliegende Textheft. Ein Auszug aus dem Reichstagsprotokoll vom 23. März 1933 ist veröffentlicht bei Jacobsen H.-A. – Dollinger H., 100 Jahre deutsche Geschichte. München 1979, 158.

[241] Zipfel, F. – Aleff, E., Gedenkstätte Plötzensee. (Herausgeber: Landeszentrale für politische Bildungsgemeinschaft Berlin). Berlin 1969[10], 5.

[242] Die Zahlenangaben sind entnommen Zipfel F. – Aleff E., a.a.O. 5 f.

[243] Zitiert nach Zipfel F. – Aleff E., a.a.O. 8.

[244] Zitiert nach: Bilder und Dokumente zur Zeitgeschichte 1933 bis 1945. Herausgeber: Bayerische Landeszentrale für Heimatdienst. München 1962, 104 f.

[245] Einen letzten Überblick bietet: Biographisches Handbuch der deutschsprachigen Emigration nach 1933. Leitung und Bearbeitung Werner Röder, Herbert A. Strauss unter Mitarbeit von Dieter Marc Schneider und Louise Forsyth. München – New York – London – Paris 1980.

[246] Das Zitat von Thomas Mann ist entnommen Ried G., Wesen und Werden der deutschen Dichtung. München 1966[20], 395. Dort findet sich auch eine geraffte Überschau über »Dichtung im Dritten Reich« (S. 392–399). Das Schicksal des norwegischen Schriftstellers Knut Hamsun († 19. 2. 1952), der im Zweiten Weltkrieg für die Deutschen Partei ergriff, schildert Hansen T., Der Hamsunprozeß. Hamburg 1979.

247 Über die Bespitzelung und Überprüfung der politischen Zuverlässigkeit von Werner Bergengruen findet sich Material bei Wulf J., Literatur und Dichtung im Dritten Reich. Eine Dokumentation. Gütersloh 1963, 456–459.

248 Riehl H., Kaum einer erkannte die große Wende. In: Münchner Merkur vom 30. Januar 1963, Seite 6.

249 Auf die Faszination, die von dem deutschen Dichter Stefan George auf Claus Graf Schenk von Stauffenberg ausging, weist Haffner S., Anmerkungen zu Hitler. München 1978[14], 26 nachdrücklich hin: »Ein Mitglied des George-Kreises und einer der letzten Jünger des alternden Dichters war Claus Graf Stauffenberg ... Ursprünglich hatte er Hitlers Machtergreifung enthusiastisch begrüßt. Das Kapitel deutscher Geistesgeschichte, das ›George – Hitler – Stauffenberg‹ heißt, wartet noch darauf, geschrieben zu werden.«

250 Heer F., Der Glaube und die moderne Welt. Dem Gedenken von Romano Guardini. In: Universitas 23 (1968) 1193–1196; Mogge W., Jugendbewegung und Nationalsozialismus. In: Deutsche Tagespost Nr. 146 vom 5. Dezember 1979, Seite 7.

251 Morsey R., Clemens August Kardinal von Galen. Bischöfliches Wirken in der Zeit der Hitler-Diktatur. In: Deutsche Tagespost Nr. 110 vom 13. September 1978, Seite 6.

252 Morsey R., a.a.O. 6.

253 Simmel O., Zu spät spürten die Bischöfe das Unheil. In: Münchener katholische Kirchenzeitung vom 4. März 1979, Seite 3.

254 Dulles A. W., Verschwörung in Deutschland. Kassel 1949, 147.

255 Hitler A., Mein Kampf. Ungekürzte Ausgabe. München 1940[6], 593.

256 Der Ausschnitt aus den Prozeßakten ist zitiert nach Kempner B. M., Priester vor Hitlers Tribunalen. München 1967, 456 f.

257 Lexikon für Theologie und Kirche. Herausgegeben von Michael Buchberger. Bd. 10. Freiburg i. Br. 1938, Sp. 346–348. Es sind alle Abkürzungen und Textverweise wie im Original stehengeblieben. Heranzuziehen sind heute die Gutachten über Fahneneid, höheren Befehl und unbedingten Gehorsam, die in Nachkriegsprozessen vorgelegt worden sind, u. a. von Kraus H., Die im Braunschweiger Remerprozeß erstatteten moraltheologischen und historischen Gutachten nebst Urteil. Hamburg 1953. Als Grundlage zur Beurteilung dieses Fragekomplexes kann ebenfalls dienen das Gutachten des (damaligen) Bundesgerichtspräsidenten Hermann Weinkauff und die »Deutschen Gespräche über das Recht zum Widerstand« (vgl. Beilagen der Wochenzeitung

»Das Parlament« Nr. XVII, XX, XXI und XXII des Jahres 1954).

[258] Heuss Th., Dank und Bekenntnis. Gedenkrede zum 20. Juli 1944. Tübingen 1954, 11.

[259] Das Vernehmungsprotokoll wie auch die Umstände seiner Abfassung sind bereits ausführlich auf Seite 62 ff. und in Anmerkung 69 festgehalten.

[260] La Civiltà cattolica 88 (1937) 290. Die deutsche Übersetzung ist entnommen: Miccoli G., Kirche und Faschismus in Italien. Das Problem einer Allianz. Wiesbaden 1977, 40.

[261] Miles Ecclesiae (Pseudonym), Hitler gegen Christus. Eine katholische Betrachtung und Abwehr. Paris 1936, 115 f.

[262] Faulhaber M., Judentum – Christentum – Germanentum. Adventspredigten, gehalten in St. Michael zu München. München 1934, 116 f., 123.

[263] Niemöller W., Die Bekennende Kirche sagt Hitler die Wahrheit. Bielefeld 1954. Der Text ist zitiert nach Kekow R. – Daum M., Staat und Kirche. Gehorsam und Widerstand. Frankfurt am Main – Berlin – München 1971, 52–54.

[264] Zitiert nach Strobel F., Christliche Bewährung. Dokumente des Widerstandes der katholischen Kirche in Deutschland 1933 bis 1945. Olten 1946, 210.

[265] Zitiert nach Strobel F., a.a.O. 228–230. Vgl. dazu die noch ungedruckte theologische Dissertation (der Theologischen Fakultät der Universität Salzburg, eingereicht 1976) von Katte D., Wort und Antwort. Eine Untersuchung der Predigten, die Kardinal Faulhaber in der Zeit zwischen dem 1. Januar 1933 und dem 30. April 1945 gehalten hat. Der Untersuchung ist ein Dokumentenband mit 928 Seiten beigefügt; dort ist S. 536 bis 546 der Wortlaut der ganzen Predigt festgehalten.

[266] Zitiert nach Strobel F., a.a.O. 235–237.

[267] Zitiert nach Strobel F., a.a.O. 269.

[268] Zitiert nach Kekow R. – Daum M., a.a.O. 60.

[269] Zitiert nach Kopf P., Aus dem Südwesten kam der erste Widerstand gegen den »Gnadentod«. Unbekannt gebliebener Protestbrief an die Reichskanzlei entdeckt. In: Katholisches Sonntagsblatt (Rottenburg – Stuttgart) vom 18. März 1979, Seite 18. Um der geschichtlichen Wahrheit willen muß hingewiesen werden, daß dieser Protestbrief keineswegs unbekannt war, sondern bereits 1946 veröffentlicht wurde durch Neuhäusler J., Kreuz und Hakenkreuz. Der Kampf des Nationalsozialismus

gegen die katholische Kirche und der kirchliche Widerstand. Zweiter Teil München 1946, 356.

270 Portmann H., Bischof Graf von Galen spricht. Freiburg 1946, 44 ff. Die nur leicht gekürzte Predigt ist zitiert nach Kinkel W. (Hrsg.), Kirche und Nationalsozialismus. Ihre Auseinandersetzung zwischen 1925 und 1945 in Dokumenten dargestellt (Religiöse Quellenschriften Heft 21/23). Düsseldorf 1960, 119–127.

271 Zitiert nach Strobel F., a.a.O. 288–290.

272 Portmann H., a.a.O. 106 f.

273 Zitiert nach Strobel F., a.a.O. 300 f.

274 Neuhäusler J., a.a.O. Zweiter Teil, 145–149.

275 Corsten W., Kölner Aktenstücke zur Lage der katholischen Kirche in Deutschland 1933–1945. Köln 1949, 63.

276 Hermelink H. (Hrsg.), Kirche im Kampf. Tübingen – Stuttgart 1950, 699 f.

277 Ritter G., Carl Goerdeler und die deutsche Widerstandsbewegung (dtv 216–218). München 1964, 99.

278 Ritter G., a.a.O. 99.

279 Delp A., Im Angesicht des Todes. Herausgegeben von Bolkovac P. Frankfurt am Main 1947, 102.

280 Schlabrendorff v. F., Offiziere gegen Hitler. (Fischer Bücherei 305). Frankfurt am Main – Hamburg 1959, 17.

281 Hofer W. (Hrsg.), Der Nationalsozialismus. Dokumente 1933 bis 1945. (Fischer Bücherei 172). Frankfurt am Main – Hamburg 1957, 331.

282 Zitiert nach Preis K., Ein Freundeskreis von Idealisten bezahlt den Kampf gegen Hitler mit dem Tod. In: Münchner Merkur Nr. 78 vom 3. April 1979, 9.

283 Geißler Ch. (Hrsg.), Das Dritte Reich. Von Hitlers »Mein Kampf« zur Atombombe 1918–1945 (Goldmann 1820). 139 f.

284 Zitiert nach Preis K., a.a.O. 9.

285 Den Namen hat festgehalten Preis K., a.a.O. 9.

286 Preis K., a.a.O. 9 weiß zu berichten, daß der Scharfrichter Johann Reichardt in den zwölf Jahren des Dritten Reiches 3005 Menschen hinrichtete. Reichardt wurde im November 1945 »in das amerikanische Kriegsverbrechergefängnis Landsberg beordert. Dort brachte er bis März 1947 wieder zahlreiche Menschen vom Leben zum Tode. Es machte für ihn wohl wenig Unterschied, daß er diesmal hängte statt köpfte – und zwar Nationalsozialisten.«

287 Burger H., Die »Weiße Rose«. In: Münchener katholische Kirchenzeitung 1963, 182 f.

[288] Zitiert nach Burger H., a.a.O. 183.
[289] Zitiert nach Burger H., a.a.O. 183.
[290] Zitiert nach Burger H., a.a.O. 183.
[291] Zitiert nach Burger H., a.a.O. 183.
In aufrechter Treue zu Heimat und Glaube ist auch Professor Dr. Kurt Huber in den Tod gegangen. Seinen Freund Kiem Pauli, mit dem er durch viele Jahrzehnte Volkslieder aufgespürt und gesammelt hatte, grüßte er mit einem Abschiedsgedicht, in dem er das alte Andreas-Hofer-Lied auf seine Todessituation abwandelte:

»Ihr lieben Freunde, ihr,
laßt eure Stimmen klingen.
Ihr sollt zum Abschied mir
das Lied vom Hofer singen.
Ihr habt mit Herz und Hand
für euer Lied gestritten,
ich hab für unser Land
den bittern Tod gelitten.
Kein Mensch auf dieser Erd
soll uns der Väter Glauben
der Heimat stillen Herd,
der Berge Freiheit rauben.«

Annette Thoma, die mit Professor Huber und mit Kiem Pauli befreundet war und u. a. durch ihre »Bauern-Messe« bekannt wurde, ist dieser Hinweis zu verdanken, unter dem Titel »Mit dem Kiem Pauli auf Volksliederfahrt. Professor Kurt Huber (1893–1943), ein bayerischer Patriot und Widerstandskämpfer« veröffentlicht in: Münchner Merkur (Nr. 22) vom 26./27. Januar 1980.
[292] Hofer W. (Hrsg.), a.a.O. 333.
[293] Ritter G., a.a.O. 532. Die Aufzeichnung der Worte Goerdelers stammt von seinem Gesprächspartner, Diplom-Landwirt Otto Held, einem nahen Verwandten Goerdelers.
[294] Die Zeichnung wie auch die Namensliste ist entnommen Bergh van H., Adolf Hitler und die »Vorsehung«. In: Deutsche Tagespost Nr. 81 vom 6./7. Juli 1979, 15.
[295] Die nachfolgende, fünf Zitate sind in deutscher Übersetzung entnommen Bergh van H., a.a.O. In: Deutsche Tagespost Nr. 87 vom 20./21. Juli 1979, 15.
[296] Schlabrendorff v. F., a.a.O. 103.
[297] Haffner S., Anmerkungen zu Hitler. München 1978[14], 26.
[298] Schlabrendorff v. F., a.a.O. 104.

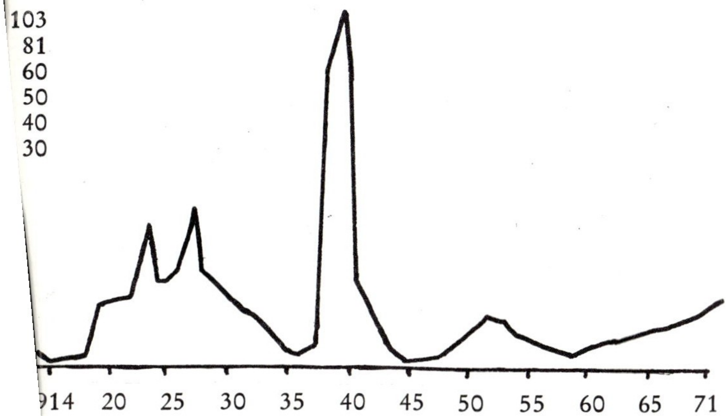

naustritt in Österreich. Die Graphik ist entnommen: Zum
aaustritt in Österreich. IKS. Wien 1969, 5 (Schaubild 1).
haubild (Austrittszahlen in 1000) zeigt die um die Jahre
s 1939 rasante Austrittsbewegung aus der katholischen Kir-
erreichs – Voraussetzung oder/und Folge der nationalsozia-
n Eingliederung Österreichs in Großdeutschland? Über die
achtliche Rücktrittsbewegung und das religiöse Leben nach
ormiert: Zulehner P. M., Wie kommen wir aus der Krise?
e Statistik Österreichs 1945–1970 und ihre pastoralen
enzen. Wien-Freiburg-Basel 1978.

299 George St., Werke. Ausgabe in zwei Bänden. Düsseldorf – München 1958. Das Gedicht ist zitiert nach: Ergriffenes Dasein. Deutsche Lyrik des zwanzigsten Jahrhunderts. Stuttgart – Zürich – Salzburg o. J. 20 f.

300 Der 20. Juli 1944. Informationen zur politischen Bildung. (Folge 20/Juli 1954), 4.

301 Schlabrendorff v. F., a.a.O. 104.

302 Vgl. dazu Buber M., Die Opferung Isaaks. In: Frankfurter Hefte 5 (1951) 623–625; Rad v. G., Das Opfer des Abraham. München 1971.

303 Der 20. Juli 1944. Informationen zur politischen Bildung. Folge 20/Juli 1954. Seite 7.

304 A.a.O., Seite 6.

305 A.a.O., Seite 6 f.

306 Diese Informationen sind entnommen dem Artikel von Guy Montag (KNA), Freisler-Prozeß. Kopie »Geheime Reichssache«. In: Deutsche Tagespost Nr. 30 vom 9./10. März 1979, 8.

307 Zitiert nach Zipfel F. – Aleff E., a.a.O. 12 f.

308 Wiedergegeben bei Zipfel F. – Aleff E., a.a.O. 14.

309 Schlabrendorff v. F., a.a.O. 154.

310 Zitiert nach Schönbrunn G., Weltkriege und Revolutionen 1914 bis 1945. München 1961, 540.

311 Wiedergegeben nach Zipfel F. – Aleff E., a.a.O. 20.

312 Delp A., a.a.O. 179.

313 Ritter G., a.a.O. 452.

314 Ritter G., a.a.O. 461–463. Eine Liste (die jedoch keinen Anspruch auf Vollständigkeit erhebt) der Personen, die ihr Leben lassen mußten, weil sie am Umsturzversuch des 20. Juli 1944 beteiligt waren oder zu Beteiligten enge Beziehungen hatten, ist zu finden bei Schlabrendorff v. F., a.a.O. 173–178.

315 Ritter G., a.a.O. 463.

316 Ritter G., a.a.O. 465.

317 Hingewiesen sei u. a. auf die beiden Werke von Kempner B. M., Priester vor Hitlers Tribunalen (München 1967) und Nonnen unter dem Hakenkreuz (Würzburg 1979).

318 Strobel F., Christliche Bewährung. Olten 1946, 77.

319 Malvezzi P. – Pirelli G. (Hrsg.), Letzte Briefe zum Tode Verurteilter aus dem europäischen Widerstand. Vorwort von Thomas Mann. (dtv 34). München 1962, 192 f.

320 Malvezzi P. – Pirelli G. (Hrsg.), a.a.O. 193–195.

321 Malvezzi P. – Pirelli G. (Hrsg.), a.a.O. 78 f.

322 Malvezzi P. – Pirelli G. (Hrsg.), a.a.O. 54 f.

323 Delp A., a.a.O. 181.
324 Delp A., a.a.O. 178, 180.

8.
Gestern – heute – morgen

325 Kopp G. (Hrsg.), Hitler heute. Gespräche über ein deutsches Trauma. Aschaffenburg 1979; Arkenasy H., Sind wir alle Nazis? Zum Potential der Unmenschlichkeit. Frankfurt/Main 1979; Becker J., Hitlers Kinder? Der Baader-Meinhof-Terrorismus. (Fischer Bücherei 3413). Frankfurt am Main 1978; Bürger H., Warum warst Du in der Hitler-Jugend? Vier Fragen an meinen Vater. Reinbeck 1978.
326 Guardini R., Der Heilbringer in Mythos, Offenbarung und Politik (1946). In: Unterscheidung des Christlichen. Mainz 1963[2], 411–456.
327 Ritter G., a.a.O. 466.
328 Beckmann J., Kirchliches Jahrbuch 1945–1948. Gütersloh 1950, 26.
329 Erinnert sei an die heftigen Diskussionen, die durch das Theaterstück von Rolf Hochhuth »Der Stellvertreter« (uraufgeführt am 17. Februar 1963 in Berlin) ausgelöst wurden. Vgl. dazu Falconi C., Das Schweigen des Papstes. Eine Dokumentation. München 1966.
330 Entnommen dem Münchner Merkur Nr. 251 vom 30. Oktober 1979, Seite 1.
331 Picard M., Hitler in uns selbst. Erlenbach – Zürich 1946[2].
332 Haffner S., a.a.O. 204.
Wie das Thema »Nationalsozialismus« in deutschen Schulbüchern behandelt und akzentuiert wird, hat aufgezeigt Norden G. v., Der Nationalsozialismus in Schulbüchern. In: ibw-Journal 17 (1979) 185–191; beachtenswert ist neben den tabellarischen Übersichten auch die in den Anmerkungen (190 f.) genannte Literatur.
333 Ritter G., a.a.O. 124.
334 Müller J., Bis zur letzten Konsequenz. München 1975.
335 Zitiert nach Höck M., Auf den Geboten gründet unsere Ordnung. Dr. Josef Müller als Christ und Ökumeniker. In: Münchener katholische Kirchenzeitung vom 30. September 1979, Seite 24.
336 Delp A., a.a.O. 180.

Großes Abtsiegel des Abtes Theodorich Hagn (Druckstempel)
Umschrift:
SVRSUM CORDA
MDCCCLIX
Inschrift: T. H. A. L.
Wappenbeschreibung: Abte und Konventwappen in d oberen Hälfte. In der unt ren Hälfte schräggespitz Hakenkreuz.

Siegel des Visitator (achteckig)
Umschrift: T. H.
Wappenbeschreibu
Hakenkreuz.

Ernennungsurku
Katalog der Au
1200 Jahren«. M

Kirch
Kirche
Das S
1937 b
che Ös
listisch
recht b
1945 in
Kirchlic
Konseq

Personenregister

Die Seitenangaben 1–409 beziehen sich auf den Textteil, die Seitenangaben von 410 ab auf den Anmerkungsteil.